KB048777

담론과 진실

DISCOURS ET VERITE-LA PARRÊSIA
édition étanlie by Henri-Paul Fruchaud & Danielle Lorenzini introduction by Frédéric Gros by Michel FOUCAULT
Copyright © Librairie Philosophique & J. Vrin, Paris, 2016

Korean Translation Copyright © Dongnyok Publishing Co., 2017. All rights reserved.
This Korean edition was published by arrangement with Librairie Philosophique J. Vrin (Paris)
through Bestun Korea Agency Co., Seoul

이 책의 한국어판 저작권은 베스툰 코리아 에이전시를 통해 저작권자와의 독점계약으로 도서출판 동녘에 있습니다.
저작권법에 의해 한국 내에서 보호를 받는 저작물이므로 무단전재와 복제를 금합니다.

담론과 진실

초판 1쇄 펴낸날   2017년 7월 30일
초판 5쇄 펴낸날   2024년 11월 20일

지은이 미셸 푸코
옮긴이 오트르망 심세광·전혜리
펴낸이 이건복
펴낸곳 도서출판 동녘

편집 이정신 이지원 김혜윤 홍주은
디자인 김태호
마케팅 임세현
관리 서숙희 이주원

만든 사람들
편집 최미혜   디자인 조정윤

인쇄·제본 영신사   라미네이팅 북웨어   종이 한서지업사

등록 제311-1980-01호 1980년 3월 25일
주소 (10881) 경기도 파주시 회동길 77-26
전화 영업 031-955-3000 편집 031-955-3005 팩스 031-955-3009
홈페이지 www.dongnyok.com 전자우편 editor@dongnyok.com
페이스북·인스타그램 @dongnyokpub

ISBN 978-89-7297-889-3 (04100)
       978-89-7297-844-2 (세트)

- 잘못 만들어진 책은 구입처에서 바꿔 드립니다.
- 책값은 뒤표지에 쓰여 있습니다.
- 이 도서의 국립중앙도서관 출판시도서목록(CIP)은 서지정보유통지원시스템 홈페이지(http://seoji.nl.go.kr)와
  국가자료공동목록시스템(http://www.nl.go.kr/kolisnet)에서 이용하실 수 있습니다.(CIP제어번호: CIP2017017567)

Discours et vérité
Précédé de La parrêsia

오트르망 심세광·전혜리 옮김

미셸 푸코
미공개 선집
2

담론과 진실

파레시아

미셸 푸코

동녘

일러두기

1. 맞춤법과 띄어쓰기는 〈한글 맞춤법〉에 따랐다.
2. 외국 인명이나 지명, 작품명은 되도록 국립국어원의 〈외래어 표기법〉을 따르되, 필요에 따라서는 원어에 가깝게 표기하는 것을 원칙으로 삼았다. 단, 굳어진 용례는 관행을 따라 표기했다.
3. 본문에 등장하는 외서는 국내에 번역된 도서명을 따랐다.
4. 본문에 사용한 기호의 쓰임새는 다음과 같다.

　　《 》: 단행본, 잡지
　　〈 〉: 강의, 단편, 논문, 시 등
　　〔 〕: 푸코가 직접 말하지 않았거나 잘 들리지 않아서 이해가 힘든 부분을 원서 편집자가 추측해서 추가하거나, 옮긴이가 번역하는 과정에서 원서에는 없지만 한국어로 바로 옮겼을 때 이해가 힘든 부분을 추가로 설명해서 넣은 것이다. 따라서 편집자나 옮긴이의 해석이 들어가 있으며, 가독성을 높이는 데 목적이 있다.
　　M. F.는 푸코 자신에 의한 부연설명을 의미한다.
　　* : 푸코가 강의에 사용한 수고와 강의 녹취록을 비교 혹은 대조해 이 책의 원서 편집자가 달아놓은 각주다. 일부 옮긴이에 의한 설명이 있는데, 이때는 '옮긴이'라고 표기한다.

차 례

푸코 작품 약어

CCS   *Qu'est-ce que la critique?* suivi
de *La culture de soi*, éd. H.-P.
Fruchaud et D. Lorenzini, Paris,
Vrin, 2015. 《비판이란 무엇인가?
자기수양》, 오트르망 옮김, 동녘, 2016.

CV   *Le courage de la vérité. Le
gouvernement de soi et des
autres II. Cours au Collège de
France. 1984*, éd. F. Gros, Paris,
Seuil-Gallimard, 2009. 국내 미번역,
《진실의 용기. 자기 통치와 타자 통치
제2권 – 콜레주드프랑스 강의 1984년》

DE II   *Dits et écrits II, 1976-1988*, éd.
D. Defert et F. Ewald, avec la
collaboration de J. Lagrange, Paris,
Gallimard, 2001. 국내 미번역, 《말과
글 제2권, 1976-1988》

GSA   *Le gouvernement de soi et des
autres. Cours au Collège de
France. 1982-1983*, éd. F. Gros,
Paris, Seuil-Gallimard, 2008. 국내
미번역, 《자기 통치와 타자 통치 –
콜레주드프랑스 강의 1982-1983년》

GV   *Du gouvernement des vivants.
Cours au Collège de France.
1979-1980*, éd. M. Senellart, Paris,
Seuil-Gallimard, 2012. 국내 미번역,
《생명 존재들의 통치에 관하여 –
콜레주드프랑스 강의 1979-1980년》

HS   *L'herméneutique du sujet. Cours
au Collège de France. 1981-1982*,
éd. F. Gros, Paris, Seuil-Gallimard,
2001. 《주체의 해석학》, 심세광 옮김,
동문선, 2007.

MFDV   *Mal faire, dire vrai. Fonction de
l'aveu en justice*, éd. F. Brion et B. E.
Harcourt, Louvain-la-Neuve, Presses
universitaires de Louvain, 2012. 국내
미번역, 《악을 행하고 진실을 고백하다.

사법에서의 고백의 기능》

OHS   *L'origine de l'herméneutique de
soi. Conférences prononcées à
Dartmouth College, 1980*, éd. H.-P.
Fruchaud et D. Lorenzini, Paris, Vrin,
2013. 국내 미번역, 《자기 해석학의
기원 – 다트머스대학 강의 1980년》

SP   *Surveiller et punir. Naissance de
la prison*, Paris, Gallimard, 1975.
《감시와 처벌》, 오생근 옮김, 나남,
2016.

SS   *Histoire de la sexualité III. Le
souci de soi*, Paris, Gallimard,
1984. 《성의 역사 – 제3권 자기 배려》,
이혜숙 · 이영목 옮김, 나남, 2004.
이하 《자기 배려》

STP   *Sécurité, territoire, population.
Cours au Collège de France. 1977-
1978*, éd. M. Senellart, Paris, Seuil-
Gallimard, 2004. 《안전, 영토, 인구 –
콜레주드프랑스 강의 1977-78년》,
오트르망 옮김, 난장, 2011.

SV   *Subjectivité et vérité. Cours au
Collège de France. 1980-1981*,
éd. F. Gros, Paris, Seuil-Gallimard,
2014. 국내 미번역, 《주체성과 진실 –
콜레주드프랑스 강의 1980-1981》

UP   *Histoire de la sexualité II. L'usage
des plaisirs*, Paris, Gallimard, 1984.
《성의 역사 – 제2권 쾌락의 활용》,
신은영 · 문경자 옮김, 나남, 2004.
이하 《쾌락의 활용》

VS   *Histoire de la sexualité I. La volonté
de savoir*, Paris, Gallimard, 1976.
《성의 역사 – 제1권 지식의 의지》,
이규현 옮김, 나남, 2010.
이하 《지식의 의지》

"À propos de la généalogie de l'éthique: un aperçu du travail en cours"(entretien avec H. Dreyfus et P. Rabinow)
윤리의 계보에 관하여: 진행 중인 작업의 개요(H. 드레퓌스, P. 래비노우와의 인터뷰)

"Des caresses d'hommes considérés comme un art"
기술로서 간주되는 남성들 간의 어루만짐

"Entretien avec M. Foucault"(entretien avec J.-P. Joecker, M. Ouerd et A. Sanzio)
미셸 푸코와의 인터뷰(J.-P. 조커, M. 아워드 그리고 A. 산치오와의 인터뷰)

"Foucault"
푸코

"Le combat de la chasteté"
순결 투쟁

"L'écriture de soi"
자기에 관한 글쓰기

"Les techniques de soi"
자기 기술

"L'éthique du souci de soi comme pratique de la liberté"(entretien avec H. Becker, R. Fornet-Betancourt et A. Gomez-Müller)
자유의 실천으로서의 자기 돌봄의 윤리(H. 베커, R. 포네-베탕쿠르, 그리고 A. 고메즈-뮐러와의 인터뷰)

"L'évolution de la notion d'"individu dangereux' dans la psychiatrie légale du XIXᵉ siècle"
19세기 사법 정신의학에서 '위험한 개인'이라는 개념의 변화

"L'herméneutique du sujet"
주체의 해석학
〈강의 개요〉, 《주체의 해석학》, 심세광 옮김, 동문선, 2007, 519-532쪽.

"'Omnes et singulatim': vers une critique de la raison politique"
'전체적임과 동시에 개별적으로': 정치적 이성의 비판을 향하여
노엄 촘스키 · 미셸 푸코, 〈옴네스 에트 싱굴라팀(전체적임과 동시에 개별적으로) – 정치적 이성의 비판을 향하여〉, 《촘스키와 푸코, 인간의 본성을 말하다》, 이종인 옮김, 시대의 창, 2006, 217-258쪽.

"On the Genealogy of Ethics. An Overview of Work in Progress"(entretien avec H. Dreyfus et P. Rabinow)
윤리의 계보에 관하여, 진행 중인 작업의 개요(H. 드레퓌스, P. 래비노우와의 인터뷰)

"Polémique, politique et problématisations"(entretien avec P. Rabinow)
논쟁적인 것, 정치적인 것, 그리고 문제화(P. 래비노우와의 인터뷰)

"Préface à l'"Histoire de la sexualité'"
《성의 역사》 서문
국내 번역된 《쾌락의 활용》에 수록된 서문과 겹치거나 유사한 부분이 있으나, 동일한 텍스트는 아니다.

"Qu'est-ce que les Lumières?"
계몽이란 무엇인가?
《자유를 향한 참을 수 없는 열망》(정일준 편역, 새물결, 1999, 177-200쪽)에 실린 〈계몽이란 무엇인가?〉와 내용이 거의 같으나, 보들레르에 관한 내용이 누락되어 있다.

"Rêver de ses plaisirs. Sur l'"Onirocritique'
d'Artémidore"
자신의 쾌락을 꿈꾸기. 아르테미도로스의 《꿈의
해석》에 관하여

"Sexualité et solitude"
성현상과 고독

"Une esthétique de l'existence"(entretien
avec A. Fontana)
실존의 미학(A. 폰타나와의 인터뷰)

"What is Enlightenment?"
계몽이란 무엇인가?
〈계몽이란 무엇인가?〉, 《자유를 향한 참을 수
없는 열망》, 정일준 편역, 새물결, 1999, 177-
200쪽.

머리말

이 책은 미셸 푸코가 1983년 10월, 11월에 캘리포니아대학교 버클리캠퍼스에서 〈담론과 진실〉이라는 제목으로 행한 영어 강의를 프랑스어로 번역한 것이다. 프랑스에서는 이 강의들이 책으로 출간되지 않았다. 푸코의 발언을 충실하게 반영하지 않은 영어 버전이 *Fearless Speech*[*]라는 제목으로 조제프 피어슨Joseph Pearson에 의해 2001년에 출간됐을 뿐이다.

우리는 푸코가 1982년 그르노블대학교에서 파레시아parrêsia를 주제로 했던 강의 내용도 이 책에 포함했다. 이 강연은 2012년 《아나바즈Anabases》[**]지에 처음으로 공개된 바 있다.

이 책은 다음의 자료들을 기초로 했다.
- 캘리포니아대학교 버클리캠퍼스에서의 강연들은 IMEC(프랑스 현대 출판 기록원)과 캘리포니아대학교 버클리캠퍼스에 보존된 녹음 자료를 바탕으로 했다. 대비 톰린슨Davey K. Tomlinson이 영어 녹음 자료의 전사轉寫에 도움을 주었다.
- 그르노블대학교에서의 강연은 IMEC에 보존된 녹음 자료들의 한 버전을 참고했다.

우리는 캘리포니아대학교 버클리캠퍼스와 그르노블대학교에 보관된 강연 수고手稿들을 참조할 수 있었다.

---

[*]   이하 책에서 Fearless Speech의 자료를 인용하는 경우는 FS로 표기한다. ─옮긴이
[**]   고대문화나 역사에 관한 학술지. 2005년에 초판이 나온 뒤 일 년에 두 번씩 간행되고 있다.

이 책에 실린 텍스트는 가능한 한 원문을 그대로 살렸으며, 불가피해 보이는 경우에만 반복적 상투구를 생략하고 비문을 교정했다. 또한 강연 도중이나 후반부에 이루어진 토론에 등장하는 청중의 질문들을 요약하고, 토론의 주제와 무관한 몇몇 대화는 싣지 않기로 했다.

소장하고 있는 푸코 관련 자료들이 아직 대중에게 공개되기 전인데도 열람할 수 있도록 귀중한 도움을 주신 프랑스 국립 도서관에 특별히 감사드린다. 또한 스튜어트 엘든Stuart Elden과 조제프 피어슨에게도 감사의 말을 전한다. 그들의 도움으로 우리는 캘리포니아대학교 버클리캠퍼스에서 푸코가 했던 파레시아에 대한 강연을 재발견할 수 있었다.

앙리-폴 프뤼쇼Henri-Paul Fruchaud, 다니엘레 로렌치니Daniele Lorenzini

들어가며

앙리-폴 프뤼쇼와 다니엘레 로렌치니는 파레시아라는 고대 그리스적 개념을 다룬 푸코의 두 강의 시리즈에 대단히 유용하고 적확한 주석 자료들을 달아, 엄밀하고 잘 고증된 방식으로 편집했다. 이 책은 1982년 5월 그르노블대학교에서 있었던 강의와 1983년 10월, 11월 캘리포니아대학교 버클리캠퍼스에서 있었던 6회 과정의 강의를 모은 것이다.

주지하듯이 푸코는 콜레주드프랑스에서의 마지막 3년 동안의 강의, 그러니까 〈주체의 해석학〉, 〈자기 통치와 타자 통치〉 그리고 〈진실의 용기〉에서 파레시아 개념을 논의하고, 그것을 개념으로 구축하며, 또 그 개념을 문제화한다. 프랑스와 미국에서의 발표를 글로 엮은 이 책은 삶을 얼마 남겨 놓지 않았던 푸코를 크게 사로잡았던, 푸코 최후의 중요한 철학적 기여라고 생각되는 이론의 고안에서 빠져 있던 고리들을 제공한다. 파레시아에 관한 푸코의 모든 '텍스트들'이 애초에 그가 자신의 생생한 목소리로 강의한 '구두 발표'에 기초하고 있음을 확인할 수 있는데, 이는 아주 주목할만한 일이다. 푸코는 갑작스러운 죽음으로 자신이 〔파레시아에 대해 말로 한〕 분석에 글로 된 분석이 〔갖는〕 위엄을 부여하지 못했을 수도 있다. 하지만 파레시아라는 개념 자체가 구전성口傳性을 그 본성적 특징으로 갖는, 살아 있는 말에 대한 찬사를 상당히 내포하고 있음을 보게 될 것이다.

파레시아는 '모든 것을 말하기'를 의미하는 그리스어다. 모든 것을 말하기는 아무것이나 다, 선별도 하지 않고 신중을 기하지도 않으며 거리낌 없이 말하는 것을 의미할 수도 있지만, 우리가 비겁하거나 수치스러워서 즉각적으로 입 밖에 내지 못하는 것을 과감히 털어놓는 뜻이기도 하다. 아니, 더 간단히 말하면, 진솔하게 자기 자신을 표현하는 것, 거리낌이나 두려움 없이 말하기를 의미한다. 그러므로 〔파레시아라는 말은〕 '솔직히 말하기', '진실 말하기', '진실의 용기', '발언의 자유' 등으로 번역할 수 있다. 〔파레시아〕에 대한 이와 같은 1차적 의미 규정은 심리학적 성격 규정을 우선으로 내포하는 개념이라는 인상을 줄 수 있지만, 푸코는 1982-1984년 내내 심리학적 성격 규정과는 반대되는 논증을 전개한다. 파레시아 개념은 〔첫째,〕 민주주의와 진실 간의 관계를 재평가할 수 있는 중요한 **정치적** 가치를 지니며, 〔둘째,〕 주체와 진실 간의 관계를 문제화하는 데 결정적인 **윤리적** 가치를 지니고, 〔셋째,〕 비판적 태도의 계보를 기술하기 위한 **철학적** 가치를 갖는다. 마지막으로 푸코가, 파레시아 개념이 갖는 고유한 의미는 물론이고, 파레시아 개념의 역사, 즉 고전고대기부터 헬레니즘-로마 시대에 이르기까지 파레시아라는 개념의 변모 과정을 연구했다는 것, 더 나아가 이 파레시아 개념의 그리스도교적 변형에 대해 개관한다는 점은 주목할 만하다.

　이 책에 실린 텍스트들의 주요 주제를 구성하는 파레시아의 세 차원과 파레시아의 변화를 일별하기에 앞서, 이 개념의 일반적 형식과, 푸코가 자신의 연구에서 취하는 관점을 재검토하는 것이 바람직할 것이다. 푸코는 사실 파레시아를 개인의 덕이나 수사학(웅변술)적 기술이라기보다는 일정한 **발언의 실천**으로 이해하려고 시도한다. 푸코는 '담론의 화용론'이라는 틀 내에서 파레시아 개념을 구축한다. 여기서 중요한 것은 이 자유로운 발언이 어떤 진실을 자신의 진실로서 공개적으로 표명하는 발언자의 위험을 내포한다는 사실이다. 그 자유로운 발언 때문에 발언자가 대화 상대자들의 분노나 거부의 위험에 즉각적으로 노출될 수 있다는 것이다. 우리는 여기서, 푸코가 파레시아라는 개념을 통해 명확히 하는 주체와 진실 간의 관계 문제가 왜 전통적인 틀로 환원될 수 없는지 이해하게 된다. 분명 언제나 중요한 것은 주체에게 진실의 **능력이 있는지** 여부를 아는 것이지만, 진실을 정확하게 **사유할** 수 있는지를 문제시하기보다는, 타인들 앞에서 그 진실을 **말할** 수 있는지 여부를 문제시하는 그런 진실의 능력이 주체에게 있는지를 아는 것이 중요하다. 푸코는 초월론적 진실에 대한 인식론적 문제나 진실의 논리적 기준에 대한 인식론적 문제를 결코 제기하지 않는다. 그의 독자들 혹은 수강생들은 바로 이 점 때문에 빈번히 놀라고 당혹스러워한다. 푸코가 관심을 기울이는 것은 주체가 진실과 맺는 윤리적 관계에 관한 문제다. 이 주체가 개인적으로 책임지는 진실, 또 대화 상대자들과의 긴장을 야기하는 진실을 공개적으로 현시顯示하면서 사용하게 되는 자유와 용기의 유형 말이다. 끝으로 푸코는 이 파레시아 연구가 '진실의 의무'에 관한 분석이라는 더 일반적인 틀에 속한다고 단언한다. 전자〔파레시아에 관한 연구〕는 사실 **진정으로 진실인 말**을 하기 위해 주체가 따라야 하는 내적이고 다양한 '필연성'이 무엇인지를 아는 것이고, 후자('진실의 의무'에 관한 분석)는 주체로 하여금 타자 앞에서 **진실을 말하게** 하기 위해 한 문화가 조직하고 발명하는 '의무'의 유형, 혹은 주체가 자발적으로 진실을 말하게끔 하는 '의무'의 유형이다.

파레시아의 〔여러 정의 가운데〕 가장 1차적인 것은 아마도 정치적 정의일 것이다. 그리고 푸코가 보기에 파레시아의 정치적 정의는, 그가 에우리피데스의 비극들, 특히 《이온》에서 포착한 이 용어(파레시아)의 최초로 중요한 용례에 해당한다. 파레시아의 정치적 정의는 나면서부터 주어진 시민권의 지위와 연결된 어떤 특권, 한정된 '권리'를 가리킨다. 민주정에서 능동적 주체라는 것은 자유로운 발언을 행할 수 있다는 의미다. 다시 말해, 민주정 체제가 그 주체들에게 법 앞에서의 평등뿐만 아니라, 공공의 선에 대한 **자기 자신의** 신념들을 자유롭게 말할 수 있도록 하기 위해 **자기 자신의 이름으로** 말하는 것을 허용해야 하고, 심지어 보장해야 한다는 것이다. 설령 그렇게 함으로써 어떤 합의가 동요되고, 파레시아의 사용 때문에 불평등이 야기될 위험이 있더라도, 이를테면 파레시아스트(파레시아를 행사하는 자)가 자신의 용기를 현시함으로써 타자를 능가하게 된다 할지라도 말이다. 그러므로 민주정에서의 파레시아는 노예의 겁 많고 순종적인 말하기와 구별되며, 이 파레시아는 대담하게도, 불평등의 위험과 수동적 만장일치가 단절될 위험을 야기한다.

파레시아는 또 다른 발언의 두 체제와도 구별된다. 파레시아는 우선 아첨꾼의 발언과 대립된다. 이소크라테스Isocrates가 《평화에 관하여》라는 자신의 글에서 묘사하고 있듯이, 파레시아스트는 선동가와는 반대로, 민중이 듣기 좋아하는 의견들만을 그들에게 들려주는 것이 아니라, **의견의 불일치**를 만들어내고 대중의 적대적 반응을 불러일으킬 위험을 감수하면서 듣기 거북한 진실들을 부르짖는 임무를 담당한다. 그런데 진정한 파레시아는 플라톤이 《국가》 8권에서 비난하는 무질서하고 변질된 '모든 것을 다 말하는' 방식, 즉 무엇이든 말하도록 모두에게 인정된 권리이자, 민주정이 잘 작동하고 있다는 증거로서 강조되는 '모든 것을 다 말하는' 방식과 구별되어야 한다.

민주정이 종종 갖는 이러한 '나쁜 파레시아'를 향한 비판(의 차원)을 넘어서서, 플라톤은 파레시아 개념의 역사에서 어떤 결정적 순간을 대표한다. 푸코에 따르면, 플라톤이 파레시아의 의미를 결정적으로 변화시켰기 때문이다. 예를 들어, 플라톤은 《법률》에서, 이번에는 전제정의 틀에서 행사되는 새로운 형태의 파레시아를 출현시킨다. 키루스가 그의 신하들로 하여금 자신과 다른 의견을 내거나 자신의 영혼의 상태를 비판하도록 허용함으로써 그들이 자유롭게 그들의 의견을 표현하도록 내버려두는 것을 플라톤은 찬양한다. 이를 통해, 후대까지 오래 지속될 어떤 인물형이 확립된다. 바로 군주에게 조언하는 자로서의 파레시아스트다. 파레시아의 대상까지도 변화하여 개인화된다. 파레시아스트는 이제 에클레시아ekklêsia(민회)에서 합의를 동요시키기 위해 호소하는 것이 아니라 한 영혼을 변화시키는 데 전념한다. 플라톤적 계기는 푸코에 의해 파레시아의 윤리적 전환기로서 지시되며, 플라톤은 그의 초기 대화편들에서 소크라테스라는 인물을 자신의 대화 상대자들에게 진정으로 솔직하게 답변할 것을 분명하게 요구하는 자로 등장시킨다. 하지만 잘못된 지식들을 깨부수고 대화 상대자들의 영혼의 해산解産을 돕기 위해 노력하면서, 여전히 공적이기는 하지만 민회만큼의 정치적 의미를 지니지 않는 아고라agora(시장=광장)라는 공간에서 가차 없는 진실 말하기를 실천한다. 푸코는 《소크라테스의 변론》이 보여주는, 소크라테스가 자신의 재판에서 취한 도발적 태도 또한 잊지 않을 것이다.

그렇지만 푸코에게서 파레시아의 윤리적 차원은 헬레니즘-로마 시대의 철학계 한복판에서 나타나는 '의식 지도' 실천에 집중된다. 그러므로 이제는 명백히 비정치적인 틀 내에서 지도받는 자의 나쁜 정념들을 에두르지 않고 규탄하는 솔직한 말을 사용함으로써 지혜와 진실 쪽으로 영혼들을 인도하는 것이 중요하다. 바로 이러한 틀 내에서 파레시아는 더욱더 어떤 '기술'의 모습을 취할 수 있다. 필로데모스나 갈레노스의 텍스트들에 등장하는 것처럼, 결점을 바로잡아줄 필요가 있는 사람을 향해 적절한 때에 적절한 말을 던질 수 있는, 설득하는 동시에 배려하는 기술 말이다. 그러므로 이 기술을 그리스도교적인 고백의 기술들과 비교해봐야 한다. 그리스도교적인 고백의 기술은 투명할 것과 열려 있을 것, 그리고 공포와 수치심을 넘어설 것을 요구하지만, 이것은 지도받는 쪽에게만 요구되는 것으로, 그와 마주한 고해신부는 아무 말이 없다. 진실 말하기의 책임은 스승 쪽에서 제자 쪽으로 이동한다.

〔그리스도교 탄생 이전의〕 이교도 시절에 머무르면서 푸코는 이러한 실존 인도의 적어도 세 개의 특이한 양식을 검토한다. 에피쿠로스주의는 스승의 파레시아에 엄청난 찬사를 보내면서, 현자들의 공동체 내에서 이루어지는 상호적인 솔직함으로서의 파레시아 모델을 제안한다. 제자들은 서로에게 숨김없이 자신의 진전과 반복되는 실패, 좋은 사람과 만났던 일, 좋지 않은 사람과 만났던 일 등을 털어놓는다. 제정기의 스토아주의는 세네카와 더불어 이중적 관계 모델을 제공하는데, 그 모델에서 영혼의 지도는 꾸준히 이어지는 서신 교환이나 규칙적인 대화를 활용한 우정 관계 혹은 사회적 관계로 변조된다. 끝으로 견유주의가 강조하는 파레시아는 공적인 장소에 빽빽이 모인 군중을 향한 까칠한 기술과 도발적인 말로 이루어진다. 이러한 파레시아에서 중요한 것은, 듣는 사람들이 가진 확신에 상처를 입히고, 사회적 합의들의 정당성 내에 자리 잡고 있는 그들의 순진한 자신감을 뒤흔드는 것이었다.

이러한 다양성에도 불구하고, 이 솔직히 말하기의 다양한 실천들에 윤리적인 태도로서 '자기 배려'라는 공통의 토대가 있다는 사실이 감춰지거나 가려져서는 안 된다. 올바르게 인도되기 위해, 또 자신의 삶 속에서 정의롭고 합리적인 원칙들을 운용하기 위해, 그리고 단단하면서도 변함없는 자기 통치를 하기 위해 각자가 자기 자신에게 기울여야 하는 이 근본적 관심은, 푸코가 보기에, 단순히 자기 내면에 주의를 기울이는 것과는 아주 다른 어떤 것을 요청한다. 완벽한 현자가 될 가능성도 있기야 하겠지만, 우리는 정기적으로 타자 앞에 불려 나가 자신의 주체성이 아닌 타인이 부여하는 자기 점검을 받아야 한다. 우리의 은밀한 정체성을 이루는 내용에 대해서가 아니라 우리의 구체적 품행을 규제하는 바에 대해 문제를 제기하기 위해서 말이다. 왜냐하면 선동가들의 아첨보다도 더 위험한 아첨, 자기 자신에 대한 환상을 품게 만드는, 각자가 스스로에게 하는 아첨이 있기 때문이다. 푸코에게서 자기에 대한 윤리적 배려가 자기만족적 나르시시즘으로 환원되지 않고, 탐미주의에 빠진 댄디즘이나 어떤 특이한 진정성의 탐구로부터 엄청나게 멀리 떨어져 있다고 한다면, 타자는 거침없는 말로 우리 자신에 관해 우리에게 말할 수 있고, 또 말해야 한다. 이것이 친구의 파레시아, 실존에 대해 조언하는 사람의 파레시아, 혹은 공공장소에서 도발적으로 말하는 사람의 파레시아다. 이러한 파레시아는 자기 배려가 이기주의의 현기증과 안락함 속으로 침잠해 들어가는 것을 막아준다. 만약 자기 배려가 고독한 자폐의 실천이 아니라 타자와 맺는 관계를 구축할 수 있는 자기와의 관계를 구축하는 방식이라면, 푸코가 보기에 이 자기 배려의 시작은, 이 강의에서 잘 드러나듯, 바깥으로 표출되는 단호하고 솔직한 말의 반복 덕분이다.

파레시아의 마지막 차원인 철학적 차원은 푸코의 여러 강의에서 두 방향으로 펼쳐진다. 그중 하나에서는 고대 현자들이 재평가되고, 다른 하나에서는 철학이 비판적 작업으로 재정의된다. 파레시아는 '철학적 삶bios philosophikos'의 문제를 제기할 수 있게 하고, 이를 통해 철학적 기획 내에서 진실의 전통적 의미가 변형될 수 있게 한다. 전통적으로 진실은 철학이 인식을 탐구하고자 할 때 어떤 매개를 구성하고, 설득력 있는 담론이 펼쳐질 때 그 자연스러운 표현을 찾아낸다. 파레시아는 분명 진실한 말이지만, 그 주된 기능은 논설문 쓰는 법을 함양하는 것이라기보다는 오히려 실존들의 힘의 선들이 움직이도록 하는 것이다. 파레시아는 담론을 구성하기보다는 삶 자체를 시험에 빠뜨리는 어떤 요소를 구성한다. 파레시아스트는 단지 타인들 앞에서 공공연하고 용기 있게 발언하는 사람이기만 한 것이 아니기 때문이다. 파레시아스트는 진실의 공표를 실천한다. 그 진실을 자기 삶의 외적인 품행 가운데 현시하고 자기 신체 속에서 연극화함으로써, 묵묵히 행위하고 유효하게 행동하는 가운데 진실을 폭로하면서 말이다. 파레시아스트는 바로 자신의 삶 속에서 진실을 구현한다. 플라톤의 대화편《라케스》에 등장하는 소크라테스는 그의 말과 행위 사이에서 이상적인 화음이 울리도록 하는 음악가다. 세네카는 자신의 실존을 잘 놓인 거울로서 구축한다. 그리고 그 속에서 삶을 인도해줄 합리적인 가르침을 조용히 읽어낸다. 견유주의자들은 관습의 위선이나 왕권의 보잘것없음을 감히 요란스레 고발하기까지 한다. 왜냐하면 그들은 간결한 삶, 타협하지 않는 삶, 궁핍 속에서도 주권을 가진 삶, 그 무엇에도 구애받지 않는다는 의미에서 투명하고 순수한 삶을 살아야 할 의무가 있기 때문이다.

　　푸코가 보기에 파레시아라는 도발적 발언은 닫힌 텍스트

속에 진실을 붙잡아두려는 글쓰기의 노력으로 자연스럽게 이어지지 못한다. 파레시아는 오히려 '진실한 삶' 속에서의 시금석의 조건이다. 이 '진실한 삶'은 추상적인 담론들과 막연한 책들을 탈신비화하고 비웃으며 탈실재화한다. '진실한 삶'은 관조하는 실존이나 이론적 실존이 아니며, 철학은 인식의 체계가 아니다. 이러한 극한 속에서 파레시아는 진실하다고 믿는 바를 **말해야 할** 의무로서, 또 자기 자신의 삶 속에서 진실을 **보여줘야 할** 의무로서 덜 직접적으로 밝혀진다. 적어도 고대에 진실이란, 누군가의 삶을 그의 실천적 양상들의 총체 속에 놓는 것, 즉 긴장 속에 놓는 것을 일컬었다.

파레시아는 다시 한 번 더 현대적인 다른 이름, 즉 '비판'이라는 이름을 회복한다. 칸트는 계몽에 관한 논고에서 계몽을 사페레 아우데sapere aude, 즉 자신의 오성을 사용할 용기를 갖는 것으로 정의했다. 칸트의 이 소논문에 나오는 예를 다시 취해보자면, 만약 사유하기 위해 책을 필요로 한다면, 잘 처신하기 위해 지도자를 필요로 한다면, 건강하게 살기 위해 의사를 필요로 한다면, 이것은 우리가 우리 스스로를 통치할 수 없다는 것이고, 우리가 비겁과 게으름 그리고 복종의 안락함을 선호한다는 것이다. 스스로 사유한다는 것은 자율적이고 비판적으로 판단할 용기를 갖는 것이다. 이것이 계몽의 가르침이다. 그런데 진실과 자유, 용기 그리고 주체성이 단단히 매듭지어진 이 직물은 이미 파레시아적인 말을 폭넓게 정의했었다. 그러므로 푸코에게서 철학은 그리스의 빛clarté에서 현대의 계몽Lumières(빛이라는 뜻)에 이르기까지, 자기 통치에 관한 질문들을 타자 통치나 진실 말하기로부터 분리시키기를 거부하는, 이러한 비판적 기능 속에서 어떤 메타 역사적 한정과 같은 것을 발견한다.

푸코의 강의에서 펼쳐지는 파레시아의 이 세 차원, 즉 정치적 차원과 윤리적 차원 그리고 철학적 차원은 본질의 한정이기보다는 오히려 독해의 격자일 뿐이다. 실제로 이 셋은 분리 불가능하고 보완적이며 끊임없이 상호 교차한다. 우리는 이러한 일반적 설명을 넘어서서, 푸코 강의들의 다른 기여에 대해 재검토할 수 있다. 푸코의 강의들은 〔푸코의 사유가〕 변화되는 지점들을 구축하는 데 돕는다. 우리는 1982년 그르노블대학교에서 푸코가 한 강의를 통해 그가 아직 견유주의적 파레시아(갈레노스가 묘사한 바와 같이, 개인적 발언과는 여전히 너무나 동떨어진 것처럼 보이는 비난)와 특히 소크라테스의 파레시아(처음에 푸코는 그것을, 화자의 확신들을 숨김없이 드러내 보이는 말과 구별되는, 이중적 작동을 상정하는 아이러니라고 보았다)에 대한 생각을 거부하고 있음을 알게 된다. 그렇지만 1983년 캘리포니아대학교 버클리캠퍼스 강의에서는 플라톤의 《라케스》에 관한 최초의 분석들과, 견유주의적 파레시아에 관한 연구의 밑그림을 발견하게 된다. 견유주의적 파레시아에 관한 연구는 1984년 콜레주드프랑스 강의에서 확장되어 다시 다뤄진다. 하지만 이 텍스트들을 전반적으로 살펴보면, 프루사의 디온이 말하는 디오게네스와 알렉산드로스의 대면對面이라든지, 세네카의 《마음의 평정에 관하여》에 관한 설명 등 이런저런 참고문헌과 관련한 보다 완전한 진전을 발견할 수 있고, 에우리피데스의 《오레스테스》에 관한 아주 긴 연구처럼 심지어는 미간행된 분석들도 발견할 수 있다.

이 책에서 소개되는 강의들은 결정적이다. 이 강의들을 통해 우리는 푸코의 파레시아 연구가 얼마나, 철학 내에 중심을 다시 잡아주는 근본 지점으로 나타날 수 있었는지를 볼 수 있다. 분명하게 중심이 이동된 철학 내에서, 또 비판의 활력, 사유의 용기, 자기 및 타자들과 이 세계를 변형시키는 역량으로서 완전히 재검토된 철학 내에서 말이다.

프레데리크 그로Frédéric Gros

파레시아

1982년 5월 18일 그르노블대학교에서
진행한 미셸 푸코의 강의

초대해주셔서 정말 감사합니다.* 한 4-5년 전까지만 해도 제 전문 분야는 고대철학과는 거의 무관했습니다. 상당한 우여곡절과 우회, 혹은 뒷걸음질치는 시간을 보내고 난 후에야 저는 고대철학이 아주 흥미롭다고 생각하게 되었고, 그래서 지금 고대철학을 연구하고 있습니다. 언젠가 제가 앙리 졸리Henri Joly 씨께 여러 질문을 하고, 제 문제들에 대해 설명했는데, 졸리 씨는 제 작업이 아직 불완전하기는 하지만 여러분께서 분명 저와 그 내용에 관해 토론해주실 거라고 말씀하셨습니다. 연구 자료들, 참조할만한 텍스트들과 정보들에 관해서 말입니다. 제 발표에 미진한 부분이 있을 텐데, 너그러이 양해해주시길 부탁드립니다. 무엇보다도 지겨우면 지겹다고 크게 말씀해주시고, 이해가 안 되거나 말이 안 된다고 생각되면 제 말을 끊으셔도 좋습니다. 그리고 여러분께서 생각하시는 것은 무엇이든 말씀해주시기 바랍니다.

제가 이런 종류의 문제들을 제기하게 된 경위는 다음과 같습니다. 사실 꽤 오래전부터 저는 진실을 말할 의무라는 문제를 연구해왔습니다. 담론의 구조 혹은 담론의 참조 대상과는 필연적 관계를 맺지 않는, 진실 말하기에 내재하는 이 윤리적 구조는 무엇일까요? 또 어느 순간 누군가에게 진실을 말할 의무를 부과하는 이 관계는 무엇일까요? 저는 진실을 말할 의무에 관한 이 질문, 진실 말하기의 윤리적 토대에 관한 이 질문을 제기하려고 시도했습니다. 아니, 실은 자기 자신에 관한 진실 말하기와 관련된 이 질문을 만나게 됐습니다. 실제로 이 질문과 여러 번 마주쳤던 것 같습니다. 왜냐하면 의학적 실천과 정신의학적 실천 속에

---

* 푸코는 지금, 자신이 이 강의에서 발표할 수 있도록 초대해주고, 이 강의 직전에 푸코를 소개해준 앙리 졸리에게 말하고 있다.

서, 19세기 초부터 정신의학의 거대한 의식儀式 내부에 자기 자신에 관한 진실을 말할 의무가 침투하는 것을 볼 수 있었기 때문입니다.[1] 자기 자신에 관한 진실 말하기라는 이 문제는 물론 사법적 실천, 더 구체적으로 말하면 형사적 실천에서 마주치게 되는 문제이기도 합니다.[2] 그리고 마지막으로 저는 이 문제를 성현상의 문제들, 더 정확하게는 그리스도교 내부에서의 욕망과 육욕의 문제들과 관련해서 세 번째로 만나게 됐습니다.[3]

그리고 자기 자신에 관한 진실 말하기라는 이 문제에 조금 더 다가서서 바라보니, 그리스도교의 역사에 궁금증과 흥미가 생겼습니다. 저보다 훨씬 더 잘 아시겠지만, 우리가 알고 있는 고해성사를 구성하는 속죄의 형식은, 아니 오히려 고해성사와 연결된 고백의 형식은 비교적 최근인 12세기 즈음해서 정립된 제도에 속합니다.[4] 이 제도는 더디고 복잡한 변화의 과정 속에서 고안되고 정의되고 체계화됐습니다. 그리고 시간을 거슬러 올라가보면 4-5세기에는 당연히 고해성사가 존재하지 않았다는 것을 알 수 있습니다. 그 대신 자기 자신에 관한 진실을 말할 의무의, 서로 완전히 다른 두 형태를 발견할 수 있죠. 그중 하나는 자기 자신에 관한 진실을 현시할 의무고, 다른 하나는 자기 자신에 관한 진실을 말할 의무입니다. 이러한 차이는 서로 전혀 다른 두 형태와 두 계열의 효과를 수반하는 서로 다른 두 맥락 속에 위치합니다.

1   *Cf.* 《지식의 의지》, 72-80쪽(구판 85-92쪽)〔VS, p. 84-94〕; OHS, p. 31-33; MFDV, p. 1-4.

2   *Cf.* M. Foucault, "L'évolution de la notion d'individu dangereux' dans la psychiatrie légale du XIXe siècle", dans DE II, n°220, p. 443-464; MFDV, p. 199-228.

3   *Cf.* M. Foucault, "Sexualité et solitude", dans DE II, n°295, p. 987-997; "Le combat de la chasteté", dans DE II, n°312, p. 1124-1127.

4   이러한 고백의 형식과 12세기 이후에 전개되는 변화들에 관해서는 다음을 참조하라. 미셸 푸코, 《비정상인들》, 박정자 옮김, 동문선, 2001, 208-230쪽〔Les anormaux. Cours au Collège de France. 1974-1975, éd. V. Marchetti et A. Salomoni, Paris, Seuil-Gallimard, 1999, p. 161-179〕; 《지식의 의지》, 22-26, 68쪽(구판 38-42, 82쪽)〔VS, p. 27-30, 81〕; MFDV, p. 182-189.

자기 자신에 관한 진실을 현시할 의무는 속죄 의식에 속합니다. 이것은 엑소몰로게시스exomologesis라고 하는데, 옷차림, 단식, 시련, 공동체로부터의 추방, 교회 문 앞에서 애원하는 태도 등을 통해 자기 자신을 죄인으로 극화하는 행위입니다. 자기 자신을 극화하고, 죄인으로서 자기 자신을 극적으로 표현함으로써 자기 자신을 죄인으로 인정하는 행위로, 근본적으로 언어를 통하지 않아야 합니다. 이것이 엑소몰로게시스입니다.[5]

반면, 수도원 제도와 실천 그리고 영성을 살펴보면, 속죄의 엑소몰로게시스와는 완전히 다른 또 하나의 실천을 보게 됩니다. 이 또 다른 실천은 모든 수련수사 및 수사들에게 부과되는데, 마침내 충분히 성스러운 단계에 이르는 순간까지, 심지어는 모든 수사의 삶이 끝날 때까지 부과됩니다. 그런데 이 실천은 자기 자신을 죄인이라는 극적인 상태에 놓거나 그러한 상태를 표현하는 것이 아닙니다. 결국 수사는 이미 속죄 의식 내부에 자리하고 있으니까요. 그보다 그는 자신의 지도자인 누군가에게 원칙적으로 자기 안에서 일어나는 모든 일, 자기 사유의 모든 운동들, 자기의 욕망이나 색욕의 모든 움직임을 털어놓아야 합니다. 폰투스의 에바그리우스는 이것들을 그리스적 영성 내에서 '로기스모이logismoi'라고 불렀고, 이것은 아주 자연스럽게 라틴어 '코기타티오네스cogitationes'로 번역됐습니다. 카시아누스[6]는 이 말의 어원적 의미가

---

5   이 엑소몰로게시스에 대한 푸코의 좀 더 상세한 연구를 보려면 다음을 참조하라. GV, p. 189-210; OHS, p. 69-76; MFDV, p. 101-110; M. Foucault, "Les techniques de soi", dans DE II, n°363, p. 1624-1627.

6   요한 카시아누스, 〈영혼의 변덕스러움, 그리고 악령들에 관하여〉, 《요한 카시아누스의 담화집》, 엄성옥 옮김, 은성, 2013, 202-204쪽(Jean Cassien, Première conférence de l'abbé Serenus. De la mobilitéde l'âme et des esprits du mal, IV, dans Conférences, t. I, trad. fr. E. Pichery, "Sources chrétiennes", Paris, Éditions du Cerf, 1955, p. 247-249). Cf. GV, p. 293-294; OHS, p. 79; MFDV, p. 144; M. Foucault, "Les techniques de soi", conférences cit., p. 1629.

co-agitationes, 즉 '영혼의 움직임', '영혼의 동요'라는 것을 상기 시킵니다. 원칙적으로 연속적인 담론, 끊임없이 자신의 지도자에게 해야 하는 담론을 통해 복원되어야 하는 것이 바로 이 영혼의 동요입니다. 그리스인들은 이것을 '엑사고레우시스exagoreusis'라고 불렀습니다.[7] 우리는 여기서 아주 특이한 의무를 보게 됩니다. 왜냐하면 결국 죄의 고백은 모든 것을 말할 의무가 아니기 때문입니다. 죄의 고백은 자신이 저지른 잘못을 말할 의무지, 다른 누군가에게 모든 것을 말하거나 자신의 생각을 털어놓아야 할 의무는 아닙니다. 모든 것을 말해야 하는 이 의무는 4-5세기 그리스도교 영성에서 아주 특이한 것입니다. 게다가 이 의무를 곧 다시 발견하게 될 겁니다. 이 의무는 속죄 의식과 관련해 조금은 은밀한 아주 긴 역사를 갖게 될 테니까요. 이 의무는 16-17세기에 꽃 피우게 되는 의식 지도 내에서 틀림없이 재발견될 것입니다.

바로 이 '모두 말하기'*의 역사, 자기 사유의 움직임을 모두 말할 의무라는 것이 저를 사로잡았습니다. 저는 그것이 어디로부터 왔는지 살펴보려고 했습니다. 그리고 너무나 자연스럽게 그리스-로마 철학 쪽에서 모든 것을 말할 의무의 실천 토대를 재발견할 수 있지 않을까 하고 살펴보았습니다. 저는 실천으로서의 그리스-로마 철학을 검토했습니다. 다시 말해, 철학을 정확히 의식 지도로 검토하지는 않았습니다. 왜냐하면 저는 이러한 관념이 제가 생각하는 형태의 철학에 아주 정확하게 일치된다고 생각하지 않기 때문입니다.** 제 생각에는 이러한 철학적 실천을 이론적 원리,

---

7   엑사고레우시스에 관한 더 심도 있는 분석은 다음을 보라. GS, p. 283-307; OHS, p. 79; MFDV, p. 144; M. Foucault, "Les techniques de soi", conférences cit., p. 1629.
*   수고에서 따옴표 안에 들어가 있다.
**   수고: 우리는 그것을 의식 지도 혹은 영성이라 부른다. 이 모든 것이 상당히 불명확하다.

실천적 계율, 기술적 절차의 총체로 간주함으로써 그 형태와 개념을 포착해내고 그 전개를 이해할 수 있을 것 같습니다. 이 이론적 원리와 실천적 계율 그리고 기술적 절차의 총체를 통해 사람들은 '에피멜레이아 헤아우투epimeleia heautou', 즉 자기 돌봄을 확보하게 되고, 또 그렇게 하게 되어 있습니다. 그러므로 이 철학은 자기 돌봄의 이론적 토대, 실천적 규칙, 그리고 기술적 도구로서의 철학인 것입니다.[8] 저는 바로 이러한 관점에서 헬레니즘 시대의 철학과, 특히 제정기 첫 두 세기 동안의 로마 시대 철학을 고찰했습니다. 모든 것을 말할 의무의 문제를 저는 이러한 틀 속에서 바라보려 했던 것입니다.

우리는 여기서 파레시아라는 중요한 개념과 만나게 됩니다.[9] 파레시아라는 개념은 어원적으로는 '모두 말하기'*를 의미합니다. 그런데 첫 번째로 저를 사로잡은 것은, 그리스도교 영성 내에서는 제자가 자기 사유의 움직임을 지도자에게 보여주기 위해 그에게 마음을 모두 열어 내보여야 할 필요를 의미하는 이 파레시아

---

8   다른 그 어떤 것보다 우선적으로 자기가 자기 자신에 가하는 작업 내에서, 그리고 자기 자신을 돌보는 **실천**으로서의 그리스-로마 철학에 대해서는 다음을 보라. 《주체의 해석학》, 40-61쪽(HS, p. 4-19); GSA, p. 220-224; 《자기 배려》, 59-90쪽(SS, p. 57-85). 이 점에 대해 푸코는 아마도 피에르 아도 (Pierre Hadot)의 작업들로부터 영향을 받았을 것이다. 피에르 아도는 고대철학을 무엇보다도 영적 훈련의 도움을 받아 개인들의 존재 양식을 변화시키는 것을 목표로 하는 삶의 방식으로 간주했다. Cf. P. Hadot, *Exercices spirituels et philosophie antique*, Paris, Études augustiniennes, 1981; nouvelle édition revue et augmentée, Paris, Albin Michel, 2002.

9   푸코는 〔이 강의에〕 몇 달 앞서 파레시아라는 개념을 '발견했다'. 그는 1982년 1월 27일 콜레주드프랑스에서 행한 〈주체의 해석학〉 강의 중에 필로데모스의 《파레시아에 관하여》를 인용하면서 처음으로 파레시아를 언급했다. 필로데모스는 파레시아를, 에피쿠로스주의의 의식 지도에 필요한 특정한 '자질', 특정한 '말의 윤리'로 정의한다. "파레시아는 마음 열기이고, 두 파트너가 자신들이 생각하는 바를 전혀 숨기지 않고 솔직하게 서로 이야기해야 할 필요성이 있었기 때문입니다." Cf. 《주체의 해석학》, 172-173쪽(HS, p. 132). 그리고 나서 푸코는 〈주체의 해석학〉 1982년 3월 3일 강의 말미에 파레시아의 실천에 대해 보다 길게 재론하고(cf. 《주체의 해석학》, 393-396쪽(HS, p. 348-351)), 1982년 3월 10일에는 강의 전체를 파레시아의 실천에 대해 논의하는 데 할애한다(cf. 《주체의 해석학》, 397-437쪽(HS, p. 355-391). 하지만 《주체의 해석학》에서의 파레시아 연구는 그 후에 이어지는 그의 연구에 비한다면 아직은 역사적으로나 철학적으로나 풍부하지 못하다. 사실 콜레주드프랑스에서의 1981-1982년 강의에서 푸코는 헬레니즘-로마 시대의 의식 지도 실천 내에서 파레시아의 의미를 탐색하는 데 만족하고 있다.
*   수고에서 따옴표 안에 들어가 있다.

라는 말이, 제정기의 그리스-로마 철학 내에서는 제자에게 부과
되는 의무가 아니라 반대로 스승에게 부과되는 의무라는 중대한
차이와 더불어 재발견된다는 사실입니다. 게다가 제가 조금 전에
정의했던 그 철학(제정기의 그리스-로마 철학) 내에서 아주 특징적으로
보이는 것은 제자들에게 침묵을 부과하는 데 훨씬 더 고심했다
는 것입니다.[10] 피타고라스주의에서부터 훨씬 나중에 이르기까지,
침묵하는 태도의 규칙화, 침묵하는 태도의 이러한 명령은 본질적
인 것이었습니다. 피타고라스주의에서 이런 것들을 발견할 수 있
습니다. 《철학자들의 강의는 어떻게 들어야 하는가》[11]라는 플루타
르코스의 텍스트를 기억하시죠? 전혀 다른 맥락에서 알렉산드리
아의 필론이 쓴 《관조하는 삶》[12]도 떠올려보세요. 이것들은 모두
제자들에게 부과되는 침묵의 몸짓에 관한 것들입니다. (여기서) 제
자는 주로 침묵하는 자입니다. 하지만 그리스도교에서, 그러니까
그리스도교 영성 내에서 제자는 말해야 하는 자가 될 것입니다.
반면, 파레시아, 즉 모든 것을 말해야 하는 의무는 스승, 인도자,
지도자, 말하자면 자기 돌봄을 위해 필요한 '타자'*에게 적용되는
계율로서 나타납니다.** 사실 누군가의 도움을 받는다는 조건에

---

10   푸코는 고대의 의식 지도를 특징짓는 침묵의 규칙들에 대해 콜레주드프랑스 강의 〈주체의 해
석학〉에서 세부적으로 연구한다. Cf. 《주체의 해석학》, 367-371, 393-396, 438-441쪽(HS, p. 324-326,
348-351, 395-397).
11   플루타르코스, 〈철학자들의 강의는 어떻게 들어야 하는가〉, 《플루타르코스의 모랄리아: 교
육·윤리 편》, 허승일 옮김, 서울대학교출판문화원, 2012, 199-241쪽(Plutarque, Comment écouter, trad.
fr. A. Philippon, dans OEuvres morales, t. Ⅰ-2, Paris, Les Belles Lettres, 1989, p. 36-62). 이 텍스트에
대한 보다 상세한 분석은 다음을 참조하라. 《주체의 해석학》, 360-362쪽(HS, p. 318-319). 또한 다음을
참조하라. M. Foucault, "Les techniques de soi", conférences cit., p. 1615-1616.
12   Philon d'Alexandrie, De vita contemplativa, trad. fr. P. Miquel, Paris, Éditions du Cerf, l963. 이
텍스트에 대한 보다 진전된 분석을 보려면 다음을 참조하라. 《주체의 해석학》, 371-374쪽(HS, p. 326-
329). 또한 다음을 참조하라. M. Foucault, "Les techniques de soi", conférences cit., p. 1616.
*   수고에서 따옴표 안에 들어가 있다.
**   수고: '타자'에 대한 두 단어:
     - 스승?
     - 실은 훨씬 더 넓다.

서만, 그리고 자기 돌봄에서의 타인, 파레시아의 의무를 지는 누군가의 도움을 받는다는 조건에서만 사람들은 자기를 배려할 수 있고, 자기를 돌볼 수 있으며, '에피멜레이아 헤아우투'할 수 있는 것입니다.

제가 연구하려는 것은 이런 종류의 '책임 전도[*]'입니다. 고대 철학에서는 파레시아, 다시 말해 말을 해야 하는 일정한 의무를 스승이 짊어졌던 것이 이제 그리스도교 영성 내에서는 제자, 즉 인도받는 쪽에서 그 의무를 짊어지는 것으로 전도된다는 것입니다.[**] 그리고 이러한 책임 전도와 연관된 형식 및 내용의 아주 명백한 변화도 수반됩니다.

그래서 저는 우선 여러분과 함께 제가 한정한 시기의 몇몇 텍스트를 살펴보고자 합니다. 제가 한정한 시기는 제정기의 첫 두 세기입니다. 제정기 완전 초기의 것으로 보이는 그 유명한 필로데모스의 논설[13]에서 갈레노스의 글에 이르기까지, 다시 말해 네르바-안토니누스 왕조 말기에 이르는 시기까지의 텍스트들을 다룰 것입니다. 이것이 제가 선택하려는 시기입니다. 그러기 전에 몇몇 텍스트를 여러분과 함께 살펴보고, 이 텍스트들이 제게 연상시키는 것을 말씀드린 후 그에 대한 여러분의 생각 또한 여쭙고 싶습니다.

우리는 이 파레시아라는 말을 폴뤼비오스의 저명한 텍스트 〔《히스토리아》〕에서 찾을 수 있습니다. 거기서 폴뤼비오스는 아카이아 사람에 대해 이야기하고, 아카이아 사람들의 체제가 세 가지로 특징지어진다고 말합니다. 요컨대 데모크라티아dêmokratia, 이세

---

[*]   수고에서 따옴표 안에 들어가 있다.

[**]   수고: 이러한 변화는 주체화 양식들의 역사에서 특정한 중요성을 가졌다.

13   Philodème, *Peri parrêsias*, éd. A. Olivieri, Leipzig, Teubner, 1914.

고리아isêgoria 그리고 파레시아입니다. 데모크라티아는 모든 사람, 즉 데모스dêmos(민중)를 구성하는 모든 사람이 권력 행사에 참여하는 것입니다. 이세고리아는 책무 분배상의 평등입니다. 그리고 파레시아는 만인이 발언권을 가질 수 있는 가능성, 만인의 발언권인데, 이때의 발언은 물론 정치적 장에서 결정적 역할을 하는 발언이고, 정치적 장에서 자기 자신과 자기 자신의 의견을 단언하는 행위로서의 발언입니다. 파레시아와 데모크라티아 그리고 이세고리아를 서로 연결하는 이 텍스트는 확실히 중요합니다.[14] 하지만 제 생각에 우리는 폴뤼비오스의 이 텍스트 너머로 더 거슬러 올라갈 수 있고, 고전기에서 (파레시아의-옮긴이) 몇몇 특정한 다른 용법들을 포착할 수 있습니다. 특히 에우리피데스와 플라톤의 저작에서 발견되는 (파레시아의 용법들이-옮긴이) 흥미롭습니다.

에우리피데스의 저작에서는 파레시아라는 단어가 네 구절에서 사용됩니다.[15] 첫 구절은 《이온》의 669-675행입니다. "낳아준 어머니를 찾지 못한다면 제 인생은 살 가치가 없어요. 아버지, 제가 더 바라도 된다면, 저를 낳아준 어머니가 아테나이 출신이었으면 좋겠어요. 제가 어머니(나를 낳아주고 또 내가 찾고 있는 이 여인-M. F.)로 인해 발언의 자유를 가질 수 있도록 말이에요(hôs moi

---

14　Polybe, *Histoires*, livre II, 38, 6, trad. fr. P. Pédech, Paris, Les Belles Lettres, 1970, p. 83: "평등과 자유의 체제, 평등과 자유의 이상, 한마디로 민주주의를(isêgorias kai parrêsias kai katholou dêmokratias) 아카이아인들에게서보다 더 완벽하게 찾을 수는 없을 것이다." 이 텍스트에 대한 보다 상세한 분석은 다음을 참조하라. GSA, p. 69, 137-139, 145.

15　푸코는 여기서 처음으로 에우리피데스의 (작품에서 나타나는-옮긴이) 파레시아를 연구한다. 그리고 콜레주드프랑스 강의 〈자기 통치와 타자 통치〉에서 더 진전된 방식으로 에우리피데스의 네 비극(《이온》, 《히폴뤼토스》, 《포이니케 여인들》, 《박코스 여신도들》)을 다시 다룬다(*cf.* GSA, p. 71-155). 〈자기 통치와 타자 통치〉에서 푸코는 《오레스테스》의 분석을 추가하고, 캘리포니아대학교 버클리캠퍼스 강의에서는 이에 더해 《엘렉트라》도 다룬다. 에우리피데스에게서 '파레시아'라는 말이 출현하는 경우에 대한 분석에서 푸코는 다음의 저서에 의거한다. G. Scarpat, *Parrhesia. Storia del termine e delle sue traduzioni in latino*, Brescia, Paideia, 1964, p. 29-37(이 책의 개정 증보판은 다음과 같다. *Parrhesia greca, parrhesia cristiana*, Brescia, Paideia, 2001).

genêtai mêtrothen parrêsian(내 어머니에게서 나에게로 파레시아가 올 수 있도록)-M. F.]. 이방인이 혈통이 순수한 도시에 가게 되면, 이름만 시민이지, 그의 말은 노예의 말이고, 그에게는 발언의 자유가 없기 때문이지요〔파레시아를 갖고 있지 않다ouk echei parrêsian -M. F.〕."[16] 저는 이 텍스트가 흥미롭다고 생각합니다. 왜냐하면 첫 번째로 파레시아가 어떤 권리라는 것을 알 수 있기 때문인데요, 그것은 시민권과 연결된 어떤 권리입니다. 혈통이 순수하게 유지되는 도시에서 시민이 아닌 자는 말할 수 없습니다. 오직 시민만이 말할 자격을 부여받고, 이 말할 권리는 타고나는 것입니다. 그리고 여기서 〔두 번째로〕, 이 말할 권리가 모계 쪽으로부터 획득된다는 것, 즉 어머니로부터 온다는 것이 중요합니다. 이것은 어쨌든 타고나는 것인데, 시민권에 속하는 것이고, 어떤 도시국가에 적합하도록 설계된 사람만이 발언을 허락받았습니다. 첫 번째 구절은 이상과 같습니다.

두 번째 텍스트는 《히폴뤼토스》 421행 이하입니다. 이 텍스트가 흥미로운 이유는, 방금 《이온》에서 발견한 주제가 여기서 약간의 흥미로운 변조를 더해 다시 다루어지기 때문입니다. 파이드라가 히폴뤼토스에 대한 자신의 열정을 고백할 때, 그리고 남편 이외의 사람과 은밀하게 잠자리를 갖는 모든 여자들을 거론하고, 바로 그 이유로 그 아이들의 명예까지도 훼손된다는 것을 이야기하는 파이드라의 고백 속에서 말이죠. 그리고 파이드라는 이렇게 말합니다. "그 애들은 자랑스러운 아테나이 시에서 자유롭고 떳떳하게 살아야 해요. 〔그녀는 그녀의 아이들에 관해 이야기합니다.-M. F.〕 어머니에 관한 한 명성을 누리면서. 어머니와 아버지의 비행을 알

16   에우리피데스, 〈이온〉, 《에우리피데스 비극 전집 2》, 천병희 옮김, 숲, 2009, 181-182쪽〔Euripide, *Ion*, 669-675, dans *Tragédies*, t. Ⅲ, trad. fr. H. Grégoire, Paris, Les Belles Lettres, 2002, p. 211〕.

게 되면, 아무리 대담무쌍한 사람도 노예가 되고 말지요."[17] 시민의 권리인 파레시아는 어머니나 아버지가 저지른 과오에 의해 얼룩지고 만다는 것을 볼 수 있습니다. 그것이 은밀한 과오라고 할지라도 말이죠. 아버지나 어머니가 잘못을 저지르면 그 아이들은 노예의 상태에 있게 되고, 노예에 상태에 있다는 것은 그들이 파레시아를 갖고 있지 않다는 것을 의미합니다. 윤리적 결함은 파레시아를 잃게 만듭니다.

세 번째 텍스트는《포이니케 여인들》387〔행〕 이하로, 이오카스테와 폴뤼네이케스의 대화 장면입니다. 이 대화에서는 추방이 문제가 되는데, 이오카스테는 폴뤼네이케스에게 추방의 괴로움과 불행에 대해 질문합니다. 이오카스테는 말합니다. 아니 묻습니다. "조국을 빼앗긴다는 것이 어떻더냐? 아마 큰 불행이었겠지?" 폴뤼네이케스가 대답합니다. "가장 큰 불행이죠. 말로 형언할 수 있는 것보다 더 불행하죠." 이오카스테가 다시 묻습니다. "왜 불행하지? 추방된 자들에게 괴로운 점이 뭐지?" 폴뤼네이케스가 말합니다. "가장 나쁜 점은 발언의 자유〔파레시아〕가 없다는 것이지요ouk echei parrêsian." 이오카스테가 답합니다. "그것은 노예(doulos -M. F.)의 운명이로구나. 제 생각을 말할 수 없다니 말이야mê legein ha tis phronei." 폴뤼네이케스가 답합니다. "통치자들의 어리석음을 참고 견뎌야 하니까요." 이오카스테가 말합니다. "바보들과 함께 바보짓을 하는 것도 괴로운 일이지."[18]

이 텍스트가 흥미로운 이유는 여기서도 역시 발언의 권리

---

17   에우리피데스, 〈히폴뤼토스〉,《에우리피데스 비극 전집 1》, 천병희 옮김, 숲, 2009, 108쪽 〔Euripide, *Hippolyte*, 420-425, dans *Tragédies*, t. II, trad. fr. M. Méridier, Paris, Les Belles Lettres, 1960, p. 45〕.
18   에우리피데스, 〈포이니케 여인들〉, 위의 책, 240-241쪽〔Euripide, *Les Phéniciennes*, 387-395, dans *Tragédies*, t. V, trad. fr. M. Méridier, Paris, Les Belles Lettres, 1961, p. 170〕.

가 그 도시의 시민이라는 사실과 결부되어 있기 때문입니다. 자기 도시국가에 살 때는 말할 수 있지만, 자기 도시국가가 아닌 곳에 살 때는 파레시아를 갖지 못합니다. 노예는 시민권이 없기 때문에 파레시아를 갖지 못합니다. 하지만 파레시아를 갖지 못한 자는 동시에 주인의 우둔함, 주인의 광기에 복종하는 상황에 처하게 됩니다. 다시 말해, 파레시아는 그 사람의 토대와 기원에 따른 권리일 뿐만 아니라, 잘못을 저지른 사람들이나 진실을 모르는 사람들, 또 어리석고 미친 정신을 가진 사람들에 맞서 이성이나 진실과 같은 어떤 것을 말할 수 있는 기능을 의미하며, 이 텍스트에 파레시아 관념이 출현하는 것을 발견할 수 있습니다. 파레시아는 진실을 말합니다. 그러므로 파레시아는 미친 사람, 진실을 보유하지 못한 사람을 향해 진실을 말할 권리입니다. 그리고 타인들의 광기에 순종할 수밖에 없는 노예의 상태에 처하는 것보다 더 큰 괴로움이 있을까요? 그들에게 진실을 말할 능력이 있는데도 그렇게 할 수 없는 상황보다 더 고통스러운 상황이 있을까요?

마지막으로 네 번째 텍스트는 《박코스 여신도들》 668〔행〕 이하입니다. 여기서는 사자使者가 펜테우스 왕에게 박코스 여신도들의 무절제에 관한 소식을 들고 옵니다. 하지만 사자는 펜테우스에게 이 소식을 전하는 데 두려움을 느낍니다. 그는 〔그 소식에 대해 - 옮긴이〕 말하기를 두려워하며 이렇게 말합니다. "그곳에서 일어난 일을 자유롭게 말씀드려도 되는지, 아니면 제 혀를 억제해야 하는지 듣고 싶나이다. 나리의 급한 성미와 지나치게 화를 잘 내시고 위압적인 기질이 두려우니까요, 왕이시여!" 그러자 펜테우스가 대답합니다. "말해보아라. 네가 어떤 말을 해도 처벌하지 않겠다. 올바른 사람에게 화를 내는 것은 어울리지 않는 일이니까."[19]

이때는 상황이 완전히 다릅니다. 여기 나오는 사람은 자신의 나라 안에 있어서 발언할 권리를 단언하거나 주장하는 시민이 아닙니다. 지금 온 사람은 사자이고, 시종입니다. 그는 나쁜 소식을 전하러 왔습니다. 그리고 그는 이 나쁜 소식을 발설하기를 두려워하면서, 파레시아의 혜택을 받게 해달라고, 즉 자유롭게 말하게 해달라고 요청하는 것입니다. 이에 펜테우스는 이렇게 답합니다. "그래, 자유롭게 말해보아라."

그러므로 이 상황은 조금 전에 살펴본 것과는 반대되는 상황이라는 걸 알 수 있습니다. 한 시종이 있고, 그는 뭔가 말할 것이 있는데, 그것은 안 좋은 소식이고, 그 소식은 듣는 사람에게 고통을 줄 것입니다. 과연 그는 말할 권리를 누릴 수 있을까요? 그리고 펜테우스는 자신의 관심사와 의무가 무엇인지를 아는 세심한 주인처럼 이렇게 답합니다. 물론 너는 말할 권리가 있고, 네가 나에게 갖고 온 나쁜 소식 때문에 너를 벌하지는 않을 것이다. 그리고 (그 소식을 – 옮긴이) 들은 후에는 박코스의 여신도들만을 비난하고 벌할 것이라고 약속합니다. 제 생각에 이 텍스트는 두 가지 면에서 흥미롭습니다. 이 텍스트가 다른 비극 작품들에서도 너무 흔히 보게 되는 문제를 제기하기 때문입니다. 요컨대 나쁜 소식을 갖고 온 사자를 어떻게 할 것이냐, 나쁜 소식을 전하는 자를 벌할 것이냐 말 것이냐라는 문제 말입니다. 전령傳令에게 부여된 파레시아의 권리는 그가 가져온 소식 때문에 처벌받지는 않으리라는 것을 그에게 약속합니다. 그리고 나서 동시에 아주 중요한 어떤 것이 등장합니다. 그것을 맹세, 파레시아 계약의 주제라고 부를 수 있을 것 같습니다.[20] 가장 강한 자, 주인인 자는 주인

---

19   에우리피데스, 〈박코스 여신도들〉, 위의 책, 477-478쪽(Euripide, *Les Bacchantes*, 668-673, dans *Tragédies*, t. VI-2, trad. fr. H. Grégoire, Paris, Les Belles Lettres, 2002, p. 77).

20   푸코는 여기서 처음으로 '파레시아 계약'이라는 개념을 소개한다. 그것은 가장 강한 자가 가

아닌 자에게 자유의 공간, 말할 권리의 공간을 열어줍니다. 그리고 주인인 자는 주인 아닌 자에게 주인을 상처 입힐 수도 있는 진실을 말하라고 요구합니다. 그리고 그러기 위해서 주인 아닌 자가 진실을 말하더라도 벌하지 않고 자유롭게 내버려두겠다고 약속합니다. 말하자면 말해진 바와 그것을 말한 자를 분리하기로 약속한다는 것입니다.*

지금까지 말한 에우리피데스의 저작 중 네 개의 구절이 제가 보기에는 상당히 명확하게 파레시아의 몇몇 테마를 정치적 권리의 행사로서 제시하는 것 같습니다. 플라톤의 저작에서도 마찬가지로 몇몇 구절이 발견됩니다. 그중 가장 중요하다고 생각되는 것들만 간략히 원용해보겠습니다.

우선 《국가》 8권 557b입니다. 아시다시피 여기서 문제가 되는 것은 민주정 체제하의 도시국가에 대한 묘사죠. 민주정 체제하의 이 도시국가는 조잡하고 잡다하고 등등…. 여기서 각자는 자기가 원하는 삶의 양태를 선택할 수 있고 idia kataskeuê tou hautou biou,[21] 자기

_____

장 약한 자를, 그러니까 가장 강한 자의 마음을 상하게 할 수도 있는 진실을 말하려고 하는 가장 약한 자를 그가 말하려고 하는 진실 때문에 처벌하지는 않겠다고 약속하는 것이다. 푸코는 《자기 통치와 타자 통치》(cf. GSA, p. 149-150, 160-161, 187)와 《진실의 용기》(cf. CV, p. 13-14), 그리고 캘리포니아대학교 버클리캠퍼스에서의 강의들(이 책 112, 141-144쪽)에서 이 개념에 유사한 의미를 부여하면서 그것을 재차 논의하게 될 것이다. 〈주체의 해석학〉 1982년 3월 10일 강의에서 푸코는 세네카에게서 지도를 수행할 수 있는 조건을 구성하는 '약속'과 '계약'에 대해 논한다. 그렇지만 이 계약은 파레시아스트가 **자기 자신과 맺는** 계약이고, "진실을 말하는 주체와 이 진실이 원하는 바대로 행동하는 주체 간의 일치 (adaequatio)" 내에서 성립된다. 발화 주체로서의 파레시아스트와 행위 주체로서의 파레시아스트의 일치 말이다. Cf. 《주체의 해석학》, 434쪽(HS, p. 388). 그르노블대학교 강의 말미에 푸코는 바로 이 '개인적' 계약을 '정치적' 계약과 구별하여 '파레시아 계약'이라 부르기도 한다. 푸코는 에우리피데스와 관련하여 '정치적' 계약에 대해 이야기한 바 있다(이 책 75-76쪽). 또한 푸코는 〈자기 통치와 타자 통치〉 1983년 1월 12일 강의에서 '자기 자신과 대화하는 주체의 계약'에 대해 다시 분석한다(cf. GSA, p. 6266). 파레시아 계약의 세 번째 유형을 푸코는 '솔직함의 계약'이라고 부르는데, 푸코는 이를 플라톤의 《라케스》에서 포착해내고, 〈진실의 용기〉 1984년 2월 22일 강의에서 이에 대해 연구한다. Cf. CV, p. 119-124, 131-133.

* 수고: 우리는 여기서 파레시아의 문제를 이제 더 이상 개인적인 문제(말할 권리)로서가 아니라 관계의 문제로서 (…) 진실 말하기는 가장 약한 쪽에서 가장 강한 쪽으로 나아가야 하며, 가장 약한 자에게서 위험을 제거하고, 가장 강한 자에게는 말하게 내버려둘 의무를 부과한다. 파레시아 계약에 대한 묘사: 이 진실 말하기가 불러일으킬 수도 있는 권력 남용을 당신이 포기한다는 조건하에서 나는 당신에게 진실(유용한 진실)을 말하겠소.

만의 삶의 양식을 스스로 구축할 수 있습니다. 자유는 바로 이렇게 이루어지는 것입니다. 자기가 원하는 것을 행할 수 있고 자기가 말하고 싶은 걸 말할 수 있는 가능성과 함께 말입니다. 파레시아는 여기서 민주정 도시국가의 특징 중 하나로 나타납니다.

또 다른 텍스트는 더 흥미로운데, 왜냐하면 다른 방법으로 더 거대한 역사적 운명을 맞이하기 때문입니다. 그것을 우리는 《법률》 3권 694a 이하에서 볼 수 있습니다.[22] 군주제에 관한, 정확히는 키루스 왕의 정치체제에 관한 이 텍스트에서의 관건은 절제된 군대식의 군주제입니다. 〔플라톤은〕 키루스의 정치체제를 찬양하면서 두 가지 점을 지적합니다. 첫째, 키루스 군주정에서 병사들이 군의 지휘에 일정 부분 참여했었다는 것입니다. 그들은 사령관들과 토론할 수 있었으며, 그 덕분에 전투에서 용감무쌍할 수 있었고, 사령관들과 돈독한 관계를 맺을 수 있었습니다. 둘째,

---

21   플라톤, 《플라톤의 국가·정체》, 박종현 옮김, 서광사, 2005, 536쪽〔Platon, *La République*, VIII, 557b, dans *OEuvres complètes*, t. VIII-2, trad. fr. É. Chambry, Paris, Les Belles Lettres, 1964, p. 26〕: "'그러니까 첫째로 이들은 자유로우며, 이 나라는 자유와 솔직한 말하기로 가득 차 있어서, 이 나라에서는 자기가 하고자 하는 바를 '멋대로 할 수 있는 자유'가 있지 않겠는가(kai eleutherias ê polis mestê kai parrêsias gignetai, kai exousia en autê poiein ho ti tis bouletai)?' '어쨌든 그렇게들 말하고 있죠.' 그가 말했네. '한데, 적어도 '멋대로 할 수 있는 자유'가 있는 나라에서는 각자가 어떤 형태로든 제 마음에 드는 자신의 삶의 개인적인 대책을 마련할 게 명백하이(dêlon oti idian ekastos an kataskeuên tou hautou biou kataskeuazoito ên autê, hêtis hekaston areskoi).'" 이 텍스트에 대한 보다 진전된 분석은 다음을 참조하라. GSA, p. 181-185. 또한 캘리포니아대학교 버클리캠퍼스에서의 1983년 11월 14일 강의도 참조하라(이 책 227-229쪽).
22   플라톤, 《플라톤의 법률》, 박종현 옮김, 서광사, 2009, 266-267쪽〔Platon, *Les Lois*, III, 694a-b, dans *OEuvres complètes*, t. XI-1, trad. fr. É. des Places, Paris, Les Belles Lettres, 1975, p. 35-36〕: "페르시아인들이 키로스 시대에는 노예 상태(douleia)와 자유(eleutheria) 사이에서 알맞은 정도(적도: to metrion)를 〔훗날에 비해〕 더 누린 편이었을 때, 처음에는 그들이 자유로워졌으나, 나중에는 다른 많은 사람의 주인들로 됐습니다. 다스리는 자들(통치자들: archontes)이 다스림을 받는 자들(피통치자들: archomenoi)에게 자유를 주고 평등하게 대해줌으로써 군사들이 지휘관들과 더욱 우애롭게 됐으며, 위험에 처해서는 헌신적으로 임했습니다. 또한 그들 가운데서 누군가가 지혜로워서 조언을 해줄 수 있을 경우에는, 왕이 시샘하는 일이 없었으므로, 거리낌 없이 말하게(parrêsian) 해주며, 어떤 일에 대해 조언을 해줄 수 있는 자들을 존중해주어, 그 지혜로움의 능력을 공동의 것으로 기여케 했습니다. 그래서 그야말로 모든 것이 그때는 그들에게 있어서 번영했는데, 이는 자유와 우애 그리고 지성(nous)의 공유(koinonia)를 통해서였습니다(di' eleutherian te kai philian kai nou koinônian)."
이 텍스트에 대한 보다 진전된 분석은 다음을 참조하라. GSA, p. 185-188.

왕 자신이 자기 주변에서 자기에게 솔직하게 말해줄 능력을 가진 자들에게 파레시아를 행할 수 있도록 허락했습니다. 왕은 그들에게 이러한 권리를 주었고, 그들의 권리는 왕에게 실질적 성과와 번영을 보장해주었으며, 또 군주제가 엘레우테리아eleutheria(자유), 필리아philia(우정), 그리고 코이노니아koinônia(공동체)라는 특징을 가질 수 있게 해주었습니다.

이를 설명하기 위해 이소크라테스가 쓴 《니코클레스에게》에서 발견되는 아주 유사한 텍스트를 하나 인용하고자 합니다. 《니코클레스에게》에는 좋은 전제군주 권력을 묘사하는 한 이론이 있습니다. 여기서 이소크라테스는 이렇게 말합니다. "전하의 말이나 행동이라면 무조건 찬동하는 자들이 아니라 전하의 실수를 지적하고 비판하는 이들을 가장 믿을만한 친구들로 여기셔야 합니다. 뛰어난 판단력을 소유한 이들tois euphronousin이 자유롭게 발언하도록 보장함으로써 전하께서 확신하지 못하는 일들에 대해서 결정을 내리는 데 도움을 줄 수 있는 친구가 되게 하십시오. 교묘하게 아첨하는 자들과 전하를 충성으로 섬기는 이들을 구분하시어, 저급한 자들이 선한 이들보다 더 많은 이익을 보는 일이 없도록 해야 합니다. 사람들이 서로에 대해서 하는 말들을 귀담아들으시고, 말을 하는 사람과 그 대상이 되는 사람의 인격을 동시에 파악할 수 있도록 애쓰셔야 합니다."[23] 텍스트 마지막 부분은 내버려둡시다. 아마도 나중에 다시 논의하게 될 겁니다. 훌륭한 군주 통치의 자질을 특징짓고 보장하는 것은, 다른 사람들이 군주에게 말할 수 있고, 신중하게 조언할 수 있는 자유의 공간을

23   이소크라테스, 〈니코클레스에게〉, 《이소크라테스》, 한기철 옮김, 한국문화사, 2016(Isocrate, À Nicoclès, 28, dans Discours, t. Ⅱ, trad. fr. G. Mathieu et É. Brémond, Paris, Les Belles Lettres, 1956, p. 105). 이소크라테스의 이 연설에 관한 간략한 해설은 다음을 참조하라. CV, p. 59-60.

군주가 자기 주변에 남겨 놓는 것임을 아시겠죠.

저는 또 플라톤의 초기 텍스트들 중에서 한 구절을 덧붙이고 싶은데요, 도시국가에서 노래(성악)와 체조, 음악(기악)을 어떻게 조절하고 규제해야 하는지를 설명하는 플라톤의 《법률》8권 835c입니다. 플라톤은 여기서부터 정념의 제어와 저급한 정념의 추방으로 넘어갑니다. 그러고 나서 플라톤은 일종의 '도덕의 스승*'과 같은 사람의 가능성과 필요성을 환기하면서 새로운 논리 전개를 시작합니다. 이 도덕의 스승은 누구일까요? 이 사람은 파레시아를 통해 다른 모든 사람을 제압하는 사람, 무엇이 폴리테이아politeia(정치체제)에 부합하고 무엇이 도시국가의 헌법에 부합하는지를 만인에게 지시하는 사람입니다 이렇게 함으로써 그는 도시국가에서 유일한 이성을 듣는 사람이 됩니다. 그리고 그는 도시국가 내에서 유일한 이성을 듣는 유일한 사람일 것입니다. 유일한 이성을 듣는 유일한 자라는 것은 우리가 도시국가의 도덕적 파레시아스트라고 부를 수 있는 자를 특징짓습니다.[24]

플라톤의 이 세 텍스트에 저는 또 다른 텍스트를 덧붙이고 싶은데요, 이것은 그 이전 시대에 속하지만, 제 생각에는 아주 재미있고, 제가 오늘 이야기하고자 하는 문제로 우리를 이끌어 가

---

* 수고에서 따옴표 안에 들어가 있다.

24 플라톤, 앞의 책. 〔Platon, *Les Lois,* VIII, 835c, dans *OEuvres complètes*, t. XII-1, trad. fr. A. Diès, Paris, Les Belles Lettres, 1976, p. 75〕: "이런 것들이 어떤 식으로 합법적인 질서를 갖추어야만 하는지를 아는 것은 실상 어렵지도 않고, 또한 이것저것 변경되더라도 나라에 큰 이득이나 손실을 가져다주지는 않을 것입니다. 그러나 사소한 차이를 가져다주는 것이 아닌 것들은 설득하기가 어려운데, 이것이야말로 신의 일입니다. 그 지시들 자체가 어떻게든 신에게서 내려질 수 있다면 말입니다. 하지만 지금은 담대한 어떤 인간이 요청되고 있는 것 같습니다. 특히 거리낌 없이 말하기(parrêsian)를 존중하여 나라와 시민들을 위해 가장 좋은 것으로 여겨지는 것을 말하는 사람으로서(os parrêsian diapherontôs timôn erei ta dokounta arist' einai polei kai politais), 타락한 혼을 지닌 사람들 속에서 전체 나라 체제에 적절하고 부합하는 것을 지시하며, 막강한 욕망들에 대립하는 주장을 하고, 아무도 도움을 주는 사람도 없이 오직 이성(logos)만을 홀로 따르는 사람 말입니다." 이 텍스트에 대한 보다 심도 있는 분석은 다음을 참조하라. GSA, p. 188-190.

게 될 겁니다. 그것은 바로 《고르기아스》 486d입니다. 여러분께 이걸 읽어드리고 싶습니다. 이 구절은 칼리클레스가 고르기아스와 폴로스의 담론의 결함을 비난한 이후, 떠들썩하게 처음으로 대화에 끼어드는 순간입니다. 그는 말합니다. "자! 내가 말하겠다. 나는 내 앞에 말한 사람들의 모든 소심함에 개의치 않고 끝까지 말하겠어!" 그리고 그는 어떻게, 그리고 왜 우리가 이성적으로 부당한 일을 할 수 있는지 설명합니다. 그리고 칼리클레스의 이러한 개진開陳을 한 뒤 소크라테스가 개입해 파레시아에 대해 흥미로운 방식으로 이야기합니다. "공교롭게도 내가 금으로 된 혼을 가졌다면, 칼리클레스, 사람들이 금을 시험하는 데 사용하는 저 돌들 가운데 하나를, 그것도 가장 좋은 것을 내가 발견하게 되어 좋아할 거라고 생각하지 않나? 그래서 그것에다 나의 혼을 갖다 대고 시험했을 때, 혼이 보살핌을 잘 받았다고 그것이 나에게 동의해주면, 나는 만족스러운 상태에 있으며, 더 이상 다른 시험이 전혀 필요 없다는 것을 마침내 내가 잘 알게 될 거라고 생각하지 않는가? ─왜 그런 질문을 하십니까? ─자네에게 말하지. 지금 나는 자네를 만나 그런 종류의 횡재를 했다고 믿네(그러므로 자기 영혼을 실험할 수 있게 해주는 돌 말입니다-M. F.). ─어째서요? ─나의 혼이 의견을 갖는 것들에 대해 자네가 나에게 동의해준다면, 바로 그것들이 결국 진실이라는 것을 알게 되기 때문이지. 올바르게 사는 혼과 그렇지 않은 혼을 충분히 시험하고자 하는 자는 자네가 가진 에피스테메epistêmê(지식)와 에우노이아eunoia(호의)와 파레시아parrêsia(솔직함), 이 세 가지를 모두 가져야 한다는 생각에서 하는 말이네. 사실, 자네만큼 지혜롭지 않아서 나를 시험하지 못하는 자들을 나는 많이 만난다네. 그리고 다른 사람들은 지혜롭기는 하나 자네만큼 나에게 관심을 갖지 않기 때문에 진실을 내게 말해주려고 하지 않네."[25]

　조금 전에 우리가 파레시아의 작동 방식을 살펴본 바에 따르면, 그것은 시민의 권리이기도 했고, 더 나아가서 진실을 말하도록 내버려두는, 군주의 합리적 통치의 필요성 혹은 기준이기도 했습니다. 하지만 여기서 파레시아는 그런 종류의 작동 방식과는 매우 다른 의미로 나타납니다. 이제 파레시아는 영혼의 시련과 시금석 구실을 합니다. 만약 영혼이, 자기 건강이 어떤 상태에 있는지를 파악할 수 있는, 요컨대 자기 의견들이 어느 정도 진실한지를 알 수 있는 시금석을 갖고 싶어 한다면—그리고 이 텍스트는 테라페우에인therapeuein*이라는(번역이 잘 되진 않는데, 별로 중요하진 않습니다) 중요한 단어를 사용합니다—, 다시 말해 영혼이 자기 자신을 치료하고 돌보려는 의지를 가지고 그 시금석을 스스로 찾으려 한다면, 영혼은 에피스테메와 에우노이아 그리고 파레시아를 갖춘 다른 영혼을 필요로 합니다. 어떤 사람들은 지식이 결여되어 있어 좋은 기준이 될 수 없습니다. 또 다른 사람들은 우정이 결여되어 있어 에우노이아를 갖고 있지 않습니다. 조금 전에 말씀드린 폴로스와 고르기아스로 말할 것 같으면, 사실 소크라테스는 이렇게 말합니다. "그들은 파레시아가 결여되어 있고, 우유부단했으며, 자신들이 생각하는 바를 끝까지 밀어붙이는 것을 부끄러워했다." 말하자면 합리적으로 부정한 행위들을 저질렀다는 것입니다. 소크라테스는 명백하게 비꼬면서 말하는데—당장은 이 비

25　플라톤, 《고르기아스》, 김인곤 옮김, 이제이북스, 2014, 140-141쪽[Platon, *Gorgias*, 486d-487b, dans *OEuvres complètes*, t. Ⅲ-2, trad. fr. A. Croiset, Paris, Les Belles Lettres, 1972, p. 166-167]. 이 구절에 관한 더 발전된 분석을 보려면 다음을 참조하라. GSA, p. 335-344.
*　이 단어는 돌보다, 다루다, 봉사하다, 시중들다, 신에게 경배하다, 경외심을 갖고 부모를 대하다, 땅을 경작하다 등의 의미를 지닌다. 플라톤은 "자신의 영혼을 돌보다"라는 표현으로 테라페우에인을 사용했다. 여기서 푸코는 이 단어를 하나의 단어로 대체하기가 어려워 번역하기가 어렵다고 말한다.

꿈이 문제가 되는 것은 아닙니다—, 칼리클레스가 자신에게 건강한 영혼의 훌륭한 시금석이 될 것이라고 말합니다. 칼리클레스는 에피스테메를 갖고 있고, 〔적어도〕 그걸 갖고 있다고 주장하고 있고, 우정을 갖고 있다고 주장하고 있으며, 파레시아가 결여되어 있지도 않습니다. 그는 폴로스와 고르기아스의 특징인 거리낌과 부끄러움에 구애받지 않는 것입니다.[26]

바로 여기에, 영혼들 간의 관계를 구축하고 그 관계에 반드시 필요한 요소로서의 파레시아에 대한 고대 그리스적 사유 내에서의 최초의 정식화가 있는 것 같습니다. 영혼이 자기 자신을 돌보고자 할 때, 자기 자신에게 마음을 쓰고자 할 때, 영혼은 다른 영혼을 필요로 하며, 그 또 다른 영혼은 파레시아를 갖춰야만 합니다.

저는 오늘 저녁에 제기할 질문들을 바로 이러한 맥락 내에 위치시키고자 합니다. 파레시아를 분석하고자 한다면, 이 개념을 그 보편적 의미 작용들 내에서 포괄적으로 이해하려고 시도하면서 분석해서는 안 됩니다. 사실상 파레시아라는 개념은 언제나 어떤 실천과 연결되어 있다고 저는 생각합니다. 제 흥미를 끄는 1-2세기의 텍스트를 여러분이 보신다면 상당히 다른 〔여러〕 실천적 맥락 내에서 파레시아 개념을 발견하실 수 있을 겁니다.

첫 번째로 수사학적 맥락 내에서 파레시아 개념을 발견할 수 있습니다. 바로 퀸틸리아누스의 책, 《웅변교수론》 9권 2장입니다.[27]

---

26 《고르기아스》의 이 구절에서 소크라테스는 자기 영혼의 시금석이 될 누군가가 필요하다고 말하면서 그 사람이 갖춰야 할 세 가지 자질을 지적하는데, 아이러니하게도 소크라테스 자신이 아닌 칼리클레스가 그 자질들을 갖고 있다고 간주한다. 《라케스》의 경우와는 달리 《고르기아스》에서는 소크라테스가 바사노스(basanos)〔시금석〕로 정의되지 않는다. Cf. CV, p. 134-135. "《고르기아스》에서 (…) 소크라테스는 칼리클레스에게 어떤 종류의 가능한 파레시아 계약을 제안한다. 그 계약에서 소크라테스는 고르기아스가 자신에게 시금석이 될 것이라고 믿게 하면서 문제를 제기하지만, 실제로는 정반대의 일이 일어날 것입니다. 여기〔《라케스》〕서는 완전히 반대인데, 왜냐하면 바사노스는 소크라테스이고, 소크라테스와 대면함으로써 자신의 삶에서 무엇이 좋고 무엇이 좋지 않은지를 구별할 수 있게 될 것이기 때문입니다."

이 장은 사유의 문채文彩, 즉 사유를 표현할 때 사유가 '심플리키 모도 인디칸디simplici modo indicandi'〔사유와 표현의 평범한 방식 - 옮긴이〕에서 멀어지도록 하는 모든 것에 할애되어 있습니다. 그러므로 퀸틸리아누스가 여기서 다루는 것은 사유의 문채이면서 문채가 아닌 것, 즉 문채의 영도零度입니다. 가장하지도 않고 위장하지도 않으면서, 기술art이나 기교technique 없이 청중의 감동을 증대시키는 문채이죠. 이것은 오라티오 리베라oratio libera, 즉 그 어떤 특별한 문채도 없는 사유의 외침, 사유의 직접적 표현입니다. 퀸틸리아누스에 따르면, 이 오라티오 리베라를 그리스인들은 파레시아라 부르고, 코르니피키우스는 리켄티아licentia라 부른다고 합니다. 이상이 이 파레시아라는 말이 발견되는 첫 번째 맥락입니다.

두 번째 맥락도 아주 흥미롭고 폭넓습니다. 그것은 정치적 사유 내에서의 파레시아라는 말의 용례입니다.[28] 그리고 여기서 플라톤이 키루스 왕국을 묘사했을 때 나타났던, 혹은 이소크라테스가 니코클레스에게 보낸 편지인 《니코클레스에게》에서 볼 수 있었던 노선의 윤곽을 다시 추적할 필요가 있습니다. 파레시아는, 공국과 군주제와 전제정치가 실제로 어떤 정치적 현상이 된 그런 정치 구조와 관련될 때 아주 중요한 개념으로 등장합니다. 역사적이고 정치적인 텍스트에서 파레시아는 더 이상 명백하게 이세고리아나 데모크라티아와 결부되지 않습니다. 반대로 그것은 사적인 권력 행사 및 매우 강력한 불평등 구조와 결부됩니다.

---

27   Quintilien, *Institution oratoire*, livre IX, chapitre 2, 27, trad. fr. J. Cousin, Paris, Les Belles Lettres, 1978, p. 177. 또한 다음을 참조하라. GSA, p. 53-54.

28   푸코는 기원전 4세기에 있었던 이행, 즉 '민주적' 파레시아로부터 전제적 권력 게임 내부에서 행해지는 발언 행위, 특히 군주의 영혼에 적용되는 파레시아로의 이행을 나중에 더 상세히 추적하게 될 것이다. *Cf.* GSA, p. 172-180, 268-273, 275-281; CV, p. 54-62. 캘리포니아대학교 버클리캠퍼스에서의 1983년 11월 14일 강의도 참조하라(이 책 214-229쪽).

이렇게 이해된 파레시아는 출신에 의해 행사하는 권리의 위상을 갖는 것이 아니라 일종의 자유가 됩니다. (요컨대-옮긴이) 군주 혹은 더 나아가 부유한 자와 강자가 동의하고 양도한 자유가 됩니다. 하지만 이것은, 그가 훌륭한 군주일 수 있기 위해서, 부유하고 강력하며 품위 있기 위해서 **반드시*** 동의해야 하는 자유입니다. 파레시아는 훌륭한 군주의 기준이고, 탁월한 통치의 기준입니다. 그리고 이 시대의 역사가들이 묘사하는 여러 다른 황제들의 초상들을 재검토해볼 수 있을 것입니다. 제 생각에 파레시아의 현존 혹은 부재는 확실히 훌륭한 통치와 형편없는 통치를 구별하게 해주는 중요한 변별적 자질 중 하나입니다. 게다가 황제와 원로원 간의 관계와 관련된 모든 문제는 파레시아를 둘러싼 쟁점 속에서 나타납니다.

그러므로 파레시아는 군주가 반드시 제공해야 하는 자유입니다. 그리고 군주가 타인들에게 제공한 이 자유는 권력의 위임과 같은 것으로 이해되어서는 안 됩니다. 그것은 권력에의 참여도 아닙니다. 군주의 통치에 그토록 필요한 파레시아스트에게 군주가 부여하는 자유는 무엇과 관계된 것일까요? 그 자유가 적용되는 영역은 어디일까요? 그것은 정치도, 국가의 관리도 아닙니다. 군주가 타인들에게 제공한 그 자신의 권력의 일부분도 아닙니다. 군주는 타인들에게 군주 자신의 영혼에 권력을 행사할 자유를 주는 것입니다. 그러므로 정치적 파레시아가 행사되는 지점은 정치적 행위의 영역이 아니라 군주의 영혼입니다. 그리고 이러한 점에서 이 정치적 파레시아는, 잠시 후에 살펴볼 의식 지도 내에서의 파레시아와 매우 가깝다는 것을 알 수 있습니다. 또한 이렇듯

---

*   수고에서 강조되어 있다.

군주의 영혼에 영향을 미치기 위해 말할 자유로서 이해된 파레시아가 특정한 유형의 정치적 구조와 연결되어 있고, 궁정의 정치적 형식과도 연결되어 있다는 것을 알 수 있습니다. 그리고 제 생각에 파레시아의 긴 역사 전체에서 [⋯]* 궁정을 포함한 모든 형태의 정치체제가 있는 것 같습니다. 18세기까지 유럽에서 군주에게 충언하기 위한 발언의 자유라는 문제는 정치적 문제였습니다. 만인에게 표현의 자유라는 문제가 제기되기 전에는 궁정이라는 공간 안에서 솔직히 말할 권리의 문제가 주된 정치적 문제였습니다. 이 문제를 살펴보면 참 재미있습니다. 파레시아와 관련된 훌륭한 조언자에 관한 묘사가 어떠했는지를 보면 말이죠. [반면-옮긴이] 왕의 총애를 받는 사람은 부정적인 인물로 묘사되어 있습니다. 이 사람은 그야말로 아첨꾼이고, 파레시아스트가 아닙니다. 궁정의 설교자는 성직자라는 지위와 그가 말하는 자리, 즉 설교단이라는 자리를 통해 보호받습니다.** 이것들은 파레시아의 한계입니다. 제 생각에는 궁정의 구조와 파레시아의 관계 속에서 파레시아를 역사적·문화적으로 분석할 필요가 있는 것 같습니다.

그런데 제가 오늘 연구하려는 문제는 이것이 아닙니다. 저는 다른 정치적 맥락을 다뤄보려 합니다. 그것은 수사학의 문제나 정치의 문제가 아니라, **의식 지도**[29]***의 문제입니다.**** 여기

---

*   녹음이 중단됐다.
**   수고에서는 이 목록에 재상(ministre)이 포함되어 있다.
29   《주체의 해석학》 강의에서 푸코는 파레시아를 특별히 헬레니즘-로마 시대의 의식 지도 실천 내부에서는 연구하지 않았다. 이 책 29쪽 각주 9를 참조하라. 하지만 푸코는 곧 파레시아 개념이, 개인적인 의식 지도에 한정된 활용과 의미에서 "아주 널리 넘쳐흐른다"는 것을 깨닫게 된다(cf. GSA, p. 45). 바로 이러한 이유로, 콜레주드프랑스의 마지막 두 강의에서 헬레니즘과 로마 시기의 의식 지도와 관련된 파레시아는 더 이상 참조되지 않는다. 푸코는 캘리포니아대학교 버클리캠퍼스의 1983년 11월 21일과 30일 강의에서만 이 주제를 조직화된 방식으로 새로이 접근한다(이 책 262-276, 307-356쪽).
***   수고에서 강조되어 있다.
****   수고에는 다음과 같이 덧붙여져 있다. "사실 우리는 정치적 문제들에 매우 가까이 있다. 요컨대 자기의 통치, 타자들의 통치 말이다. 하지만 지도받는 자가 담당할 수 있는 정치적 역할 및 직분과는

서 저는 두세 가지 문제를 지적해보고자 합니다. 먼저, 의식 지도 내에서의 파레시아의 문제는, 여러 연구에서 언급된 적은 있지만, 제 생각에는 단 한 번도 직접적이고 명백하게 분석된 적은 없었던 것 같습니다. 가장 많은 정보를 제공하는 것처럼 보이는 텍스트는 1968년 기욤 뷔데 학회 모임에서 마르첼로 지간테Marcello Gigante가 발표했던 텍스트입니다.[30] 그는 이때 필로데모스의 《파레시아에 관하여》라는 텍스트를 다뤘습니다.[31] 지간테의 텍스트는 필립손[32]과 그 이전의 다른 저자들을 참조하는데, 이 텍스트를 통해 토론의 관건이 무엇인지 파악할 수 있습니다. 문제는 파레시아를 어떤 덕으로 간주해야 하는지, 아니면 기술로 간주해야 하는지, 그도 아니면 어떤 삶의 양식으로 간주해야 하는지를 아는 것입니다. 간략히 말해서 〔…〕[*] 철학적인 삶의 양식이 그렇듯, 어떤 삶의 양식과 같은 것이라고 저는 생각합니다. 철학적 삶의 양식이 파레시아를 절대적으로 전제한다는 것은 정말 확실합니다. 파레시아스트가 아닌 철학자는 있을 수 없습니다. 하지만 파레시아스트라는 사실이 철학적 삶의 양식과 정확히 일치하는 것은 아닙니다.[33] 어쨌든 제가 제안하는 것은 오늘날 담론의 화용론이라고 불리는 관점에 입각해 파레시아를 고찰하는 것입니

별개로 영혼의 지도를 고찰하기 위해서 나는 이러한 측면을 추상화하고자 한다."

30   M. Gigante, "Philodème, sur la liberté de parole", dans *Actes du VIIIᵉ Congrès de l'Association Guillaume Budé(Paris, 5-10 avril 1968)*, Paris, Les Belles Lettres, 1969, p. 196-217.

31   Philodème, *Péri parrêsias, op. cit.* 푸코는 〈주체의 해석학〉 1982년 3월 10일 강의(*cf.* 《주체의 해석학》, 415-420쪽〔HS, p. 370-374〕)와 캘리포니아대학교 버클리캠퍼스에서의 1983년 11월 21일 강의(이 책 267-276쪽)에서 이 텍스트를 연구한다.

32   독일의 에피쿠로스주의 전문가로 로베르트 필립손(Robert Philippson, 1858-1942)을 말한다.

*   알아들을 수 없는 구절로, 다만 다음과 같이 들릴 뿐이다. "끝으로 제가 드리고 싶은 말씀은 (…) 조금 범위가 넓습니다." 이 사라진 구절에서 우리는, 푸코가 파레시아를 삶의 양식으로 간주한다는 느낌을 받을 수 있다. 하지만 이어지는 텍스트는 사실은 그렇지 않다는 것을 보여준다.

33   푸코는 콜레주드프랑스 강의 〈자기 통치와 타자 통치〉에서 훨씬 더 긴밀한 방식으로 파레시아와 철학적 삶의 양식을 연결시키고, 그 이듬해의 강의 〈진실의 용기〉에서는 이를 더 명확히 보여준다. 이 책 124쪽 각주 33을 보라.

다.[34] 다시 말해, 타자의 담론을 자기 돌봄의 실천 내에서 권리적으로 기초하고 실제로 보장하는 특성들의 총체로 파레시아를 간주할 필요가 있습니다. 만약 철학적 실천이, 제가 조금 전에 말씀드린 것처럼 자기 돌봄의 훈련, 또는 수련을 보장하는 원리와 규칙 그리고 테크닉의 총체라면, 그리고 만약 자기 돌봄이 타인과 타인의 담론들을 필요로 한다면, 나에 대한 행위, 나에 대한 행동으로 여겨지는 타인의 담론의 본질적 특성은 무엇일까요? 제 생각에 이 담론의 특징은 파레시아이고, 또 파레시아여야 합니다. 파레시아는 자기 돌봄 내에서 타인의 담론을 특징짓습니다.

이를 좀 더 자세히 분석해보기 위해 저는 몇 가지 참고자료를 살펴보고자 합니다. 지간테는 필로데모스의 텍스트에 대한 설명에서 에피쿠로스주의 전통에 관심을 집중하는데, 불행하게도 우리는 에피쿠로스주의 전통에 대해 거의 알지 못합니다. 그는, 제가 소실된 아리스토텔레스의 저서들에 관한 '이탈리아적'[35] 가설이라 부르는 유명한 가설과 격론을 벌입니다. 그리고 그는 필로데모스가 아리스토텔레스에 의존하고 있지 않다는 것을 제시하

---

34 설령 푸코가 오스틴(J. L. Austin)(cf. J. L. Austin, *How to Do Things with Words*, Harvard University Press; 2 edition(September 1, 1975))의 영향으로 여기서 파레시아를 담론의 화용론이라는 관점에서 고려하자고 제안한다 하더라도, 그는 여전히 원칙적으로 고대 의식 지도의 틀 속에서 파레시아를 고찰하고 있다. 이 틀 내에서 스승의 화용론적 담론은 어떤 행위로서 나타나는데, 왜냐하면 스승은 제자의 에토스를 변화시키고 변형시키는 것을 목표로 하는 '윤리시학적(éthopoiétique)' 행위자이기 때문이다(cf. 《주체의 해석학》, 270-271쪽(HS, p. 227-228)). 하지만 몇 달 후 푸코는 파레시아를 그런 식으로 서술하는 것이 지나치게 제한적일 위험이 있음을 깨닫고, 〈자기 통치와 타자 통치〉 1983년 1월 12일 강의에서 오스틴을 재참조할 때는 파레시아와 수행적 발화를 명확히 구분한다. 푸코는 파레시아 연구가 담론의 화용론에 속하는 것이 아니라(이제 담론의 화용론은 '말하는 사람의 실제 상황 속에서, 한 진술의 의미와 가치에 영향을 미치고 그것을 변화시키는 것의 분석'으로 정의된다), 담론의 '극적 효과', 즉 '어떻게 한 사건과 그 표현이 진술자의 존재에 영향을 미칠 수 있는지를 보여주는 담론 사건들의 분석'에 속한다고 결론 내린다. Cf. GSA, p. 59-66.

35 에토레 비뇨네(Ettore Bignone)의 작품들을 암시한다. 비뇨네는 소실된 아리스토텔레스의 저서들이 에피쿠로스와 에피쿠로스주의자들에게 끼친 영향에 대한 가설을 세웠다. Cf. E. Bignone, *L'Aristotele perduto e la formazione filosofica di Epicuro*, Firenze, La Nuova Italia, 1936(réed. Milano, Bompiani, 2007).

려 합니다. 저는 이 문제를 해결할 수 없기 때문에 좀 더 광범위한 참고자료를 구해 살펴볼 것이며, 필로데모스의 몇몇 텍스트와 세네카, 에픽테토스, 플루타르코스, 그리고 갈레노스의 텍스트를 통해서 담론의 화용론적 관점에서 파레시아를 연구하려고 노력할 것입니다. 하지만 필로데모스의 텍스트는 상당히 훼손되어 있기 때문에 거기서 많은 것을 끌어내기는 상당히 어렵습니다.

바로 여기서 저는 두 개의 텍스트를 다루면서 그 연구를 시작하려고 합니다. 이 텍스트들은 파레시아 개념을 연구하는 데 길잡이가 되어주었습니다.* 그중 하나는 아리아노스arrianos가 편집한 에픽테토스의 《대화록》을 소개하는 텍스트입니다. 이것은 파레시아에 대한 아주 흥미로운 성찰이자 개론서로, 몇 장 되지 않습니다. 아리아노스는 불완전한 판본이 다수 돌아다니고 있어서 에픽테토스의 《대화록》을 출판하게 됐다고 설명합니다. 그는 에픽테토스의 디아노이아dianoia와 파레시아를 알리기 위해서 이 《대화록》을 출판한다고 말합니다. 디아노이아는 사유의 움직임, 즉 에픽테토스의 사유의 움직임이고, 파레시아는 그(에픽테토스―옮긴이)의 담론이 갖는 고유의 형식입니다. 디아노이아와 파레시아는 서로 연결되어 있으며, 이 텍스트 전체에 걸쳐서 서로 분리되지 않을 것입니다. 아리아노스가 보여주려는 것은 에픽테토스의 디아노이아와 파레시아로 구성된 총체입니다. 이렇게 에픽테토스의 디아노이아와 파레시아를 복원하기 위해서 그는 자기가 적은 노트, 후포므네마타hupomnêmata를 출판하겠다고, 다시 말해 그것을 독자들에게 넘기겠다고 말합니다.[36] 후포므네마타는 중요한 기술

---

* 수고: 그중 하나는 파레시아스트가 그 발언의 유효성을 어떻게 유지할 것인지와 관련된 것이며, 다른 하나는 파레시아스트를 필요로 하는 사람이 어떻게 파레시아스트를 발견하고 알아볼 것인지와 관련된 것이다.

적技術的 개념입니다. 이것은 철학자가 말할 때 그것을 들은 사람이 적은 노트들을 베껴 적어 놓은 것입니다. 그리고 이 사본들은 수련 노트이기도 합니다. 후포므네마타는 정기적으로 다시 읽혀야 하고, (그렇게 함으로써-옮긴이) 스승의 말씀이 끊임없이 재활성화되기 때문입니다.[37] 플루타르코스가 파키우스에게 보내는《만족에 대하여》라는 제목의 편지에서 이렇게 말했던 것을 기억하실 겁니다. "자네가 압박감을 느낀다는 것을 나는 알고 있네. 자네에게는 절대적으로, 아주 긴급하게 마음의 평정에 관한 개론이 필요하네. 자네는 기다릴 수 없으니, 나를 위해 써 놓았던 후포므네마타들을 자네에게 보내겠네."[38] 그리고 에픽테토스의 텍스트에도 이에 대한 몇몇 참고자료가 있습니다. 에픽테토스는 가끔씩 이렇게 말합니다. "이것이 내가 당신에게 이야기한 것인데, 지금 그것을 명상하고meletan, 재현동화再現動化하고, 끊임없이 다시 생각해야 한다. 그것을 쓰고graphein, 읽고, 수련해야gumnazein 한다." 그러므로 아리아노스는 에픽테토스 대화의 후포므네마타들을 독자들에게 넘겨주는 것입니다. 이 후포므네마타들은 물론 반론에 부딪힙니다. 왜냐하면 독자들은 이렇게 말할 것이기 때문입니다. "에픽테토스는 글을 훌륭하게 쓸 수 없으니 에픽테토스의 꾸밈없는 말은 무시하자"라고 말이죠. 하지만 후포므네마타의 기능은 에픽테

36　Épictète, *Entretiens*, I, 1-8: "내가 그에게서 들은 것은 무엇이든지 그의 말 그대로 늘 기록해왔다(grapsamenos hupomnêmata). 내가 할 수 있는 최선을 다해서, 앞날에 나 자신이 사용하기 위해, 그의 사유 방식과 대화의 솔직 담박함(ekeinou dianoias kai parrêsias)의 기록으로서 그의 말을 보존하기 위해 전심전력을 다 기울였다. 또 당연히 이 모든 기록은 두 사람 간의 자발적인 대화의 모습을 띠고 있으며, 훗날 독자들과의 만남을 염두에 두고 작성된 것은 전혀 아니다." 이 텍스트에 대한 다른 해석은 다음을 참조하라.《주체의 해석학》, 395-396쪽(HS, p. 349-350).

37　후포므네마타 개념에 대해서는 다음을 참조하라.《주체의 해석학》, 387-389쪽(HS, p. 343-344); M. Foucault, "L'écriture de soi", dans DE II, p. 1237-1242; 푸코, 〈불문과에서의 토론〉,《비판이란 무엇인가? 자기수양》, 188-195쪽(CCS, p. 157-161).

38　Plutarque, *De la tranquillité de l'âme*, 464E-F, dans *Œuvres morales*, t. VII-1, trad. fr. J. Dumortier, Paris, Les Belles Lettres, 1975, p. 98.

토스의 솔직한 대화, 그가 자기 자신에 대해 말한 것을 드러내는 것입니다, 후포테hopote.[39] 아리아노스로 말하자면, 그는 재능 있는 작가가 아니라고 비난당할 위험을 감수합니다. 하지만 그건 중요하지 않습니다. 왜냐하면 그가 원하는 것은, 그가 넘기는 노트들을 통해서, 에픽테토스가 말했을 때 다른 사람들의 영혼에 영향을 끼쳤던 방식이 투명하게 전승되어 그것이 지금의 독자들에게 동일한 영향을 미치게 하는 것이었기 때문입니다. 그리고 에픽테토스의 발언이 그 발언을 정확하게 듣는 사람들로 하여금 에픽테토스가 원하는 감정들과 느낌을 불러일으켰던 것과 동일한 방식으로, 그 텍스트를 읽는 사람들이 에픽테토스가 그들로 하여금 느끼게 하고 싶었던 것을 느끼기를 염원합니다. 하지만 아리아노스는 자신의 글 서문에서 만약 그들이 그걸 느끼지 못한다면 그것은 둘 중 하나의 이유 때문이라고 결론 내립니다. 첫째로 자신 때문일 수 있는데, 아리아노스 자신이 그것들을 훌륭히 옮겨 적지 못했기 때문이고, 그것은 자기 잘못이라는 것입니다. 그렇지 않으면 읽는 사람들이 이해하지 못하기 때문이라는 겁니다. 여기서 파레시아는 수사학적 형식들 및 전통적인 글쓰기와 단절하거나 혹은 그것들을 등한시하는 것처럼 보입니다. 요컨대 파레시아는 행위이고, 그 자체로 영향을 미치며, 또 그 자체로 담론이 영혼에 직접적으로 영향을 줄 수 있습니다. 그리고 파레시아는 그것이 영혼에 직접 영향을 주기 때문에, 담론과 사유의 운동 사이에서의 결합이나 투명한 관계를 통해 디아노이아를 전달합니다. 제가 참조하려는 첫 번째 텍스트와 관련해서는 이상과 같습니다.

50
—
51

39 Épictète, *Entretiens*, I, 7, *op. cit.*, p. 4. 푸코는 "hopote"(~할 때)라고만 말한다. 인용문 전체는 "autos hopote elegen autous(그 자신이(에픽테토스가) 연설했을 때)"이다.

이제 두 번째 텍스트를 다뤄보겠습니다. 그것은 《정념들의 치료에 관한 논고》 첫 부분에 나오는 갈레노스의 텍스트입니다.[40] 이 텍스트에는, 오늘 제가 인용하는 텍스트들 중에서 유일하게 파레시아라는 말이 나오지 않기 때문에 골치가 좀 아픕니다. 그리스어 파레시아는 물론이고, 우리가 파레시아라고 통상적으로 번역하는 라틴어 리베라 오라티오libera oratio 혹은 리베르타스libertas 도 등장하지 않습니다. 갈레노스의 텍스트에서 파레시아라는 단어는 나타나지 않습니다. 그렇지만 저는 다른 각도로 봤을 때, 이 텍스트가 기술적으로 아주 흥미로운, 정확히 파레시아에 관한 묘사라는 것을 절대로 부정할 수 없다고 생각합니다.

아리아노스는 이렇게 묻습니다. "에픽테토스는 말을 했고, 오로지 그의 입말parole만이 타인들의 영혼에 영향을 주었는데, 어떻게 이 영향력을 전달할 것이며, 무엇이 이러한 파레시아의 전달 수단일 수 있을까?" 〔그런데 — 옮긴이〕 갈레노스의 물음은 이와 완전히 다르고, 또 아주 이상합니다. 그는 이렇게 묻습니다. "어떻게 우리는 우리가 우리 자신을 돌보고자 할 때 필요한 파레시아스트를 실제로 찾아 나서고 발견할 것이며, 발견했다는 것을 확신할 수 있을까?" 사실 갈레노스는 이 텍스트에서 우리가 자기 자신에 주의를 기울이지sautô pronooumenos 않는 한, 선한 사람, 완벽한 사람teleios anêr이 될 수 없다고 주장합니다. 그리고 이렇듯 자기 자신에게 주의를 기울이는 데는 지속적인 수련deitai gar askêseôn이 요구된다고 말합니다. 평생에 걸친 수련, 실천이 필요하다는 것입니

---

40   Galien, *Du diagnostic et du traitement des passions propres de l'âme de chacun*, dans *L'âme et ses passions*, trad. fr. V. Barras, T. Birchler et A.-F. Morand, Paris, Les Belles Lettres, 2004, p. 3-41. 푸코는 또 〈주체의 해석학〉 1982년 3월 10일 강의에서〔《주체의 해석학》, 421-426쪽(HS, p. 378-382)〕, 그리고 캘리포니아대학교 버클리캠퍼스에서의 1983년 11월 30일 강의에서 파레시아의 문제라는 관점에서 이 텍스트를 분석한다(이 책 310-316쪽과 316-317쪽 각주 **).

다.⁴¹ 그런데 이 실천은 스스로 관리될 수 없습니다. 이 실천을 조절하기 위해서는 다른 누군가가 필요합니다. 그가 말하길, 자기에 대해 말해주는 타인들에게 자기를 맡기는 사람은 거의 실수하지 않는 반면, 그렇게 하지 않고 자기 자신이 뛰어나다고 믿는 사람들은 종종 실수를 하게 됩니다.* 그러므로 수련을 통제하기 위해서는 누군가 다른 사람이 필요합니다. 이를 통해 우리는 '완벽한 사람'이 될 것입니다. 그런데 우리는 이 타인을 어디서 어떻게 찾을 수 있을까요? 갈레노스의 이 긴 구절에서 눈에 띄는 부분은, 우리가 필요로 하는 이 타인의 기술적 능력에 대해서도, 심지어는 지식에 대해서도 그가 전혀 논하지 않는다는 사실입니다. 그는 그냥 이렇게 말합니다. "아첨꾼이 아니라는 평판을 가진 누군가에 대해 듣게 되면 귀를 기울이고 들어야 한다. 그리고 이런 사람에 대해 듣게 되면 몇 가지 검증을 수행한다—이에 대해서는 잠시 후에 다시 다루겠습니다—. 그가 진실alêtheuein을 말할 수 있다고 확신하기 위해 몇 가지 검증을 수행하고, 그가 진실을 말할 능력이 있다는 확신이 들면, 그에게 우리에 대해 어떤 견해를 갖고 있는지를 묻고, 우리가 생각하는 우리의 단점과 장점을 설명한 후, 그가 어떻게 반응하는지 살피도록 하자.⁴² 만약 필요하다고

---

41   Galien, *Du diagnostic et du traitement des passions propres de l'âme de chacun*, 4, *op. cit.*, p. 12: "완벽한 인간이 되기 위해 우리 모두는 거의 전 생애 동안 훈련해야 한다(deitai gar askêseôs). 그러므로 설령 50대에 접어들었고 영혼이 상했다 하더라도 향상되기를 포기하지 말아야 한다. 영혼의 손상은 치유 불가능한 것도 아니고, 돌이킬 수 없는 것도 아니다." 같은 책, p. 16: "너는, 설령 네가 아주 뛰어나지는 않다 해도, 아주 조금이라도 더 나아지는 진보의 첫해에 만족하라. 만일 네가 끈질기게 네 정념에 저항하면서 끈질기게 버티고 네 격노를 완화한다면, 그다음 해에는 더 뛰어난 진보를 이루게 될 것이다. 그리고 만약 네가 너 자신에게 신경을 쓴다면(seautô pronooumenos), 세 번째, 네 번째, 다섯 번째 해, 그리고 그 이후에 네 삶이 훨씬 더 품위 있어졌다고 느끼게 될 것이다."

*   수고: 한편으로 이는 정념과 오류의 관계 때문인데, 결국 우리가 우리 자신을 너무 사랑한 탓에 스스로 바로잡을 수 없다는 것이다.

42   *Ibid.*, 3, p. 8-9: "그러므로 만약 도시국가 안의 [네가 알지도 못하고 사랑하지도 않고 미워하지도 않는] 어떤 사람이, 그 누구에게도 아첨하지 않는다는 이유로 많은 사람들에게 칭찬받고 있다는 말을 듣는다면, 그와 자주 어울리면서 네가 가진 경험을 통해 그가 정말로 사람들이 말하는 그런 사람인

52
—
53

여겨지는 엄격함을 그가 갖고 있다는 확신이 든다면—이 문제도 다시 다루겠습니다—그때 우리는 그에게 우리가 필요로 하는 도움에 대한 배려를 맡길 수 있다." 그리고 갈레노스는, 화를 주체하지 못하고 너무 쉽게 분노하는 바람에, 별로 중요하지도 않은 짐들을 여행 도중에 잃어버렸다는 이유로 그의 노예 두 명에게 검으로 상처를 입힌 그의 친구 곁에서, 자신이 어떻게 그를 돕는 역할을 수행하고 그를 인도했는지 설명합니다. 그리고 화를 잘 내는 그 친구는 치유됐다는 것입니다.[43]

제 생각에 이것은 의식 지도에 관한, 그리고 파레시아를 이루는 요소들에 관한 소소한 묘사입니다. 이것이 파레시아를 이루는 요소들인 이유는 우선, 파레시아가 자기 돌봄과 명확하게 연결되어 있고, 아스케시스askêsis(수련)와 명확하게 연결되어 있으며, 아첨과도 연결되어 있고, 분노와는 대조된다는 것을 볼 수 있기 때문입니다. 지금부터 파레시아에 관한 논설들 가운데 가장 치밀하고 잘 설명된 논설인 이 두 텍스트를 이용해서, 어떻게 우리가 이 파레시아를 연구할 수 있는지, 덕도 아니고 단순히 어떤 테크닉도 아니며 삶의 방식도 아닌 파레시아를 어떻게 연구할 수 있

지를 판단하라. 만약 그가 부자들, 가장 권세 있는 자들, 군주들의 집으로 끊임없이 달려가는 것을 네가 확인한다면, 그리고 또 만약 그 사람이 그런 사람들[부자, 세도가, 군주]에게 인사하고 그들을 호위하며 그들과 더불어 연회에 참석하는 것을 네가 목격한다면, 그 사람의 완전히 진실한 명성이 무의미하다는 것을 알라. 사실 그런 삶을 선택함으로써 그는 진실하지 못한 사람이 될 뿐만 아니라, 필연적으로 모든 악덕을 갖는데, 왜냐하면 그는 부와 권력 그리고 명예 혹은 영광을 동시에, 혹은 그것들 각각을 추구하기 때문이다. 반면, 부자들이나 세도가들에게 인사하지도 않고 그들을 호위하지도 않으며 그들과 더불어 연회에 참석하지도 않는, 그리고 규율에 따르는 삶을 보내는 자는 그를 보다 깊이 알고, 그가 누구인지를 배우려고 노력하라. 이는 수년에 걸친 교제의 결과이다. 그리고 만약 그가 그러하다는 생각이 들면, 위에 언급한 정념들 중 하나를 그가 네 안에서 확인하는 즉시 말해달라고 권하면서, 그와 한번 독대하여 이야기하라. 왜냐하면 너는 그가 너의 병든 몸을 구제하는 경우보다도 한층 더 그에게 큰 감사를 느끼고, 그를 너의 구원자로 여기게 될 것이기 때문이다. 위에 언급한 정념들 중 하나에 네가 사로잡혀 있음을 어떤 경우에 보게 되는지를 그가 네게 드러내주기로 약속해놓고도 너와 가까이 지낸 지 며칠이 지나도록 아무 말을 해주지 않는다면, 이것으로 그 사람을 비난하고, 이전보다 더 강력하게, 네가 정념의 상태가 되는 것을 보는 즉시 가르쳐달라고 재차 그에게 간청하라."

43   *Ibid.*, 4, p. 15-16.

는지를 살펴보려고 합니다.

의식 지도의 이러한 실천 내에서 우리는 파레시아에 관해 무엇을 이야기할 수 있을까요? 혹은 자기 돌봄의 실천 내에서라면 또 어떨까요? 첫째, 파레시아는 아첨과 대립됩니다.[44] 아첨은 고대 전반을 통해 윤리에서, 좀 더 구체적으로 말하자면 정치적 윤리에서 아주 중요한 개념입니다. 아첨에 관해서라면, 성적 윤리나 육체적 쾌락의 윤리, 식도락의 윤리나 욕망의 윤리에 관한 것보다도 훨씬 더 많은 텍스트와 참고문헌, 고찰이 존재합니다. 아첨은 아주 중요한 개념이며, 제 생각에는 자기 통치와 타자 통치에 관한 많은 문제의 핵심에 이 개념이 있습니다. 게다가 저는 아첨이 무엇인지 이해하기 위해서는 아첨과 그것의 상관물相關物을 연동시켜보아야 한다고 생각합니다. 저는 파레시아가 역전된 아첨이라고 생각하며, 아첨은 분노의 상관물이라고 생각합니다. 고대 윤리에서 분노는, 단순히 어떤 사람이나 사물에 대한 누군가의 격노가 아닙니다. 분노는 언제나 가장 강력한 권력을 쥔 자의 격노이고, 가장 강력한 권력을 도덕적으로 받아들일 수 있는 합리적 한계를 넘어서서 행사하는 상황에 있는 자의 격노입니다. 분노는 언제나 가장 강한 자의 격노입니다. 세네카의 분석들, 플루타르코스의 분석들은 이 점을 매우 분명히 보여줍니다. 그러므로 분노는 자신보다 더 약한 자에게 격분하는 자의 행동입니다. 아첨은 그 분노의 정확히 역전된 태도이며, 가장 약한 자가 가장 강한 자의 호의를 이끌어내려는 행동입니다. 그러므로 관용과 반대

44　푸코는 콜레주드프랑스 1982년 3월 10일 강의에서 파레시아와 아첨 간의 대립에 관해 상세히 연구한다(*cf.* 《주체의 해석학》, 399-408쪽(HS, p. 357-364)). 거기서 푸코는 아첨에 반대되는 것이면서 보충해주는 것으로서 분노를 논한다. 하지만 관용에 관해서는 언급하지 않는다. 또한 다음을 참조하라. GSA, p. 278-279.

되는 것으로서의 분노와 관련해서는 상당히 복잡한 총체가 있다고 말할 수 있을 것입니다. 분노의 상관물은 아첨이며, 아첨의 반대는 파레시아입니다. 분노와 관용, 아첨과 파레시아. 파레시아는 아첨에 저항하고, 아첨을 제한하며, 아첨에 반격을 가합니다. 관용이 분노를 제한하고, 분노에 반격을 가하는 것과 마찬가지로 말입니다. 분노는 아첨을 부르는 행동이며, 관용은 권력을 행사하는 쪽에서는 파레시아의 공간을 열어두는 합리적 행동입니다. 분노, 관용, 아첨, 파레시아, 이 네 항을 가진 형상을 기억해둬야 합니다.

반-아첨으로서의 파레시아는 어떻게 나타날까요? 파레시아는 세 가지 형태로 나타납니다. 우선 파레시아는 델포이의 가르침, 그노티 세아우톤gnôthi seauton(너 자신을 알라)과 연결되어 있습니다. 아첨(에 대해서는) 플루타르코스를 참조하십시오. 이 문제에 관한 근본적인 텍스트는 물론 《아첨꾼과 친구는 어떻게 구별할 수 있는가》[45]입니다. 그런데 제가 아첨에 관한 논설이라 부르는 이 텍스트는 사실 아첨과 파레시아의 대립에 관한 논설입니다. 그리고 아첨꾼에 대비되는 진정한 친구는 언제나 진실을 말하는 친구입니다. 그러므로 플루타르코스의 이 논설은, 파레시아의 문제, 특히 아첨에 대립되는 것으로서의 파레시아의 문제에 관해 행해져야 하는 거의 대부분의 분석에서 완전히 중심이 되는 것입니다. 플루타르코스의 이 텍스트는 이 점에 대해 매우 명확합니다. 플루타르코스에 따르면, 아첨꾼은 델포이의 격언을 공격하는 자이며, 사람들이 자기 자신을 알지 못하도록 방해하는 자입니다. 결

---

45 플루타르코스, 〈아첨꾼과 친구는 어떻게 구별할 수 있는가〉, 《플루타르코스의 모랄리아: 교육·윤리 편》, 천병희 옮김, 숲, 2010, 243-360쪽(Plutarque, *Les moyens de distinguer le flatteur d'avec l'ami, dans OEuvres morales*, t. II -2, trad. fr. J. Sirinelli, Paris, Les Belles Lettres, 1989, p. 84-141). 푸코는 캘리포니아대학교 버클리캠퍼스에서의 1983년 11월 30일 강의에서 이 텍스트를 더 철저하게 분석한다(이 책 313-318쪽과 322-323쪽 각주 *).

과적으로 파레시아는 타인들 속에서 내가 나 자신을 인식할 수 있게 하는 도구가 될 것입니다. 그리고 갈레노스는 제가 조금 전에 인용한《정념들의 치유에 관한 논설》의 첫 부분에서 파레시아와 델포이 격언 사이의 관계, 혹은 아첨과 델포이 격언에 대한 무지와의 관계에 공명합니다. 그 논설에서 갈레노스는, 자기가 젊었을 때는 그노티 세아우톤에 그 어떤 중요성도 부여하지 않았다고 말합니다. 나중에 자기 자신을 사랑하는 것과 아첨꾼들이 아첨하도록 내버려두는 것에 수반되는 위험을 자각하게 된 바로 그 순간부터 그노티 세아우톤의 중요성을 깨닫게 됐다는 것입니다.[46] 그러므로 파레시아는 장차 반-아첨이 될 것이고, 그노티 세아우톤의 행위 주체가 될 것입니다.

파레시아가 그노티 세아우톤의 행위 주체라는 것은 파레시아가 어떤 주체에게 그 자신에 대해 이야기해야 한다는 것을 반드시 의미하지는 않습니다. 파레시아스트는 개인[타인-옮긴이]에게 그 자신과 자신의 일들을 이야기하는 사람이 아닙니다. 그에게 그 자신이 정확히 누구인지, 그의 성격이 어떤지 등을 말하는 사람이 아닙니다. 물론 그는 그렇게 해야 합니다. 하지만 파레시아 기능의 본질은 오히려 세계 속에서 어떤 주체에게 그의 자리가 어디인지를 지시하는 일일 것입니다. 그러므로 파레시아스트는 보편적인 인간이 무엇이고, 세계의 질서가 무엇인지에 대해, 그리고 사물들의 필연성은 무엇인지에 대해 말해야 하는 사람입니다. 파레시아스트는 매 순간, 혹은 타인이 필요로 할 때마다, 그 타인의 소관인 것과 소관이 아닌 것이 무엇인지를 말하는 사람입

---

46   Galien, *Du diagnostic et du traitement des passions propres de l'âme de chacun*, 2, *op. cit.*, p. 5: "이렇게, 내가 젊었을 적에는 쓸데없는 찬양의 대상이라 여겼던 것(내가 보기에는 별로 심각해 보이지 않았던, 자기 자신을 알라고 권고하는 델포이의 격언)은 나중에는 찬양받을 만한 것으로 보이게 됐다."

니다. 에픽테토스의 텍스트들은 이 점을 아주 잘 보여줍니다. 우리 소관인 것과 우리 소관이 아닌 것을 판별하는 기준인 한, 판별의 기준을 갖고 있는 한, 파레시아스트는 동시에 〔타자를〕 그노티 세아우톤의 행위 주체일 수 있도록 영향을 주는 사람입니다. 에픽테토스와 마르쿠스 아우렐리우스를 떠올려보세요.[47] 그리고 저는 그것이, 전재된 에피쿠로스의 텍스트가 갖는 여러 의미 가운데 적어도 한 측면이 아니었을까 생각합니다. 그런데 저는 신중하고 또 조심스러워서 그걸 번역해달라고 감히 요구하지는 않았습니다. 프랑수아 에드시크François Heidsieck가 언급하고 번역한 에피쿠로스의 텍스트는 다음과 같습니다. "그가 말하길, 나는 생리학자로서, 대부분의 사람들로부터 찬사를 받기 위해 기성의 의견들과 타협하기보다는, 설령 아무도 이해하지 못한다 해도, 모든 사람에게 유용한 사물들에 대해 난해하게 말하는 것을 선호한다."[48] 텍스트의 나머지 부분은 너무 어려워서 언급하고 싶지 않습니다. 어쨌든 이것은 독립된 텍스트이기 때문에 그 어떤 문맥 효과도 빛을 발하지 못합니다. 하지만 생리학자의 자격, 생리학phusiologos을 이용하는 파레시아는 다음과 같은 전통에 의거합니다. 사물의 본성, 즉 퓌시스phusis를 아는 자는 환상들을 소거하고, 두려움을 없애주며, 공상들을 추방하고, 인간에게 그의 진실이 무엇인지를 말해주는 파레시아스트일 수 있다는 전통 말입니다.

그노티 세아우톤의 기능으로서의 파레시아의 모든 축은 이상과 같습니다. 어떤 의미에서는 이것이 플라톤주의적 구조와 대

---

47 스토아주의자들이 묘사하는, 우리 소관인 것과 우리 소관이 아닌 것의 구별과 자기 인식 간의 본질적인 관계에 대해서는 다음을 참조하라. 푸코, 〈철학과에서의 토론〉, 《비판이란 무엇인가? 자기수양》, 134-136쪽〔CCS, p. 116-117〕.
48 Épicure, *Sentences vaticanes*, 29. *Cf. Les Épicuriens*, éd. D. Delattre et J. Pigeaud, "Bibliothèque de la Pléiade", Paris, Gallimard, 2010, p. 65.

립하고 있다는 것을 아시겠죠? 플라톤주의적 구조 내에서 그노티 세아우톤은 이와 같은 형태로 주체가 자기 자신으로 되돌아가는 운동을 통해 실행됩니다. 네가 누구인지 알고자 한다면, 네가 무엇이었는지를 기억하라. 여기서 네가 누구인지를 알기 위해서는 누군가 다른 사람의 존재가 요청됩니다. 파레시아를 보유하고 있고, 파레시아를 사용하며, 우리가 위치하고 있는 세계의 질서가 무엇인지를 확실하게 말하는, 확실히 다른 누군가의 존재가 말입니다. 제가 강조했던 파레시아의 양상들 중 하나는 이상과 같습니다.

두 번째 양상은 아리아노스의 설명에서 아주 잘 볼 수 있었듯이, 파레시아가 형식의 자유로 특징지어진다는 것입니다. 파레시아스트는 수사학의 규칙은 물론이고, 철학적 논증의 규칙도 신경 쓰지 않습니다. 파레시아스트는 수사학에 반대하고, 엘렝코스[49]에도 반대합니다. 그는 또한 논증에 반대하고, 증거의 엄정성에 반대하며, 개인들에게 이것은 진실이고 저것은 아무것도 아니라고 인식하도록 강제하는 것에 반대합니다. 그러므로 이러한 관점에서 파레시아는 수사학과도 다르고, 엄밀한 의미에서의 철학적 논증과도 다른 담론 형식입니다.[50] 그래서 독설 문헌에서 발견되는 것처럼 '담론에 의한 감성의 강력한 우발적 변조와 같은 것이 파레시아가 아닐까'라는 문제가 제기됩니다. 길에서 누군가를 갑자기 불러 세우고, 군중 속에서 누군가에게 말을 거는, 혹은 더 나아가 에픽테토스가 말하는 것처럼,[51][*] 극장에 서서 군중을

---

49   Elegkhos: 시험.
50   이 점에 대해서는 GSA, p. 52-54를 참조하라.
51   Cf. Épictète, *Entretiens*, III, 22, 26, trad. fr. J. Souilhé et A. Jagu, Paris, Les Belles Lettres, 1963, p. 73.
*   푸코는 이렇게 덧붙인다. "아니요, 에픽테토스가 아니라 프루사의 디온입니다." 그런데 사실

향해 말해야 할 바를 말하고, 강렬한 어조의 연설을 통해 설득하는 철학자의 그 갑작스러운 불러 세우기, 바로 이것이 파레시아가 아닐까요?[52] 저는 몇몇 텍스트들, 특히 세네카의 텍스트들은 이런 식으로 읽어야 한다고 생각합니다. 세네카의 서신들 가운데 독설 형식의 문헌이 문제가 되는 몇몇 구절이 있습니다. 서신 29, 38, 40에서 이러한 구절들을 발견할 수 있습니다.[53] 바로 여기에 이러한 유형의 열정적이고 격렬하며 물음을 제기하는 문헌에 대한 몇몇 증거가 있습니다. 그리고 세네카는 이 웅변적 문헌보다는 개인적인 서신이나 대화를 선호합니다. 제 생각에 여기서 파레시아가 요구하는 것에 가장 즉각적으로 합치되고 그것에 수렴하는 형태는 바로 대화, 대화의 기술입니다. 정확하게 말하고, 타인의 영혼에 직접적으로 작용할 수 있는 형식으로 말하며, 수사학적 형식들에 구애받지 않고 말하고, 우리가 얻고자 하는 효과들을 과장하지 않고 말하는 것, 바로 이것이 대화 속에서 실현된다는 것입니다. 여기서도 역시 대화의 문헌, 철학적 대화의 규칙들, 특히 세네카의 텍스트들에서 암시되는 것을 볼 수 있는 그러한 대화가 소크라테스의 질문이라고 여겨지는 것들과 얼마나 대립되는지를 살펴봐야 할 것입니다.

　　왜 파레시아는 수사학적인 형식도 아니고, 철학적 논증의

푸코가 암시하는 텍스트는 에픽테토스의 텍스트인 것 같다.

52　　1982년 5월에 파레시아에 대한 푸코의 설명은 아직 스토아주의적 관점에 큰 영향을 받고 있으며, 견유주의자들은 거의 고려되지 않고 있다. 이렇게 세네카에 의거함으로써 푸코는 대화의 기술이 "파레시아가 요구하는 바와 가장 즉각적으로 일치하고 적합한 형식"이라고 주장하고, 이 독설을 분명하게 구분한다. 하지만 〈자기 통치와 타자 통치〉(cf. GSA, p. 316) 강의와 캘리포니아대학교 버클리캠퍼스에서의 강의들(이 책 287-289, 294-306쪽), 〈진실의 용기〉(cf. CV, p. 256-257, 287 등등) 강의들에서는 더욱 분명한 방식으로 이 독설과 견유주의자들의 도발적인 대화를 완전한 파레시아의 형식들로 간주한다.

53　　세네카, 《세네카 삶의 지혜를 위한 편지》, 김천운 옮김, 동서문화사, 2016, 98-101, 120-121, 123-127쪽(Sénèque, Lettres àLucilius, t. Ⅰ, trad. fr. H. Noblot, Paris, Les Belles Lettres, 1945). 이 서신들에 대한 푸코의 다른 언급은 다음에서 볼 수 있다. 《주체의 해석학》, 427-429쪽(HS, p. 382-384).

형식도 아니며, 독설의 형식도 아닌 그런 형식을 필요로 하는 것일까요? 왜냐하면 파레시아가 영혼들에 영향력을 행사하고자 한다면, 카이로스kairos(적기適期),[54] 즉 개입에 적절한 시기가 있어야 하기 때문입니다.* 사실 주체가 자신이 과거에 무엇이었는지, 자신이 숙고할 수 있었던 것이 무엇이었는지를 재발견하게 해주는 이러한 행위가 중요한 것이 아닙니다. 이성적 사유의 필요성을 그에게 강요하는 것도 중요하지 않습니다. 문제는 카이로스, 즉 카이로스가 나타날 때, 그에게 말해야 하는 바를 말하기 위해 그 적기를 포착하는 것입니다. 그리고 이때 두 가지를 고려해야 합니다. 먼저 그 개인이 현재 어떤 상태에 있는지를 고려해야 합니다. 세네카의 매우 흥미로운 편지 25[55]를 참조하시기 바랍니다. 거기서 세네카는 루킬리우스에게 두 친구에 관해 이야기합니다. 두 친구에게 조언을 하는 것이 문제인데, 한 친구는 더 유순한 반면, 다른 한 친구는 덜 유순합니다. 어떻게 해야 할까요? 이들 사이에 어떻게 개입해야 할까요? 바로 여기에 개인적 파레시아의 문제계가 있습니다. 또한 페리스타시스peristasis, 즉 상황과 관련된 파레시아의 문제계도 있습니다. 요컨대 이런 상황에 처한 사람과 저런 상황에 처한 사람에게 동일한 것을 말할 수는 없다는 것입니다.

플루타르코스는 크라테스kratēs의 경우를 인용합니다. 크라테스는 파레시아스트였던 견유주의자로, 그 어떤 수사학도 사용

---

54 푸코는 특히 〈주체의 해석학〉 1982년 3월 10일 강의(HS, p. 367-368, 371-372)와 캘리포니아 대학교 버클리캠퍼스에서의 1983년 11월 21일 강의(이 책 274-275쪽)에서 파레시아의 실천에서 카이로스의 중요성을 여러 번 강조한다. 푸코는 또한 〈자기 통치와 타자 통치〉 강의(cf. GSA, p. 201, 206-207)에서 플라톤의 일곱 번째 서신을 분석하면서 이를 강조한다.

* 수고: 파레시아는 **우발적인 기술(art stochastique)**이다. 즉, 우리는 카이로스에 따라, 시기에 따라 결정을 내려야 한다.

55 세네카, 앞의 책, 89-91쪽(Sénèque, Lettre 25, dans Lettres àLucilius, t. I, op. cit., p. 33-36). 푸코는 50번째 편지라고 잘못 말한다.

하지 않았는데, [특히] 데메트리오스 폴리오르케테스와의 관계에서 그랬습니다.[56] 데메트리오스가 아테나이를 정복했을 때, [그가-옮긴이] 강력한 군주였을 [때-옮긴이], 크라테스는 언제나 데메트리오스를 파레시아로 공격하곤 했습니다. 이 파레시아를 통해 크라테스는 데메트리오스에게 그의 왕권이 얼마나 사소한 것인지, 그리고 자기가 어떻게 데메트리오스의 삶의 방식보다 더 나은 삶의 방식을 발견했는지를 보여줍니다. 그리고 마침내 실권한 데메트리오스는 자신을 향해 다가오는 크라테스를 알아봅니다. 플루타르코스가 말하기를, 데메트리오스는 크라테스의 파레시아를 몹시 두려워했다고 합니다. 하지만 크라테스는 데메트리오스에게 가까이 가서는 그의 앞에서 추방, 실권 등이 진정으로 나쁜 것만은 아니라는 논지를 펴고, 위로의 말을 건넸습니다. 크라테스의 진짜 파레시아는 결과적으로 대화 상대의 기분을 상하게 하기 위한 것이 아니라, 이렇게 혹은 저렇게 말할 수 있는 순간이나 상황을 포착하는 데 있다는 것입니다. 이 점에 대해서 플루타르코스의 아주 명쾌한 텍스트가 있는데, 거기서 그는 진정한 친구의 파레시아를 특징짓는 것에 관해 이렇게 말합니다. 파레시아는 메트론 metron(척도)을 사용하고, 카이로스(적기)를 사용하며, 크라시스krasis,

---

56 플루타르코스, 앞의 책, 334-335쪽[Plutarque, *Les moyens de distinguer le flatteur d'avec l'ami*, 69C-D, *op. cit.*, p. 129]: "사실 플루타르코스가 이야기하는 이 일화는 데메트리오스 폴리오르케테스에 관한 것이 아니라 데메트리오스 팔레레우스에 관한 것이다. 데메트리오스 팔레레우스는 기원전 317-307년 아테나이를 다스렸고, 데메트리오스 폴리오르케테스에 의해 쫓겨났다. '이와 관련해서 팔레론의 데메트리오스라는 사람에 관한 이야기가 있네. 이 사람이 자기 고향에서 추방당해 테바이 근처의 이름 없는 초라한 곳에 살고 있을 때, 크라테스가 다가오는 것을 보고 그의 냉소적인 솔직함과 가혹한 책망의 언사를 예상하며 언짢은 생각을 하고 있었네. 그러나 크라테스는 그를 매우 친절하게 대하고, 그와 추방당한 일에 관해 대화를 나누면서, 추방당한 것이 얼마나 잘된 것인지, 그러니까 심적 고통을 느낄 이유가 하나도 없다고 말했는데, 그가 추방당함으로써 위험하고 불안한 직무에서 벗어났기 때문이라고 했네. 동시에 크라테스는 그에게 지금의 상황에 낙담하지 말고 용기를 가지라고 권고했지. 이에 데메트리오스는 더욱 힘과 생기를 얻고 마음을 가다듬어 친구들에게 이렇게 말했네. '내 일 때문에 이처럼 훌륭하신 분을 그토록 오랫동안 몰라보고 지냈다니, 얼마나 애석한 일인가!'"

즉 완화시켜주는 혼합을 사용합니다.[57]

이때 파레시아는 치료의 기술과 닮은 카이로스의 기술로서 나타납니다. 영혼의 테라페우에인therapeuein(보살핌)을 보장하는 것으로서 파레시아의 모든 은유를 (떠올려봅시다). 이것은 치료의 기술과 닮은 기술이고, 조타술과 닮은 기술이며, 통치술과 정치적 행위의 기술과 닮은 기술입니다. 의식 지도, 조타, 치료, 정치술, 카이로스의 기술. 그리고 파레시아는 바로 타인의 의식을 인도하는 자가 그에게 적절하게 말하기 위한 카이로스를 포착하는 방식인 것입니다. 적절하게 말한다는 것은 결과적으로 철학적으로 논증할 필요성과 수사학의 의무적 형식들, 그리고 독설의 과장들에 구애받지 않고 말한다는 것입니다.

방금 말씀드린 파레시아의 세 번째 특징은 카이로스의 기술로서의 파레시아였고, 첫 번째는 아첨에 반대되는 파레시아였는데요, 아첨에 반대되는 파레시아가 보시다시피 어떤 덕에 가까운 것으로 나타나는 반면, 카이로스의 기술로 쓰이는 파레시아는 어떤 테크닉에 가까운 것으로 나타납니다. 하지만 이 정도로 멈출 수는 없습니다. 왜냐하면 파레시아는 단순한 개인적인 덕이 아니기 때문입니다. 파레시아는 단순히 어떤 사람이 다른 사람에게 적용할 수 있는 테크닉도 아닙니다. 파레시아는 언제나 두 항을 갖는 작용입니다. 파레시아는 두 사람 사이에서 일어납니다. 설령 우리가 쌍방 중 일방, 즉 인도를 행하는 지도자 측이 파레시아의 능력을 갖고 있고 또 갖고 있어야 한다고 말할 수 있고 또 텍스트가 그렇게 규정하고 있다 할지라도, 사실 파레시아는 두

---

57   위의 책, 360쪽(Ibid., 74D, p. 140): "이것이 바로 솔직함을 기술로 다루어야 할 이유지. 솔직함이 우정에서 가장 효력이 크고 가장 강력한 약이니까 말일세. 그러나 온갖 정성을 다해, 성질을 죽이고 온건한 태도로 적기에 투여해야 하네."

사람 사이의 작용이고, 두 사람 사이에서 일어나고 전개되며, 각자가 특정한 방식으로 자기 역할을 담당해야 합니다.

여기서 가장 중요한 것은 자기 자신의 영혼과 자기 자신을 배려하려는 자, 그래서 파레시아를 가진 타인, 즉 파레시아스트를 필요로 하는 자는 파레시아스트를 찾는 것에 그쳐서는 안 된다는 것입니다. 자신 역시 파레시아스트가 자기에게 말하게 될 진실을 받아들일 능력을 가지고 있고, 또 그것을 받아들일 채비가 되어 있다는 신호를 파레시아스트에게 보내야 합니다. 제가 말씀드린 갈레노스의 텍스트에 그와 관련된 지적이 있습니다. 거기서 갈레노스는 이렇게 말합니다. "자네가 파레시아스트를 찾았다고 생각할 때, 즉 아첨하지 못한다는 신호를 많이 드러내는 누군가를 찾았다고 생각할 때, 자네는 그자가 자네의 파레시아스트가 되고 싶어 하지 않는다는 사실에 놀라게 될 것이다. 그는 몸을 피하거나 그대를 칭찬할 것이다. 그대가 여러 자질을 갖고 있고, 부족한 것이 없으며, 그래서 자네가 스스로를 돌볼 필요가 없다고 말이다." 그리고 또 갈레노스는 이렇게 말합니다. "만약 그 사람이 자네에게 그렇게 말한다면, 적절하게 행동하지 않은 것은 자네라는 것을 명심하게. 그것은 자네가 타인의 파레시아를 받아들일 능력이 없다는 신호를 보냈다는 것이고, 그가 말하는 진실들에 적개심을 품을 가능성이 있다는 신호를 보냈다는 것이며, 그가 자네에게 별 관심을 보이지 않는다는 신호를 자네가 보냈다는 것이네."[58] 갈레노스에게 그것은 일시적 지적일 뿐입니다. 반면,

---

58   Galien, *Du diagnostic et du traitement des passions propres de l'âme de chacun*, 3, *op. cit.*, p. 10: "그러므로 자네가 정념의 상태에서 행동하는 것을 전혀 보지 못했다고 말하는 사람을 신뢰하지 말게. 오히려 그가 그런 식으로 말했다면, 그건 그가 유용하기를 원하지 않기 때문일 것이고, 자네의 형편없는 행동들에 주의를 기울이지 않기를 선호하기 때문일 것이며, 자네로부터 미움받는 것을 경계하기 때문일 걸세. 또 자네의 실수나 정념을 비난했던 누군가를 자네가 맹렬히 비난하는 것을 그가 이미 봤을 수

에픽테토스는 《대화록》 2권 24[59]에서 이러한 유형의 질문에 아주 정확하게 답하는 것 같습니다. 아주 신기하고 낯선 대화입니다. 기억하실지 모르겠지만, 종종 에픽테토스의 이야기를 들으러 오곤 하는, 귀엽고 곱슬머리에 화장을 한 젊은 남자 이야기입니다. 상당한 시간이 지난 뒤에 그는 에픽테토스에게 말을 겁니다. 대화는 이렇게 시작됩니다. "저는 당신 말을 들으러 자주 왔습니다. 그런데 당신은 제게 답해주지 않았습니다. 뭐라도 말씀해주시기 바랍니다 parakalô se eipein ti moi. 그 젊은이는 에픽테토스의 눈앞에서 그의 말을 듣기 위해 거기 있었습니다. 사실 그건 이 젊은이의 역할이었습니다. 그의 역할은 말하는 대신 듣는 것이니까요. 하지만 그 타인이, 스승으로서 파레시아를 행해야 할 사람이 아무것도 말하지 않았던 것입니다. 젊은이가 말하는 것은 파레시아의 요구입니다. 그러자 에픽테토스는 그에게 이렇게 대답합니다. "두 가지 기술이 있다. 말하는 기술technê tou legein이 있고, 또 듣는 경험이 있다(그는 기술이라 말하지 않고 empeiria라고 말합니다)." 문제는 듣는다는 것이 하나의 기술이냐, 아니면 단순히 어떤 경험이냐, 결국 그것이 특정한 능력이냐는 것입니다. 논의해봐야 할 문제입니다. 저는 그의 말이 맞다고 생각합니다. 말하는 기술이 있고, 듣는 능력이 있습니다. 어쨌든 에픽테토스는 경청할 능력이라는 것이 있다고 말합니다.

이때 우리는 '플루타르코스가 《철학자들의 강의는 어떻게

도 있고, (그래서-옮긴이) 그가 아주 자연스럽게 아무 말 하지 않는 것일 수도 있다네. 자네가 자네의 실수들을 일일이 알고자 한다고 말할 때 그것이 자네의 본심에서 우러나온 것이라고 믿지 않고 말일세."

59   Épictète, *Entretiens*, II, 24, 1-29, trad. fr. J. Souilhé, Paris, Les Belles Lettres, 1949, p. 110-115. 이 텍스트에 대한 푸코의 다른 언급을 보려면 《주체의 해석학》, 134-135, 374-377쪽(HS, p. 93, 329-331)과 GSA, p. 296을 참조하라.

들어야 하는가》[60]에서 했던 것을 에픽테토스가 하는 게 아닌가'
라고 생각할 수도 있을 것입니다. 다시 말해, 에픽테토스가 경청
할 능력이 무엇인지, 요컨대 어떤 자세를 취할 것인가, 어떻게 귀
를 기울일 것인가, 어떻게 시선을 관리할 것인가, 어떻게 메모를
할 것인가, 어떻게 타인이 말한 바를 상기할 것인가를 설명하기
시작하는 것이라 생각할 수도 있습니다. 하지만 사실 에픽테토스
가 개진하는 것은 이런 종류의 경청 능력이 전혀 아닙니다. 그는
다른 것을 개진합니다. 그가 개진하는 것은 청자가 훌륭하게 들
을 수 있기 위해 알아야 하는 것이 무엇인지입니다. 청자는 많은
것을 알아야 하고, 자신이 그것들을 알고 있음을 현시해야 합니
다. 이것이 에픽테토스 철학의 근본적인 주제입니다. 우리의 덕행
이 단순히 프로아이레시스proairesis[61]에 달려 있다, 즉 우리의 소관
이라는 것이죠. 우리는 우리 경험이 완벽하게 구성될 것을 우리
자신 안에서, 오직 우리의 소관에서 찾아야 한다는 말입니다. 그
리고 에픽테토스는 자기 철학의 이 근본적 주제들을 간략히 요
약해 설명하고 그에게 이렇게 말합니다. "바로 이것이 네가 알아
야 할 바이며, 내가 너에게 말하기 위해서는 이것을 네가 보여줘
야 했던 것이다. 왜냐하면 말하는 자는 스승이고, 양과 같기 때문
이다. 만약 양이 풀을 뜯기를 바란다면, 초록빛 풀의 싱그러운 맛
이 양들로 하여금 풀을 뜯고 싶게 만드는 그런 풀이 있는 방목장
으로 데려가야 한다." 또 에픽테토스는 말합니다. "놀고 있는 어
린아이들을 보면 그 아이들과 함께 놀고 싶어지는 것과 마찬가
지로, 만약 네가 나로 하여금 말하고 싶지 않게 만든다면, 만약

60 플루타르코스, 〈철학자들의 강의는 어떻게 들어야 하는가〉, 앞의 책, 199-241쪽〔Plutarque,
Comment écouter, op. cit., p. 37-62〕. 또한 이 책 30쪽, 각주 11을 참조하라.
61 프로아이레시스의 의미에 대해서는 이 책 70-71쪽을 참조하라.

네가 내 앞에서 초록빛 풀이나 놀고 있는 아이들과 같지 않다면, 나는 말하는 자로서의 역할을 수행하지 않게 될 것이다." 그러자 젊은이는 이렇게 답합니다. "하지만 저는 아름답고 부유하고 강합니다." 에픽테토스가 답합니다. "하지만 아킬레스도 아름다웠고, 사실 너보다 아름다웠고 너보다 부유했고 너보다 강했다. 내가 의욕이 생기게 하지erethizein 않았다. 내가 네게 말하려는 바를 경청하는 능력을 내게 보여다오. 그러면 너는 네 대화 상대자, 즉 말해야 하는kinêseis ton legonta 자를 말하도록 부추길 능력이 네게 얼마나 있는지를 알게 될 것이다."

안타깝게도 시간이 지나가고 있으니, 〔이 텍스트는〕 더 이상 강조하고 싶지 않습니다. 〔저는 이것이 아주 흥미롭다고 생각하는데, 왜냐하면 우리가 여전히 얼마나 그 기본적인 구조에 가까운 동시에 먼지를 볼 수 있기 때문입니다.〕* 말을 듣는 자가 스승의 욕망을 불러일으켜야 한다는 것, 이것은 플라톤에게 근본적이었습니다.[62] 여기서는 우리가 완전히 다른 세계, 즉 소년애가 완전히 부재하는 세계 안에 들어와 있다는 것을 볼 수 있습니다. 저는 젊은 남자에 대한 소소한 정보들, 그러니까 곱슬머리에 향유를 바르고 화장을 했다는 등의 요소들이 흥미롭다고 생각하지만, 여기서는 그런 요소들로는 스승이 말을 하도록 자극할 수 없다는 것을 분명하게 볼 수 있습니다. 스승을 자극하는 것은 그의 육체나 아름다움, 젊음이 아니라 스승과 제자가 서로를 이해할 수 있도록 하는 근본적인 토대입니다. 제자는 그 토대에 매우 동의한다는 것을 보여줘야 하고, 바로 그 순간 그는 타자에게 말하고 싶은 의욕이 생기게 할 수 있을 것입니

---

* 들리지 않는 구절을 추측했다.

62 소크라테스-플라톤적 에로티시즘에 대한 상세한 분석은 다음을 참조하라. 《쾌락의 활용》, 215-280쪽〔UP, p. 205-269〕. 또한 다음을 참조하라. SV, p. 93-97.

다. 그리고 스승은 제자의 영혼에 확실하게 영향을 미치는 방식으로, 그리고 제자의 영혼을 개선하는 방식으로 말하게 될 것입니다. 하지만 스승의 열망은 제자의 영혼을 개선하는 것 이외의 그 무엇도 [아닐] 것입니다.

이처럼 타자[스승의 말을 듣는 제자-옮긴이]가 특정한 몇몇 신호를 주지 않으면 파레시아, 다시 말해 타인의 영혼에 영향을 주는 스승의 역동적인 말은 있을 수 없습니다. 그러므로 제자 쪽에서 신호를 보내야 하고, 파레시아스트 쪽에서도 신호를 보내야 합니다. 여기서 기술적으로 아주 어려운 문제가 생깁니다. '진정한 파레시아스트를 어떻게 알아볼 것이냐'라는 문제입니다. 파레시아는 제자와 스승 모두가 신호를 주고받음으로써 전개될 것입니다. 플루타르코스의 《아첨꾼과 친구는 어떻게 구별할 수 있는가》는 바로 이 질문에 답하는 기술적 논설입니다. 파레시아스트를 찾고자 할 때 어떻게 해야 하고, 또 어떻게 그를 알아보게 될까요? 플루타르코스는, 만약 아첨꾼들 모두가 우리가 알고 있는 그런 부류의 사람들, 즉 저녁 만찬에 초대받기 위해 당신을 칭찬하는 그런 부류의 사람들임을 우리가 알고 있는 경우라면 상황은 무척 간단하다고 말합니다. 이런 아첨꾼들은 위험하지 않습니다. 위험한 아첨꾼들은 말하자면 진짜 아첨꾼들, 다시 말해 우리가 찾는 자들[파레시아스트들-옮긴이]과 가장 닮아 있는 자들입니다. 그리고 파레시아스트와 특히 유사한 것은 탁월한 아첨꾼의 기교와 수완입니다. 진짜 아첨꾼은 파레시아스트처럼 당신에게 가혹한 것, 불쾌한 것들을 말할 것이고, 당신의 결점들을 당신에게 확실하게 말해줄 그런 자일 수 있습니다.[63]

---

63   플루타르코스, 앞의 책, 251-257쪽(Plutarque, *Les moyens de distinguer le flatteur d'avec l'ami*,

어떻게 이 문제를 해결하고, 진정한 아첨꾼이 누구인지를 알아볼 수 있을까요? 이 문제에 답하는 다른 텍스트들도 있습니다. 갈레노스의 텍스트 역시 이 문제에 답합니다. 갈레노스의 대답을 우선 말씀드리겠는데, 왜냐하면 그의 답변이 가장 간단하고, 경험적이며, 대단한 이론적 문제를 제기하지 않기 때문입니다. 갈레노스는 그저 몇 가지만 주의하라고 요구합니다. 만약 파레시아스트를 찾고자 한다면 우선 좋은 평판을 가진 자에게 문의해야 하고, 그를 유의해서 살펴봐야 하며, 신중하게 추적해야 한다는 것입니다. 그가 세도가들이나 부자들의 집에 자주 드나드는지 살펴봐야 하는데, 만약 그가 자주 거기에 드나든다면 그것은 좋지 못한 신호입니다. 그는 우리가 찾는 좋은 파레시아스트가 아닐 위험이 있습니다. 하지만 한 걸음 더 나아가서, 그가 그런 곳들에 드나든다 해도, 그가 우리와 더불어 어떻게 처신하는지, 그가 아첨꾼인지 아닌지 등등을 살펴야 합니다. 이렇게 자신이 아첨꾼이 아니라는 것을 확고히 한 이 사람과 만나 그에게 파레시아스트 역할을 해달라고 요청하고 난 후에도 그를 계속해서 시험해야 합니다. 그리고 그가 당신을 너무 쉽게 칭찬하는지 살펴봐야 하고, 필수적인 엄격함을 갖고 있는지도 살펴봐야 합니다. 그런데 갈레노스의 분석이 꽤나 흥미로운 이유는 그것이 상대적으로 더 멀리까지 나아가기 때문입니다. 그는 이렇게 말합니다. "만약 당신이 지도자로 선택한 파레시아스트가 당신에게 칭찬을 늘어놓는다면, 그가 진정한 파레시아스트가 아니거나, 그가 당신에게 관심이 없고 당신이 진실을 들을 능력이 있다는 징표를 그에게 보여주지 않았거나 둘 중 하나다. 하지만 만약 그가 당신

49D-51D, *op. cit.*, p. 85-89].

에게 엄격하다면, 그는 당신이 너무 엄격하다고 생각하는 것들을 당신에게 말할 수도 있다. 당신이 보기에 너무 엄격하다고 생각되는 것들을 당신에게 말할 수도 있다. 그런 경우 잘못은 항상 당신에게 있다. 왜냐하면 다른 모든 사람들처럼 당신도 자기애를 가지고 있기 때문이다. 그러므로 타인이 엄격함을 가지고 〔당신에게〕 하는 말을 항시 진실이라 가정해야 한다. 그리고 심지어 그 파레시아스트가 당신에게, 당신이 진실이 아니라고 확신할 뿐만 아니라 그것들이 진실이 아님을 증명할 수도 있는 너무나도 가혹한 말을 한다고 해도 당신은 좋은 파레시아스트를 찾았다고 생각해야 한다. 왜냐하면 사실 경멸적이고 심지어는 끔찍한 것들을 듣는 것은 우리 자신에 대한 우리의 사랑이 해체되는 데 필수적이지는 않다 하더라도, 적어도 유용한 시련이기 때문이다."[64] 여기에 〔…〕[*] 이 있습니다.

이제 플루타르코스의 텍스트로 돌아갑시다. 이 텍스트는 이론적으로 더 흥미롭고, '어떻게 아첨하는 파레시아스트와 진정한 파레시아스트를 식별할 것인가?'라는 문제를 중심으로 아주 잘 구성되어 있죠. 플루타르코스는 파레시아스트의 진정한 신호들은 다음과 같다고 말합니다. 첫째, 우리가 필요로 하는 파레시아스트를 만났다는 것을 확인하는 것은, 그가 그들의 프로아이레시스에서 유래하는 어떤 유사[**], 유사성homoiotês tês proaireseôs을 드러낼 〔때입니다 - 옮긴이〕. 실존의 선택, 근본적인 의지 등등 내에서의 유사성이라고 말해둡시다. 그러므로 파레시아스트를 찾는 주체

64   Galien, *Du diagnostic et du traitement des passions propres de l'âme de chacun*, 3, *op. cit.*, p. 7-11.
[*]   녹음이 중단됐다.
[**]   푸코가 나직이 묻는 것이 들린다. "대응이라고 말해도 될까요? 이것이 호모이오테스 (homoiotês)의 번역어로 충분할까요? 동일성이라고 말할 수는 없습니다. 아마도 닮음 내지는 유사성이라고는 말할 수 있을 것도 같고…."

의 〔프로아이레시스〕와 파레시아스트 자신의 〔프로아이레시스〕간의 유사성이 있어야 합니다. 프로아이레시스의 근본적인 일치가 있어야 한다는 것입니다. 그리고 여기서, 에픽테토스가 젊은 남자에게 "너는 나를 자극하지 못했다. 왜냐하면 네가 나와 동일한 프로아이레시스를 갖고 있지 않다는 것을 아주 잘 보여줬기 때문이다"라고 말했을 때, 그가 말했던 것과 동일한 것을 발견할 수 있습니다. 그러므로 한 사람과 다른 한 사람의 프로아이레시스의 유사성, 이것이 첫 번째 기준입니다.

둘째, 파레시아스트는 언제나 동일한 것들에 기뻐해야 하고, 동일한 것들에 동의해야 합니다. 그의 호불호 체계, 판단 체계 내에서의 영속성을 말합니다. 게다가 플루타르코스의 이 텍스트에서 상황이 얼마나 완벽하게 스토아주의적인지 보실 수 있습니다. 그러므로 그는 언제나 동일한 선택, 동일한 반감, 동일한 호감의 상태에 있어야 합니다.

마지막으로 셋째, 그는 유일하고 동일한 파라데이그마 paradeigma(원형, 모델)를 향해 자신의 삶을 관리해야 합니다. 두 상대방 사이의 실존적 선택의 동일성, 파레시아스트의 반감과 호감의 항상성, 파레시아스트 삶의 패러다임, 삶의 도식의 단일성, 진정한 파레시아스트의 이러한 기준들은 한편으로는 아주 잘 알려진 두 개념을 참조하게 합니다. 하나는 호모노이아homonoia라는 우정 개념입니다. 진정한 우정의 토대가 되는 것이 바로 이 상사, 유사성이고, 바로 이런 의미에서 파레시아스트는 근본적으로 친구입니다. 다른 하나는 언제나 변함없는 선택을 하는 자, 삶의 유일한 도식을 전적으로 견지하는 자로서의 진정한 파레시아라는 개념인데, 이것은 스툴티티아stultitia, 즉 무질서하고 유동적인 영혼의 복수성에 반대되는 실존의 단일성이라는 스토아주의의 개념입니다.[65] 그리고 플루타르코스는 이를 아주 명백하고 가시적인 방식으로 개진합니다. 플루타르코스가 말하기를, 비-파레시아스트, 다시 말해 아첨꾼은 행동하는 데 정해진 규칙이 전혀 없는 사람입니다. 아첨꾼은 때로는 이 사람을, 때로는 저 사람을 본보기로 삼는 자입니다. 플루타르코스의 말에 따르면, 아첨꾼은 단순하지도 않고 단일하지도 않으며 이질적이고 다양한 부분들로 구성되어 있습니다. 아첨꾼은 자신이 들어가는 항아리에 따라 일정한 형태에서 다른 형태로 변하는 액체와 같습니다.[66] 예를 들어, 알키비아데스는 나라를 옮겨 다닐 때마다 달랐는데, 아테나이에 있을 때와 시칠리아에 있을 때 같지 않았고, 시칠리아에 있을 때와 스파르타에 있을 때 같지 않았으며, 스파르타에 있을 때와 페르시아에 있을 때 같지 않았습니다. 반면, 에파메이논다스epameinondas도 마찬가지로 여러 나라를 다녔지만, 옷차림이나 식사diaitê, 말logos과 삶bios에서 언제나 동일한 태도êthos를 견지했습니다.[67] 아첨꾼은 고정되거나 견고한 것을 전혀 갖고 있지 않고, 자기 고유의 것도 없으며, 오이케이오 파테이oikeiô pathei(자기 고유의 파토스pathos)를

---

65 특히 세네카의 '스툴티티아' 개념에 대해서는 다음을 참조하라. 《주체의 해석학》, 164-169쪽〔HS, p.126-130〕; M. Foucault, "L'écriture de soi", art. cit., p. 1239-1240.

66 플루타르코스, 앞의 책, 259-260쪽〔Plutarque, Les moyens de distinguer le flatteur d'avec l'ami, 52A-B, op. cit., p. 9〕: "그러나 아첨꾼은 특성상 한곳에 오래 머물러 있지 못하고, 자신이 선택한 인생이 아니라 남의 삶을 선택해 거기에 자신을 적응해 살아가기 때문에 단순하지도 않고, 한 사람이라고 할 수 없지. 그 속에는 많은 사람이 들어 있어 변화무쌍하지. 그리고 이 그릇에서 저 그릇으로 그릇의 모양에 맞춰 부어지는 물처럼, 그는 늘 이 장소에서 저 장소로 이동하고, 자기를 받아들이는 사람에 알맞게 변신한다네."

67 위의 책, 261-262쪽〔Ibid., 52D-F, p. 92〕: "더 증거를 대라면 이름난 아첨꾼들과 선동 정치가들의 행동에서 찾아볼 수 있지. 그들 중 가장 위대한 자가 알키비아데스였네. 아테나이에서 그는 경솔한 농담에 몰입하고, 경마용 말을 갖고 있었으며, 도시풍의 즐거운 생활을 만끽하면서 지냈지. 하지만 스파르타에서는 어떠했는지 아는가? 그는 머리를 짧게 깎고, 옷은 가장 초라하게 입었으며, 찬물에 목욕했네. 트라케에 있을 때는 싸움꾼이고 술고래였지. 그러나 티사페르네스에게 왔을 때 그는 안락한 생활, 사치, 그리고 허례허식으로 살아갔네. 그렇지만 이런 유형에 속하지 않는 사람도 있었으니, 에파메이논다스나 아게실라오스였네. 이들은 수많은 사람과 도시들, 그리고 생활양식들을 접했지만, 어디서나 복장, 섭생, 언어와 생활에서 그들 특유의 고유한 특성을 유지했네."

통해 사랑하거나 미워하거나 즐거워하거나 슬퍼하는 일도 결코 없습니다.[68] 진정한 파레시아스트는 반대로 오이케이오 파테이를 가진 자이며, 동일한 삶의 규칙을 가진 자, 언제나 동일한 삶, 동일한 말, 동일한 섭생, 동일한 식이요법, 동일한 식사법을 가진 자여서, 그것을 찾는 자, 즉 자기 실존의 통일성을 형성하는 데 도움이 되는 것을 파레시아스트에게서 발견하려는 자에게 고정점으로 사용될 수 있습니다.

그리고 이것은 파레시아의 중심 자체를 구성하는 것으로 우리를 인도합니다.* 실제로 이를 통해 파레시아스트가 유일하고 단일한 실존의 양식만을 갖고 있다고 확인된다면, 파레시아는 무엇이 될까요? 제 생각에 파레시아는, 말하는 자 고유의 삶의 방식이 그가 하는 말 속에서 구체적이고 생생하게 드러나 어떤 모델로 현전하게 된 그런 상태일 것입니다. 그리고 여기서 세네카의 편지 75를 읽어보셨으면 좋겠습니다. 이 편지는 파레시아라는 말이, 그러니까 리베라 오라티오 혹은 리베르타스라는 말이 나오지 않는 텍스트 중 하나지만, 제 생각에 [이 텍스트—옮긴이] 역시 파레시아를 언급하고 있습니다. "내가 보낸 편지가 자네에게 조금 세심하지 못해서 불만일 수도 있겠지. 하지만 세심하게 조목조목 따져가며 말을 하는 사람들은 젠체하며 우쭐거리지 않던가? 내가 이야기할 때면, 우리가 함께 앉아 있거나 함께 걷고 있을 때처럼 모두 편하게inlaboratus et facilis 내 이야기를 듣는다네. 내가 쓴 편지를 읽을 때 또한 그렇게 마음 편히 읽어주었으면 좋겠네.

---

68 위의 책, 263쪽(Ibid., 53A, p. 93): "왜냐하면 아첨꾼은 어디서나 한결같지 않고, 자신의 품격을 지니지 못하고 있으며, 그의 애증희비(愛憎喜悲)는 자신의 감정 때문이 아니라 단지 남의 감정, 생활, 움직임의 이미지를 거울처럼 따라 하는 것뿐이라는 것을 그가 알게 하기 때문이지."

* 수고: 덕으로서나 기술로서가 아니라, 두 상대방 간의 대화의 실천으로서 고려된다.

이 글에서 무언가를 내세우거나 꾸며낸 것이 없으니까accersitum nec
fictum." 여기에 우리가 조금 전에 환기했던 주제들이 있습니다. 파
레시아는 수사학의 모든 작위적인 행동 바깥에 있습니다. 여기에
서 파레시아의 최초 형태, 원형적 형태가 되는 대화에 대한 언급
을 확인할 수 있습니다. 여기에 있는 편지는 대화를 지시하고 있
으며, 대화를 대체하는데, 왜냐하면 실제로 대화가 있을 수 없기
때문입니다. 대화에서부터 편지까지 전형적인 파레시아의 연속성
은 꾸며진 논설을 피하고, 유창함을 피하며, 정치적 웅변 혹은 과
격한 독설을 피합니다. "할 수만 있다면 내가 어떻게 느끼고 있는
지를 말로 하기보다 실제 행동으로 보여주고 싶군quid sentiam ostendere
quam loqui mallem." 말하기보다는 보여주고 싶다는 것입니다. 여기서
말을 사유의 단순한 지시로 환원하는 것, 즉 디아노이아의 직접
적인 영향하에 있으면서 단순히 보여주고 지시하게 되어 있는 파
레시아로 환원하는 것을 통해 아리아노스가 에픽테토스에 대해
말할 때 언급했던 바를 다시 발견할 수 있다고 생각합니다. "서로
의논을 할 때도 발을 쿵쿵 구르지도, 손을 쭉 뻗지도, 마구 소리
를 지르지도 않고, 그런 일들은 변론가들에게 모두 맡겨둔 채 내
가 느끼는 온갖 것들을 자네에게 전할 수만 있다면 그걸로 만족
하고, 그것을 거짓으로 꾸미거나 비하하진 않겠네." 그런 것은 발
언자들의 것, 아마도 독설하는 발언자들의 것입니다. "너에게 내
생각을 직접 전달할 수만 있다면 만족하겠다contentus sensus meos ad te
pertulisse"는 것입니다. 아리아노스가 에픽테토스에 대해 뭐라고 말
했었는지 기억해보세요. 그는 그가 원하는 것을 행하며, 영혼들
에 직접 작용을 가합니다. 아리아노스의 문제는 그의 후포므네마
타를 전달하고 공표함으로써 이 직접적 행위에 받침대를 제공한
다는 것입니다. 그것은 세네카가 여기서 하고 싶어 하는 것이기도

합니다. "너에게 내 생각을 직접 전달하는 것sensus meos ad te pertulisse"
"자네가 오직 하나, 인정해주었으면 하는 것이 있네. 나는 스스로 느끼는 모든 것을 자네에게 이야기하며 그것을 그저 느끼기만 하는 게 아니라 사랑하고 있다는 사실을 말이야. 연인과의 입맞춤이나 아이에게 해주는 입맞춤과는 그 방법이 다르네. 물론 아이에게 해주는 포옹에서도 순수하고 억제된 가운데서 충분하고도 분명하게 감정이 드러날 수 있지. 맹세하건대…" 등등. 건너뛰겠습니다. "내 주장과 요점은 이러하네. 〔안타깝게도 이것은 덧붙여진 부분입니다. 더 불행한 것은 이것이 번역 과정에서 덧붙여졌다는 사실입니다.−haec sit propositi nostri summa: 그러니까 이것이 내 의도의 본질적인 점이다.−M. F.〕 우리는 자신이 느끼는 그대로 이야기를 나누세. 말하는 대로 느끼고 생각하세ille promissum suum implevit, qui, et cum videas illum et cum audias, idem est."[69]

자, 제 생각에 이쯤에서 우리는 파레시아를 구성하는 것의 핵심에 다다른 것 같군요. 다시 말해, 스승의 파레시아가 있다는 것입니다. 사람들이 자기 영혼의 인도를 믿고 맡기는 스승, 그 어떤 수사학도 방해하지 못할 정도로 투명하게 자기가 사유한 바를 말하는 스승의 파레시아 말입니다. 하지만 이것은 스승이 자기가 가진 의견이 무엇인지를 말한다거나 자기가 진실이라고 믿는 바를 말한다는 의미에서의 파레시아가 아니라, 자기가 사랑하

---

69 세네카, 앞의 책, 255-259쪽〔Sénèque, *Lettre 75*, 1, dans *Lettres àLucilius*, t. Ⅲ, trad. fr. H. Noblot, Paris, Les Belles Lettres, 1957, p. 51-52〕. 푸코는 〈주체의 해석학〉 1982년 3월 10일 강의 후반부에서 "그리스인들에게는 파레시아인 리베르타스가 무엇인지에 대한 완벽한 설명"(429쪽)이 관건이라고 주장하면서 이 텍스트에 대해 길게 해설한다. 《주체의 해석학》, 429-436쪽〔HS, p. 384-389〕을 참조하라. 1982년에 푸코가 이 텍스트에 매우 큰 중요성을 부여하고 거기서 파레시아를 구성하는 것의 핵심 자체를 포착하려 했다면, 그것은 그가 여전히 파레시아를 본질적으로 그리스-로마적인 의식 지도의 요소로 간주하기 때문이다. 콜레주드프랑스에서의 1982-1983년 강의부터 파레시아 연구는 완전히 다른 차원을 갖게 되고, 결과적으로 세네카의 서신에 대한 참조는 사라지게 된다.

는 것, 즉 자신의 선택, 그의 프로아이레시스가 무엇인지를 드러
낸다는 의미에서의 파레시아입니다. 그리고 그것은 우리에게, 자
신의 심층적이고 근본적인 선택을 가장 투명한 방식으로 보여주
는 것을 보장합니다. 그것은 자기 애인에게 쏟아붓는 다소간 수
사학적인 포옹이 아니라, 사랑하는 아이들의 빰에 갖다 대는 신
중한 입맞춤이며, 우리가 느끼는 감정의 진실의 보증 자체인 것입
니다. 나는 내가 말하는 것 내부에서 있는 그대로의 나여야 하고,
내가 말하고 있는 것에 결부되어야 하며, 내가 단언하는 바는 나
자신이 내가 단언하는 것과 실제로 일치한다는 것을 보여주어야
합니다. 그리고 바로 여기에서 우리는 파레시아 계약이라고 부를
수 있는 것을 발견하게 됩니다. 이것은 제가 앞서 말씀드렸던 파
레시아 계약과는 다릅니다. 에우리피데스의 작품에서 파레시아
계약을 살펴본 기억이 나실 텐데, 그것은 파레시아의 정치 계약
적 특징입니다. 그러니까 나는 전능〔한 반면―옮긴이〕, 너는 나를 불
쾌하게 할 수도 있고, 내 분노를 일으킬 수도 있는 진실을 갖고 왔
다. 분노라는 주제죠. 하지만 너그럽게도 나는 네게 말할 것을 허
락하고, 또 네가 말할 나쁜 소식이나 불쾌한 일 때문에 너를 처벌
하지 않을 것이다. 바로 이것이 파레시아의 정치 계약적 구조입니
다. 그리고 바로 여기서 개별적 계약의 구조, 파레시아의 일방 지
향적 계약의 구조를 볼 수 있습니다. 내게 솔직하게 말하기를 요
구하는 네게 내가 조언을 할 때, 내가 보기에 진실이라고 추정되
는 것을 네게 말하는 것으로 만족하지 않고, 내가 실제로 나 자
신인 한에서만 진실을 말할 것이다. 그러므로 나는 내가 말한 것
의 진실에 결부되어 있다. 제가 보기에 이 텍스트들에서 전개되
고 있는 이 스승의 파레시아에서 특징적인 것은 스승의 언표에
발화 주체가 내포되어 있다는 사실입니다.[70]

시간이 별로 없지만 한 가지 덧붙일 것이 있습니다. 파레시아에 주체가 이렇게 내포되는 것은 두 가지 방식으로, 제가 이름 붙이기로는 '완벽한 방식'과 '전형적인 방식'으로 일어날 수 있다는 것입니다. 위대한 철학자들만이 그것을 할 수 있으며, 그들이 말한 진실 내에서 그들 자신임을 보여줄 수 있을 때 가능합니다. 그리고 다른 사람을 이끄는 자가 자신이 말하는 진실에 자신이 정확히 일치한다는 것을 단언하기 위해서가 아니라, 자신도 그 진실에 도달하기 위해 노력하고 있다는 것을 단언하기 위해 자신이 하는 말에 결부될 때, 두 대화 상대자 모두 솔직한 파레시아가 존재합니다. 그리고 이와 관련된 세네카의 편지들, 특히 《자연에 대하여》[71] 4권(《나일 강에 대하여》)의 머리말이 있습니다. 루킬리우스에게 보내는 편지에서 세네카는 자신이 루킬리우스를 인도한다고 말합니다. 그는 다음과 같이 말합니다. "나는 네 손을 잡아끌어 가장 좋은 방향으로 너를 인도하려고 애쓸 것이다. 하지만 우리는 서로에게 조언을 해야 한다." 파레시아의 형식들 중 하나인 영혼들의 상호적 열림이라는 주제가 세네카의 편지들을 관통하고 있고, 제 생각에 그리스도교에서 전개된 그런 유형의 파레시아 중 하나가 여기에서 발견된다고 생각됩니다. 그리스도교 내에서 파레시아는 자기가 말하는 것에 말하는 자가 명백히 결부되는 것인데, 이때 말하는 자는 〔스승이 아닌-옮긴이〕 제자 쪽입니다.

---

70   이 책 36쪽, 각주 20.
71   세네카, 〈자연에 대하여〉, 《세네카 인생론》, 김천운 옮김, 동서문화사, 2007, 765-766쪽 〔Sénèque, *Questions naturelles*, t. II, livre IV A, 20, trad. fr. P. Oltramare, Paris, Les Belles Lettres, 1929, p. 178〕: "설령 우리가 바다를 사이에 두고 있어도, 나는 그것을 자네에게 명백히 알리도록 시도할 것이네. 당장이라도 자네를 붙잡아 더 나은 쪽으로 자네를 이끌 수 있도록. 그리고 자네가 고독하다고 느끼지 않도록, 나는 여기서 자네와 대화를 나누려네. 최선의 부분에서는 우리는 일치할 것이네. 우리는 서로에게 충고를 하겠지만, 그것은 듣는 자의 얼굴빛에 좌우되는 것은 아니네." 푸코는 〈진실의 용기〉 1984년 3월 21일 강의에서도 이 구절을 참조한다. *Cf. CV*, p. 249-250.

즉, 불완전한 자, 죄를 범한 자, 향상과 진보를 이루려고 노력하는 자, 바로 이런 자가 말을 해야 하는 것입니다.[72] 제가 말씀드린 것과 같은 변화, 책임의 전도가 있지만, 보시다시피 특정 텍스트들에서─그렇지만 교사가 직업인 에픽테토스에게서는 아니고 세네카와 같은 사람에게서─전개되는 것과 같은 파레시아의 구조 내부에서조차도 균형을 잃기 시작하는 파레시아는 일종의 양측 모두의 의무와 같은 것이 됩니다. 그 의무 속에서 두 영혼은 말해지는 진실과 그들 자신의 경험, 그들 자신의 결점들과의 관계 속에서 교류하고, 또 서로가 서로에게 자신을 털어놓습니다. 이와 관련해서, 필로데모스의 텍스트에서 아주 명확한 구절을 볼 수 있습니다. 잠시 후에 그 구절을 찾아드리도록 하죠. 거기서 그는 파레시아를 제자들 서로가 서로를 구원하기 위한 수단으로 이야기했습니다. 사실 단순히 자기가 말한 진실 속에 스스로 결부되어 있는 스승의 담론인 파레시아뿐만 아니라, 서로가 서로에게 자신의 영혼을 열어 보이는, 그래서 결과적으로 서로가 서로를 돕는 개인들의 활동인 파레시아가 있었다고 말하는 것처럼 보일 수 있습니다. 이렇게 전개된 것은 아마도 에피쿠로스적 유형의 실천인 것 같습니다. 이 실천은 세네카의 저작에서 아주 명백히 나타나고, 여러분은 서로에 대해 허심탄회한 언급을 끊임없이 보실 수

---

72   2년 후, 〈진실의 용기〉 마지막 강의에서 푸코는 그리스도교에서의 파레시아에 대한 간단한 분석을 제시하겠지만, 이 '임무의 전도'를 재론하지는 않을 것이다. 고대 견유주의를 분석한 후 푸코는 오히려 '다른 세계'와의 관계 속에서, 그리고 복종의 원리 속에서 이교도 금욕주의와 그리스도교 금욕주의 간의 불연속적인 점들을 포착한다. 그리스도교 내에 '파레시아의 가치 전도'가 있다면, 그것은 '파레시아의 긍정적 개념과 부정적 개념'을 제각기 촉진하는 그리스도교적 경험의 '거대한 두 모형들' 간에 대립이 있기 때문이다. 한편으로는 신에 대한 신뢰로서의 파레시아에 더 높은 가치를 부여하는 '그리스도교적 파레시아의 축(신비주의 전통)'이 있고, 다른 한편으로는 '역사적으로나 제도적으로 훨씬 더 중요했던' '그리스도교적 반-파레시아의 축(수덕주의 전통)'이 있는데, 이 축은 자기에 대한 교만한 신뢰로서의 파레시아를 축출하고, 반대로 타자에의 무한한 복종과 맺는 관계 내에서 자기를 세심하게 판독할 필요성을 강조한다. Cf. CV, p. 289-308.

있습니다.

이상입니다. 저는 아주 이상한 형태의 파레시아를 보여드리려고 했습니다. 제가 보기에 그것은 질문과 답변, 그리고 스승과 제자 〔간의〕 관계의 플라톤적이거나 소크라테스적인 게임과는 매우 다른 것 같습니다. 또 마찬가지로 이후에 그리스도교 영성과 수도원 제도에서 발견되는 것과도 매우 다릅니다.[*]

[**]〔강의를 마친 직후〕 **미셸 푸코** 죄송합니다, 제가 좀 횡설수설했죠.

앙리 졸리 다 끝났군요. 이 작업에서 푸코 선생님이 열정을 쏟은 탐구들, 사실 저는 그것을 다중의미론적이고 다중음적인 연구라고 부르는데, 그것과 관련해서 참석자들께서 보내주신 어마어마한 질문들이 있습니다. 그리고 함축적이고 눈에는 덜 띄지만 투명한, 학

---

[*]   시간이 모자란 탓에 푸코는 짧게 결론을 내지만, 수고에는 다음과 같이 쓰여 있다.
"- 자기 배려의 목표가 파라스케우에(paraskeuê), 즉 진실된 담론들로 이루어진 영혼의 장비임을, 그리고 그 진실된 담론들이 프로케이로이(procheiroi), 즉 유용해야 한다는 사실을 잊지 말자.
- 설령 타인이 필요 불가결하다 할지라도 그것은 그 진실의 장비를 만드는 데 도움되기 위해서이며, 그가 로고스의 전달자인 한에서이다.
- 그러므로 말해야 하는 사람은 그 사람임을 이해할 수 있다. 하지만 그는 그가 말을 건네는 상대방의 영혼에 확실하게 작용하는 방식으로 말해야 한다.
       - 그러므로 단순 '암기'를 문제 삼지 않도록 해야 한다.
       - 그보다는 진실된 담론이 행위의 규칙, 에토스의 형식이 될 가능성으로 가득한 것으로 나타나도록 해야 한다.
이 모든 것에서 중요한 것은 진실된 담론의 윤리시학적 기능이다.
- 상황에 맞게 조정되고 말하는 주체와 결부된, (그 목적상 아첨와 〔대립되고〕, 그 형식상 수사학과 〔대립되는〕) 자유로운 담론으로서의 파레시아는 이 윤리시학적 기능의 첫째가는 조건이다. 발화내적 행위자(illocuteur)의 관점에서 보면,
- 화자 쪽에서의 훈련, 아스케시스는 어디에 상응할까?:
       - 〔재암기〕
       - meletê〔명상〕
       - 시험
파레시아와 아스케시스는 진실된 담론의 윤리시학적 작업의 두 면이다.
다음의 것들과 비교해야 한다.
       - 소크라테스의 질문: 아이러니(cf. 아리스토텔레스)
       - 수도원에서의 실천인 엑사고레우시스."
[**]   강연은 토론으로 이어지는데, 들리지 않거나 알아듣기 매우 힘든 몇몇 구절이 있다.

교 교육의 언어를 사용하자면, 방법론에 관해 제기된 듯한 질문들이 있고요. 아쉽게도 시간이 부족하고, 오늘 저녁 시간이 한정되어 있어서 저희가 10분, 많아야 15분밖에 쓰지 못할 것 같군요. (…) 15분 동안 질의응답 시간을 갖도록 하겠습니다. 자, 질문을 가다듬을 시간을 드릴 수는 없겠습니다.

푸코 사실 《니코마코스 윤리학》[73]에 아리스토텔레스의 아주 흥미로운 텍스트가 있습니다. 이 텍스트는 저를 몹시 난처하게 하고, 또 동시에 파레시아와 아이러니 사이에 어떤 대립 구조가 있다는 느낌을 받습니다. 소크라테스는 파레시아의 인간이 아닙니다. 분명히 아닙니다.[74] 그리고 〔어떤 것을〕 드러내 보이는 방식으로서의 아이러니는….

졸리 잠시만요, 〔…〕[*] 저는 이 소크라테스의 텍스트가 아주 성가시고 일회적이며 매우 순간적이고 정말 흥미롭다는 것을 지적했습니다. 《수사학》 2권 5장[75]에도 있습니다. 국지적이고 문맥적으로

---

73   푸코가 암시하는 텍스트는 《니코마코스 윤리학》의 구절로, 거기서 아리스토텔레스는 megalopsuchos(위대한 영혼을 가진 자)에 대해 말한다. "진실에는 신경 쓰지 않고 사람들이 어떻게 생각하는지에 더 신경 쓰는 것을 두려워하는 사람이 하는 일이니까. 또 그는 숨기지 않고 말하며, 숨기지 않고 행동한다. 그는 낮추어 보는 사람이라 솔직히 말하며, 다중에게 '자기 비하(eirônia)'를 통해 이야기하는 것을 빼고는 진실을 말하는 사람이다." 아리스토텔레스, 《니코마코스 윤리학》, 이창우·김재홍·강상진 옮김, 이제이북스, 2006, 142쪽〔Aristote, *Éthique àNicomaque*, 1124b, trad. fr. J. Tricot, Paris, Vrin, 2007, p. 206-207〕.

74   1982년 3월에 푸코는 아직 소크라테스를 파레시아스트로 간주하고 있지 않으며, 아이러니를 파레시아와는 무관한 것으로 여기고 있다. 이것은 아리스토텔레스의 megalopsuchos에 대한 묘사를 마주한 푸코의 난처함을 설명해준다. 그런데 이 난처함은 캘리포니아대학교 버클리캠퍼스에서 강의할 때에도 아직 완전히 사라지지 않은 것으로 보인다. 이 책 259-260쪽을 참조하라.

*   들리지 않는 구절.

75   앙리 졸리가 암시하는 《수사학》의 구절은 아마도 다음 구절일 것이다. "우리가 행한 불의를 당한 자들과 우리의 적이나 경쟁자 중에서 우리가 두려워해야 할 이들은 성급하고 노골적인 자들이 아니라, 온유하고 시치미 잘 떼고 무슨 짓이든 하는 자들이다. 그들이 행동하려는 때가 임박했는지 알 수 없기에 그들이 멀리 떨어져 있어 안전하다고 확신할 수 없기 때문이다"아리스토텔레스, 《수사학/시학》, 천병희 옮김, 숲, 2017, 147쪽〔Aristote, *Rhétorique*, II, 5, 1382b19-20, trad. fr. P. Chiron, Paris,

해석하기는 어렵지만, 제가 보기에 그것은 플라톤적인 사용법의 중요성과 관련해 어떤 전환점을 표시하는 것 같습니다. 그렇지만 파레시아가 여기서 어떤 윤리적 덕이 되는 반면에 찬양과 비판 사이, 선생님께서 인용하신 플라톤의 두 텍스트, 〔그러니까-옮긴이〕《국가》와 《법률》의 찬양과 비난 사이에는 완전히 임의적인 묘사와 견해가 존재합니다. 즉, 파레시아가 민주적 품행일 경우에는 규탄받고, 그것이 명백하게 군주, 바실리우스에 의해 제가制可받는 경우, 또 그것이 명령하는 자와 명령받는 자 간의 차이를 각인하는 정치체제 내에서 이 차이를 소거하는 품행일 경우에는 찬양되는 식으로 묘사되고 생각되었습니다. 그 점에서 당신은 이 대립을 아주 잘 드러냈습니다. 아리스토텔레스에서 첫 번째 전환이 있지만 그것을 확증하는 것은 어려운데, 왜냐하면 그런 경우가 매우 드물고, 그것이 에테êthê와 아레타이aretai 등의 분석적 맥락 속에서 다루어지기 때문입니다. 그리고 그것은 지극히 일시적이고, 사람의 성격으로 다루어집니다. 감히 이렇게 말해도 괜찮다면, 이것은 메갈로프시코스megalopsuchos〔위대한 영혼을 가진 자-옮긴이〕의 성격인 것이죠. (…)

청중 선생님께서 인용하신 《국가》의 텍스트에서, 민주 국가에서는 (…) 도처에서 자유와 솔직히 말하기가 지배하고 (…)*

푸코 《국가》 8권 〔말씀이군요〕. 민주적인 국가는 도시국가의 조잡한 성격을 이루는 요인들 가운데 하나로 파레시아를 평가합니다. 그러므로 이것은 부정적입니다.

Flammarion, 2007). 푸코는 파레시아에 대한 그의 서지학적 노트에 이에 대한 참조를 적어 놓았다.
* 녹음상의 누락.

졸리 네, 이것은 솔직히 논쟁적이기까지 한데, 그것은 민주정의 정치적 형상에 대한 비판의 한 부분을 이루죠. (플라톤)이 말했던 것처럼 민주정에 헌신하는 자dêmokratikos anêr에 대한 비판 말입니다. 플라톤은 그를 극단적인 엘레우테리아eleutheria(자유)와 파레시아 그리고 엑수시아exousia(방종)를 부추기는 자로 묘사합니다. 파레시아는 자유와 방종의 중간에 위치하는 일종의 악덕을 구축합니다. 게다가 저는 존재의 자유로서의 자유, 발언의 자유로서의 파레시아, 그리고 행위할 자유로서의 권위가 거기에 존재하는 게 아닌지 자문하게 됩니다. 게다가 이 점을 보강하는 용어들인 아레스케인 areskein(마음에 들게 하다)과 불레이스타이bouleisthai(자기 마음대로 하다) 등도 있습니다. 그리고 당신이 이야기한 것 중에서 정말 저의 흥미를 끄는 것은, 그 유명한 헤아우투 비오스heautou bios, 즉 완벽하게 사적이고 개인적인 그런 삶입니다. 게다가….

푸코 …이디아 카타스케우에idia kataskeuê(자기 방어).

졸리 …이디아 카타스케우에가 있죠. 또 아주 경멸적인 헤카스토스hekastos(개별화된 개인)라는 용어도 있습니다.[76] 개별화된 개인이어서는 안 되고, 비오스 오이케이오스bios oikeios, 즉 자기 자신의 삶—이것을 논하며 강의를 끝마치셨죠—에 부합하는 삶의 실천을 가져서도 안 됩니다. 플라톤에서 스토아주의로 넘어갈 때 오이케이오테스oikeiotês(자기 자신의 것)의 의미가 변합니다. 왜냐하면 플라톤 시절에 존재했던—저는 그저 유식한 척 삽입구를 덧붙일 텐데요—세 유형의 삶—이것은 bioi의 문제입니다—은

---

76 플라톤, 앞의 책 (Platon, *La République*, VIII, 557b, *op. cit.*, p. 26)과 이 책 38쪽 각주 21을 보라.

tupoi 혹은 paradeigmata, 즉, 모델을 구축하고, 이 모델 바깥에서는 적절한 자기 삶을 살 수가 없었습니다. 사람들은 부를 사랑하고philochrêmatos, 또 쾌락에 심취하는apolaustique[77] 삶을 선택할 수 있었습니다(이것을 우리에게 알려주는 것은 '늙은' 페스튀지에르의《세 가지 삶》[78]입니다. 이것도 정말 흥미롭고 생생합니다). 또 정치적 삶이 있었습니다. 정치적 삶은 권능을 사랑하는 자, 필로시모스philotimos의 삶입니다. 그리고 현자의 삶이 있었는데, 그것은 인식을 사랑하고, 자기 자신을 사랑하고, 자기 자신을 실천하는 삶입니다. 그리고 이 세 삶 외에는 대안도 없고 선택도 없습니다. 그리고《국가》8권에서 비판받는 타락한 민주정 내에서 사람들은 솔직하고 방종에 빠지며 개인주의적 삶을 살게 됩니다. 게다가 플라톤은《국가》에서 이 민주주의적 개인주의를 풍자합니다. 그리고 그 유명한 파레시아에서의 의미 전도는 당신이 아주 잘 지적한 것처럼 에픽테토스가 이야기했습니다. 거기 나오는 것은 완전히 비판인데, 그것이 아테나이 정체의 민주주의적 가치들을 완전히 전복시키기 때문입니다. 아테나이 정체에서 파레시아는 이세고리아와 동일한 자격인 권리로 등장했습니다. 말할 수 있는 권리, 그것이 이세고리아이고, 이 권리는 모든 것을 말할 권리[파레시아]와 상관관계가 있습니다. 제가 덧붙이고 싶은 것은-그리고 나서 저는 말을 멈추도록 하겠는데, 왜냐하면 아마도 발언하고 싶은 다른 분들이 계실 테니까요-당신이 강조했지만 설명하지는 않은 의미에 관한 묘사입니다. 왜냐하면 당연히 제가 웅변가들의 자료를 전부 훑어보지는 못했으니까요. 하지만 웅변가들이 '모든 진실을 말하는' 언어

---

77 apolaustikos는 물질적 쾌락에 대한 추구이다. 〔앙리 졸리는 그리스어인 'apolaustikos'를 프랑스식으로 변형시켜 'apolaustique'라는 형용사로 사용하고 있다. - 옮긴이〕

78 A.-J. Festugière, "Les trois vies", dans Études de philosophie grecque, Paris, Vrin, 2010, p. 117-156.

형식을 사용했다는 것은 알고 있습니다. 그리고 고대 그리스어와 그리스 문헌 전문가인 프랑수아즈 레투블롱Françoise Létoublon은 그걸 조금 봤습니다. 하지만 파레시아 개념의 부재에도 그것을 대신할 수 있는 언어적 형식들이 당연히 있습니다. 이것은 apanta legein, 즉 모든 것을 말하는 유형의 양식들입니다. 저는 당신이 뤼시아스의 소소한 텍스트를 참조했으면 합니다. 엄청나게 외설 스러운 이 텍스트는 《에라토스테네스의 살인에 관하여》[79]라는 텍스트입니다. 이 텍스트는 모이케이아moicheia(간통) 소송에 관한 것인데, 제목보다도 더 흥미롭지 않습니까? 그리고 거기엔 스승의 관점과 노예의 관점에서의 apanta legein, 즉 모든 것을 말하기의 의무론과 같은 것이 있습니다. 당신이 이야기한 것과 일치한다는 것이 아주 흥미롭습니다. 이 의무론은 자유인의 수준에서 나타나는데, 이 자유인은 일어난 그대로의 진실을 말해야 할 의무, 다시 말해 자신의 담론을 사건들, 즉 ta genomena, erga 혹은 pragmata 등과 일치시켜야 할 의무를 가진 표어문자적 품행[*]을 가져야 합니다.[80] 그리고 또 다른 품행이 있는데, 그것은 아주 다르게 의무화된 품행이고, 강제로 고문을 받아서 하는 품행이 있는데, 고문이라는 말은 실제로 여기에 등장합니다 ─ 물론 노예들을 고문할 수 있었습니다. 노예 소녀는 누가 누구와 잤다고 말하게 될 것이고, 그리고 다시 고문을 당할 것이며, 재차 진실의 의

79   Lysias, *Sur le meurtre d'Ératosthène*, dans *Discours*, t. I, trad. fr. L. Gernet et M. Bizos, Paris, Les Belles Lettres, 1964, p. 30-40.
*   앞서 졸리가 언급한 것처럼, 일어난 그대로의 진실을 말해야 할 의무를 가진 품행, 자신의 담론을 사건들과 일치시켜야 할 의무를 가진 품행, 그런 종류의 품행을 일컫는 것 같다. 위와 같은 품행을 의미하기 위해서 졸리가 '표어문자 품행'이라고 표현한 것 같다. 말과 행동의 일치라기보다는, 실제로 일어난 사건과 말의 일치를 의미하는 것 같은데, 푸코의 주장에 대한 졸리 나름의 해석으로 보인다. 졸리의 말은 푸코의 주장과 정확히 일치하지는 않는 듯하다.-옮긴이
80   *Ibid.*, p. 31: "그러므로 제 모든 일들을(ta ematou pragmata) 처음부터 다시 이야기할 텐데, 전혀 생략하지 않고 모든 진실을 이야기할 것입니다(ouden paraleipôn, alla legôn talêthê)."

무, 모든 것을 말할 의무를 지게 될 것입니다.[81] 게다가 이 담론은 3중의 특징이 있습니다. 이 (담론은-옮긴이) 실제적이어야 하고, 실제로 일어난 일들처럼 진실된 사실들과 관련되어야 하며, 찬양하든 비난하든 해야 합니다. 즉, 투명한 담론 속에서 그것들을 내보여야 합니다. 그리고 긍정적이며 부정적인 두 상관적 형식이 진실의 담론을 형성합니다. 번역의 관점에서 우리가 담론의 객관적 대상으로서의 진실성이라는 개념에 접근할 수 있을지는 잘 모르겠습니다만, 그 담론은….

푸코 뤼시아스도 거기서 파레시아라는 말을 사용하나요?

졸리 아닙니다. 그는 파레시아라는 개념을 사용하지 않습니다. 그는 단지 여러 형태의 말을 사용합니다. 하지만… 제가 찾아보고 살펴봤는데, 보장할 수는 없습니다…. 저보다 더 학식 있는 분께 여쭤봐야 할 것 같습니다.

푸코 저는 파레시아의 어원에도 불구하고, 모든 것을 말한다는 것은 근본적으로 파레시아 개념에 내포되어 있는 것 같지는 않습니다. 그리고 당연히 관련된 모든 것을 말하는 것이 관건인 사법적 고백의 문제는, 제가 보기에 절대로 파레시아라는 말로 지시되지 않는다고 생각합니다. 제가 파레시아라는 말이 나오지 않는 텍스트들을 인용했다고 말씀하시겠지만, 제가 보기에 이 구조는….

---

81   *Ibid.*, p. 33: "너(노예)에게는 두 가지 선택지가 있어, 제가 말을 계속했죠. 두드려 맞고 방앗간에 던져져서 영원히 비참한 신세가 되든지, 아니면 잘못을 저지르는 대신 내게 진실을 다 이야기하든지. 그러면 네 잘못을 용서해줄 것이다. 거짓말하지 말고 솔직히 내게 말하거라(pseudê de mêden, alla panta talêthê lege)."

졸리 하지만 그건 괜찮습니다. 의미론적 형태들이 있을 수 있습니다.

푸코 네, 그건 알고 있습니다. 그런데 제가 보기에는 파레시아가 사법적 고백에 적용되는 개념은 아닌 것 같습니다. (…)

졸리 그러므로 여기서 이런 표현을 쓸 수 있다면 파레티크$_{parrètique}$* 와 사법적 수사학을 잘 구별해야 할 것입니다. 사법적 수사학은 어떤 형상 속에서 약간 유사한 대상들을 갖지만….

푸코 제 생각에 그것은 타자들에 대한 통치로부터 자기 자신에 대한 통치로 분야가 이동된 정치적 개념인데, 그것은 정확하게 진실을 말할 의무가 고백, 고문 등〔과 관련된〕 기술적 문제인 사법적 개념이 절대 아니었습니다. 파레시아는 제 생각에, 도덕적 외형을 갖는, 파레시아와 연결된 개념적 장입니다. (…)

청중 선생님께서는 고행과 의식 지도라는 그리스도교적 문제의식에서부터 서방 그리스도교의 자양분 중 하나였던 그리스 철학까지 거슬러 올라가셨습니다. 질문이 하나 있는데요, 우리가 유대-그리스도교의 기원으로 곧장 거슬러 올라갈 수 있는지는 의문입니다. 이 영역에는 아마도 공통적인 토대가 있는 것 같은데, 우리가 스스로 식별할 수 없는 개념을 알기 위해서 우리는 우리 자신에 대해, 우리의 사유에 대해, 우리가 믿는 바에 대해 처음부터 끊임없이 오해합니다. 그리고 선생님 말씀을 들으면서 머릿속

---

* 앙리 졸리는 여기서 수사학과 파레시아의 대칭성을 강조하기 위해 rhétorique(수사학)이라는 말과 형태상의 대칭을 이루도록 파레시아를 parrêtique로 변형시킨 듯하다. - 옮긴이

을 떠나지 않았던 생각 하나는, 다윗 왕이 밧세바를 붙잡아 임신
시키고 그의 남편을 [속여서]* 전장으로 쫓아내려고 했을 때 다윗
왕을 향해 내려온 예언자 나탄 이야기였습니다. 나탄은 파레시아
가 아닌 방식으로 [다윗에게-옮긴이] 오고 행동합니다. 파레시아는
단순하지도 자연스럽지도 않으며, 실제로 아이러니도 아닙니다.
그는 가정된 상상이 진실인 것처럼 돌려서 이야기합니다. 그는 다
윗 왕에게, 한 성읍에 두 사람이 살고 있었다는 둥 하면서 이야기
합니다.[82]

푸코 무슨 말씀을 하고 싶으신지 알겠습니다.

방금 그 청중 그가, 다윗 왕이 바로 그 사람이라고 말하면서, 다윗
은 관련자가 됩니다. 만약 나탄이 "당신은 비열한 작자다"라고 말
했다면 그는 감옥에 갇혔겠죠. 왜냐하면 힘의 관계가….

푸코 네, 예언자[83]에게서의 발언의 자유, 권력을 마주한 자에게서
의 발언의 자유라는 문제입니다. 저는 4-5세기 그리스도교 영성

---

*   들리지 않는 낱말을 추측했다.

82   《구약성서》, 《사무엘기 하권》 제12장: "주님께서 나탄을 다윗에게 보내시니, 나탄이 다윗에게
나아가 말했다. '한 성읍에 두 사람이 살고 있었습니다. 한 사람은 부자이고 다른 사람은 가난했습니다.
부자에게는 양과 소가 매우 많았으나, 가난한 이에게는 자기가 산 작은 암양 한 마리밖에는 없었습니
다. 가난한 이는 이 암양을 길렀는데, 암양은 그의 집에서 자식들과 함께 자라면서, 그의 음식을 나누어
먹고 그의 잔을 나누어 마시며 그의 품 안에서 자곤 했습니다. 그에게는 이 암양이 딸과 같았습니다. 그
런데 부자에게 길손이 찾아왔습니다. 부자는 자기를 찾아온 나그네에게 자기 양과 소 가운데에서 하나
를 잡아 대접하고 싶지는 않았습니다. 그래서 가난한 사람의 암양을 잡아 자신을 찾아온 사람에게 대
접했습니다.' 다윗은 그 부자에 대해 몹시 화를 내며 나탄에게 말했다. '주님께서 살아 계시는 한, 그런
짓을 한 자는 죽어 마땅하다. 그는 그런 짓을 하고 동정심도 없었으니, 그 암양을 네 곱절로 갚아야
한다.' 그러자 나탄이 다윗에게 말했다. '임금님이 바로 그 사람입니다.'"

83   예언자의 말과 파레시아의 관계와 차이에 관한 더 전개된 분석을 보려면 다음을 참조하라.
CV, p. 16-17 et passim. 또한 캘리포니아대학교 버클리캠퍼스에서의 1983년 10월 24일 강의를 참조하
라(이 책 128-133쪽).

에서 나타나는 것을 확인할 수 있는 파레시아나 모든 것을 말할 의무가 그것으로부터 곧바로 유래했다고 생각하지는 않습니다. 그 이유는 단순한데, 수도원에서 수도승들은 스스로를 철학자로, 또 그리스-로마의 철학적 삶의 계승자들로 여겼기 때문입니다. 그리고 저는 우리가 그들의 〔고대철학〕*의 실천의 기술을 완벽하게 끌어올 수 있다고 생각합니다. 사실 이 텍스트는 인용이 됐었습니다. 고행에 관한 텍스트에서 교부敎父들이 그것을 인용했죠.

---

*   들리지 않는 낱말을 추측했다.

담론과 진실

푸코가 1983년 10월과 11월에 걸쳐 캘리포니아대학교
버클리캠퍼스에서 진행한 여섯 번의 강의

첫 번째 강의(1983년 10월 24일)

이번 강의의 주제는 파레시아라는 개념입니다. 파레시아라는 말은 기원전 5세기 말부터 고대 그리스 문헌에서 발견되고, 기원후 4세기 말에서 5세기경 그리스도교 교부들의 텍스트에서도 발견됩니다. 파레시아라는 말이 그리스 문학에 처음 등장한 것은 에우리피데스의 비극에서이고, 4세기 말 그리스도교 문헌에서는 요한네스 크리소스토무스의 문헌에서 파레시아라는 말이 빈번하게 사용되는 것을 볼 수 있습니다.

파레시아라는 말에는 세 형태가 있습니다. 명사 형태인 parrêsia와 동사 형태인 parrêsiazein 혹은 parrêsiazeisthai, 또 그리 흔히 쓰이지는 않고 고전기 텍스트에서는 발견되지 않는 parrêsiastês라는 명사가 있습니다. parrêsiastês는 플루타르코스, 루키아노스의 텍스트처럼, 헬레니즘 시대나 그리스-로마 시대에만 드물게 발견됩니다. 예를 들어, 루키아노스의 대화록에 등장하는 어떤 인물의 이름은 파레시아데스Parrêsiadês입니다.[1]

일반적으로 parrêsia는 영어로는 free speech, 프랑스어로는 franc-parler로 번역됩니다. 동사인 parrêsiazein이나 parrêsiazeisthai는 '파레시아를 행하는 것'을 의미하며, parrêsiastês는 파레시아를 행하는 자, 다시 말해 진실을 말하는 자를 의미합니다.

---

[1] Lucien, *Les ressucités ou le pêcheur*, dans *Portraits de philosophes*, trad. fr. J. Bompaire, Paris, Les Belles Lettres, 2008, p. 205-271. 이 텍스트에 대한 간략한 설명을 보려면 《자기 통치와 타자 통치》, p. 283-284를 참조하라.

오늘 강의의 전반부에서는 파레시아라는 말의 의미를 개관하고, 이 말의 의미가 그리스-로마 시대를 거쳐 어떻게 변화됐는지를 살펴보고자 합니다. 우선 파레시아라는 말의 일반적 의미는 무엇일까요?[2] 어원적으로 parrêsiazein 혹은 parrêsiazeisthai는 '모든 것을 말하기'를 의미합니다. 요컨대 '모든 것'을 의미하는 pan과 '말해진 바'를 의미하는 어근 rêma(예를 들어, 웅변술사 혹은 수사학에서 발견할 수 있는)를 의미합니다. 파레시아를 행하는 자[*]인 파레시아스트[**]는 자신이 생각하고 있는 모든 것을 말하는 자입니다. 그는 모든 것을 말하고pan-rêsia, 아무것도 숨기지 않으며, 자신의 마음과 정신을 타인에게 활짝 열어 보입니다. 파레시아 내에서 말과 담론은 화자 자신이 마음속에 품고 있는 모든 것을 완벽하고 정확하게 설명하게 되어 있기 때문에, 그 결과 청중은 화자가 생각하는 바를 정확히 이해할 수 있게 됩니다. 이상이 파레시아의 첫 번째 특징입니다.

이처럼 파레시아는 말하는 사람과 그가 말하는 것 사이의 일정한 관계를 지시합니다. 파레시아 내에서 화자는 자신이 말하는 것이 자신의 의견이라는 것을 명확하고 명료하게 현시합니다.

2 　푸코가 파레시아 개념의 '일반적' 의미에 대해 체계적으로 논의하는 것은 이 강의의 서두에서가 유일하다. 여기서 푸코는 진솔성 혹은 솔직성(파레시아스트는 자신이 사유하는 바를 말한다), 진실(파레시아스트는 '자신이 진실되다고 알고 있는 바를 말한다'), 위험의 감수(파레시아스트가 진실을 말하는 데는 위험이 따른다), 비판적 기능(파레시아스트가 언표하는 진실은 대화 상대자에게 상처를 주거나 그를 격분하게 할 수도 있고, 자아비판의 형태를 취하기도 한다), 의무(파레시아스트가 진실을 말하는 것은 자유의 실천인 동시에 도덕적 의무의 표현이기도 하다)라는 다섯 가지 특성을 강조하면서 파레시아를 정의한다.

* 　〔FS 각주〕학생의 질문에 답하면서 푸코는, 그리스 사회에서 여성들이 일반적으로 억압당하는 상황이었기 때문에 여성들에게는 (외지인, 노예 그리고 어린아이들과 마찬가지로) 파레시아 활용의 권리가 주어지지 않았음을 보여준다. 이런 이유로 푸코는 〔파레시아 행사의 주체에 대해 말할 때─옮긴이〕계속해서 남성 대명사(he)를 사용한다.

** 　푸코는 여기서 그리스어 파레시아스테스(parrêsiastês)를 사용한다. 그리고 콜레주드프랑스 마지막 강의들에서는 이 말을 프랑스어 파레시아스트(parrêsiaste)로 번역한다. 이하 그리스어 파레시아스테스 대신 프랑스어 파레시아스트를 사용한다.

파레시아스트는 자신이 발견할 수 있는 가장 직설적인 표현 형식과 어휘를 사용합니다. 그러나 이것은, 파레시아스트가 자신의 담론이 타자들의 정신에 불러일으키는 효과에 신경 쓰지 않는다는 것을 의미하지는 않습니다. 수사학의 경우, 화자는 자신의 개인적 의견이 무엇이든지 상관없이 청자의 마음을 움직이기 위해 일정한 기술적 장치들을 사용하는 반면, 파레시아의 화자는 자신이 확신하는 것을 가능한 한 정확한 형태로 현시함으로써 타인의 마음을 움직이려고 합니다.

발화 주체와 언표된 바를 우리가 구분한다면, 에눙키안둠 enunciandum, 즉 신념으로서 발화된 내용, 이 언표가 지시하는 의견의 주체라는 제3의 주체가 존재한다고 말할 수 있습니다.* 파레시아에서 화자는 발화의 주체인 동시에 발화된 내용의 주체, 자기 자신이 언급하는 의견의 주체라는 사실을 강조한다고 저는 생각합니다. 따라서 '나는 이러저러한 것을 생각하는 자이다'라는 것이 파레시아스트의 언표에서 발견할 수 있는 특수한 언어 행위 l'acte de langage입니다. 이상이 첫 번째로 지적하고 싶은 것입니다.

두 번째로 지적하고 싶은 것은 파레시아가 이러한 진지성이나 솔직함 이상의 것이라는 점입니다. 파레시아는 생각하는 바를 솔직히 드러내는 것 이상의 그 무엇입니다. 파레시아스트가 자기 마음속에 있는 것을 모두 이야기하는 것은 아닙니다. 좀 더 구체적으로 살펴봅시다. 두 종류의 파레시아가 존재합니다.[3]

먼저 나쁜 파레시아가 있는데, 이 경우 파레시아는 자신이

---

* enunciandum의 주체라는 개념에 대해 청중이 갸웃거리자 푸코는 "나중에 이 개념을 검토할 수 있을 겁니다"라고 덧붙이지만, 이후 이 주제에 대한 질문은 전혀 나오지 않았다.

3 좋은 파레시아와 나쁜 파레시아의 구별에 대해서는 《자기 통치와 타자 통치》(GSA, p. 164-168, 176-177 et *passim*)를 참조하라.

말하는 바에 신중하지 않고, 마음에 있는 것을 무분별하게 모두 말하는 데 있습니다. 이러한 의미에서 파레시아를 행하는 것은 '수다를 떠는 것'과 별반 다르지 않습니다. 파레시아의 이와 같은 경멸적 용례는 고전기 고대의 텍스트에서는 쉽게 발견할 수 없습니다. 이러한 경멸적 의미의 파레시아는 만인이 동료 시민에게 심지어는 도시국가에서 가장 어리석고 위험한 것에 이르기까지 모든 것을 마음대로 말할 수 있는 권리를 갖는 아테나이의 부정적 민주주의를 특징짓는 플라톤의 텍스트[4]에서 발견됩니다. 이 경멸적 의미의 파레시아는 그리스도교 문헌에서도 나타나는데, 여기서 나쁜 파레시아는 신을 명상하기 위한 규율 혹은 요구 조건으로서의 침묵과 대립됩니다. 마음과 정신의 모든 운동을 반영하는 언술 행위로서의 파레시아는 (이러한 부정적 의미에서는-FS) 신을 명상하는 데 분명 장애가 됩니다.[5] 이것이 파레시아의 나쁜 면 혹은 나쁜 형태입니다.

하지만 대체로 고전기 고대 텍스트에서 파레시아는 이런 부정적 의미를 지니기보다는 오히려 긍정적 의미를 지닙니다. Parrêsiazein 혹은 parrêsiazeisthai는 '진실 말하기'입니다. 하지만 이것만으로는 충분히 명확하지 않습니다. 파레시아스트는 진실되다고 **생각하는***바를 말하는 걸까요, 아니면 실제로 **진실인****바를 말하는 걸까요? 답은 이렇습니다. 파레시아스트는 자신이 말하는 바가 진실되다고 믿기 때문에 진실된 바를 말하며, 그것이 진

---

4   플라톤, 《플라톤의 국가·정체》, 《파이드로스》, 《플라톤의 법률》(Platon, *La République*, VIII, 557b, *op. cit.*, p. 26; *Phèdre*, 240e, dans *OEuvres morales*, t. IV-3, trad. fr. L. Robin, Paris, Les Belles Lettres, 1961, p. 25; *Les Lois*, I, 649b et II, 671b, dans *OEuvres complètes*, t. XI-1, *op. cit.*, p. 36 et 65) 참조.
5   푸코는 〈진실의 용기〉 마지막 강의에서 (4세기부터) 그리스도교에서 파레시아라는 말이 갖는 경멸적 의미에 대해 좀 더 상세하게 재론할 것이다. Cf. CV, p. 304-308.
*   수고에서 강조되어 있다.
**   수고에서 강조되어 있다.

짜로 진실이기 때문에 그것을 진실이라고 믿습니다. 파레시아스트가 솔직하거나 자기 의견이 무엇인지를 솔직하게 말하기 때문만이 아니라, 자신의 의견이 진실이기 때문에, 진실임을 알고 있는 것을 말하기 때문입니다. 파레시아에서는 신념과 진실이 정확히 일치합니다. 이것이 파레시아의 중요한 두 번째 특징입니다.

고대 그리스의 파레시아를 근대 데카르트의 명증성 개념과 비교해보면 흥미로우리라 생각합니다. 데카르트 이후로 우리에게 신념과 진실의 일치는, 명증성이라는 정신적 경험 내에서 획득됩니다. [반면.-옮긴이] 고대 그리스인들에게 신념과 진실의 일치는 발언 행위에서 발생하는데, 이 발언 행위가 바로 파레시아입니다. 파레시아는 주체와 진실 간의 일정한 관계에 준거하며, 이 주체와 진실과의 관계는 발언 행위를 통해 설정됩니다.

세 번째로 파레시아 내에는 신념과 진실의 일치 관계, 주체와 진실의 관계 이상의 그 무엇이 있습니다. 우리가 진실을 이야기할 경우 그것은 당연히 파레시아를 행하는 것인데, 왜냐하면 우리가 그것을 진실이라고 확신하기 때문이죠. 하지만 우리가 어떤 사람에 대해 그가 파레시아를 행하고 있고, 또 파레시아스트로 간주될 자격이 있다고 말할 수 있기 위해서는 그가 진실을 말할 때 반드시 위험이 수반되어야 합니다. 예를 들어, 문법 선생은 자신이 가르치는 아이들에게 진실을 말할 수 있고, 또 그가 가르치는 바는 의심의 여지 없는 진실일 수 있지만, 신념과 진실의 이와 같은 일치에도 불구하고 고대 그리스인의 시각, 관점에서 볼 때, 문법 선생은 파레시아스트가 아닙니다. 그리고 그리스인은, 적어도 정상적인 교육 환경에 있는 선생이 파레시아스트라고는 결코 말하지 않을 겁니다.[6] 반면, 철학자가 왕이나 군주, 참주에게, 참주정은 정의에 부합할 수 없기 때문에 그를 행복하게 할 수 없다고 말한다면, 이 경우 이 철학자는 진실을 말하는 것이고, 그의 발언 내에 신념과 진실의 정확한 일치가 존재하며, 더 나아가 그는 위험을 감수하게 됩니다. 왜냐하면 참주가 격노하여 그를 벌할 수도 있고, 도시국가로부터 추방할 수도 있으며, 죽일 수도 있기 때문입니다. 바로 이것이 플라톤이 시라쿠사의 참주 디오뉘시오스와의 관계에서 처한 상황이었으며, 이 모든 상황과 관련된 흥미로운 언급이 플라톤의 《일곱째 편지》[7]와 플루타르코스의 《디온》[8]에 있습니다. 이 텍스트는 차후에 살펴보겠습니다.[9]

그러므로 보시다시피 파레시아스트는 위험을 감수하는 자입니다. 물론 이 위험이 늘 생명의 위험이라고 말할 수는 없습니다. 예를 들어, 여러분의 친구가 나쁜 짓을 하는 것을 보고 그에게 그가 나쁜 일을 한다고 지적하여 그를 화나게 할 위험을 감수할 경우, 여러분은 파레시아스트입니다. 이 경우, 여러분의 목숨이 위태로워지지는 않겠지만, 친구의 마음을 상하게 할 수 있고, 그 결과 그와의 우정이 위기에 봉착할 수 있습니다. 정치적 논쟁에서 한 연사의 의견이 다수의 의견과 반대되거나 정치적 반감을 불러일으키고, 그 결과 인기를 잃을 위험이 있는 경우, 그는 파레시아를 행하는 것이 됩니다. 이처럼 파레시아는 위험에 맞서는 용기와 연관되어 있습니다. 파레시아는 위험에도 불구하고 진실을 말할 수 있는 용기입니다. 그리고 파레시아 내에서 진실 말하기는 그

6   푸코는 〈진실의 용기〉 첫 번째 강의에서 파레시아적 진실 진술과 스승의(혹은 교육자나 기술자의) 진실 진술 간의 차이를 강조한다. Cf. CV, p. 23-25. 이 차이에 대해서는 또한 다음을 참조하라. GSA, p. 54; 이 책 129-132쪽.

7   플라톤, 《일곱째 편지》, 《편지들》, 김주일·강철웅·이정호 옮김, 이제이북스, 2009, 83-127쪽.

8   플루타르코스, 《디온》, 《플루타르코스 영웅전 3》, 박현태 옮김, 동서문화사, 2015, 1726-1771쪽.

9   플라톤의 《일곱째 편지》에 나오는 구절에 대한 간략한 논평을 제외한다면(이 책 191-192쪽), 푸코는 이 버클리캠퍼스 강의에서는 이 텍스트들을 재론하지 않는다. 푸코는 콜레주드프랑스 1982-1983년 강의에서 이 텍스트들을 심도 있게 연구한 바 있다. 《자기 통치와 타자 통치》(GSA, p. 47-52, 197-259)와 《진실의 용기》(CV, p. 57-59)를 참조하라.

극단의 형식에서는 삶과 죽음의 '게임'에 속합니다. 이것이 파레시아의 세 번째 특징입니다.

네 번째로 지적하고 싶은 것은 파레시아가 모든 종류의 위험과 연관된 것은 아니라는 점입니다. 예를 들어, 설령 여러분이 어떤 중요한 비밀을 알고 있고, 또 위험을 감수하면서 그 비밀을 폭로한다 해도 여러분은 파레시아스트가 아닙니다. 여러분이 진실을 말하고, 또 그것을 말하는 것이 위험해도 말입니다. 여러분은 적어도 긍정적 의미에서의 파레시아스트는 아닙니다. 만약 여러분이 자신에게 해가 되는 쪽으로 이용될 수 있는 말을, 이를테면 재판에서 말한다면 그것은 파레시아가 아닙니다. 그것이 반드시 파레시아인 것은 아닙니다. 파레시아에서 위험은 언제나 여러분이 언명한 진실이 대화 상대자에게 상처를 주거나 분노를 촉발할 수 있다는 사실에 기인합니다. 파레시아는 언제나 화자와 청자 간의 게임입니다. 예를 들어, 파레시아는 대화 상대자가 범한 과오의 폭로일 수 있습니다. 파레시아는 대화 상대자가 이러저러한 방식으로 처신해야 한다는 조언일 수도 있습니다. 파레시아는 대화 상대자가 생각하는 방식이나 행위하는 방식이 잘못됐다고 지적하는 의견일 수도 있습니다. 혹은 여러분이 행한 일과 관련해 여러분을 벌할 가능성이 있는 자에게 여러분이 한 일을 고백하는 것일 수 있습니다.

보시다시피 파레시아의 기능은 누군가에게 진실을 증명하는 것이 아닙니다. 파레시아는 진실과 관련해 누군가와 논의 혹은 논쟁하는 데 있는 것이 아닙니다. 파레시아는 늘 화자 자신에 대한 비판이나 대화 상대자에 대한 비판이라는 비판적 기능을 갖습니다. '이것이 네가 행하고 생각한 바이다. 그러나 그것은 네가 행하거나 생각해서는 안 되는 일이었다' 혹은 '이것이 내가 행

한 바인데, 그렇게 행동한 것은 잘못됐다' 등과 같이 말입니다.[*]
이와 같은 비판적 입장 표명이 파레시아의 특수한 특징입니다. 파
레시아는 비판입니다. 파레시아는 자아비판일 수도 있고 타자에
대한 비판일 수도 있지만, 늘 화자는 대화 상대자에 비해 열등한
위치에 놓입니다. 파레시아스트는 언제나 자신이 말을 거는 대화
상대자보다 힘이 약합니다. 파레시아는 언제나 '아래'로부터 생겨
나 '위'로 향합니다. 파레시아스트는 대화 상대자보다 강하지 않
고, 파레시아스트가 비판하는 자보다 약합니다. 그렇기 때문에
고대 그리스인들은 어린아이를 비판하는 선생이나 아버지가 파
레시아를 행한다고 말하지 않을 것입니다. 그러나 철학자가 참주
를 비판한다거나 시민이 다수를 비판한다거나 학생이 선생을 비
판하는 경우, 이런 화자들은 파레시아를 행한다고 말할 것입니다.
이처럼 파레시아는 진솔성, 진실과의 관계, 신념과 진실의 일치를
전제로 합니다. 또 파레시아는 위험과 비판을 전제로 하며, 화자
가 대화 상대자에 비해 열등한 위치에 놓이는 상황 내에서의 비
판 행위를 전제로 합니다.

**파레시아가 자아비판일 수 있다면, 왜 범죄를 자백하는 범죄자는 파
레시아스트가 아닙니까?**

어떤 경우에 범죄자들은 자백할 때 파레시아를 행합니다.
그들이 고문을 당하고 자백을 강요받는 경우는 파레시아가 아닙
니다. 하지만 범죄자가 자발적으로 자기가 저지른 짓에 대한 진실
을 자백하기로 결심하고, 자백을 받는 자가 그를 징벌할 수 있거

---

[*]   수고: 혹은 당신이 넘지 말아야 할 한계들.

나 그에게 복수할 수 있는 상황을 자초할 때, 이 경우에는 파레시아가 존재합니다. 우리는 이 점을 에우리피데스의 《엘렉트라》에서 특이하고 흥미로운 사례를 통해 살펴볼 것입니다. 《엘렉트라》에서는 두 고백을 발견할 수 있는데, 하나는 파레시아 상황에서의 고백이고, 다른 하나는 파레시아를 배제하는 고백입니다. 따라서 지금 질문은 대단히 훌륭한 질문이라고 생각합니다.

제 질문은 선생님께서 지적하신 네 번째 특징과 관련됩니다. 파레시아와 결부된 위험은 발언의 비판적 내용에 내재하는 겁니까, 아니면 화자와 대화 상대자 간의 관계, 즉 이 발언이 모욕으로 받아들여지는 관계로부터 기인하는 것입니까? 달리 말해, 파레시아가 존재하려면 대화 상대자의 응수가 있어야 하는 겁니까?

제 답변이 별로라면 부디 말씀해주시고 파레시아를 행사하시기 바랍니다! 한 사람을 다른 한 사람보다 강력하게 만드는 것은 신분의 문제입니다. 철학자와 왕이 있다고 해봅시다. 엘렉트라와 클리타임네스트라의 경우를 살펴보겠습니다. 클리타임네스트라는 왕비이고, 엘렉트라는 사연이 있어서 노예 상태에 처해 있습니다. 엘렉트라는 파레시아를 행사하지만, 클리타임네스트라는 그렇지 못합니다. 이와 같은 사회적 신분이 위협과 위험 그리고 복수의 가능성을 만들어냅니다.

그런데 파레시아는 발언 그 자체와 연관된 겁니까, 아니면 대화 상대자의 반응이 이 발언을 사후에 파레시아의 전범으로 만드는 겁니까?

예를 들어, 시라쿠사의 참주 디오뉘시오스가 플라톤을 벌주며 시라쿠사로부터 추방했을 때, 그는 훌륭한 군주로 처신하지 못한 것입니다. 파레시아를 수용하는 것은 군주의 의무이기 때문입니다. 하지만 〔군주가 이 게임을 행하든 행하지 않든, 행할 능력이 있든 없든 간에〕 철학자는 항시 파레시아를 행했습니다.

〔파레시아의〕 일반적 특징들과 관련해 마지막으로 한 가지 점을 첨언하고 싶습니다. 그리고 다른 질문이 있으면 거기에 답변하도록 하겠습니다.

파레시아의 마지막 특징은 이렇습니다. 파레시아에서 진실을 말하는 것은 위험을 감수하거나 위협과 맞서는 것일 뿐만 아니라 의무이기도 합니다. 예를 들어, 진실을 말하는 연사에게는, 그 진실을 받아들일 의향도 없고 연사를 처벌하거나 그에게 사형을 선고하거나 그를 추방할 수 있는 자들에게 침묵을 지킬 자유가 있었습니다. 누구도 연사에게 진실을 말하라고 강요하지는 않지만, 연사 자신은 그렇게 하는 것이 의무라고 느낍니다. 어떤 사람이 범죄를 저질러 판사에게 죄의 자백을 강요당하는 경우, 그것은 파레시아가 아닙니다. 반면, 자발적으로 타자에게 자신의 죄를 고백하는 경우, 그때 그는 일정한 도덕적 의무에 따라 행동하는 것이고, 파레시아를 행하는 것입니다. 친구나 군주를 비판하는 것은, 그것이 자신이 행한 그릇된 행동을 깨닫지 못하는 친구를 돕겠다는 의무에서 행한 것인 한, 또는 군주인 왕이 스스로를 개선하도록 돕는 것이 도시국가에 대한 의무인 한, 파레시아 행위입니다. 그러므로 파레시아는 자유와 의무에 결부되어 있습니다.[10]

10   파레시아를 언급할 때 푸코는, 파레시아를 의무로서도 간주해야 한다는 것을 여러 번 암시한다. 예를 들어, CV, p. 19에서는 "〔파레시아스트로서의 그〕의 의무, 책무, 책임, 임무는 바로 말하는 것입니다. 그리고 그는 이 임무를 회피할 권리를 갖고 있지 않습니다"라고 말한다. 하지만 그는 여기서 결

따라서 파레시아는 일종의 발언 행위이며, 그 속에서 화자는 솔직함을 통해 진실과 일정한 관계를 설정하고, 위험을 통해 자신의 삶과 일정한 관계를 수립하며, 자유 및 의무를 통해 법과 일정한 관계를 수립하고, 자아비판이나 타자에 대한 비판 등 비판을 통해 타자와 일정한 관계를 수립합니다. 더 정확히 말해 파레시아는 발언 행위인데, 이 행위 내에서 화자는 생명의 위험을 감수하고 진실과 자신이 맺는 개인적인 관계를 표명합니다. 왜냐하면 그는 타자를 개선하고 돕기 위해 진실을 말하는 것이 자신의 의무라고 생각하기 때문입니다. 파레시아 내에서 화자는 자유를 활용하고, 거짓 대신 진실을 선택하며, 생명과 안전보다는 죽음을 선택하고, 아첨 대신 비판을 택하며, 이득이나 이기심 대신 의무를 택합니다.

기원전 5세기에서 기원후 5세기에 이르는 시기에 걸쳐 대부분의 고대 그리스 텍스트에 등장하는 파레시아라는 어휘가 갖는 긍정적인 의미는 이상과 같습니다. (파레시아)의 이 다섯 가지 특징과 관련해서 질문 있으십니까?

진실을 말한다는 사실이 파레시아스트에게 일정한 결부를 발생시키는 것일까요?

예, 그렇습니다. 아시다시피 그 점은 매우 중요하기 때문에 논의할 필요가 있습니다. 어떤 사람이 "하늘이 푸르다"라고 말할 경우, 그는 자신이 말하는 바가 진실이라는 것을 증명하겠다는 약속, 혹은 이 동일한 단언을 반복할 능력이 있거나 준비가 되어

코 명확한 방식으로, 충분히 설명하는 방식으로 강조하지 않다.

있다는 의미에서 의무를 지게 되는 것입니다. 그러므로 화자가 어떤 것을 말할 때 거기에는 반드시 일종의 의무와 같은 것이 있습니다. 하지만 파레시아 내에서 이 결부는 훨씬 더 강합니다. 파레시아에서의 결부는 어떤 사람이 말할 때 그와 그 자신이 말하는 바 간의 통상적 결부와는 다릅니다. 왜냐하면 파레시아에서의 결부는 일정한 사회적 신분, 신분의 차이와 결부되어 있고, 또 파레시아스트는 위험한 것을 말하고 이 위험을 감수한다는 사실과 결부되어 있기 때문입니다.

이 결부는 대화 상대자에 대한 사랑의 행위로 볼 수 있을까요?

앞으로 보게 되겠지만, 어떤 텍스트에서는 파레시아와 우정의 관계가 대단히 중요합니다. 파레시아에는 두 가지 중요한 사회적 범주가 있습니다. 첫 번째 범주는 아고라에서 파레시아를 행하는 것과 관련된 민주정이라는 정체입니다. 훌륭한 시민으로서 아고라에서 파레시아를 행사해야 한다는 것입니다. 두 번째 범주는 (그리스 문화 내에서 긴밀한 유연관계를 가지고 있는) 우정 혹은 사랑이라는 범주입니다. 사람들은 자신의 친구에게 파레시아를 행해야 합니다. 하지만 이것은 어떤 사람이 답변을 할 때 볼 수 있는, 말하는 자와 그가 말하는 바 사이의 결부와는 다른 종류의 결부입니다. 그것은 다른 것입니다.

약속이나 의무 같은 것을 말씀드리려는 게 아니라….

아시다시피 그것은 언어 행위나 존 오스틴적인 의미에서의 수행적 언표가 결코 아닙니다. 절대로 그런 것이 아닙니다. 그것은 다른 것입니다. 그렇기 때문에 저는 언어 행위가 아니라 언어 활동이라고 말했던 것입니다.[11] 파레시아는 다양한 절차들, 대화 상대자들의 상황, 사회적 범주 등을 수반하는 활동입니다.

위험, 신분의 차이와 같은 선생님께서 지적하신 파레시아의 기준들과 이온의 사례에서 발생한 것을 어떻게 양립시킬 수 있을까요? 이온의 경우, 파레시아는 그의 시민권으로부터 온 것이고, 위험을 피할 수 있는 상황에 그를 놓는 것 같습니다.

긴 독백 전체를 읽어보시면 이온이 자신의 파레시아와 그 필요성을 논의하기 전에, 또 파레시아를 박탈당한 채로 아테나이로 되돌아가기를 원치 않는다고 말하기에 앞서, 세 범주의 시민과 함께하는 아테나이의 민주주의적 삶을 기술하는 것을 보실 수 있을 겁니다. 먼저, 어리석기 때문에 발언은 전혀 하지 않지만 질투심을 갖는 시민들이 있습니다. 다음으로는 부유하고 총명하면서도 발언하지 않는 시민들이 있는데, 이들이 발언하지 않는 이유는 그들이 정치에 무관심하기 때문입니다. 마지막으로 담론과 도시국가를 활용하는 자들─이는 그리스어로 logô te kai polei chrômenoi로 표현됩니다─이 있는데, 이들은 도시국가를 통치하기 위해 담론을 활용하며 서로 싸웁니다. 그리고 이온은 이 싸움에서 파레시아를 박탈당하는 지경에 이르고 싶지 않아 합니다.[12] 파레시아는 정치 생활의 위험에 속합니다.

---

11   이 책 48쪽, 각주 34.
12   에우리피데스, 〈이온〉, 《에우리피데스 비극 전집 2》, 149-219쪽(Euripide, *Ion*, 595-606, *op. cit.*, p. 208).

하지만 노예이면서 파레시아를 행할 수는 없지 않습니까?

물론 그렇죠. 에우리피데스의 어떤 작품에서는 노예의 파레시아 행사가 발견되기도 합니다.[13] 하지만 일반적으로, 그리고 《이온》 및 다른 작품들에는 노예 신분이라는 사실과 파레시아를 행할 수 있는 파레시아스트 신분이라는 사실 간의 아주 분명하고 선명한 대립이 존재합니다. 어떤 사람이 파레시아를 박탈당할 경우, 그는 노예와 동일한 상태에 처하게 됩니다. 다시 말해, 그는 더 이상 정치 생활에 참여할 수 없게 되고, 게임을 할 수 없게 됩니다. 하지만 게임은 이러한 것이기 때문에 파레시아스트는 에클레시아(민회)와 동료 시민들에게 아첨하지 않습니다. 요컨대 파레시아스트는 처벌받거나 추방되거나 죽을 수도 있는 위험 등을 감수하면서까지 진실을 말합니다. 제 생각에 이 위험은 파레시아에 속하는 것입니다.

그러니까 발언하기 이전에 자신의 신분, 집안의 계보를 알아야 한다는 것이군요.

바로 이 점, 즉 파레시아를 행하려면 시민이어야 한다는 사실을 《이온》과 더불어 살펴보겠습니다. 하지만 왕은 파레시아를 행사할 수 없습니다. 왜냐하면 그는 어떤 위험도 감수하지 않기 때문입니다.

파레시아스트가 발언을 거부할 수 있습니까?

---

13   에우리피데스, 〈박코스 여신도들〉, 《에우리피데스 비극 전집 1》, 447-509쪽(Euripide, *Les Bacchantes*, 664-673, *op. cit.*, p. 77).

그럴 수 있는 자는 파레시아스트가 아니라 현자입니다. 나중에 다시 살펴보겠지만, 파레시아스트와 현자의 차이는, 현자에게는 말해야 할 의무가 전혀 없다는 점입니다.[14]

저는 '거부'라는 말에 강한 의미를 부여했습니다. 마치 누군가가 선생님께 강한 압력을 행사해 선생님으로 하여금 어떤 정치적 선언을 하도록 유도하지만 선생님께서는 그것을 거부하는 그런 상황 말이죠.

예, 그것은 견유주의자들에게서 발견되는 침묵하는 파레시아스트의 태도입니다. 견유주의자들의 삶에서 파레시아스트의 태도에 속하는 일정한 행동과 태도를 발견하실 수도 있습니다.[15] 견유주의자들은 말을 사용하지 않았습니다. 중요한 것은 일본 선불교의 공안公案[16]과 같은 것이었습니다. 요컨대 뭔가 의미하는 것은 있는데, 그것이 무엇을 의미하는지는 다른 사람들이 찾아내야 합니다.

그런데 파레시아에 대해서 이렇게 말할 수 있지 않을까요? 가령 선생님께서 개종을 거부한다면, 또 그 때문에 화형을 선고받는다면, 그리고 선생님께서 자백을 강요받고 고문을 받았지만 굴복하기를 거부했다면 선생님은 파레시아스트가 되는 건가요? 모두가 선생님의 이 행동을 용기 있는 행위라고 간주할 텐데요.

---

14   이 책 132-133쪽.
15   1983년 가을에 푸코는 견유주의적 삶을 파레시아적 실천으로 여기고 있지 않았다. 그는 단지 파문을 일으키는 몇몇 행동에 대해 말할 뿐이다(이 책 282-285쪽). 콜레주드프랑스 강의 〈진실의 용기〉에서는 반대로 견유주의 철학자의 삶(bios)이 전반적으로 파레시아적이라고 여겨진다. 바로 이것이 '다른 삶'으로서의 견유주의적 '진실된 삶'이라는 주제이다. *Cf.* CV, p. 200-264.
16   해독되어야 할 수수께끼 같은 짧은 문구를 가리키는 불교 용어. 〔불교에 익숙하지 않은 프랑스인들을 위한 편집자의 주석. 일본 선불교에서 일반적으로 '화두'와 동일한 의미로 사용한다.-옮긴이〕

저는 그리스인들이 이러한 행동에 파레시아라는 이름을 부여하지는 않으리라고 생각합니다. 견유주의자들의 태도는 일종의 파레시아입니다. 순교 역시 일종의 파레시아입니다. 왜냐하면 누군가 여러분께 신을 버리라고 요구할 때, 순교는 여러분의 신앙을 보여주는 것이기 때문입니다. 그러므로 순교를 파레시아라 부를 수 있을 것입니다. 그리스도교 문헌에서 파레시아라는 (말이) 이런 의미로 사용된 것이 발견됩니다.[17] 이러한 태도, 행동에는 단언, 주장과 대단히 유사한 무언가가 있습니다.

왜 선생님께서는 파레시아와 결부된 위험을 자기와 자기가 맺는 관계로 간주하시고, 타자와 맺는 관계로는 간주하시지 않나요? 선생님을 위험에 빠뜨리는 것은 타인들인데 말입니다.

왜냐하면 어떤 사람이 자신의 생명을 위험에 노출시키는 게임에 참여하기로 결정할 경우, 거기서 문제가 되는 것은 그와 그 자신이 맺는 관계이기 때문입니다. 그는 진실을 말하기 위해 생명보다는 차라리 죽음을 선택합니다. 물론 죽음은 타인들로부터 오기 때문에 어떤 의미에서는 타자와의 관계가 관건이기도 합니다. 하지만 제 생각에 생명보다 진실을 선택하는 파레시아스트의 방식, 즉 살아 있기보다는 진실을 말하는 쪽을 선호하는 방식은 개인의 선택이고, 일종의 자기와 맺는 관계입니다. 그는 살아 있기보다는 진실을 말하기를 원합니다. 그것은 그가 자기 자신과 맺는 관계입니다.

---

17   *Cf.* CV, p. 302: "순교자는 전형적인 파레시아스트입니다." 또한 다음을 참조하라. CV, p. 159-161.

알렉산드로스 대왕과 만날 당시 통 속에 있던 디오게네스를 파레시아스트로 간주해도 될까요?

예, 확실히 그렇습니다.

그리고 오래도록 왕에게 어떤 것을 숨겨오던 재상이 그 사실을 왕에게 시인하면 그는 파레시아스트일까요?

민주정에서 시작해 군주의 왕실에 이르기까지 파레시아스트가 어떻게 변화했는지, 이 모든 것을 곧 논의하겠습니다. 디오게네스가 알렉산드로스에게, 군주의 삶보다는 자신의 개 같은 삶을 이야기할 때, 그는 전형적인 파레시아스트입니다. 또한 그가 알렉산드로스에게 "나의 태양을 가리지 마!", "비켜!"라고 말할 때, 그는 전형적인 파레시아스트입니다. 하지만 디오게네스의 이 특이한 파레시아는 플라톤의 파레시아와는 완전히 다른 전형적인 견유주의 학파의 파레시아입니다. 최대한 말을 아끼고, 늘 어떤 신체적이고 사회적인 행동과 결부되며, 파문을 일으키는 태도와 연관된 파레시아입니다.

디오게네스가 그 예라 할 수 있을까요?

그 외에도 많은 예가 있습니다.

이것은 위험이 발언에 내재하는지 아닌지와 관련해 조금 전에 제가 드린 질문에 대한 답변이라고 생각됩니다. 자신이 한 말로 인해 디오게네스는 알렉산드로스에 의해 죽임을 당할 수도 있었습니다. 하지만 알렉산드로스는 결국 디오게네스를 죽이지 않았습니다. 그러므로 여기서 발언에 내재하는 것은 아무것도 없습니다.

그렇습니다. 보시다시피 군주가 이런저런 방식으로 반응한다는 것은 다음과 같은 오직 한 가지 사실만을 의미합니다. 즉, 그가 훌륭한 왕이거나 그렇지 않은 왕이라는 사실 말입니다. 하지만 아무튼 파레시아는 늘 동일한 것입니다.

파레시아는 도덕적 진실과 연관된 겁니까, 아니면 일반적인 의미에서의 진실된 인식과 연관된 겁니까?

글쎄요, 그게 문제입니다. 제 생각에 아주 빈번히, 또 근본적으로 파레시아는 도덕적 진실과 관련되어 있습니다. 우주의 법칙을 알고 있는 교육자나 철학자나 현자가 사람들에게 이 법칙을 이야기할 경우, 이들은 파레시아를 행사하는 것이 아닙니다. 하지만 이런 진실이 파문을 일으킨다는 이유로, 또 그들이 다른 믿음을 갖고 있다는 이유 등으로 이런 진실을 받아들일 수 없는 도시국가에 이들이 살고 있다면, 또 그렇게 말하는 위험을 감수한다면, 이들은 파레시아스트입니다. 예를 들어, 갈릴레이가 우주 법칙을 증명할 때 그는 파레시아를 행하는 것이 아니지만, 소송에서 "그래도 지구는 돈다"고 발언할 경우에는 파레시아를 행하는 것이라 말할 수 있을 겁니다.[18]

---

18 〈자기 통치와 타자 통치〉에서 푸코는 조금 다른 주장을 하는 것처럼 보인다. 푸코는 갈릴레이가 그의 《대화》(갈릴레오 갈릴레이, 이무현 옮김, 사이언스북스, 2016)를 집필함으로써 "논증적 텍스트 내에서" 파레시아를 보여준다고 단언한다. 설령 "그 담론의 논증이나 합리적 구조가 파레시아를 정의하는 것은 아닐지라도" 말이다. Cf. GSA, p. 52-53.

도덕적 진실을 말해야 하는 의무와 비도덕적이라 할지라도 진실을 말해야 하는 의무 간에는 차이가 있는 걸까요?

진실이 비도덕적일 수 있다는 관념은 그리스적 태도와는 아주 거리가 멀다고 저는 생각합니다. 진실은 도덕의 토대일 뿐만 아니라 도덕에 속하는 것이기도 합니다. 예를 들면, 스토아주의자들이나 견유주의자들에게 외부 세계로부터 오는 진실들과 인식들 가운데서 우리가 의무적으로 행동하기 위해 필요한 진실들과 인식들이 무엇인지를 규정하는 것은 중요한 일입니다. 그리고 데메트리오스나 세네카의 입장은 다음과 같습니다. 우리가 윤리적이고 도덕적으로 행위하는 데 필요한 것에 대해서는 정확히 알아야겠지만, 이와 상관없는 진실이나 인식에 대해서는 신경 쓸 필요가 없다는 것입니다.[19] 보시다시피 이처럼 질문자께서 제기하신 문제는 대단히 중요합니다. 하지만 제 생각에 이 문제가 대단히 중요해지는 것은 중세 이후, 아무튼 서구 사회에서입니다. 이 문제는 소련에서 리센코 사건*에 즈음해 멘델이나 그 이론의 지지자가 파레시아를 행했을 때 제기될 수 있었습니다. 하지만 서구 국가들에서 동시대에 어떤 사람이 유전학을 논의했을 경우, 그는 파레시아를 행하는 것이 아니었습니다. 차이를 아시겠죠? 그러므로 중요한 것은 내용도 아니고, 파레시아 내에서 사용된 진실의 종류도 아니며, 도덕과 윤리 혹은 자연, 세계, 역사 등과 관련된 진실 말하기와 결부된 개인적이고 사회적인 게임의 문제입니다.

---

19   다음을 참조하라. 《주체의 해석학》, 263-271쪽(HS, p. 221-228). 또한 다음을 참조하라. CV, p. 191.
*   리센코는 스탈린 시대의 생물학자로, 밀을 적절한 환경에서 키우면 호밀의 씨를 맺게 할 수 있다고 주장했다. 그는 획득형질이 유전된다고 주장하며 멘델주의 유전학과 대립했고, 소련 당 지도부가 리센코의 이론을 지지하면서 이 대립은 사회주의-자본주의 이데올로기의 대립 구도 속에서 이해되었다.-옮긴이

선생님께서는 파레시아에서 우정의 역할을 강조하셨습니다. 하지만 자신의 소신을 피력했다고 처벌받은 소련의 멘델주의 생물학자의 경우, 우정은 아무 역할도 하지 않습니다.

그랬죠. 하지만 두 범주가 있다고 말씀드렸습니다. 첫 번째 범주는 민주정이고, 두 번째 범주는 우정이라고요. 적어도 그리스 사회에서는 말입니다. 이 경우의 범주는 우정이 아니라 발언의 자유, 민주정 등입니다. 멘델의 지지자인 학자가 소련에서 그의 이론을 옹호하는 글을 썼을 경우, 그는 멘델 이론의 진실을 증명하길 원했을 뿐만 아니라 소련 사회에 말을 걸어 과학의 사회적 조직을 비판하고 과학 제도 등을 비판하려 했던 것입니다. 그것은 이러한 입장 표명의 파레시아적 양태입니다.

그리스 사회에서 우정은 늘 신분 차이를 특징으로 하고 있었죠?

이 모든 것은 지극히 일반적인 일별이고, 이 모든 점과 관련해 훨씬 더 명시적일 필요가 있습니다. 예를 들어, 영성 지도에서 지도자와 피지도자 간에는 언제나 차이가 있습니다. 연령 차, 역량 차, 지혜의 차이 등등. 연장자로부터 연소자에게 하는 말이 파레시아입니다. 하지만 앞으로 보시게 되겠지만, 파레시아라는 말의 의미에 변화가 일어나고, 인도받는 사람도 파레시아를 해야만 했습니다. 세네카의 경우가 그 명백한 예인데,[20] 두 대화 상대자, 즉 지도자와 피지도자가 서로에게 유용하기 때문에 서로에게 파

20 　특히 세네카의 〈자연에 대하여〉, 앞의 책, 765-766쪽(Sénèque, *Questions naturelles*, t. Ⅱ, livre Ⅳ A, 20, *op. cit.*, p. 178)을 보라. 또 이 책 76-78쪽을 참조하라.

레시아를 해야 하는 상황이 발견됩니다.

그냥 그 사람이 자기 친구를 비판하니까 그 친구가 열등한 위치에 놓는 것은 아닐까요?

그 상황은 우정이 중요한 상황입니다. 왜냐하면 당연히 이런 상황에서는 친구가 열등한 위치에 놓이지는 않기 때문입니다. 하지만 그는 위험을 감수하는데, 그 위험은 친구와의 우정을 잃을 가능성입니다. 그리고 《알키비아데스》를 연구해보면, 알키비아데스와 소크라테스의 상황에서 소크라테스가 나이도 더 많고 더 지혜롭지만, 알키비아데스가 훨씬 더 좋은 귀족 가문 출신이고 젊다는 것을 알 수 있습니다. 그러므로 만약 소크라테스가 알키비아데스에게 상처를 주면 그는 우정을 잃고 말 것입니다. 소크라테스는 진실을 말함으로써 뭔가를 잃을 수 있습니다.

신념과 진실의 일치라는 것으로 의미하려고 하시는 게 뭔지 설명해주실 수 있을까요? 진실로서의 신념에 접근하는 특수한 방식이 그리스인들에게 존재했습니까?

아니요. (아리스토텔레스에게서는 상황이 좀 다르지만) 적어도 플라톤에게서는 그렇지 않습니다. 그리스 텍스트들에서 신념과 진실의 관계는 인식론적 차원에서 전개되지 않았습니다.

'일치'를 통해 말씀하시려는 것이 무엇인지요?

보시다시피 파레시아스트는 신뢰할 수 있는 자입니다. 왜냐하면 그는 그의 믿음들이 진실인 사람이기 때문이죠.

그 자신에게 진실이라는 건가요?

그의 믿음은 진실입니다. 자기 자신에게만 진실이 아니라, 그 자체로 진실입니다. 바로 이것이 파레시아입니다. 그렇기 때문에 파레시아는 데카르트 이후 우리의 인식론적 범주 내에 자리잡을 수 없게 됩니다. 아시다시피 지적 권위는 파레시아와 연관이 있습니다. 왜냐하면 오늘날에도 여전히 우리 사회에서 화자가 진실을 말하게 되어 있는 일정 유형의 발언 행위가 존재하기 때문입니다. 〔예를 들어〕 교수와 교육 상황이 그렇습니다. 여러분이 학부생일 경우 교수를 신뢰하게 되는데, 그 이유는 그가 진실을 말한다고 여러분이 전제하기 때문입니다. 교수는 파레시아스트가 아닙니다. 하지만 우리는 오늘날 수업에서의 교수의 상황을 바탕으로 그리스 문명에서 파레시아가 어떠했는지를 상상할 수 있습니다. 파레시아스트는 진실을 말하도록 되어 있습니다. 그가 믿는 바는 진실이고, 그가 믿는다고 말하는 바를 우리는 믿어야 하는데, 그 이유는 그것이 진실이기 때문입니다.

그 사전 조건들이 중단되면 파레시아는 중단되는 건가요? 예를 들어, 목동이 "제게 해를 가하지 않는다고 약속하시면 진실을 말씀드리겠다"[21]라고 말할 경우, 위험이 축소됐으니 파레시아는 중단되는 걸까요?

---

21   에우리피데스, 〈박코스 여신도들〉, 앞의 책, 477-478쪽〔Euripide, *Les Bacchantes*, 668-671, *op. cit.*, p. 77〕.

아주 적절한 질문을 하셨는데, 엘렉트라와 관련된 이런 종류의 사례가 있습니다. 일종의 계약을 전제하는 파레시아스트의 상황들이 발견됩니다. '진실을 말씀드릴 테니 저를 처벌하지 않는다고 약속해주세요'라는 계약 말입니다. 이 경우, 파레시아스트의 상황은 지속됩니다. 왜냐하면 이 계약에는 진정한 의무가 존재하지 않고, 오직 도덕적 약속만이 존재하기 때문이죠. 앞으로 보시게 되겠지만, 클리타임네스트라와 엘렉트라의 〔대결〕에서 이 점은 매우 흥미롭습니다.[22] 그리고 훌륭한 군주, 자신의 과업을 의식하는 책임감 있는 왕은 조언자들이 자신에게 진실을 말하도록 용인하고, 이를 벌하지 않는 자입니다. 하지만 그는 원하기만 하면 언제든지 그들을 처벌할 수 있습니다. 아니, 오히려 조언자의 조언을 더 이상 듣지 않는 것이 일종의 보복입니다.

그리스 사회에서 왕이나 군주는 정의상 파레시아스트가 될 수 없고, 노예도 파레시아스트가 될 수 없다고 말씀하셨습니다. 결국 노예제는 고대 그리스의 지배적 경제 시스템이었기 때문에 소수의 사람들만이 파레시아스트가 될 수 있었습니다. 이렇듯 파레시아스트가 감수하는 위험은 명예를 얻기 위해 감수해야 하는 위험 아닐까요?

아니요, 그런 명예를 얻기 위한 것이 아닙니다. 이 점을 이소크라테스와 그리스 웅변가들을 연구할 때 좀 더 자세히 살펴보겠습니다. 하지만 왕에게 호소해 그에게 적절한 조언을 해야 하는 군주정의 파레시아와 민회에 호소하는 민주정의 파레시아를 명

22   에우리피데스, 〈엘렉트라〉, 《에우리피데스 비극 전집 1》, 592쪽(Euripide, *Électre*, 1055-1059, dans *Tragédies*, t. IV, trad. fr. L. Parmentier, Paris, Les Belles Lettres, 1964, p. 233).

확히 구분해야 합니다. 물론 민회에서 발언하는 사람은 시민이어야만 합니다. 하지만 이것으로는 충분치 않습니다. 그는 시민 가운데서도 탁월한 시민 중 한 사람이어야 합니다. 발언하고 설득하기 위해서는 도덕적이고 사회적인 자질을 갖추어야 합니다. 이게 무슨 뜻이냐면, 이 특권을 소유하지 않고는 파레시아스트가 될 수 없다는 것입니다. 이 점은 아주 명백합니다. 하지만 대다수의 사람들과 충돌할 수 있는 진실을 말함으로써 이 특권들을 위태롭게 할 수 있습니다. 단지 다수의 의견에 반하는 주장을 하거나 과도한 영향력을 행사했다는 이유로, 그리고 민회의 자유를 제한했다는 이유로 아테나이의 지도자들이 추방당한 사례는 익히 알려져 있습니다. 민회는 이런 식으로 이러한 웅변가들이 말할 수 있었던 진실로부터 보호받았습니다. 이것이 민주정 파레시아의 제도적 틀입니다.

하지만 만약 선생님이 게임을 해서 이기면 선생님의 지위가 향상되지 않겠습니까? 위험이야 감수하시겠지만 이길 수도 있지 않습니까?

예, 분명히 그렇습니다. 대단히 흥미로운 또 하나의 텍스트가 있습니다. 이 텍스트를 설명해보겠습니다. 투퀴디데스가 페리클레스에 대해 쓴 텍스트입니다. 펠로폰네소스 전쟁 초기에 페리클레스는 대단히 훌륭하고 흥미로운 연설을 했습니다.[23] 이 텍스트에서 파레시아라는 말이 사용되지는 않았지만, 여기서 문제가

---

23   투퀴디데스, 《펠로폰네소스 전쟁사》, 천병희 옮김, 숲, 2011, 133-139쪽〔Thucydide, *La guerre du Péloponnèse*, livre I, CXL-CXLIV, trad. fr. J. de Romilly, Paris, Les Belles Lettres, 1962, p. 94-99〕. 투퀴디데스가 언급하는 페리클레스의 세 연설에서의 파레시아 분석에 대해서는 다음을 참조하라. GSA, p. 158-164, 174.

됐던 것이 아테나이 민주정의 중요한 지도자가 다수의 의견이 아닌 바를 말함으로써 자신의 지위를 위험에 빠뜨리는 파레시아의 상황이었다는 것은 지극히 명백합니다.

페리클레스는 무엇을 얻었을까요? 더 많은 권력과 더 많은 권위를….

예, 그렇습니다. 하지만 그는 민회에 의해 쫓기거나 추방되거나 처벌받거나 사형당할 위험에 언제나 노출되어 있습니다. 바로 이것이 아테나이의 민주주의 게임입니다. 이렇게 민주정 체제하에서는 시민들 중 일인자라도 파레시아를 행사할 수 있습니다. 전제정이나 군주정에서는 군주가 파레시아를 행사할 수 없습니다.

민주정의 범주와 우정의 범주에서 어떤 사람이 게임에서 승리했다는 사실을 어떻게 알 수 있을까요?

이 두 상황 모두에서, 이 위험한 진실을 말하는 자가 처벌받지 않고 민회, 다수 혹은 군주를 설득했을 경우입니다.

승리하고 타자들을 설득했다는 사실이, 자신이 진실을 말했다고 확신케 하는 걸까요? 진실을 시험할 수 있는 것은 무엇일까요?

〔파레시아에서 - 옮긴이〕 진실을 시험할 수 있는 것은 존재하지 않고, 명증성이나 증거는 결코 문제가 되지 않습니다.

오직 설득만이 관건이란 거군요.

아니요, 파레시아에서 화자는 진실을 말한다고 가정되고 있는 것입니다. 문제는 그가 타인들을 설득할 수 있느냐, 아니면 진실을 말함으로써 처벌을 받느냐에 있습니다.

선생님께서는 자기와 자기가 맺는 관계가 중요하다고 말씀하시는데요, 만약 제가 진실을 말했다고 누군가를 설득하고 그가 거기에 대해 아무 의심도 하지 않지만 저와의 관계에서는 제가 의문을 품는 경우, 저는 진실을 말한 것일까요?

그것은 파레시아스트의 자기 인식 문제입니다. 저는 고대 그리스 문화에서 파레시아스트가 자기 자신이 진실을 보유하고 있다는 사실에 대해 조금이라도 의심한다고는 생각하지 않습니다. 그런 텍스트를 본 적도 결코 없고요. 바로 이 점이 데카르트의 문제와 파레시아스트의 태도 간의 차이입니다. 데카르트는 명증성에 도달하기 전에는 자신이 인식하는 바가 진실이라고 확신하지 않습니다. 하지만 파레시아의 경우, 도덕적 자질과 진실에 접근할 권리가 겹치기 때문에, 어떤 사람이 진실에 접근할 경우, 그것은 그가 일정한 도덕적 자질을 갖추고 있다는 증거가 되고, 어떤 사람이 이 도덕적 자질을 갖추고 있다면 그는 진실을 보유하고 있는 것입니다. 그러므로 문제는 발생하지 않습니다.

그것은 아마도 데카르트의 문제인 듯하고, 또 진솔성과 관련된 문제이기도 한 듯합니다. 제가 어떤 것이 진실이라고 타인을 설득할 경우, 그를 설득하는 것이 제 유일한 동기일 수 있으므로 저는 진술하지 않을 수도 있습니다.

아니요, 그것은 파레시아 게임의 왜곡입니다. 파레시아 게임은 파레시아스트가 진실을 알고 있고, 진실을 인식하기 위해, 또 진실을 말하고 타인들에게 진실을 말하기를 바라기 위해 요청되는 도덕적 자질을 소유하고 있다는 것을 전제합니다. 강의 서두에서 저는 진솔성이 파레시아의 첫 번째 특징이라고 말씀드린 바 있습니다.

하지만 어떤 사람이 무언가를 말하는 동기에 어떤 의심도 존재하지 않을 경우, 진솔성의 문제는 제기되지 않는 것이 아닐까요?

그것은 그리스인들에게 문제가 되지 않았습니다.

그것은 근대의 인식론적 관점입니다. 그렇기 때문에 질문자께서 이해할 수 없는 것 아닐까요?*

근대의 문제에 불과한 것이 아닙니다. 저는 진실의 요구를 수반하는 맥락에서의 진솔성의 문제를 12세기 그리스도교 고해성사의 범주에서 처음으로 마주치게 됐습니다. 이 문제는 고해신부가 "진실이 요구되지 않으니 자유롭게 이야기해도 됩니다"라고 말할 때 출현합니다….

아마도 이 문제는 현자와 파레시아스트의 유연관계를 연구해보면 좀 더 명확해지리라 생각합니다. 현자는 자신이 지혜롭다는 사실을 증명할 필요가 없기 때문입니다. 그가 현자라는 것을 보여주는 구체적이고 맥락적인 상황이 있긴 하지만, 사람들은 그

---

* 이 발언자(지금 푸코에게 묻고 있는 청중이 아닌 다른 청중–옮긴이)는 푸코에게가 아니라, 앞서 발언한 사람에게 말하고 있다.

가 (언제나, 맥락에 구애받지 않고-옮긴이) 지혜롭다는 것을 알고 있습니
다. 솔론은 지혜롭습니다. 누구도 이 사실을 의심하지 않고, 솔론
자신도 이 사실을 의심하지 않습니다. 파레시아스트는 현자와 다
르지만, 어떻게 보면 그는 현자의 민주정 버전입니다. 타자 쪽에서
나 자기 쪽에서나 어떤 의심도 존재하지 않습니다. 그리고 정확히
말해 기준이라고 할 수는 없지만, 자신의 진솔성의 증거 경험이라
고 할 수 있는 것이 존재합니다. 아마도 이것이 질문하신 것에 대
한 답변이 될 수 있을 것 같은데, 그것은 바로 그의 용기입니다.
파레시아스트가 위험한 뭔가를 말한다는 사실, 다수의 생각과는
다른 뭔가를 말한다는 사실은 그가 파레시아스트라는 것을 증
명하는 증표입니다. 그리고 이제 저는 말씀하신 분의 질문을 훨
씬 더 잘 이해하게 됐습니다. "어떤 사람이 파레시아스트인지 아
닌지를 어떻게 알 수 있을까?"라고 질문하셨을 때 두 가지 질문
을 하신 겁니다. 첫 번째 질문은 '아무개가 파레시아스트인지 우
리가 어떻게 알 수 있을까?'라는 것이고, 두 번째 질문은 '자기 자
신이 진실을 말하고 있음을 어떻게 확신할 수 있을까?'라는 것입
니다. 이 두 번째 질문은 근대적 질문이며, 이러한 질문과 관련된
(고대) 텍스트를 발견한 적은 제 기억으로는 없습니다. 하지만 '어
떤 사람이 파레시아스트인지 어떻게 확인할 수 있을까?'라는 문
제는 민주정의 맥락에서건 그리스-로마 문화의 영성 지도 내에서
건 간에 대단히 중요한 문제인데, 이 문제를 플루타르코스는 아
첨에 대한 논설[24]에서 제기하고 전개했습니다. '나에게 친구가 하
나 있고, 내가 도덕적으로 탁월해지기 위해 그에게 도움을 요청

24   플루타르코스, 〈아첨꾼과 친구는 어떻게 구별할 수 있는가〉, 앞의 책, 243-360쪽(Plutarque,
Les moyens de distinguer le flatteur d'avec l'ami, op. cit.).

할 경우, 나는 그가 파레시아스트라는 것을 어떻게 확신할 수 있을까?'라는 물음입니다. 갈레노스 또한 영혼의 정념에 관한 논설 [25]에서 위선자나 아첨꾼과 진정한 파레시아스트를 구분하는 방식을 지적하고 있습니다. 하지만 '자기 자신이 진실을 말하고 있고, 또 자기 자신이 그렇게 말하는 것에 사적인 이해가 존재하지 않는다는 것을 어떻게 스스로 확신할 수 있을까?'라는 문제를 그리스인들은 제기하지 않았습니다.

제가 말씀드린 모든 것은 매우 일반적인 범주에 지나지 않으며, 보다 구체적으로 파레시아 개념을 연구할 필요가 있습니다. 이 강의에서 파레시아 개념의 모든 차원과 모든 특징을 연구하고 분석할 의도는 없습니다. 다만 기원전 5세기부터 그리스도교 문화에 이르는 고대 문화에서 파레시아의 일정한 변화와 그 양태, 파레시아 게임의 규칙들을 설명하고, 강조하고자 합니다.[*] 파레시아의 변화는 세 가지 상이한 관점에서 분석할 수 있습니다.

첫 번째 양상은 파레시아와 수사학이 맺는 관계와 연관이 있습니다.[26] 기원전 4세기 에우리피데스의 텍스트에서도 파레시아와 수사학의 관계는 심각한 문제를 발생시킵니다. 예를 들어, 플라톤에게도, 소크라테스-플라톤의 전통에 속하는 다른 많은 사람에게도 파레시아와 수사학은 강력한 대립 관계에 있었습니다.[**] 이 대

---

25   Galien, *Du diagnostic et du traitement des passions propres de l'âme de chacun, op. cit.*

[*]   수고: 이러한 변화야말로 이 세미나의 주제가 될 것이다. 이 변화가 우리의 사회 내에서 주체성, 진실, 윤리 그리고 정치 간의 관계들에 결정적이었고, 또 우리가 비판이라고 부르는 것의 계보학에도 결정적이었으니 말이다.

26   파레시아와 수사학 간의 관계에 대한 푸코의 다른 분석들은 다음을 참조하라. 《주체의 해석학》, 395-396, 399, 408-414쪽(HS, p. 350-351, 357, 365-369); CV, p. 14-15. 또한 그르노블대학교에서의 강의를 참조하라. 이 책 43-44, 58-60, 72-76쪽.

[**]   수고에 쓰인 것은 이 문구의 첫 버전일 텐데, 거기서 푸코는 다음과 같이 명확히 한다. "플라톤의 대화편에서 파레시아는 수사학과 대립한다. 그리고 파레시아가 수사학과 대립하는 것은 다음과 같

립 관계는 《고르기아스》에서 아주 명확히 드러나며—이 텍스트를 이런 관점에서 읽을 수 있을 것입니다—, 여기서 파레시아라는 말이 등장합니다.[27] 잘 아시다시피 《고르기아스》에는 소피스트의 기술, 수사학, 철학 간의 대립이 존재합니다. 장광설이 소피스트의 변증술적 장치인 반면, 질의와 응답을 통해 전개되는 대화는 파레시아의 전형이라 할 수 있습니다. 아니, 오히려 《고르기아스》에서 대화는 파레시아 게임을 위한 주요 기술입니다. 요컨대 대화는 파레시아 게임의 도구 기제라고 할 수 있습니다.

파레시아와 수사학의 대립은 《파이드로스》에서도 아주 명확하게 볼 수 있습니다. 아시다시피 여기서 문제가 되는 것은 입말과 글쓰기 간의 대립과 관련된 문제가 아니라 진실을 말할 수 있는 로고스와 진실을 말할 수 없는 로고스의 대립과 관련된 문제입니다.[28] 여기서도 역시 파레시아와 수사학의 차이를 보실 수 있습니다.

플라톤의 글을 통해 아주 명백한 방식으로 드러나는 기원전 4세기 수사학과 파레시아의 대립은 플라톤주의의 전통, 그리고 철학적 전통 내에서 수 세기에 걸쳐 지속될 것입니다. 예를 들어 세네카의 글에서는, 충고나 사적 대화에서 수사학적 기법을 사용할 필요가 없다는 것을 고려할 때, 솔직히 말하고 진실을 말

은 두 관점에 따른다.
　- 수사학은 말하는 자가 그의 담론을 이용하여 손에 넣을 수 있는 효과에 관심을 갖는다. 파레시아는 진실에 관심을 갖는다.
　- 수사학은 습득되어야 할 여러 기술을 필요로 한다. 파레시아는 단지 구하고 발견하고 말하려는 의지 혹은 진실을 드러내려는 의지만을 필요로 한다."

27　　플라톤, 《고르기아스》(Platon, *Gorgias*, 487b, *op. cit.*, p. 166). 《고르기아스》에 대한 상세한 연구는 다음을 참조하라. GSA, p. 328-344; 플라톤, 위의 책(Platon, *Gorgias*, 461e, 487a-e, 491e, *op. cit.*).

28　　플라톤, 《파이드로스》(Platon, *Phèdre*, 259e, *op. cit.*, p. 60). 《파이드로스》의 문제가 쓰인 담론과 말해진 담론 간의 대립이 아니라 그 담론이 진실(진리)이라고 분류되는지 여부라는 주장에 대해서는 다음을 참조하라. GSA, p. 301-308; 푸코, 〈불문과에서의 토론〉, 《비판이란 무엇인가? 자기수양》, 190, 199쪽(CCS, p. 158, 164).

하는 데 가장 좋은 수단은 충고와 사적 대화라는 생각이 반복적으로 발견됩니다.[29] 그리고 '제2차 소피스트 운동' 시기라 불리는 기원후 2세기에도 철학과 수사학의 문화적 대립은 여전히 현저했고, 또 중요했습니다.

하지만 로마 제정 초기 수사학 이론가들의 저작에서는 파레시아가 수사학의 영역으로 편입되는 징후를 발견할 수도 있습니다. 예를 들어, 퀸틸리아누스의 《웅변교수론》(9권 2장)에서 퀸틸리아누스는 몇몇 수사학적 문채가 청중의 감동을 강화하기 위해 특별히 채택된다고 설명하며, 이러한 기술적 문채를 엑스클라마티오exclamatio(감탄)라 불렀는데, 이는 수사학의 문채입니다. 이러한 여러 엑스클라마티오 가운데 어떤 엑스클라마티오는, 퀸틸리아누스에 따르면 아르테 콤포시타arte composita(구성된 기술)가 아니며, 거기엔 테크닉이나 기술이 없다고 합니다.* 이 자연스러운 감탄문을 그는 리베라 오라티오, 리켄티아라고 불렀으며, 이 말이 그리스어 '파레시아'의 라틴어 번역어라고 말합니다.[30] 그러므로 파레시아는 수사학적 문채들 가운데 하나지만 어떤 문채도 갖지 않는다는 것이 특징인데, 왜냐하면 그것은 완전히 자연스럽기 때문입니다. 파레시아는 수사학적 문채의 영도零度, 엑스클라마티오, 리베라 오라티오, 연사가 청중의 감동을 강화하는 수단입니다. 이상이 제가 생각하기에 대단히 흥미롭고 중요한 첫 번째 변화, 즉 파레시아와 수사학 간의 관계의 변화입니다.

조금 전에 질의 시간에 이미 논의한 것 같긴 한데, 파레시아

---

29 세네카, 《세네카 삶의 지혜를 위한 편지》, 255쪽(Sénèque, Lettre 75, 1, op. cit., p. 50)을 보라.

* FS: "(이 자연스러운 엑스클라마티오는) '가장되거나 인위적으로 구상된(simulated or artfully designed)' 것이 아닙니다."

30 Quintilien, institution oratoire, livre IX, chapitre 2, 27, 같은 책, p. 177; 이 책 44쪽, 각주 27을 보라.

의 변화에서 중요한 두 번째 양상은 정치 영역과 관련됩니다. 이 변화는 정치 영역에서의 파레시아의 변화입니다.[31] 기원전 4세기 에우리피데스의 작품에 등장하는 파레시아는 아테나이 민주정의 본질적 특성이라 말할 수 있습니다. 물론 아테나이의 정치 제도에서 파레시아가 담당하는 역할이 정확히 무엇이었는지는 연구할 필요가 있습니다. 하지만 파레시아가 민주정의 보편적 법률이었고, 동시에 아테나이 민주정은 시민들이 데모크라티아, 이소노미아(모든 시민의 권력 행사 참여), 이세고리아(발언의 평등권), 파레시아를 향유할 수 있었던 폴리테이아(정체)로 분명하게 정의됐다는 점을 지적할 수 있습니다.[32] 파레시아가 헌법이었다는 것을 좀 더 자세히 연구하고 분석해야 할 것입니다. 파레시아는 일반법이었고, 또 훌륭한 시민을 특징짓는 개인의 윤리적 태도였습니다. 그러므로 파레시아는 헌법인 동시에 개인의 태도였습니다.

그 후 헬레니즘 시대 제정의 출현과 더불어 아테나이 정체의 특징으로서 파레시아의 정치적 의미는 변화하게 됩니다. 이제 파레시아는 군주와 그의 조언자 혹은 그의 신하 간의 관계로 나타납니다. 군주제 내에서 군주의 정책 결정을 돕고 그의 권력 남용을 막기 위해 조언자는 파레시아를 행해야 합니다. 파레시아는 왕과 그의 통치하에 있는 백성을 위해 필요하고 유용한 것이 됩니다. 어떤 경우 군주에게 진실을 말하는 것은 그의 조언자의 의무가 됩니다.* 그리고 이것은 아테나이 민주정에서의 파레시아와는 완전히 다른 파레시아입니다. 이 파레시아 게임에서 군주는 조언자의 파레시아를 받아들여야 합니다. 그리고 이 점은 조

---

31   정치적 영역에서의 파레시아 개념의 발전에 대해서는 이 책 44쪽, 각주 28을 보라.
32   Cf. Polybe, Histoires, II, 38, 6, op. cit., p. 83. 이 책 32쪽, 각주 14.
*   수고: 그것은 군주에 대한, 그리고 자신의 동료 시민들에 대한 그의 의무이다.

금 전 여러분께서 질문하신 문제에 대한 답변의 단초가 될 수 있다고 생각합니다. 군주 자신은 파레시아스트가 아니지만, 파레시아 게임을 수용할 수 있느냐 없느냐가 훌륭한 지도자, 훌륭한 군주의 시금석이 됩니다. 훌륭한 왕은 비록 파레시아스트가 자기에게 하는 비판이 귀에 거슬린다 해도 그의 말을 전부 받아들이는 자입니다. 군주가 파레시아스트의 말을 고려하지 않으면 스스로 폭군임을 드러내는 것입니다. 파레시아스트가 진실을 말했다고 처벌한다면 군주는 폭군이 되는 것입니다. 파레시아스트가 하는 말을 받아들이고 그것을 고려하면, 군주는 훌륭한 군주, 훌륭한 왕이 됩니다. 이런 점은 폴뤼비오스와 같은 그리스 역사가들의 텍스트, 티투스 리비우스, 더 나아가 타키투스와 그 밖의 라틴 역사가들의 텍스트 등 거의 모든 텍스트에서 발견됩니다. 이들 역사가들이 묘사하는 군주의 초상에는 언제나 조언자들에 대해 처신하는 방식에 대한 지적이 있습니다. 바로 이 점이 조언자들을 특징짓는 파레시아의 특수성이고, 군주의 특징은 파레시아스트와 관련해 군주가 처신하는 방식으로 이루어집니다.

그러므로 정치 영역에서의 파레시아 개념의 변화를 통해 우리는 아테나이 민주정에서 파레시아가 개인으로서의 시민들과 전체·공동체·민회로서의 시민들 사이에 위치한다는 것을 볼 수 있습니다. 개인으로서의 시민과 다수의 혹은 전체 시민들 간의 게임이 파레시아 게임의 범주를 구성합니다. 파레시아가 출현하는 곳은 바로 아고라입니다. 파레시아는 공적인 담론의 필요조건입니다. 헬레니즘 시대 왕국에서의 파레시아 게임은 다릅니다. 파레시아 게임은 조언자와 군주 간의 게임인데, 세 번째 부류의 참가자인 침묵하는 다수, 즉 백성이 함께합니다. 백성들은 왕과 조언자들의 대화에 참여하지는 않지만, 조언자가 왕에게 충언할 때는 백성의 이름을 거명하고 그들을 대신해서 말합니다. 파레시아가 출현하는 공간은 아고라가 아니라 궁정입니다. 궁정과 왕궁에 파레시아가 자리 잡습니다. 파레시아 개념의 두 번째 변화는 이상과 같습니다.

파레시아의 세 번째 변화는 삶의 기술tekhnê로 간주되던 철학 영역의 파레시아와 관련이 있습니다.[33] 플라톤의 저작에서 소크라테스는 보편적 파레시아스트의 역할을 담당하는 사람으로 출현합니다. 파레시아라는 말이 플라톤의 저작에 몇 번 등장하기는 하지만, 그는 결코 파레시아스트라는 용어를 사용하지는 않습니다. 파레시아스트라는 말은 그 후 그리스어 어휘에 나타납니다. 하지만 그럼에도 소크라테스의 역할은 전형적인 파레시아스트 역할입니다. 그리고 소크라테스의 파레시아스트로서의 역할은 《소크라테스의 변론》에 아주 명확하게 설명되어 있습니다. 《소크라테스의 변론》에서 소크라테스가 파레시아를 행하는 것을 볼 수 있는데, 그의 파레시아는 길거리에서 부단히 아테나이 사람들을 붙잡아 그들이 알고 있는 바가 무엇인지 묻고, 그들에게 그들 자신을 돌보라고 권고하는 데 있습니다.[34] 그리고 《알키비아데스》에서 파레시아의 한 예를 볼 수 있는데, 이후에 이 텍스트를 좀

33　콜레주드프랑스 강의 〈자기 통치와 타자 통치〉에서 푸코는 특히 소크라테스를 참조하면서 '철학적 파레시아'에 대해 이야기한다. "이러한 철학적 파레시아는 (⋯) 반드시, 또 한정적으로 로고스를 통해 행해지는 것은 아니며, 공동체 혹은 한 개인을 향해 말할 때 사용하는 언어의 화려한 의식을 통해 행해지는 것도 아닙니다. 결국 파레시아는 사태 그 자체 속에서 나타날 수 있고, 행하는 방법 속에서 나타날 수 있으며, 존재 방식 속에서도 나타날 수 있는 것입니다." Cf. GSA, p. 295. 또한 다음을 참조하라. GSA, p. 296, 299, 315-316. 여기서 푸코는 철학적 삶을, 실은 '진실의 현시'에 다름 아닌 파레시아의 본질적 작용에 의해 전반적으로 가로질러지고 관통되며 지탱되는 것으로서 제시한다. 푸코는 《진실의 용기》에서 견유주의적 파레시아를 분석하면서 이 주제를 다시 다루고, 그것을 가장 극단적인 귀결에 이르기까지 밀고 나가게 될 것이다.

34　플라톤, 〈소크라테스의 변론〉, 《소크라테스의 변론/크리톤/파이돈/향연》, 천병희 옮김, 숲, 2012년(Platon, Apologie de Socrate, 30a-c, dans OEuvres complètes, t. Ⅰ, trad. fr. M. Croiset, Paris, Les Belles Lettres, 2002, p. 157-158). 《소크라테스의 변론》에 나오는 소크라테스의 파레시아에 대한 분석은 다음을 보라. GSA, p. 286-300; CV, p. 68-84.

더 자세히 살펴보겠습니다.[35] 《알키비아데스》에서 알키비아데스를 사랑하는 사람들이 그의 환심을 사기 위해 모두 아첨하는 [반면], 소크라테스는 이 아첨꾼들, 사랑에 빠진 자들과는 달리 다음과 같은 사실을 알키비아데스에게 지적함으로써 그를 화나게 할 위험을 감수합니다. 알키비아데스가 그토록 열망하는 바, 즉 아테나이인들 가운데서 가장 탁월한 자가 되어 아테나이를 통치하고 페르시아의 왕보다 더 강건하게 될 능력이 없음을 지적하는 것입니다. 이처럼 철학자는 전형적인 파레시아스트입니다.

후에 그리스-라틴 철학과 기원후 1세기 동안 철학적 파레시아는 언제나 자기 돌봄이라는 주제와 결부됩니다. 사람들로 하여금 그들 자신을 돌보도록 권고해야 하기 때문에, 철학자는 파레시아스트여야 합니다. 하지만 파레시아는, 사람들로 하여금 자신들이 아무것도 모르고 있다는 사실을 발견하는 데 도움을 주는 철학자의 용기에 불과한 것도 아니며, 또 소크라테스가 알키비아데스와 같은 젊은이들에 대해 취하는 그런 도발적 태도에 불과한 것도 아닙니다. 파레시아는 문제 제기에 국한되지 않으며, 이제 파레시아는 단순히 태도에 그치지 않는 조작 방식procédure이기도 합니다. 파레시아는 단순히 철학자의 도덕적 자질에 불과한 것이 아니라 고도의 테크닉이기도 한데, 이 테크닉에 힘입어 철학자는 자신의 제자나 친구를 인도합니다. 파레시아는 이제 영성 지도의 기술입니다.[36*] 루크레티우스와 더불어 기원전 1세기의 가장 중요

---

35 플라톤, 《알키비아데스》, 김주일, 정준영 옮김, 이제이북스, 2014년(Platon, *Alcibiade*, 104e-113c, dans *OEuvres complètes*, t. I, trad. fr. M. Croiset, Paris, Les Belles Lettres, 2002, p. 61-76). 푸코는 캘리포니아대학교 버클리캠퍼스 강의에서 이 텍스트를 재론하지 않는다. 이 텍스트는 〈자기 통치와 타자 통치〉 1983년 2월 16일 강의 때 파레시아의 문제라는 관점에서 다뤄진 바 있다. *Cf*. GSA, p. 207-209.

36 이 책 29쪽, 각주 9와 46쪽, 각주 29.

* FS: "(이 시대에) 파레시아는 주로 '영혼의 교육'을 위한 영성 지도의 기술(tekhnê)로 간주될

한 에피쿠로스주의 저자 가운데 한 사람인 필로데모스는 파레시아에 대한 저서[37]를 남겼는데, 이 저서는 에피쿠로스주의자들의 공동체 내에서의 교육과 상호부조의 기술적 실천들에 관한 책입니다. 파레시아는 기술이 됩니다. 파레시아는 프쉬카고게psuchagôgê의 테크닉, 심령적 기술, 요컨대 영혼 인도의 기술입니다. 이 기술들은 세네카의 《마음의 평정에 관하여》[38]와 같은 논고들이나 루킬리우스에게 보내는 편지들*에 아주 상세히 설명되어 있습니다. 이러한 테크닉들의 전개에서, 그리고 세네카의 논설들과 서신을 통해 파레시아 테크닉들의 매우 의미심장하고 중요한 변화를 확인할 수 있습니다.

처음에는 파레시아적 태도가 스승의 역할을 특징지었습니다. 스승, 철학자는 우정을 잃을 것을 감수하며 젊은이들에게 진실을 말해야 했습니다. 하지만 이제 세네카의 텍스트에서 파레시아는 두 참여자가 진실을 말하고, 또 서로에게 진실을 말해야 하는 게임이 된다는 것을 보게 됩니다. 학생, 제자 혹은 피지도자에게 진실을 말하는 것은 선생, 스승의 의무입니다. 그러나 제자, 학생, 피지도자 역시 진실을 말해야 합니다. 하지만 그것은 어떤 종류의 진실일까요? 그는 자기 자신에 관한 진실을 말해야 합니다. 그는 아무것도 숨기지 말고 자기 자신의 현 상태, 자신이 느끼는 바, 자신의 영혼의 상태를 설명해야 합니다. 파레시아는 일종의 고백을 통해 자기 자신을 완전하게 펼쳐 보이는 것입니다. 그러므

정도로, 파레시아는 자기 돌봄과의 긴밀한 관계 속에서 발달합니다."

37   Philodème, *Peri parrêsias*, *op. cit.* 이 책 47쪽, 각주 31.
38   세네카, 〈마음의 평정에 관하여〉, 《그리스 로마 에세이》, 천병희 옮김, 숲, 2011, 214-219쪽 〔Sénèque, *De la tranquillitéde l'âme*, Ⅰ, 1-16, dans *Dialogues*, t. Ⅳ, trad. fr. R. Waltz, Paris, Les Belles Lettres, 2003, p. 71-75〕.
*   《세네카 삶의 지혜를 위한 편지》-옮긴이

로 제자에게 진실을 말하는 스승의 파레시아적 역할과 자신의 영혼, 정신 상태를 스승에게 드러내 보이는 제자의 파레시아적 태도라는 두 대화 당사자 간의 파레시아가 발견됩니다. 물론 사태는 이보다 훨씬 더 복잡합니다. 우리는 여기서 제자 자신이 아무것도 모른다는 것을 스승이 제자에게 지적하는 파레시아로부터, 제자가 스승에게 자기가 자기 자신에 대해 아는 모든 것을 말하는 파레시아로 넘어가는 아주 중요한 변화를 확인할 수 있습니다.

이상이 기원전 5세기 그리스-로마 시대 및 고대 말의 수사학과 정치와 관련해, 그리고 철학 및 자기 돌봄과 관련해 발생한 파레시아의 세 가지 주요한 변화입니다.

오늘과 다음 강의에서는 에우리피데스로부터 시작해 기원전 5세기의 진실과 정치적 담론 간 관계의 위기를 거쳐, 스승의 파레시아가 제자의 고백에 자리를 내어주는 그리스-라틴 철학에 이르기까지 변화의 개요를 설명해보려 합니다. 저는 자기 돌봄의 역사와 우리가 자기수양이라 부를 수 있는 발전이라는 맥락에서 파레시아 개념을 다뤄볼 생각입니다. 자기수양은 특히 기원후 초엽에 그리스-로마 사회에서 엄청나게 큰 중요성을 지녔습니다.[39] 저의 목표는 자기수양 내에서 진실의 형식과 역할을 분석하고, 진실 게임들을 분석하는 것입니다. 파레시아 행위를 특징짓는 이 언어 활동, 윤리적 태도, 파레시아적 태도는 자기수양의 전개 내에서 큰 중요성을 갖습니다. 그리고 파레시아의 민주주의적 행사로부터 이 동일한 파레시아를 파레시아의 영적 사용으로 이끌어가는 변화는, 자기수양이 기원전 4세기 소크라테스와 플라톤의

---

39 '자기수양'에 관해서는 특히 다음을 참조하라. 《주체의 해석학》, 213쪽 등(HS, p. 173-174 et *passim*); 《비판이란 무엇인가? 자기수양》, 93-123쪽(CCS, p. 81-98); 《자기 배려》, 55-90쪽(SS, p. 51-85).

철학으로부터 후기 스토아주의에 이르기까지 어떻게 전개됐는지를 이해하는 데 아주 중요합니다. 자기수양 내에서의 진실 게임들과 관련된 문제는 제가 이후 광기와 범죄와 관련해 제기하려고 시도했던 문제와 동일한 유형의 것입니다. 오늘날 우리의 광기와 범죄 개념에 내포되어 있는 진실 게임들은 어떤 것들일까요? 그것들은 어디로부터 기원하는 것일까요? 그것들은 어떻게 구축되고 발전된 것일까요? 그것들의 제도적이고 실천적인 조건들은 어떤 것일까요? 하지만 광기와 범죄의 경우, 이 진실 게임들은 사회적 배제와의 상관관계 속에서 사용됐습니다. 자기 돌봄의 경우, 진실 게임들은 자기를 구축하는 절차 내에서 사용됐습니다. 이상이 제가 파레시아에 관심을 갖게 된, 그리고 파레시아에 관해 말씀드리고 싶었던 첫 번째 이유입니다.*

저는 이 파레시아 개념을 분석함으로써 우리 사회에서 비판적 태도라 불릴 수 있는 것의 계보를 연구해보려 했습니다.[40] 대체

---

* 수고: 대부분의 경우, 관념사가들은 이렇게 묻는다. 인간의 주체성은 어떻게 인식의 대상이 될 수 있었는가? 이러한 대상화는 어떻게, 그리고 어떤 조건에서 일어날 수 있었는가? 이 주체성은 왜 그리고 어떻게 대상적 인식의 장 내에 통합된 결과로서 소외됐는가?
위의 질문과 유사하면서도 다른, 내가 제기하고자 하는 문제는 다음과 같다.
서구 사회에서 개인들은 어떻게 윤리적·정치적·인식론적·사법적 주체가 됐는가?
자기 자신과의 관계는 어떤 절차에 따라서 윤리적·정치적·학문적 영역에서 취해진 형식을 받아들였는가?

40 푸코는 1978년 3월 27일 프랑스 철학학회에서 했던 강의 〈비판이란 무엇인가?〉에서 처음으로 자신이 '견유주의적 태도'라고 부르는 것에 대한 대대적인 연구를 제안한다. 그 강의에서 견유주의적 태도는 푸코의 콜레주드프랑스 강의 〈안전, 영토, 인구〉에서 진척시킨 바 있는 '통치성'과 '대항품행' 분석의 연장선상에서, 또 동시에 칸트의 논고 〈계몽이란 무엇인가〉에 대한 푸코의 논평을 통해 정의됐다. 다음을 참조하라. 《비판이란 무엇인가? 자기수양》, 37-91쪽(CCS, p. 33-70). 1983-1984년 사이에 푸코는 '우리 자신에 대한 역사적(혹은 역사-비판적) 존재론'이라는 개념을 정교화하면서 칸트의 이 텍스트를 여러 번 재론한다. Cf. GSA, p. 8-38; 《비판이란 무엇인가? 자기수양》, 93-101쪽(CCS, p. 81-85); M. Foucault, "What is Enlightenment?", dans DE II, n°339, p. 1381-1397; "Qu'est-ce que les Lumières?", dans DE II, n°351, p. 1498-1507. 또한 이 책 133-134쪽을 참조하라. 캘리포니아대학교 버클리캠퍼스 강의에서 푸코는 이러한 성찰들과 고대의 파레시아 연구 사이에 존재하는 긴밀한 관계를 아주 분명한 방식으로 명확히 설명한다. 이 책 97-101, 127-128, 133-134, 358-359쪽과 119쪽 각주 *를 참조하라. 이러한 관점에 대해서는 또한 다음을 참조하라. GSA, p. 322; 〈들어가며〉, 《비판이란 무엇인가? 자기수양》, 29쪽(D. Lorenzini et A. I. Davidson, "Introduction", dans CCS, p. 25).

적으로 관념사가들은 '이데올로기*'의 문제나 사회와 표상들 간의 관계에 관한 문제에 관심을 가지고, 진실의 발견을 돕거나 방해하는 사회적 구조나 절차들을 이해하려 합니다.

그런데 진실과 사회 간의 관계와 관련된 또 하나의 문제가 있습니다. 이것은 이데올로기를 통한 사회와 진실 간의 관계 문제가 아니라, '진실을 말하는 자Wahrsager'라 불리는 자와 관련된 문제입니다. 아시다시피 진실을 말하는 자의 문제는 니체의 문제고, 니체의 저작에서 이 문제가 전개된 것을 발견할 수 있습니다.[41]** 진실을 말하는 자의 문제는 무엇일까요? 그것은 한 사회에서 누가 진실을 말할 자격이 있는지, 누가 진실을 말할 능력이 있다고 간주될 수 있는지의 문제입니다. 누구의 말이 그 자체로 진실로서 받아들여질 수 있을까요? 저는 우리 사회에는 진실을 말하는 자에게 부여된 네 가지 역할이 있다고 생각합니다.[42]

이 중 세 역할은 상대적으로 잘 알려져 있습니다.

첫째, 예언자 역할이 있습니다. 예언자 역할에서는 누군가 말을 하는데, 그는 다른 누군가의 대리자로서 말합니다. 요컨대 그는 우리 눈에 보이지 않는 강력한 존재의 대변인입니다. 예언자 역할은 다른 현실에 대한 참조를 내포하고 있습니다. [예언자]는 매개자로서 발언하고 행동합니다.

둘째, 현자 역할입니다. 예언자와 현자의 차이는 예언자가 다른 사람의 이름으로 말하는 [반면], 현자는 자기 자신의 이름으

---

* 　　　수고에서 따옴표 안에 들어가 있다.

41 　　프리드리히 니체, 《차라투스트라는 이렇게 말했다》, 정동호 옮김, 책세상, 2000[F. Nietzsche, *Ainsi parlait Zarathoustra*, trad. fr. M. de Gandillac, Paris, Gallimard, 1971].

** 　　수고: 니체와 막스 베버가 이 문제를 연구했다.

42 　　푸코는 이 '진실 말하기의 근본적인 네 양상'에 관한 논의를 〈진실의 용기〉 첫 강의에서 재론하고 발전시킨다. *Cf.* CV, p. 16-30.

로 말한다는 것입니다.

진실을 말하는 자의 세 번째 역할은 교육자 역할입니다. 현자와 교육자의 차이는 현자가 자기 자신만 아는 것들을 말하는 자인 반면, 교육자는 사회 내에 이미 알려지고 승인되며 수용된 것들을 말하는 자라는 사실입니다.

진실을 말하는 자의 세 역할은 이상과 같습니다. 이 역할들에 관한 분석은 아주 빈번하게 이뤄졌고, 또 잘 알려져 있습니다.

하지만 제 생각에 몇 가지 이유로 결코 제대로 연구된 적 없는 네 번째 역할이 있는데, 그것은 파레시아스트 역할입니다. 앞으로 보게 되겠지만, 파레시아스트 역할은 몇 가지 면에서 이 세 주요 역할과 다릅니다.

우선 파레시아스트는 다른 사람의 이름으로 말하지 않고 자기 자신의 이름으로 말한다는 의미에서 예언자와 다릅니다. 파레시아스트는 자신의 의견이 무엇인지를 정확하게 말합니다. 그는 자기 자신의 대변인입니다. 바로 이것이 파레시아스트와 예언자의 가장 중요한 차이입니다.

파레시아스트는 현자와도 다릅니다. 현자는 자신이 아는 바를 타자에게 말할 의무가 없기 때문입니다. 타자가 현자에게 물음을 던져야 하고, 현자가 말하는 바를 경청해야 합니다. 하지만 현자는 침묵을 지킬 수 있고, 현자의 침묵은 종종 그 지혜를 드러내는 최상의 징표가 되기도 합니다. 현자는 자신이 원하는 바를 말하고, 자신의 말과 지혜의 결과에 대해 고심하지 않습니다. 반면, 파레시아스트의 임무는 진실을 말하고 타인을 설득하는 것입니다. 파레시아스트는 타인들에게 영향을 주어 그들의 품행을 더 나은 것이 되게 하며, 군주의 정신 상태를 향상시키고 사회나 도시국가를 더 나은 것으로 만들어야 합니다. 파레시아스트에게는 현자에게는 없는 책임, 의무가 있습니다.

그리고 마지막으로 파레시아스트는 교육자와도 다른데, 그이유는 이미 아주 잘 알고 계시듯, 교육자는 가르칠 때 용기를 갖거나 위험을 감수할 필요가 없기 때문입니다. 교육자는 만인이알고 있는 것을 말합니다. 교육자의 역할은 아직 통합되지 않은사람을 통합하는 일, 이들이 (사회) 내부로 들어가도록 돕는 일입니다. 하지만 교육자 자신도 사회 안에 존재합니다. 반면, 파레시아스트는 근본적으로 분쟁적 상황 속에 위치합니다. 그는 권력과맞서고, 다수의 사람들이나 여론 등과 대립합니다. 이것은 교육자가 할 수 없는 일입니다. 파레시아스트는 통합의 역군으로 활동하는 것이 아니라 해체의 역군으로 활동합니다.*

예언자, 현자, 교육자, 파레시아스트 역할이라는 이 네 역할은 서로 섞여왔습니다. 적어도 이 네 인물들 간의 일정한 조합이존재합니다. 파레시아스트 역할은 다소간 다른 역할들과 결부되거나 연관되어 있습니다. 예를 들어, 유대 전통에서는 파레시아스트 역할이 예언자 역할과 연결되어 있습니다. 유대 전통에서 어떤예언자들은 사회나 히브리인들의 품행을 비판하고, 해야 할 바를(히브리인들에게 권고하며), 이들과 갈등 속에 있는 파레시아스트이기도 합니다. 또 예언자의 태도와 파레시아스트 역할의 동일한 조합을 유럽 역사에 등장하는 몇몇 인물에게서도 발견할 수 있습니

---

* 수고: 내 생각에 우리 사회 내의 여러 기능과 제도는 네 가지 주된 역할에 그 뿌리를 두고 있는 것 같다.
  - 이를테면 종교 지도자 혹은 정치 지도자의 기능은 예언자 역할에 그 뿌리를 둔다. 그들은 신이나 민중, 국가 혹은 프롤레타리아의 대변인들이다.
  - 학자, 전문가, 예술가의 기능은 현자 역할의 현대적 형식이다.
  - 잘 알려져 있다시피 교육자 역할은 제도화됐다.
  - 그리고 파레시아스트 역할은 도덕가, 혹은 사회 비판자나 정치 비판자들처럼 특수한 형태에서 발견된다.

다. 예를 들어, 16세기와 17세기 초 종교개혁과 연관된 운동에서 이러한 조합이 발견되고, 가톨릭 교회에서도 이 조합이 발견됩니다. 16세기 이탈리아의 지롤라모 사보나롤라Girolamo Savonarola 같은 사람은 피렌체에서 파레시아스트 역할을 담당했던 전형적인 예언자입니다.

파레시아스트 역할은 현자 역할과 결부될 수도 있습니다. 여러 관점에서 소크라테스는 솔론 등과 같은 고대 그리스 사회의 현자들의 전통에 속하는 사람입니다. 소크라테스는 현자였고, 파레시아스트 역할을 담당했습니다. 18세기 유럽에서도 현자 역할과 파레시아스트 역할이 서로 연결된 것을 볼 수 있습니다. 예를 들어, 루소Jean Jacques Rousseau는 현자이자 파레시아스트였습니다. 일반적으로 이런 종류의 조합은 계몽Aufklärung에서도 발견할 수 있습니다.*

파레시아스트 역할은 교육자 역할과 종종 일치하고, 또 서로 연관됩니다. 그리스-라틴 문화에서 이런 연관관계는 스토아 학파 사람들과 견유주의적 태도가 뒤섞이는 가운데서 발견할 수 있는데, 그 대표적인 예는 당연히 에픽테토스입니다. 에픽테토스는 교육자로서 위계, 교육과정, 시험 등을 갖춘 잘 조직화된 학원을 운영하고 있었습니다. 에픽테토스는 또한 견유주의자로 도발적 역할을 수행한 파레시아스트이기도 했습니다. 하지만 교육자 역할과 파레시아스트 역할의 조합은 아주 오랫동안 사라졌었습니다. 제 생각에 그것은 중세 사회, 르네상스 사회, 고전주의 사회

---

*   수고: 현자 역할 역시 다른 역할들과 결합됐다.
  - 예언자 역할과 결합(솔론)
  - 교육자 역할과 결합(그리스에서 플라톤, 그리고 아마도 피타고라스부터)
  - 파레시아스트 역할과 결합[지혜의 정의와 성격 규정을 변화시킨 소크라테스는(그는 고대적인 의미에서의 현자였다) 동시에 파레시아스트 역할을 수행했다.]
  - 루소, 그리고 계몽운동은 현자 역할과 파레시아스트 역할이 결합된 것이었다.

의 설교자들이 파레시아스트 역할을 다소간 찬탈했기 때문입니다. 하지만 파레시아스트 역할과 교육자 역할의 조합은 19세기 대학, 특히 독일 대학에서 재출현하고, 거기서 그 두 역할이 다시 수행될 수 있었습니다.* 이 조합의 재출현은 계몽 이데올로기가 18세기 말 19세기 초 독일 대학에 통합된 것에서 비롯됐다고 생각합니다.** 아마도 칸트는 과거의 파레시아스트 역할과 교육자 역할을 다시 한 번 결합하려고 시도한 최초의 사람이었다고 말할 수 있을 것입니다. 동일한 현상이 프랑스 대학에서도 발견되지만, 철학과가 아닌 사학과에서 발견됩니다. 쥘 미슐레Jules Michelet, 에르네스트 르낭Ernest Renan 같은 사람들…. 그중 르낭도 대단히 흥미롭습니다. 르낭은 교육자이자 파레시아스트였습니다. 그리고 잘 아시다시피 그는 콜레주드프랑스 취임 강의에서 예수가 **훌륭한 인간*****이라고 말하는 바람에 해임되어 강의할 수 없게 됐을 정도로 파레시아스트였습니다.[43] 르낭은 과학의 영역에서 일정한 방식으로 파레시아를 행하는 파레시아스트였습니다. 그리고 버트런드 러셀Bertrand Russell 같은 인물은 아마도 영국 대학에서 교수이자 파레시아스트로 간주될 수 있다고 생각합니다. 그가 이렇게 간주되는 것을 좋아할지는 모르겠지만요.****

오늘날 우리 사회에서 파레시아에 해당하는 말은 존재하

---

*   수고에 따라 수정했다.

**   수고: 그리고 아마도 19세기 초 독일 대학의 중요성은, 피히테(Johann Gottlieb Fichte)나 헤겔(Georg Wilhelm Friedrich Hegel) 같은 사람들은 예언자, 교육자 그리고 파레시아스트라는 네 가지 주요 역할을 동시에 하려고 시도했다는 사실에 기인한다.

***   수고에서 강조되어 있다.

43   푸코는 이것을 프랑스어로 설명한다. 에르네스트 르낭은 《예수의 생애》(최명관 옮김, 창, 2010) 출간으로 야기된 추문으로 1863년 콜레주드프랑스 교수직에서 쫓겨났다.

****   수고: 설령 대학에서 이 역할을 동시에 수행하려고 시도했다 할지라도, 그러한 시도는 성공하지 못했다. 그리고 19세기 내내 종교운동, 정당(특히 사회주의자들과〔혁명주의자들〕, 대학, 출판, 언론 사이에서 진실 말하기의 서로 다른 역할들에 대한 경쟁을 관찰할 수 있다.

지 않지만, 그래도 '비판하는 역할'이라 불릴 수 있는 파레시아스트 역할은 대단히 중요하고, 파레시아스트적인 방식으로 진실을 말하는 임무의 수행을 둘러싸고 우리 사회 내에는 매우 치열하고 격렬한 경쟁이 존재한다고 생각합니다. 종교운동, 정당, 대학, 신문, 미디어 간의 경쟁이 존재합니다. 이 네 제도— 종교운동, 정당, 대학과 정기간행물, 미디어 —는 일정한 방식으로 자기들 고유의 작업을 하고 있으며, 또 파레시아 역할을 수행한다고 주장합니다. 이 네 제도 간의 경쟁은 대단히 치열합니다.

제가 파레시아에 관심을 갖는 두 번째 이유는 다음과 같습니다. 첫째, 파레시아스트 역할을 연구하려 하는데, 자기수양이 파레시아스트 게임이라는 특수한 진실 게임을 이용해 전개된 방식을 연구해보고자 합니다. 둘째, 고대 문화에서의 파레시아의 역사를 통해 오늘날 우리 사회 내에서 비판적 태도라 불릴 수 있는 것의 기원과 계보를 분석해보고자 합니다. 왜냐하면 우리 사회에서 그것이 철학적 관점이 됐든 정치적 관점이 됐든 종교적 관점이 됐든 간에 비판의 역할, 비판적 태도는 고대 그리스 철학이 발견하고 창안해낸 파레시아스트 역할에 기인하기 때문입니다. 그리고 주체화의 계보와 비판적 태도의 계보와의 교차 지점에 있는 파레시아의 분석은 우리 자신에 대한 역사적 존재론이라 불릴 수 있는 것에 속합니다.[44] 왜냐하면 인간 존재로서 우리는 진실을 말할 능력이 있고, 우리 자신을 변화시킬 수 있으며, 우리 자신의 습관과 태도, 우리 사회를 변화시킬 능력이 있고, 진실을 말함으로써 우리 자신을 변화시킬 수 있기 때문입니다. 이상이 파레시아에 관한 이번 강의의 일반적 범주입니다.

---

[44] 이 책 128쪽, 각주 40.

두 번째 강의(1983년 10월 31일)

지난 강의에서 저는 파레시아의 문제, 파레시아라는 말과 파레시아 '게임'*이라 불릴 수 있는 것의 일반적 의미에 관해 아주 간략하게 개관했습니다. 오늘은 그리스 문학에서 파레시아라는 말이 처음으로 나타나는 경우를 분석해보고자 합니다. 파레시아라는 말이 처음 나타나는 곳은 에우리피데스의 저작들이며, 구체적으로 말하자면, 그가 쓴 여섯 편의 비극, 《포이니케 여인들》, 《히폴뤼토스》, 《박코스 여신도들》, 《엘렉트라》, 《이온》, 《오레스테스》에서입니다.[1]

처음 네 작품, 《포이니케 여인들》, 《히폴뤼토스》, 《박코스 여신도들》, 《엘렉트라》에서 파레시아라는 개념은 그 의미를 이해하는 데 도움을 주는, 지극히 구체적인 맥락 내에서 출현합니다. 하지만 이 네 작품에서 파레시아가 중요한 주제나 테마를 이루고 있지는 않습니다. 반면, 마지막 두 작품 《이온》과 《오레스테스》에서는 파레시아가 대단히 중요한 역할을 담당합니다. 《이온》은 전적으로 진실 말하기 혹은 파레시아의 문제, 진실을 말할 권리, 의무 그리고 용기를 가진 자는 누구인가라는 문제에 할애된 작품이라고 말할 수 있습니다. 《이온》에서 파레시아의 문제는 신과 인간의 관계의 범주에서 제기됩니다. 《이온》보다 10년 뒤에 쓰인 에우리피데스의 후기 작품 가운데 하나인 《오레스테스》에서 파레

---

*   수고에서 따옴표 안에 들어가 있다.
1   이 책 32쪽, 각주 15.

시아의 역할은 별로 중요하지 않습니다. 그러나 《오레스테스》에는 전형적인 파레시아의 무대가 존재합니다. 이 무대는 당대 아테나이 사람들이 제기하던 정치적 문제와 직결되어 있기 때문에 주목할만한 가치가 있습니다. 그리고 이 무대에서 파레시아의 문제는 인간과 신의 관계라는 범주와 맥락에서 제기되는 것이 아니라 인간의 제도라는 맥락에서 제기됩니다.

오늘은 우선 파레시아의 의미를 좀 더 명확히 하기 위해 초기의 네 작품에 등장하는 파레시아라는 말의 네 가지 상황에 대해 간략히 논의하려 합니다. 그리고 나서 이제 신들이 더 이상 담당할 수 없게 된 진실을 말하는 역할을 인간들이 담당하게 된 것을 보여주는, 전형적인 파레시아 비극으로 간주되는 《이온》을 총괄적으로 분석해보고자 합니다. 그런 후에 시간이 남으면 다음 주에 제가 검토하려는 〔문제〕, 즉 플라톤과 이소크라테스 시대의 정치적이고 철학적인 문제인 파레시아 문제로의 이행을 목격할 수 있는 《오레스테스》의 무대를 분석해보고자 합니다. 오늘의 강의는 인간과 신 사이의 파레시아에 할애하고, 다음 주 강의는 철학과 정치 사이의 파레시아에 할애하고자 합니다.

그럼 신과 인간 사이의 파레시아를 살펴봅시다. 먼저 에우리피데스의 몇몇 작품에서 파레시아라는 말의 몇 가지 용례를 살펴봅시다.

우선 《포이니케 여인들》을 생각해봅시다. 이 작품의 중심 주제는 오이디푸스의 두 아들인 에테오클레스와 폴뤼네이케스의 싸움과 관련되어 있습니다. 오이디푸스의 몰락 이후, 그의 두 아들은 테바이를 매해 번갈아 통치하기로 합의합니다. 그러나 첫해의 통치가 끝난 후 에테오클레스는 동생인 폴뤼네이케스에게 권력을 이양하기를 거부합니다. 이 작품에서 에테오클레스는 폭정을 대표하고, 유배 생활을 하는 폴뤼네이케스는 민주정을 대표합니다. 테바이에서 쫓겨난 폴뤼네이케스는 에테오클레스가 그의 귀환을 원치 않았기 때문에 테바이로 돌아올 수 없었고, 동맹군과 함께 에테오클레스를 몰아내기 위해 테바이를 포위합니다. 테바이를 포위한 시점에 죽지 않은 것으로 되어 있는 이오카스테가 폴뤼네이케스와 대면합니다.* 이 대면에서 이오카스테는 오이디푸스 가문에 대한 신들의 저주를 환기하고, 폴뤼네이케스에게 테바이를 떠나 겪은 유배 생활이 어땠냐고 묻습니다. 폴뤼네이케스의 고통에 관한 첫 번째 질문은 유배와 관련됩니다. "추방당한다는 것이 정말로 힘드냐?"고 이오카스테는 묻습니다. 그러자 폴뤼네이케스는 "다른 어떤 것보다도 힘듭니다!"라고 대답합니다. 그리고 "추방이 왜 그리 힘드냐?"고 이오카스테가 묻자 폴뤼네이케스는 "왜냐하면 추방당한 상태에서는 파레시아를 향유할 수 없기 때문입니다"라고 대답합니다.

> **이오카스테** 조국을 빼앗긴다는 것이 어떻더냐? 아마 큰 불행이었겠지?
> **폴뤼네이케스** 가장 큰 불행이죠. 말로 형언할 수 있는 것보다 더 불행하죠.
> **이오카스테** 왜 불행하지? 추방된 자들에게 괴로운 점이 뭐지?
> **폴뤼네이케스** 가장 나쁜 점은 언론의 자유가 없다는 것이지요ouk echei parrêsian.
> **이오카스테** 그것은 노예의 운명이로구나. 제 생각을 말할 수 없다

* 이 시점에 이미 이오카스테가 사망한 것으로 되어 있는 버전들도 있다.-옮긴이

니 말이야.

폴뤼네이케스 통치자들의 어리석음을 참고 견뎌야 하니까요.

이오카스테 바보들과 함께 바보짓을 하는 것도 괴로운 일이지.

폴뤼네이케스 이익을 위해서는 성미에 맞지 않더라도 종노릇을 해야죠.[2]

이 구절에서 보실 수 있듯, 파레시아는 우선적으로 폴뤼네이케스의 사회적 신분과 관련되어 있는 것으로 보입니다. 도시국가의 정당한 권리를 가진 시민이 아니면 파레시아를 향유할 수 없습니다. 어떤 도시국가에서 추방당한 상태라면 당연히 그 도시국가에서 파레시아를 사용할 수 없습니다. 이 점은 매우 간단명료합니다. 여기에는 만약 자유롭게 말할 수 있는 권리가 없을 경우 어떤 권력도 행사할 수 없으므로 노예와 같은 상태에 처하게 된다는 또 다른 의미가 함축되어 있습니다. 어떤 도시국가로부터 추방된 상태에 있는 것과 노예 상태에 있는 것은 사법적 관점에서 보면 완전히 다른 상태지만, 도시국가를 통치할 운명을 타고난 자가 그 특권을 박탈당했다면 노예와 동일한 상태에 있다고 느꼈을 것입니다.[*] 도시국가의 일등 시민에게 발언권의 상실은 노예 상태와 같은 것입니다. 더 나아가 마지막 구절에서 분명히 확인하실 수 있듯, 만약 여러분이 파레시아를 사용할 수 없다면 통치자의 권력에 대항할 수 없고, 그것을 비판할 수 없으며, 그에 반대하는 말을 전혀 할 수 없고, 따라서 통치자가 여러분께 행사하는 권력은 무한하게 됩니다. 이러한 무한한 권력을 폴뤼네이케스

---

2   에우리피데스, 〈포이니케 여인들〉, 앞의 책, 240-241쪽〔Euripide, *Les Phéniciennes*, 388-395, *op. cit.*, p. 170〕.

*   수고: (당연히 노예라는 말은 비유적 의미로 이해되어야 한다.)

는 '미치광이의 권력'으로 간주합니다. 무한한 권력은 광기와 직결되어 있습니다. 권력을 행사하는 자는, 자신에게 반대할 수 있고 파레시아를 사용해 자신을 비판할 수 있으며, 그래서 자신의 권력과 명령권을 제한할 수 있는 자가 존재할 때만 지혜로울sophos 수 있다는 것입니다.[*] 이상이 제가 인용하고자 한 첫 구절의 내용입니다.

제가 인용하려는 두 번째 구절은 《히폴뤼토스》에 있습니다. 아시다시피 이 작품의 주제는 히폴뤼토스를 향한 파이드라의 사랑입니다. 그리고 파레시아와 관련된 구절은 파이드라의 고백 직후에 나옵니다. 파이드라는 극의 초반부에 히폴뤼토스를 향한 사랑을 유모에게 고백합니다. 하지만 파레시아는 이 고백과는 무관하며, 이와는 아주 다른 어떤 것과 연관이 있습니다. 히폴뤼토스에 대한 사랑을 고백하고 난 직후 파이드라는 자기 가문 그리고 남편과 자식들의 명예를 실추시킨 여인들, 왕후들, 왕실 가문 출신의 명망 있는 귀족 여인들을 언급합니다. 그리고 자기 아들들이 어머니를 자랑스럽게 여기고 파레시아를 행하며 아테나이에 살기를 원하기 때문에 불명예스러운 일을 하고 싶지 않다고 말합니다. 그리고 한 남자가 자기 가문 안에서 오점을 의식하는 순간, 그는 노예가 된다고 지적합니다. 찬탄할만한 어투로 말입니다!

파이드라 나는 결코 내 남편의 명예나 내가 낳은 자식들의 명예를 실추시키다가 붙잡히고 싶지 않아요. 그 애들은 자랑스러운 아테나이 시에서 자유롭고eleutheroi parrêsia 떳떳하게 살아야 해요.

[*]   수고: 파레시아로부터 기인하는 이러한 제한이 없다면 통치자는 어떤 통제도 받지 않고 모든 합리성으로부터 벗어난다. 그는 지혜로워질 수 없다. 따라서 사람들은 그의 광기에 굴종하게 된다.

어머니에 관한 한 명성을 누리면서. 어머니와 아버지의 비행非行을 알게 되면, 아무리 대담무쌍한 사람도 노예가 되고 말지요.[3]

이 구절에서 다시 한 번 파레시아와 발언의 자유의 관계, 파레시아의 결핍과 노예 상태의 연관성이 발견됩니다. 만약 여러분이 파레시아를 향유할 수 없다면 여러분은 노예입니다. 다른 것도 발견됩니다. 이 구절에 따르면, 시민권은 자유롭게 말할 권리를 확보하고 보장하는데, 그 자체로는 충분치 않습니다. 사람들에게 진실을 말하기 위해서는 시민권 이상의 것이 필요합니다. 자기 자신과 자기 가문의 명예와 명성도 필요합니다. 그러므로 파레시아는 부모의 태생과 거기에 걸맞은 명성에서 기인하는 도덕적이고 사회적인 자질을 요구합니다.

세 번째 구절은 《박코스 여신도들》에 있습니다. 이 작품에는 파레시아라는 말이 나오는 짧은 구절, 과도기적인 순간이 있습니다. 펜테우스의 한 시종이 박코스 여신도들이 나라 안에서 야기하는 혼란과 무질서, 그리고 그들이 벌이는 환상적인 행동들을 보고하는 순간, 파레시아가 등장합니다. 하지만 아시다시피 기쁜 소식을 가져온 사자使者는 소식 전달의 노고에 대한 보상을 받지만, 나쁜 소식을 가져온 사자는 징벌의 위험에 노출되어 학대받는다는 것이 고대의 오랜 전통이었습니다. 그래서 왕의 시종은 펜테우스에게 나쁜 소식을 전하기가 무척이나 싫었습니다. 그래서 그는 왕에게 자신이 파레시아를 행해도 되는지, 또 자신이 알고 있는 모든 것을 왕에게 말해도 되는지를 묻습니다. "자유롭게 말씀드려도 되는지요?" 시종은 왕의 진노를 겁냅니다. 그러자 펜

---

3   에우리피데스, 〈히폴뤼토스〉, 앞의 책, 108쪽〔Euripide, *Hippolyte*, 420-425, *op. cit.*, p. 45〕.

테우스는 시종이 진실을 말하는 한 어떤 문제도 발생하지 않을 것이라고 그에게 약속합니다.

사자 광란하는 박코스 여신도들이 미쳐서 맨발로 이 나라에서 뛰어나가는 것을 저는 보았나이다. 그래서 왕이시여, 저는 그들이 나리와 도시에 얼마나 끔찍하고 해괴망측한 짓을 하는지 전하러 왔나이다. 그곳에서 일어난 일을 자유롭게 말씀드려도 되는지, 아니면 제 혀를 억제해야 하는지 듣고 싶나이다_potera soi parrêsia phrasô ta keithen ê logon steilômetha._ 나리의 급한 성미와 지나치게 화를 잘 내시고 위압적인 기질이 두려우니까요, 왕이시여!

펜테우스 말해보아라. 네가 어떤 말을 해도 처벌하지 않겠다. 〔올바른 사람에게 화를 내는 것은 어울리지 않는 일이니까.〕 네가 박코스 여신도들에 관해 충격적인 이야기를 할수록 여인들에게 그런 재주를 가르쳐준 이 자에게 그만큼 더 엄한 벌을 내리게 될 것이다.[4]

이 구절은 파레시아스트가 자유인이 아닌 시종, 노예인 사례를 보여주기 때문에 대단히 흥미롭습니다. 만일 주인, 왕이 이 파레시아를 받아들일 수 있을 만큼 충분히 지혜롭지 않으면 노예는 그의 파레시아를 행할 수 없습니다. 만일 왕이 화를 내고 정념에 휩싸이거나, 그가 시종의 파레시아를 받아들이기에 충분할 만큼 자기 자신의 주인이 아니라면, 그는 도시국가의 훌륭한 통치자가 아닐 것입니다. 그러나 훌륭한 통치자이자 지혜로운 군주인 펜테우스는 오늘날 우리가 '파레시아 계약'*이라 부를 수 있는

4　에우리피데스, 〈박코스 여신도들〉, 앞의 책, 477-478쪽〔Euripide, _Les Bacchantes_, 664-676, _op. cit._, p. 77〕.
*　수고에서 따옴표 안에 들어가 있다.

것을 제안합니다. 이 계약은 이후 그리스-로마 세계에서 통치자의 행실과 정치 생활에서 대단히 중요해집니다. '파레시아 계약'은 다음과 같습니다. 권력을 쥐고는 있으나 진실을 알지는 못하는 군주, 통치자는 진실을 갖고는 있으나 권력을 쥐고 있지는 못한 자에게 이렇게 말합니다. "내게 진실을 말해라. 네가 말하는 진실이 무엇이 됐건 너는 처벌받지 않을 것이다. 처벌받는 것은 자기 행동에 책임을 져야 하는 자들이지, 그들의 행동에 관한 진실을 말하는 자가 아니다"라고 말입니다. 파레시아 계약이라는 구상을 통해 통치자가 자기 주변 사람들의 발언의 자유를 보장하는 것은 대단히 중요했습니다. 그것은 도시국가의 시민들, 그리고 시민들 중에서도 가장 훌륭한 자들에게 보장된 특권으로서의 파레시아에 해당합니다.*

네 번째 텍스트는 《엘렉트라》에 있습니다.[5] 엘렉트라와 클리타임네스트라**의 중대한 대결이 관건입니다. 이 이야기를 다시 상기시켜드릴 필요는 없겠죠? 오레스테스는 폭군 아이기스토스***를 살해하는데, 이때 클리타임네스트라가 무대에 등장하자 오레스테스는 자신의 몸과 아이기스토스의 시체를 숨깁니다. 클리타임네스트라는 무슨 일이 일어났는지 모르고, 아이기스토스가 방금 살해된 것을 알지 못합니다. 왕실 수행원들을 대동한 그

---

* FS에서는 이 구절 다음에 다음과 같은 구절이 이어진다. "물론 펜테우스와 그의 사자 사이의 파레시아 계약은 단지 도덕적 의무에 지나지 않습니다. 왜냐하면 이 계약은 모든 제도적 토대가 결여되어 있기 때문이죠. 왕의 시종으로서 사자는 여전히 취약한 상태에 있으며, 진실을 말하면서 위험을 감수해야 합니다. 그는 용감하긴 하지만 무모하게 처신하진 않습니다. 자신의 발언의 결과에 대해 신중한 태도를 보입니다. '계약'은 그가 말함으로써 감수해야 할 위험을 제한하기 위해 고안된 것입니다."

5 푸코가 에우리피데스의 비극들로 파레시아를 분석할 때 《엘렉트라》를 추가하는 것은 이 강의가 처음이자 마지막이다. 푸코는 클리타임네스트라와 엘렉트라 사이의 '뒤집히고' '변질된' 파레시아 계약에 대해 숙고해보라고 제안한다.

** 엘렉트라의 어머니─옮긴이

*** FS: 클리타임네스트라의 연인이자 그녀와 공모하여 아가멤논(클리타임네스트라의 남편이자 오레스테스와 엘렉트라의 아버지)을 살해한 자.

녀의 등장은 대단히 아름답고 성대합니다. 그녀는 포로가 된 트로이의 가장 아름다운 시녀들로 둘러싸인 왕실 마차에 타고 있습니다. 그리고 어머니가 도착할 때 거기 있던 엘렉트라는 마치 노예처럼 행동합니다. 그녀가 노예처럼 행동하는 것은 복수의 순간이 다가오고 있다는 사실을 숨기기 위해서이고, 클리타임네스트라를 모욕하고 그녀의 범죄를 상기시켜주기 위해서입니다. 이는 또한 두 여인 간의 대결을 도입하기 위한 극적 수단이기도 합니다.

대화가 시작되고, 동일한 길이(40행)의 두 발언을 볼 수 있습니다. 클리타임네스트라가 먼저 발언하는데, 그녀의 발언은 "내가 말하겠다Lexo de"(1013행)로 시작됩니다. 그리고 그녀는 딸 이피게네이아의 희생적 죽음에 대한 응징으로 자신이 아가멤논을 살해했다고 고백합니다.[6] 이 발언이 있은 후, 엘렉트라 역시 "제가 말씀드리겠습니다Legoim' an"(1060행)라고 말을 시작하며 응수합니다. 그러나 이러한 대칭에도 불구하고 두 사람의 발언에는 명백한 차이가 있습니다. 발언 끝에 클리타임네스트라는 엘렉트라에게 "나는 내가 한 짓을 말했고, 그 모든 것을 아주 솔직하게 말했다. 이제는 네 차례다"라고 말하고, "내가 네 아비를 죽인 것이 왜 잘못한 일인지 네 파레시아를 행사하거라"라고 첨언합니다. 그러자 엘렉트라는 이렇게 응수합니다. "제게 파레시아를 허락하셨습니다didousa pros se moi parrêsian. 마지막 말씀을 잊지 마세요. 어머니를 향한 파레시아를 제게 허락하셨습니다." 이에 클리타임네스트라는 "그럼, 잊지 않으마. 나는 네게 파레시아를 허락한다. 내가 방금 말한 것을 재론하지 않겠다"라고 응수합니다. 하지만 엘렉트라는 여전히 의심하며 "제 말을 듣고 저를 벌하실지도 모르죠"라고 말

6   에우리피데스, 〈엘렉트라〉, 앞의 책, 590-591쪽(Euripide, *Électre*, 1012-1048, *op. cit.*, p. 231-233).

합니다. 이에 클리타임네스트라는 "아니다, 나는 네가 자유롭게 말하도록 허락한다"[7]라고 응수합니다. 그래서 엘렉트라는 발언하기로 하고, 자기 어머니가 한 일을 비난합니다.[8]

보시다시피 대칭적인 두 발언이 존재합니다. 하지만 이 두 발언의 위상에는 차이가 있습니다. 클리타임네스트라는 왕비이고, 〔아가멤논 살해를-FS〕 변론하기 위한 파레시아를 필요로 하지 않습니다. 그러나 노예 상태에 있고, 이 장면에서 노예 역할을 하고 있으며, 더 이상 아버지 집에서 아버지의 보호 아래 살고 있지 않고, 왕비에게 하녀가 말하듯 하고 있는 엘렉트라는 파레시아를 필요로 합니다. 여기에는 또 다른 파레시아 계약이 있습니다. 나를 벌하지 않는다고 약속하면 네게 진실을 말하겠다는 것입니다. 그리고 클리타임네스트라는 정확히 《박코스 여신도들》에서 펜테우스가 했던 것처럼 약속합니다. 그런데 또 다른 차이가 존재합니다. 이 상황에서 파레시아 계약은 변질됩니다. 이 계약은 왕비로서 여전히 엘렉트라를 벌할 수 있는 권력을 쥔 클리타임네스트라에 의해 변질되는 것이 아니라, 엘렉트라 자신에 의해 변질됩니다. 엘렉트라는 자신이 솔직하게 말해도 벌하지 않겠노라 약속해 달라고 어머니께 요청하고, 클리타임네스트라는 자신의 범죄에 대해 곧 벌을 받게 되리라는 것을 모른 채 이 약속을 하기 때문입니

7   에우리피데스, 〈엘렉트라〉, 앞의 책, 591-592쪽(Ibid., 1049-1059, p. 233): "─클리타임네스트라: 어디 할 말이 있으면 해보아라! 어째서 네 아비의 죽음이 부당한지 기탄없이 말해보란 말이다(leg' ei ti chrêzeis kantithes parrêsia). (…) ─엘렉트라: 어머니, 방금 하신 말을 생각하세요. 어머니에 대항하여 기탄없이 말할 권리를 내게 주시지 않았던가요?(didousa pros se moi parrêsian) ─클리타임네스트라: (자제하며) 지금도 나는 그것을 확인하며, 거절하지 않겠다, 애야. ─엘렉트라: 내 말을 듣고도 나를 해코지하지 않으시겠어요, 어머니? ─클리타임네스트라: 해코지하기는. 네 비위를 맞춰주는 것이 나는 오히려 즐겁구나." 주세페 스카르파트(Giuseppe Scarpat)도 자기 작품에서 이 구절을 언급한다. 다음을 참조하라. Parrhesia. Storia del termine e delle sue traduzioni in latino, op. cit., p. 36-37.
8   에우리피데스, 〈엘렉트라〉, 앞의 책, 591-592쪽(Euripide, Électre, 1060-1099, op. cit., p. 233-234).

다. 파레시아 계약은 전복되고 변질됐습니다. 파레시아를 허락한 자는 벌을 내리지 않고, 파레시아를 요청한 노예 상태에 있는 자가 파레시아를 허락한 자에게 벌을 내린다는 의미에서 말입니다. 이 파레시아 계약은 클리타임네스트라를 위한 덫이었던 것입니다.

지난번 강의에서 설명드리려 했던 파레시아 게임의 상이한 특징들을 이렇게 이 텍스트들에서 확인할 수 있습니다. 이 텍스트들과 관련해 질문 있으십니까?

왕비(클리타임네스트라)가 하녀(엘렉트라)[*]에게 파레시아를 허용하고 그녀를 벌하지 않기로 약속할 때 파레시아는 실제로는 더 이상 존재하지 않게 됩니다. 사실 이 경우는 진정한 용기라고 할 수 없는데, 왜냐하면 엘렉트라는 자신이 벌 받지 않을 것을 알기 때문입니다.

저는 우리가 이 문제를 이미 논의했다고 생각합니다. 하지만 이 문제를 제기하시는 것은 타당합니다. 왜냐하면 파레시아 게임에서는 진실을 말하는 쪽에 용기가 있으니까요. 하지만 용기는 말하는 자가 자신의 발언의 결과에 신중함을 보일 수 없다는 것을 의미하지는 않습니다. 파레시아는 두 대화 상대자의 게임입니다. (그중 - 옮긴이) 한 사람은 진실을 알아야 하는데, 때로는 자신이 진실을 필요로 한다는 것을 의식하기도 하고, 또 때로는 의식하지 못하기도 합니다. 펜테우스의 예를 취해봅시다. 그는 자신의 나라에서 일어나는 일을 정확히 알아야 합니다. 시종의 입을 통해 진실을 알아내기 위해 그는 파레시아 계약에 합의합니다. 하지

---

[*]   여기서 엘렉트라가 하녀들 사이에서 하녀처럼 행동하고 있어서 푸코가 하녀라고 말하고 있다.-옮긴이

만 계약 체결 후에도 그는 주인, 왕이고 상대방은 노예이기 때문에 펜테우스는 시종을 죽이거나 징벌할 권리가 있습니다. 파레시아 계약은 법률적이거나 제도적인 규제가 없는 도덕적 계약에 불과한 것입니다. 아무튼 위험은 항상 존재합니다. 하지만 게임 내내 위험이 동일하다고 말하고 싶지는 않습니다. 위험은 초반부에 대단히 큽니다. 하지만 대단원에 가서는 더 이상 위험이 존재하지 않습니다. 《엘렉트라》에서 클리타임네스트라와 엘렉트라는 서로를 증오하고, 각자 상대방을 죽이기로 결심합니다. 엘렉트라가 이 게임에서 승리했지만, 결국 클리타임네스트라는 엘렉트라를 죽이기로 결심합니다.*

이제 파레시아 비극인 《이온》으로 넘어가봅시다.⁹ 이 작품의 신화적 골간骨幹은 아테나이의 건국입니다. 도시국가 아테나이의 첫 왕조, 에렉테우스, 그리고 그 최초의 계승자들이 극을 이루죠. 에렉테우스는 아테나이의 첫 번째 왕입니다. 아시다시피 아테나이 신화에 따르면, 에렉테우스는 땅에서 태어나고 죽어서 땅으로 돌아갑니다.¹⁰ 에렉테우스는 실제로 이 땅에서 태어났고, 아테나이인들이 그처럼 자랑스럽게 여기는, 즉 그들이 말 그대로 아테나이 땅에서 태어났다고 하는 토착성을 상징합니다. 그들은 아테나이의 흙에서 태어났고, 이 땅으로부터 탄생했습니다. 대략적으로 이 극이 쓰인 기원전 4세기경에 이러한 요소들의 신화적 사용

---

* 이 답변 후, 두 번째 질문에 답변하면서 푸코는 이 강의에서 인용하고 있는 《엘렉트라》의 영역본에 관한 몇 가지 사항을 명확히 한다. 영역본 독자들에게만 의미 있는 구절이므로 생략했다.
9 푸코는 《이온》을 '진실 말하기의 비극'으로 간주하고, 1983년 1월 19일, 26일 강의를 《이온》 분석에 할애하며, 〈자기 통치와 타자 통치〉 1983년 2월 2일 강의 첫부분에서 이를 다시 다룬다. Cf. GSA, p. 71-135, 139-145.
10 전설에 따르면, 에렉테우스는 제우스 혹은 포세이돈에 의해 죽임을 당하여 땅에 의해 삼켜졌다.

담론과 진실_두 번째 강의 149

과 언급은 정치적 의미를 갖습니다. 에우리피데스는 관객들에게 아테나이인들이 토착민[11]이었다는 사실, 그들이 그들 고유의 땅에서 탄생했다는 사실뿐만 아니라, 에렉테우스의 딸 크레우사와 결혼한 아테나이의 이방인 크수토스를 통해 아테나이인들이 펠로폰네소스 북쪽에 있는 아카이아인들과 혈연관계가 있다는 사실을 환기하고자 했습니다. 에우리피데스는 크레우사와 크수토스의 이야기를 언급함으로써 아테나이인들과 포이보스[*] 사이에 밀접한 관계가 있음을, 범그리스를 관통하는 델포이 신전의 신과 아테나이인들 사이에 밀접한 관계가 있음을 환기하려고도 했습니다. 고대 그리스에서 이 작품이 탄생할 당시, 아테나이는 스파르타에 대항하는 범그리스 동맹을 구축 혹은 재구축하려 했기 때문입니다. 델포이의 신관神官들은 대부분 스파르타 편이었기 때문에 아테나이와 델포이 간에는 경쟁 관계와 라이벌 의식이 존재했습니다. 하지만 아테나이인들이 자신들을 그리스 세계의 유력한 지도자라고 주장함에 따라 에우리피데스는 델포이 신전과 아테나이 사이에 여러 관계가 있으며, 신화적 유연관계가 있다는 사실을 보여주려고 했습니다. 이러한 모든 신화적 요소들은 아테나이의 지도자들이 아테나이가 그리스 세계 전체에 여전히 제국주의적 영향력을 행사할 수 있다고 생각하던 시대에, 다른 그리스 도시국가들에 대한 아테나이의 제국주의적 정책을 정당화하려는 의도를 지닌다고 말할 수 있습니다. 이 신화적 계보를 통해 아테나이는 델포이와 함께, 그리고 어느 정도는 델포이를 대신하여 범그리스적 소명을 갖는 것으로 보입니다.

---

11   푸코는 '토착민'이라는 말을 프랑스어 autochtone으로 표현한다.
*   아폴론의 다른 이름. '빛나는 자'라는 뜻-옮긴이

하지만 제가 오늘 강조하고자 하는 것은 이것이 아닙니다. 저는 앞에서 언급한 측면과 다소 연관이 있는 《이온》의 다른 측면을 강조하고자 합니다. 진실이 기원하는 장소, 진실을 말할 능력과 권리, 그리고 충분한 용기를 가진 자들이 태어난 장소로서의 아테나이에 대한 찬양 말입니다. 진실 말하기의 장소, 파레시아의 장소로서의 아테나이라는 주제는 정치적 의미와 종교적 의미를 내포하고 있습니다. 신이 인간들에게 진실을 말한다고 여겨지는 그리스의 장소는 델포이지만, 《이온》에서 우리는 그 장소가 델포이로부터 아테나이로 옮겨지는 것을 목격하게 되기 때문입니다. 아테나이는 이제 인간들이 인간들에게 진실을 폭로하는 장소가 됩니다. 어떤 면에서 이 작품은 그리스인들의 토착성에 관한 극입니다. 《이온》은 아테나이가 대부분의 다른 그리스 도시국가들과 혈연적 유연관계를 맺고 있다고 단언하는 작품입니다. 또 이 작품은 델포이에서 아테나이로, 포이보스에게서 아테나이 시민에게로 진실 말하기가 이동하는 것에 관한 이야기이기도 합니다. 그렇기 때문에 《이온》이 파레시아에 관한 이야기이며, 중요한 파레시아 비극인 것입니다.

다음과 같이 이 극을 도식적으로 일별하고자 합니다.*

침묵		진실		속임수
델포이		아테나이		외국
		에렉테우스		
포이보스	=	크레우사	=	크수토스
	이온		도로스	
			아카이오스	

---

* 이 도식은 푸코가 수고를 보면서 판서하여 제공한 정보들에 근거하여 재구성됐다.

아카이아에서 태어난 아카이아인 크수토스가 있습니다. 크레우사와 포이보스 사이에는 혼인에 의하지 않은 성관계로 태어난 이온이 있고요. 크레우사와 크수토스의 혼인에서는 도로스와 아카이오스가 태어납니다. 이온은 이오니아인의 창시자로 상정되고, 도로스는 도리아인, 아카이오스는 아카이아인의 창시자입니다. 이런 식으로 그리스의 모든 인종은 아테나이로부터 기원합니다. 당시 아테나이인들에게 대단히 중요했던 이런 종류의 족보가 어디에 소용되는지는 잘 아실 겁니다. 바로 아테나이 제국주의 정책의 정당화입니다.

지금부터는, 포이보스가 외국과 그 외국의 대표자인 크수토스를 속였던 반면, 크레우사와 포이보스의 아들인 이온과 크레우사는 어째서 신의 침묵에 맞서 진실을 말하는 자들인지를 설명하겠습니다. 포이보스는 침묵을 지킵니다. 아니, 심지어 거짓말까지 합니다. 외국인 신분의 크수토스는 속는 자이지만, 속이는 자이기도 합니다. 그리고 두 사람(이온과 크레우사)은 에렉테우스 및 아테나이와 결부되어 있기 때문에 진실을 말합니다.

조상에 대한 진실을 확립하는 것이 이온에게 중요합니까? [*]

네, 분명 그렇습니다. 자신이 크레우사의 아들이고, 에렉테우스의 후손이며, 아테나이 및 아테나이 땅에 기원을 두고 있다는 사실이 왜 이온에게 그토록 중요하냐면, 파레시아를 획득하고 아테나이의 창시자가 되고 아테나이 정체의 창시자가 되기 위해서는 아테나이 출신이어야 하기 때문입니다.

[*] 이 질문은 일부가 들리지 않아, 답변을 토대로 재구성했다.

도식과 관련해서는 살펴본 바와 같고, 지금부터는 《이온》에 대해 좀 더 설명해보겠습니다. 우선 이 극이 시작되기 전에 발생했다고 상정되는 사건들을 간략히 열거해보고자 합니다. 에렉테우스의 다른 자녀들이 죽고 난 후, 크레우사는 아테나이 왕조의 자손 가운데 살아남은 유일한 사람이었습니다. 어느 날 그녀는 포이보스에게 유혹을 당하거나 강간을 당합니다. 강간이었을까요, 유혹이었을까요? 여러분 중 이 문제에 흥미를 갖는 분이 계시다면 답해보겠습니다. 주제에서 벗어나긴 하지만, 이 문제는 성과 관련된 법의 관점에서 대단히 흥미롭습니다. 설명해드릴까요? 대체로 우리는 강간이 유혹보다 훨씬 더 심각한 범죄라고 생각합니다. 하지만 그리스의 문헌에서는 강간과 유혹의 차이를 명확히 구분할 수 없는 경우가 흔합니다. 누군가가 어떤 성인 남자나 소년을 강간할 경우, 신체적 폭력을 사용합니다. 반면, 누군가가 어떤 성인 남자나 소년을 유혹할 경우, 유혹하는 사람은 말, 화술, 우월한 신분 등을 이용합니다. 그리스인들이 보기에 유혹하기 위해서 심리적·신분적·지적 능력을 활용하는 것은 신체적인 힘을 활용하는 것과 별반 차이가 없습니다. 실제로 법의 관점에서 유혹은 강간보다 더 죄질이 무거운 것으로 간주됐습니다. 왜냐하면 어떤 사람이 강간당했을 경우, 그것은 그 사람의 의지에 반하는 것이지만, 누군가가 유혹을 당했다면, 그것은 특정한 순간에 유혹을 당한 개인이 자신의 배우자 혹은 부모나 가족 등에게 충실하지 않기로 결심했다는 증거가 되기 때문입니다. 그리고 성인 여자나 소녀 혹은 소년을 유혹하는 것은 그 혹은 그녀를 강간하는 것보다도 훨씬 더, 그 가족이나 배우자의 권력에 대한, 비난받아 마땅한 침해입니다. 그리스인들에게 유혹과 강간의 차이는, 오늘날 우리에게만큼 중요한 것은 아니었습니다. 어느 순간 포이보스와 크레우사의 관계는 강간으로 설명되고 규정됩니다. 그리고 크레우사가 중대한 고백을 하고 포이보스를 격렬히 비난하려 할 때 그녀가 유혹에 대해 이야기한다는 점은 매우 특이합니다. 왜냐하면 사실상 유혹은 강간보다 훨씬 더 심각한 범죄이기 때문이죠.

아무튼 크레우사는 포이보스에게 강간당했거나 아니면 유혹당해 임신하게 됩니다. 그리고 출산이 임박하자 포이보스에게 유혹당했던 장소에 은신합니다. 그곳은 정확히 아테나이의 아크로폴리스 아래, 아테나이인들의 국가인 아테나이 도시국가의 중심에 위치합니다. 그렇게 아이가 탄생하고, 그녀는 그 아이를 자기 시종에게 넘겨줍니다. 왜냐하면 그녀는 아이를 낳았다는 사실을 수치스럽게 여겼고, 아버지 에렉테우스가 그 사실을 아는 것을 꺼렸기 때문입니다. 포이보스는 동생 헤르메스를 보내 아이를 빼돌려 델포이로 데려옵니다. 그리고 이 소년은 신전에서 신의 시종으로 양육됩니다. 하지만 포이보스를 제외하고는 델포이의 그 누구도 이 아이가 누구인지, 어디서 왔는지 알지 못합니다. 델포이에서 그는 주워온 아이로 양육됩니다. 그러므로 제 도식에서 왜 이온이 포이보스와 크레우사 사이, 또 델포이와 아테나이 사이에 위치하는지를 아실 수 있을 것입니다. 그는 아테나이에서 태어났지만, 자기가 누군지 모르는 채로, 아무도 그가 누구인지를 모르는 채로 델포이에서 살고 있기 때문이죠.

진실과 기만 간의 관계는 잘 이해가 갑니다. 하지만 침묵과 진실의 관계에 대해서는 확실하게 이해가 가지 않는데, 왜냐하면 선생님께서 지난번 강의에서 지혜와 관련해 말씀하실 때, 지혜는 진실 쪽에도 있지만 침묵 쪽에도 있다고 말씀하셨기 때문입니다.

잠시 후에 침묵의 이유가 무엇인지, 그리고 왜 침묵이 다른 사람들에게 기만의 동기가 되는지, 그리고 어떻게 포이보스가 침묵을 통해 사람들을 기만했는지를 살펴보겠습니다. 침묵이나 말은 그 자체로는 가치를 지니지 않습니다. 하지만 때로는 말하는 것이 적절하고, 때로는 침묵을 지키는 것이 적절합니다. 이 경우 신의 침묵은 비난받아 마땅하고, 아니면 적어도 비난받을 수 있습니다.

이상이 이 이야기의 첫 부분입니다. 이 아이는 델포이에서 신의 시종으로 양육되고, 아무도 그의 정체를 모릅니다. 심지어 자기도 자기가 어디서 왔는지 모릅니다. 오직 신만이, 포이보스만이 알고 있습니다. 아테나이의 다른 쪽에서 크레우사는 아이를 맡겼던 시종으로부터 아이가 사라졌다고 전해 들었고, 아이가 성장했다는 것을 모르고 있습니다. 그녀는 아이가 죽었다고 생각하고, 그가 정말 죽었는지 알고 싶어 합니다. 후에 그녀는 이방인 크수토스와 결혼하는데, 이 결혼은 당연히 아테나이 토착성의 지속과 관련해 큰 문제를 발생시켰기 때문에 아이를 갖는다는 것이 크레우사에게 대단히 중요했습니다. 하지만 실제로 결혼한 후에 크수토스와 크레우사는 아이를 가질 수가 없었습니다. 이 작품이 시작될 때 도로스와 아카이오스는 아직 태어나지 않았고, 이 작품이 끝난 후에 그들이 탄생하는 것은 크수토스와 크레우사에 대한 보상이라고 할 수 있습니다. 하지만 이 극이 시작될 때는 그들이 아직 태어나지 않았기 때문에 크수토스와 크레우사는 아테나이 왕조의 지속을 위해 아이를 간절히 원했습니다. 그래서 크수토스와 크레우사는 델포이로 가서 아이를 가질 수 있는지를 신에게 묻습니다.

극은 이렇게 시작됩니다. 크레우사와 크수토스는 그들의 후

손과 혈통과 관련해 포이보스에게 자문을 구하러 왔습니다. 하지만 아시다시피 크레우사와 크수토스가 신에게 묻고 싶은 질문은 동일하지 않았습니다. 크수토스의 질문은 아주 간단합니다. 그는 묻습니다. "나는 아이를 가져본 적이 없는데, 크레우사와 아이를 가질 수 있을까요?" 아주 간단명료한 질문입니다. 하지만 크레우사는 다른 질문을 갖고 있었습니다.* 그녀는 크수토스와 아이를 가질 수 있는지 질문해야 하지만, 또 이런 질문도 해야 합니다. "당신과 제가 한 아이를 가졌습니다. 그리고 저는 그 아이가 여전히 살아 있는지 아닌지 알아야겠습니다. 저와 당신의 아들을 어떻게 하셨습니까? 우리 아들을 어떻게 하신 겁니까?"

크수토스와 크레우사는 함께 델포이 신전으로 갑니다. 그리고 당연히 그들이 신전 앞에서 만나는 첫 번째 사람은…. 이때 극에서의 공간적 배치를 염두에 두셔야 하는데, 이것은 아주 중요합니다. 무대 뒤쪽에 포이보스의 신전이 위치하고 있는데, 이곳은 매일 〔신탁〕을 들으러 오는 사람들에게 진실이 말해지는 장소이고, 진실이 신을 통해 필멸자들에게 전달되는 장소입니다. 진실이 필멸자들에게 다다르기 위해 통과해야 하는 그 문 앞에 크수토스와 크레우사가 함께 도착하고, 그들은 이온을 만납니다. 물론 그는 신의 시종이며, 포이보스와 크레우사의 아들입니다. 하지만 아무도 그가 포이보스와 크레우사의 아들인지를 모릅니다. 이온 자신도 그 사실을 알지 못하고, 당연히 크레우사도 자기 아들을 알아보지 못합니다. 이들은 서로에게 이방인입니다. 이온은 크레우사와 크수토스에게 이방인이고, 크수토스와 크레우사는 이온에게 이방인입니다.

---

*   수고: 〔은밀한 질문〕

그리고 물론 여기서 아주 유명한 상황, 정확히 《오이디푸스 왕》의 상황을 발견할 수 있습니다. 《오이디푸스 왕》에서도 《이온》의 줄거리와 마찬가지로 한 아이가 그를 죽이기로 되어 있는 시종에게 맡겨집니다.[12] 하지만 이 아이는 부모의 이러한 의지에도 불구하고 살아남고, 어디론가 사라집니다. 그들이 우연히 다시 만났을 때, 그들은 서로를 알아보지 못합니다. 오이디푸스는 아버지와 어머니를 알아볼 수 없었고, 그의 부모도 마찬가지였습니다. 가족 구조 혹은 플롯의 구조가 이 이야기와 오이디푸스의 이야기에서 상당 부분 유사하다는 것을 아실 수 있을 것입니다. 하지만 제 생각에 중요한 것은 역학입니다. 진실의 역학은 완전히 역전되어 있습니다. 《오이디푸스 왕》에서 동일한 신, 포이보스는 진실을 말했습니다. 그는 처음부터 진실을 말했고, 장차 일어날 일을 말했습니다. 인간들은 그들 자신의 운명을 벗어나고자 했고, 진실을 감추거나 보지 않으려 했으며, 신이 그들에게 보내는 단호한 여러 징후들을 통해 진실을 발견하는 쪽으로 인도되고 이끌려 갑니다. 그렇게 이오카스테와 오이디푸스는 그들의 의지에도 불구하고 진실을 발견하고 맙니다. 《이온》에서 자기가 어디서 왔는지 너무나 불안해하는 이온과 자기 아들에게 정확히 무슨 일이 일어났는지를 알고자 하는 크레우사는 진실을 알기를 갈망합니다. 그들은 무슨 일이 일어났는지 알기 위해 신전에 옵니다. 그리고 진실을 의도적으로 숨기는 것은 신, 포이보스입니다. 《오이디푸스 왕》의 문제는, 어떻게 인간들이 자신들의 맹목에도 불구하고 언젠가 신

12 　콜레주드프랑스 강의 〈자기 통치와 타자 통치〉에서 했던 것과 유사한 방식으로(*cf.* GSA, p. 78 *sq.*), 푸코는 여기서 《이온》의 구조와, 그 전해에 적어도 다섯 번은 논의된 바 있는 소포클레스의 《오이디푸스 왕》의 구조, 즉 전형적인 '알레튀르지'적〔진실 진술적−옮긴이〕비극의 구조를 면밀히 대조해볼 것을 제안한다. *Cf.* M. Senellart, dans GV, p. 42, n. 2 et F. Gros, dans GSA, p. 89, n. 11.

이 그들에게 말했지만 그들이 알고 싶어 하지는 않는 진실을 발견할 수 있을 것인가, 하는 문제입니다. 《이온》의 문제는, 어떻게 인간들이 신의 침묵에도 불구하고 그들이 그토록 알고자 하는 진실을 발견하느냐, 하는 문제입니다.

신의 침묵이라는 주제는 《이온》 전체에서 지배적인 역할을 합니다. 신의 침묵은 이 비극의 초반부, 크레우사가 이온이 누군지 모르는 채로 (신탁을 들으러 올) 때부터 나타납니다. 하지만 그녀는 여전히 자신에게 일어났던 일을 수치스럽게 생각했고, 마치 자기 여동생의 신탁을 들으러 온 것처럼 가장합니다. 그녀는 자기 동생 이야기라고 둘러대면서 자기 이야기의 일부를 털어놓고 이렇게 묻습니다. "이 문제에 대해 포이보스께서 내게 내 동생을 위한 답을 해줄 거라고 생각합니까?" 이에 신의 충실한 시종인 이온은 이렇게 답합니다. "아니요. 그는 대답하지 않을 것입니다. 만약 당신이 말한 것처럼 그가 당신 동생을 유혹했거나 강간했다면 그는 수치심을 느끼고 답해주지 않을 것이기 때문입니다." "신탁의 신께서 침묵을 지키려 하시는데 어떻게 그에게서 신탁을 끌어낼 수 있겠습니까?" 《이온》에서의 신은 숨기는 신입니다. "그분은 자신의 행동을 부끄럽게 여기시오. 따지지 마시오"라고 이온은 크레우사에게 충고합니다. "따지지 마시오"라고 말입니다.[13]

[우리가 제단에서 양을 제물로 바치거나 또는 새의 전조를 통해 신들이 원치 않는 것들을 말하도록 신들을 강요한다면, 우리는 똑같은 우愚를 범하는 셈이 될 테니까 말이오.] 우리가 신들의 뜻에 반해 억지로 추구하는 이익은

13   에우리피데스, 〈이온〉, 앞의 책, 168쪽(Euripide, Ion, 365-367, op. cit., p. 198). "—이온: 신께서 비밀로 하고 싶으신 일을 과연 예언으로 드러내실까요? —크레우사: 그분이 앉아 계시는 세발솥이 전 헬라스의 것이라면. —이온: 그분은 자신의 행동을 부끄럽게 여기고 계시오. 따지지 마시오."

우리에게 덕이 되지 않아요, 마님. 신들께서 자진해주시는 것들만이 우리에게 도움이 되지요.[14]

그런데 다른 일이 일어납니다. 아시다시피 이 극의 서두에서 신은 수치심을 느끼기 때문에 진실을 말하려 하지 않았습니다. 하지만 이보다도 훨씬 중요하고 충격적인 사건은 이 극의 대단원에서 발생합니다. 모두가 모든 것을 알게 됐을 때, 극 중의 여러 등장인물에 의해 모든 것이 말해졌을 때, 주요 인물 중 하나임에도 이 극 어디에서도 볼 수 없었던 포이보스의 등장을 우리가 기대할 때 말입니다. 우리가 포이보스의 등장을 기대하는 까닭은, 고대 그리스 비극에서는 비극의 주요 인물이자 거기서 주된 역할을 담당하는 신이 등장하기로 되어 있기 때문입니다. 모두가 그의 등장을 기대하고 있는데, 누가 나타납니까? 포이보스가 아니라 아테나입니다. 아테나가 도착했지만 신전의 문들은 열려 있지 않았고, 그녀가 나타난 곳은 신전의 지붕 위입니다. 그리고 아테나는 자기가 등장한 이유를 이렇게 설명합니다.*

아테나 너희는 달아나지 마라. 너희가 피해 달아나는 나는 적이 아니라, 아테나이에서나 여기서나 너희 친구이니라. 너희 나라에 이름을 준 나 팔라스는 아폴론의 부탁을 받고 급히 이리로 달려왔노라. 아폴론은 혹시 이전의 과오로 인해 공공연한 비난을 받을까 봐 너희 면전에 나타나는 것이 적절치 않다고 여기고, 나를 보내 너희에게 말을 전하게 했느니라.

---

14   에우리피데스, 〈이온〉, 앞의 책, 168쪽(Ibid., 375-380, p. 198).
*   수고: 아테나 여신은 크레우사 왕조와 그녀의 도시국가의 미래를 예언하기 위해 왔다. 포이보스가 아닌 아테나가 이 예언을 하게 되는 이유는 아테나가 아테나이의 여신이기 때문이다. 하지만 아테나 여신은 또 다른 이유를 든다.

(이온에게) 너는 이 여인의 아들이며, 네 아버지는 아폴론이다. 아폴론이 너를 그 사람에게 맡긴 것은 그가 너를 낳아서가 아니라, 너를 좋은 집안에 보내기 위함이었노라. 그러나 일단 이러한 계획이 드러나고 누설되자, 너는 어머니의 음모로 죽고, 어머니는 네 손에 죽게 될까 두려워, 그분은 너희들을 구하려고 계략을 썼느니라. 아폴론 왕은 원래 이 모든 것을 말하지 않고 있다가 아테나이에서 이 여인이 네 어머니고, 너는 이 여인의 아들이며, 포이보스가 네 아버지임을 밝힐 참이었느니라.[15]

모든 사람이 모든 것을 알아차린 순간에도 아폴론은 진실을 말하러 나타나지 않습니다. 그는 숨어버립니다. 그리고 물론 우리는 그가 예언의 신이라는 것, 인간들에게 진실을 말할 의무를 갖는 신이라는 것을 기억해야 합니다. 그런데 이 신은 이 임무를 수행할 수가 없었습니다. 잘못을 저질렀기 때문이죠. 침묵과 죄책감은 서로 연관되어 있지만, 신 쪽에서 그렇습니다. 《오이디푸스 왕》에서 침묵과 죄책감은 인간들 쪽에서 연관되어 있었는데, 《이온》에서는 신 쪽에서 연관되어 있고, 인간들은 스스로 진실을 발견하고 폭로할 채비를 해야 합니다. 《이온》의 중심 주제는 신의 침묵에 맞서는 진실을 향한 인간의 투쟁이라고 생각합니다. 포이보스는 반-파레시아스트입니다. 그는 진실을 말하지 않으며, 자기가 완벽하게 알고 있는 바를 말하지 않고 있습니다. 그는 진실을 말할 만큼 충분히 용감하지 못하며, 자신이 한 짓을 숨기기 위해 자신의 권능, 자유 그리고 우월성을 이용합니다. 신의 침묵에 대항하는 투쟁에서 《이온》의 두 중심인물인 이온과 크레

15   에우리피데스, 〈이온〉, 앞의 책, 217쪽〔Ibid., 1553-1568, p. 244-245〕.

우사는 파레시아스트 역할을 담당합니다. 하지만 그들이 동일한 방식으로 파레시아스트 역할을 담당하는 것은 아닙니다. 한 사람은 남자이고, 도시국가에서 자신이 누려야 할 특권으로서의 파레시아를 요구할 권리를 갖습니다. 반면에 크레우사는 자기 잘못을 고백하는 여자로서 이 역할을 수행합니다.* 보시다시피 이 두 유형의 파레시아가 이 극의 원동력입니다. 그리고 이 두 파레시아 덕분에 신이 계속해서 숨기고 있는 진실이 그로부터 떨어져 나오게 될 것입니다.

이제는 이 극에서 이온과 크레우사의 파레시아스트 역할이 정확히 어떤 것인지 살펴보겠습니다.

우선 이온의 역할을 살펴봅시다. 이온의 파레시아스트 역할은 이 작품 서두에서 이온과 크수토스 사이에서 벌어지는 대단히 긴 장면에서 명백하게 드러납니다. 크수토스와 크레우사가 신탁을 들으러 왔습니다. 크수토스가 남편이자 남자의 자격으로 먼저 신전에 들어가 신에게 물음을 던지는데, 우리가 이 장면을 볼 수는 없고, 크수토스가 신전에서 나왔을 땐 답을 얻은 상태였습니다. 신이 크수토스에게 준 답은 이렇습니다. "네가 이 신전을 나가서 처음으로 마주치는 자가 너의 아들이 될 것이다." 그리고 당연히 그가 신전을 나와 처음 마주친 사람은 이온입니다. 이온은 아폴론의 시종으로서 항상 신전 문 앞에 있으니 말입니다.

여기서 우리는 프랑스어 번역본에서 제대로 번역되지 않은 그리스어 표현에 주의를 기울일 필요가 있습니다.** 아폴론은 "네

---

* 수고: 신의 침묵에 대항하는 이 싸움에서 이 극의 두 주요 등장인물인 이온과 크레우사는 파레시아스트 역할을 담당한다. 하지만 동일한 방식으로 이 역할을 담당하지는 않는다. 이온은 이 역할을 명시적으로 요구하게 될 것이다. 그리고 크레우사는 파레시아라는 말을 사용하지 않은 채로 이 역할을 담당하게 될 것이다.

** 푸코는 자신이 이 강의에서 사용하고 있는 영역본도 만족스럽지 않다고 분명히 밝히고 있다.

가 이 신전을 나가서 처음으로 마주치는 자가 너의 아들이 될 것"
이라고 말합니다. 그리스어 표현으로는 paida pephukenai, 즉 '태
생상 너의 아들일 것이다'[16]입니다. pephukenai라는 말에서는 '태
생상'을 의미하는 퓌시스에서와 동일한 어간[phu-옮긴이]이 확인됩
니다. 보시다시피 여기서 신은 조심성 없는 질문자들에게 언제나
그랬던 것처럼 애매모호한 신탁을 내리지 않았습니다. 신의 대답
은 새빨간 거짓말이었던 것입니다. 이온은 크수토스의 '태생상',
'본성상' 아들이 아닙니다. 신은 애매모호한 진실을 말하는 자가
아니라 거짓말쟁이입니다. 그리고 신에게 속은 크수토스는 순진
하게도, 그가 신전을 나서며 처음으로 만나게 된 이 젊은이, 이온
이 정말로 태생적으로 자신의 아들이라고 믿습니다. 그렇게 이 극
의 중요한 첫 파레시아의 장면이 시작되는데,* 이 장면은 제 생각
에 세 부분으로 나뉠 수 있습니다. 첫 부분은 오해에 할애되고,[17]
두 번째 부분은 불신에 할애되어 있으며,[18] 세 번째 부분은 정치
적 불행에 할애되어 있습니다.[19]

　　첫 번째 부분인 오해의 장면에서, 크수토스는 신전을 나와
이온을 보고, 신의 대답에 따라 이온이 자신의 아들이라고 믿습
니다. 그는 기쁨에 가득 차 이온에게 가서 그에게 입맞추려 합니
다. 크수토스가 누구인지 모르고, 또 왜 그가 자신에게 입맞추려
는지를 모르는 이온은 크수토스의 행동을 납득하지 못하고 오해

16　에우리피데스, 〈이온〉, 앞의 책, 175쪽[Ibid., 534-536, p. 205]: "─ 이온: 포이보스께서 뭐라고
말씀하셨는데요? ─크수토스: 누구든지 나와 마주치는 자가…. ─이온: 마주치다니, 어떻게요? ─크
수토스: 내가 이 신전 밖으로 나오다가…. ─이온: 그 사람이 어떻게 된대요? ─크수토스: 내 아들이라
고 했어(Paid'emon pephukenai)."

*　수고: 이온이 자신의 아들이라는 것을 진심으로 설득하려고 하는 크수토스와 몇 가지 이유로
이러한 친자 관계(혹은 부자 관계)를 불편해하는 이온 사이에서 상당히 이상한 논의가 시작된다.

17　에우리피데스, 〈이온〉, 앞의 책, 174-175쪽[Ibid., 517-527, p. 204].

18　에우리피데스, 〈이온〉, 앞의 책, 175-177쪽[Ibid., 528-562, p. 204-207].

19　에우리피데스, 〈이온〉, 앞의 책, 177-182쪽[Ibid., 563-675, p. 207-211].

하여 크수토스가 자신과의 성관계를 원한다고 생각합니다. 성인
남성이 자신에게 입맞추려 할 때 모든 그리스 소년들이 그렇게 생
각하듯 말입니다. 이 대목에서 사용된 그리스어 단어들은 크수
토스의 행동을 이온이 이런 식으로 해석한다는 것을 아주 명확
하게 보여줍니다. 대부분의 주석자들은, 이온이 크수토스의 행위
에 부여한 성적 해석을 기꺼이 인정할 때, 이 장면이 에우리피데
스의 작품에 종종 나타나는 '코믹한 장면'이라고 말하곤 하는데,
이는 사실입니다. 하지만 우리는 이 장면이 오이디푸스 신화에서
의 상황과 정확히 동일한 상황이라는 것을 인정해야 합니다. 오이
디푸스 이야기에서 오이디푸스가 자신과의 성관계를 원하는 라
이오스를 죽이는 것을 기억하실 겁니다.[20] 우리는 여기서 동일한
사건, 동일한 관계, 동일한 태도를 발견합니다. 하지만《오이디푸
스 왕》에서 라이오스는 자신이 욕망하는 이 젊은이가 자신의 아
들이라는 사실을 모릅니다. 그리고 신이 말한 바를 거부하고, 이
무지 때문에 이러한 오해가 발생하며, 라이오스는 오이디푸스에
게 죽임을 당하고 맙니다.《이온》에서도 동일한 상황을 보실 수
있는데, 이온은 정확히 이렇게 말합니다. "계속 귀찮게 굴면 내 창
을 당신 가슴에 꽂아버리겠어." 이것은 오이디푸스의 제스처와
정확히 일치합니다. 하지만《이온》에서 왕 크수토스는 이 젊은이
가 자신의 아들이 아니라는 것을 모르고, 또 이온은 크수토스가
자기를 아들이라고 생각한다는 것을 모르고 있습니다. 그러므로
신의 거짓말의 결과로 우리는 기만의 세계에 있게 됩니다. 그리고

---

20   Cf. GSA, p. 79: "제 생각에는 여기서 라이오스와 오이디푸스(가 등장하는-옮긴이) 유명한 장
면에 대한 일종의 반향을 식별해낼 수 있을 것 같습니다. 아시겠지만 소포클레스 버전에서는 아니지만,
어쨌든 다른 많은 버전에서 이 장면은 유혹의 장면이었습니다. 라이오스는 길을 가는 젊은 오이디푸스
를 유혹하고자 했고, 오이디푸스는 라이오스를 죽임으로써 응답합니다."

보시다시피 이 동일한 상황은 오이디푸스의 상황과 완전히 반대되는 성격을 보여줍니다. 오이디푸스에 대한 참조는 함축적이지만, 대단히 쉽게 확인될 수 있다고 생각합니다. 오해와 관련된 첫 부분은 이상과 같습니다.

오해의 장면 다음으로 불신, 의심과 관련된 두 번째 부분이 등장합니다. 크수토스는 이온에게 이렇게 말합니다. "진정해라. 내가 네게 입맞추려는 이유는 내가 네 아버지이기 때문이다." 그리고 자기 아버지가 누군지, 부모가 누군지 그토록 알고자 했던 이온은 가족을 되찾았다는 사실에 기뻐할 만도 한데, 사실 그렇지 않았습니다. 크수토스가 "내가 네 아버지야"라고 말했을 때 이온의 첫 번째 질문은 "그럼 내 어머니는 누구입니까?"였습니다. 어떤 모호한 감정 때문에, 이온의 주된 관심사는 그의 어머니였기 때문입니다. 그래서 그는 묻습니다. "어떻게 내가 당신 아들일 수 있습니까?" 그러자 크수토스는 이렇게 답합니다. "네가 왜 내 아들인지는 모르겠다. 신에게 네 어미가 누구인지 물어보는 것을 깜박했구나. 어찌 됐든 너는 내 아들이고, 나는 신께 의거했다. 신의 말에 의거했다anapherô eis ton theon." 이 지점에 이르러 이온은 아주 흥미로운 구절을 말합니다. 이 구절은 제 생각에 아주 중요한데, 프랑스어 번역본에서는 이 구절이 아주 잘못 번역되어 있습니다. 크수토스가 "anapherô eis ton theon"이라고 말하자 이온은 "logôn hapsometh'allôn"이라고 응수합니다. 프랑스어 번역본에서 이 구절은 "다른 것들에 대해 말해보도록 합시다"로 되어 있는데, logôn hapsometh'allôn의 의미는 "이제 다른 종류의 로고스, 다른 종류의 대화를 시도해봅시다"입니다. 크수토스는 말합니다. "나는 신께 의거한다. 내가 네게, 네가 내 아들이라고 말한 이유는 신께서 그렇게 말씀하셨기 때문이다." 그리고 이온은 이렇게 답합니다. "그것으론 충분하지 않습니다. 〔진실을 더 잘 말해줄 수 있는〕 다른 종류의 로고스, 다른 종류의 대화를 시도해봅시다logôn hapsometh'allôn."[21]

그래서 신탁의 표현 양식이 아닌, 질문과 답변 형식으로 진행되는 사실상 탐문 조사에 해당하는 다른 종류의 담화가 시작됩니다. 그리고 이온은 탐문자로서, 아버지라고 주장하는 크수토스에게 누구와 언제, 어디서 아들을 가질 수 있었는지를 묻습니다. 이온은 신탁의 표현 방식과는 너무나 대조적인 이러한 새로운 종류의 담화 양식을 사용합니다. 그러자 크수토스는 어떻게 이온이 자신의 아들일 수 있는지 설명하려 애쓰면서 이온의 탐문 조사와 물음에 답하려고 시도합니다. "음, 어떤 여인과 동침한 적이 있는 것 같구나", "언제냐고?", "언젠가, 크레우사와 결혼하기 전이었어", "어디였냐고?", "아마도 델포이에서였겠지", "어떤 상황이었냐고?", "어느 날 디오니소스 축제가 열리고 있을 무렵, 내가 술에 취한 상태에서였지" 등등. 물론 이 모든 설명은 그냥 허튼소리, 단순한 가설임에 틀림없습니다. 그러나 그들은 할 수 있는 한 최선을 다해 진지하게 이 탐문 조사를 수행하는데, 왜냐하면 그들이 신의 거짓말에 이끌렸기 때문이죠. 이 모든 설명은 거짓이지만, 그들은 자신들의 수단을 동원해 진실에 도달하려고 시도합니다. 설령 그들이 진실에 도달하는 데 성공하지 못한다고 해도 그것은 그들의 잘못이 아닙니다. 그들은 아주 진지하게 이온의 탐문

---

21 에우리피데스, 〈이온〉, 앞의 책, 176쪽〔Euripide, *Ion*, 540-543, *op. cit.*, p. 205〕: "─ 이온: 당신에게 나를 낳아준 어머니가 누구래요? ─ 크수토스: 몰라. ─ 이온: 포이보스께서 말씀해주시지 않았나요? ─ 크수토스: 너무 기뻐서 그것은 물어보지 못했어. ─ 이온: 그렇다면 대지가 내 어머니일까요? ─ 크수토스: 땅에서는 아이들이 태어날 수 없어. ─ 이온: 어째서 내가 당신의 아들일 수 있지요? ─ 크수토스: 나는 모르겠으니 신에게 물어봐(anapherô d'es ton theon). ─ 이온: 이 문제를 다른 시각에서 검토해보도록 해요(logôn hapsometh'allôn)." 푸코가 지시하는 의미대로 하자면, 이 마지막 대사는 다음과 같이 번역되어야 할 것이다. "다른 추론 형식을 동원해봅시다."

조사 방법을 사용해 진실에 도달하고자 노력합니다.《오이디푸스
왕》에서도 이와 동일한 유형의 탐문 조사가 발견됩니다. 결국 이
러한 탐문 조사 끝에 이온은 자신이 그의 아들이라는 크수토스
의 가설을 마지못해 받아들입니다. 하지만 이온은 별로 감동하지
않습니다.

그러고 나서 크수토스와 이온이 등장하는 장면의 세 번째
부분입니다. 오해, 불신, 그리고 탐문 조사 후에 이온이 크수토스
의 아들이자 계승자로 아테나이에 들어오게 될 경우[22] 이온에게
닥칠 정치적 운명과 불행의 문제가 이 장면에서의 관건입니다. 이
온에게 그가 자신의 아들임을 설득한 후, 크수토스는 이온이 부
유해지고 권력을 행사할 수 있는 땅 아테나이로 데려갈 것을 약
속합니다. 하지만 이온은 이에 대해 별로 기뻐하지 않습니다. 이
온은 조금 불편해하며, 아직도 자기 어머니가 누군지 모른다는
사실 때문에 고심하고 있습니다. 당시 아테나이의 법에 따르면,
아버지와 어머니가 모두 아테나이에서 태어나야만 아들이 정상
적인 아테나이 시민이 될 수 있었습니다.* 그래서 이온은 아테나
이에서 이방인인 크수토스의 아들 자격으로, 신원 미상인 어머니
의 아들 자격으로 아테나이에 가게 될 생각에 불안해하고 있습니
다. 그리고 이런 상황이라면 이온은 이방인이자 사생아, 다시 말
해 아무것도 아닌 자로 간주될 것입니다. 바로 이것이 긴 독백 초
반부에서 그가 말하는 바입니다.[23] 이러한 두려움과 근심은 얼핏

---

22   에우리피데스, 〈이온〉, 앞의 책, 177-182쪽(Ibid., 563-675, p. 207-211).
*   수고: 에우리피데스의 시대에, 시민의 수 감소를 불러온 이러한 법제를 둘러싼 논쟁이 있었다.
23   에우리피데스, 〈이온〉, 앞의 책, 178-179쪽(Ibid., 589-594, p. 208): "사람들이 말하기를, 영광스
러운 아테나이 주민들은 토착민이지 이주민이 아니라고 하더군요. 그러니 저는 이방인의 아들에 사생
아라는 두 가지 약점을 안고 그곳에 가게 되는 거예요. 이런 흠을 갖고 있는 저는 힘이 없을 때는 하찮
은 자에게서 태어난 하찮은 자라고 불릴 거예요."

보기에 어머니의 문제와 직접적인 관련이 없는, 주제를 벗어난 여담으로 보일 수도 있습니다. 이 여담은 아테나이의 정치 생활에 관한 에우리피데스의 비판적 묘사라 할 수 있는 장황한 논의 전개로 구성되어 있습니다.

먼저 민주정 체제하의 생활에 대한 묘사가 있습니다. 이 상당히 긴 논의에서 이온은, 민주정에는 세 부류의 시민이 있다고 설명합니다. 그들 가운데 어떤 사람은 이온이 고대 그리스의 지극히 통상적인 정치 용어에 입각해 adunatoi라 부르는 자들, 요컨대 권력을 소유하지 못한 자들입니다. 그들은 시민이지만 권력을 소유하고 있지는 않은 자들입니다. 그들은 부자도 아니고 능력도 없으며 권능도 없고 권력을 행사하지도 못하며 자신들보다 훌륭하거나 상위에 있는 자들을 혐오합니다. 또 다른 부류의 시민들이 있는데, 이들은 chrêstoi dunamenoi한 자들입니다. 자주적으로 훌륭하고, 태생상 권력을 행사할 수 있는 역량과 능력을 갖춘 사람들이라는 뜻입니다. 그들은 sophoi, sigôsi하기(지혜롭기) 때문에 침묵을 지킵니다. 그들은 침묵을 지키고, 정치 문제나 도시국가의 문제들을 염려하거나 걱정하지 않는 자들입니다. 그러므로 그들은 정치적 삶 바깥에 머물러 있습니다. 그리고 세 번째 부류의 시민들이 있는데, 이들은 권능이 있고, logô te kai polei chrômenoi한 자들입니다. 이 표현은 상당히 번역하기 어려운데, 그 이유는 chrêstai라는 동사가 대단히 풍부한 의미를 갖고 있기 때문입니다.[24] 문자 그대로 이 표현은 로고스와 폴리스, 즉 자신들의 담론과 도시국가를 동시에 영위하는 자들, 도시국가를 돌보고

---

24   이 표현에 관해서, 그리고 chrêstai라는 동사의 의미에 관해서는 다음을 참조하라. 《주체의 해석학》, 96-98쪽(HS, p. 55-56), GSA, p. 95, 144.

로고스를 활용해 도시국가의 국사에 참여하는 자를 의미합니다.

이온은 이방인이자 사생아인 그가 아테나이에 도착할 경우 이 세 부류의 시민들이 그에게 어떤 반응을 보일지 설명합니다. 첫 번째 부류는 자신을 혐오할 것입니다. 두 번째 부류인 지혜로운 시민들은 아테나이 최고의 시민들 중 하나가 되어 도시국가를 돌보고 싶어 하는 이 젊은 청년을 비웃을 것입니다. 그리고 세 번째 부류는 이 경쟁자를 질투하며 그를 제거하려 할 것입니다.[25] 이러한 모든 이유 때문에, 민주정으로 특징지어지는 아테나이로 돌아가는 것은 썩 좋아 보이지 않습니다.

그러고 나서 이온은 자신의 존재를 받아들이지 않을 계모와 함께 사는 가정 생활이 어떠할지에 대해 약간 논의하고 정치적 묘사로 되돌아가서 이번에는 군주제, 그리고 군주와 왕의 삶이 무엇인지에 대해 묘사합니다. 많은 사람이 왕들은 대단히 안락한 삶을 영위한다고 생각하지만, 실은 그렇지 않다는 것입니다. 그들은 수많은 적과 나쁜 조언자들에 둘러싸여 대단히 비참한 삶을 삽니다.[26]

이 묘사는 상당히 이상합니다. 왜냐하면 이온이 원하는 것은 자신의 어머니가 정확히 누구인지를 아는 것이었기 때문입니

---

25   에우리피데스, 〈이온〉, 앞의 책, 179쪽(Euripide, *Ion*, 595-607, *op. cit.*, p. 208): "그리고 제가 도시의 키를 잡는 높은 자리로 밀고 올라가 영향력을 발휘하려 한다면, 힘없는 자들(tôn adunatôn)의 미움을 사게 될 거예요. 사람들은 더 힘 있는 자들을 싫어하는 법이니까요. 한편, 현명하게도 정치를 멀리하고 조용히 사는(ontes sophoi, sigôsi kou speudousin es ta pragmata) 유능하면서도 선량한 사람들(chrêstoi dunamenoi te)은 걸핏하면 남을 비난하는 도시에서 조용히 지내지 못한다고 저를 바보 취급하며 비웃겠지요. 하지만 제가 영향력에서 웅변가들이나 정치가들(logô te chrômenôn te tê polei)을 능가하게 되면 그들은 투표로 저를 더욱더 제지하려 할 거예요. 아버지, 도시에서 높은 관직에 있는 자들이 경쟁자들에게 가장 적대적이기 마련인데, 그것은 일반적인 관행이지요."

26   에우리피데스, 〈이온〉, 앞의 책, 180쪽(*Ibid.*, 621-628, p. 209): "그리고 왕권에 대한 찬양은 근거 없는 거예요. 왕권은 겉은 번지르르하나, 속은 근심으로 가득 차 있지요. 암살당할까 봐 평생을 두려움 속에서 사는 사람에게 무슨 만족이 있고 무슨 행복이 있겠어요? 저는 왕이 되느니 차라리 평범하지만 행복한 사람의 삶을 살고 싶어요. 왕이란 악당들을 친구로 삼는 것을 낙으로 삼고, 자기를 죽일까 봐 착한 사람들은 미워하지요."

다. 이온에게는 어머니가 누군지 모르는 상태에서 아테나이로 돌아가는 것이 수치스럽거나 곤혹스러운 아주 정당한 이유가 있었습니다. 하지만 민주정 체제하의 삶과 왕의 삶에 대한 이러한 묘사는 이 순간, 이 장면에서 어딘가 좀 이상합니다. 그렇지만 이러한 [주제에서 벗어난 묘사]에는 적절한 이유가 있다고 생각합니다. 장면이 계속되고, 크수토스가 말합니다. "걱정 마라. 내 아들로서가 아니라 국빈으로서 함께 가자. 크레우사에게는 아무것도 말하지 말고, 나중에 네가 내 계승자가 되도록 조치를 취하면 된다." 이 장면은 완전히 엉뚱하고 아무 의미가 없습니다. 이온이 원하는 것은 아테나이 최고 가문 중 한 곳의 진정한 계승자 자격으로 돌아가는 것입니다. 국빈 자격으로 오라는 크수토스의 제안은 이온이 원하는 바와 일치하지 않습니다. 그럼에도 이온은 이 제안을 받아들이고, "그럼 당신과 함께 가겠다"고 말합니다. 그리고 이온은 자신의 지위와 자기 문제에 대한 설명을 덧붙입니다. "함께 가기야 하겠지만, 제 삶은 견디기 어려운 것이겠죠." 그리고 이 말을 지시하는 그리스어는 abiôton입니다. "낳아준 어머니를 찾지 못한다면 제 인생은 살 가치가 없어요." 그런데 왜 이온은 어머니를 찾지 못하면 살 가치가 없다는 것일까요?

이온 가겠어요. 하지만 제 행복에 한 가지 부족한 것이 있어요. 낳아준 어머니를 찾지 못한다면 제 인생은 살 가치가 없어요 abiôton. 아버지, 제가 더 바라도 된다면, 저를 낳아준 어머니가 아테나이 출신이었으면 좋겠어요. 제가 어머니로 인해 발언의 자유를 가질 수 있도록 말이에요hôs moi genêtai mêtrothen parrêsian. 이방인이 혈통이 순수한 도시에 가게 되면, 법이 그를 시민으로 만든다 해도[이름만 시민이지─옮긴이], 그의 말은 노예의 말이고, 그에게는 발

언의 자유가 없기 때문입니다kouk echei parrêsian.[27]

보시다시피 이온은 파레시아를 획득하기 위해서 자기 어머니가 누군지 알아야 합니다. 이온은, 이방인의 자격으로 아테나이에 오는 자는 법적으로 시민으로 간주된다 할지라도 파레시아를 향유할 수는 없다고 설명합니다. 상당히 모호한 이런 상황에서 이온이 아테나이로 돌아가기로 수락한 순간, 파레시아에 대해 한 마지막 논의와 언급이 의미하는 바는 무엇일까요? 이온이 민주정과 군주제에 대해 한 이 비판이 전형적인 '파레시아 담론'*임을 쉽게 확인할 수 있습니다. 이후에도 플라톤이나 크세노폰의 저서에서, 소크라테스의 말로부터 기원하는 완전히 동일한 종류의 비판주의를 발견할 수 있습니다. 후에 이소크라테스의 유사한 비판도 발견됩니다. 그러므로 이러한 민주정에서의 삶과 군주제에서의 삶에 대한 묘사는 기원전 5세기 말과 4세기 초 정치 생활에서 파레시아적 인간의 전형적인 문제였다고 할 수 있습니다. 이온은 바로 이와 같은 파레시아스트이며, 민주정이나 제정에서 아주 중요한 사람으로, 그는 시민이나 왕에게 그들의 삶이 진정으로 무엇인지를 설명합니다. 이온은 파레시아적인 사람입니다. 그는 이 긴 논의를 통해 자신이 파레시아적 인간임을 설명합니다. 그리고 이 논의 후에 그는 파레시아가 필요하기 때문에 자신의 어머니가 누군지 알고 싶다고 말하는데, 그때도 자신이 선천적으로 부여받은 천성 때문에, 또 그의 태생의 모호함에도 〔불구하고〕 파레시아스트일 수 있는 능력을 갖추었지만 어머니가 누군지 모르기 때문에 자신은 법적으로나 제도적으로 파레시아를 사용할 수 없

27 에우리피데스, 〈이온〉, 앞의 책, 181-182쪽〔*Ibid.*, 668-675, p. 211〕.
* 수고에서 따옴표 안에 들어가 있다.

다고 설명합니다. 이처럼 파레시아는 아테나이 시민 모두에게 평등하게 주어진 권리가 아니라, 가문과 태생으로 인해 특별한 명성을 누리는 특정 인물들에게 부여된 권리였습니다.* 그래서 이온은 태생적으로 파레시아스트인 자이지만, 그와 동시에 자유롭게 말할 수 있는 권리를 박탈당한 상태에 있는 자로 보입니다. 그런데 왜 이 파레시아적 인물이 파레시아의 권리를 박탈당한 것일까요? 그 이유는 '인간들에게 진실을 말할 의무를 가진 예언의 신'이 자신의 과오를 털어놓으며 파레시아스트로 행동할 만큼의 용기가 없었기 때문입니다. 이온은 파레시아적 인간의 개인적 자질을 갖추고 있었지만 파레시아스트의 지위를 향유할 수 없었고, 또 아테나이에서 파레시아스트 역할을 수행할 수 없었습니다. 이온이 자신의 파레시아적 천성과 자질을 사용할 수 있는 실제적 가능성을 부여받기 위해서는 그 이상의 무엇이 필요합니다. 그리고 이것은 이 극에서의 또 다른 파레시아적 인물인 크레우사가 가져다줄 것입니다. 크레우사는 진실을 말함으로써 자신의 아들이 파레시아를 사용할 수 있게 해줄 것입니다.**

　　이제 이 극의 두 번째 파레시아적 인물 크레우사로 넘어가 봅시다. 크레우사가 담당하는 파레시아스트 역할은 당연히 이온의 역할과 아주 다릅니다. 이온은 남성입니다. 이온은 도시국가 아테나이 최고의 시민들 가운데 한 사람이 되어야 하는 자이고,

---

* 　수고: 이 장면 덕분에 우리는 정치적 권리로서의 파레시아의 토대가 무엇인지를 일별할 수 있다. 요컨대 그것은 평등한 시민권에 머무는 것이 아닌, 그 이상의 무엇이다. 그것은 사적인 탁월함, 가정적 탁월함, 사회적 탁월함이다. 그리고 우리에겐 파레시아가 무엇인지에 대한, 그리고 정치적 영역에서 파레시아가 어떠해야 하는지에 대한 예시가 있다.
** 　수고: 그가 이 역할을 담당하기 위해서는 그 이상의 무엇이 필요하다. 요컨대 아테나이와의 선천적 관계, 자신의 법적 시민권뿐만 아니라 자신의 삶을 도시국가 아테나이와 아테나이 영토와 결부시키는 관계가 요구된다. 그리고 이런 관계는 또 다른 파레시아 행위인 크레우사의 고백 덕분에 드러난다. 이 고백은 동시에 신에 대한 비판이기도 하다.

또 파레시아를 권리와 특권으로서, 또한 의무로서 향유해야 하는 자입니다. 크레우사는 여성이고, 포이보스로부터의 피해자입니다. 왜냐하면 그녀는 유혹당했고, 그다음에는 그녀의 아들을 빼앗겼기 때문입니다. 그래서 여성이자 피해자로서 크레우사는 다른 방식으로 파레시아를 활용할 것입니다. 그녀는 정치 생활에 관한 진실을 말하기 위해 파레시아를 행하지는 않을 것입니다. 그녀는 이온처럼 군주정 제도나 민주정 제도의 틀에서 파레시아를 행하지는 않을 것입니다. 그녀는 신에 대해 파레시아를 행사할 텐데, 그것은 민회에 조언을 하기 위해서도 아니고, 아테나이를 통치하기 위해서도 아닙니다. 크레우사는 포이보스에게 불만을 토로하고 그를 비판하기 위해 파레시아를 행할 것입니다.

크레우사의 파레시아는 어떻게 전개될까요? 크레우사는 코로스를 통해 크수토스가 아들을 되찾았다는 사실을 알게 됩니다. 그리고 크수토스가 자신의 아들을 찾았다는 사실은 크레우사는 자신의 아들을 찾지 못하리라는 것을 의미합니다. 이는 또한 크레우사가 아테나이로 돌아가면, 자신은 집 안에 있고, 밖으로부터 온 의붓아들은 〔크수토스를〕 계승하고 왕국의 상속인이 되리라는 것을 의미합니다. 이 두 이유 때문에 당연히 그녀는 분노합니다. 남편에게도 약간 분노하는데, 그것은 크수토스가 정절을 지키지 않았을 수도 있기 때문이 아니라, 그가 이방인임에도 계승자를 갖게 되어 아테나이에서 더 많은 권력을 누릴 것이기 때문입니다. 하지만 신에게는 격노하는데, 왜냐하면 그가 그녀를 유혹하고 강간했으며, 그녀의 아들을 사라지게 해놓고 이제는 묵묵부답이기 때문입니다. 그래서 신에 대한 그녀의 분노가 폭발합니다.

이 점은 대단히 흥미롭습니다. 《이온》을 《오이디푸스 왕》과 비교할 수 있으니까요. 소포클레스의 《오이디푸스 왕》에서 사람들은 어떻게 진실에 이르게 될까요? 신의 말을 통해서입니다. 신은, 인간들이 〔그가 예언한 운명으로부터 벗어나려 함에도 불구하고-FS〕 인간들의 뜻에 반해 그들을 진실 쪽으로 인도해 결국 진실을 발견하도록 상당수의 징후를 인간들에게 보내 인간들을 진실에 이르게 합니다. 하지만 에우리피데스의 《이온》에서 인간들은 신의 침묵 혹은 거짓 때문에 진실에 도달합니다. 왜냐하면 크레우사가 이온을 크수토스의 친아들로 믿는 것은 신의 거짓말 때문이고, 당연히 이는 새빨간 거짓말이기 때문입니다. 그녀는 신의 거짓말로 인해 길을 잃기도 하지만, 신에게서 기인하는 기만을 가로질러 〔적극적으로 진실을 향해-옮긴이〕 앞으로 나아갑니다. 때문에 적어도 진실의 일부분이 이러한 그녀의 태도로 인해 드러납니다. 소포클레스의 《오이디푸스 왕》에서 신은 인간들이 알 수 없는 진실을 발화합니다. 에우리피데스의 《이온》에서는 신이 거짓말을 하고, 인간들은 자신들이 진실하다고 믿는 바에 감정적 반응을 보임으로써 진실을 폭로합니다.

크레우사가 코로스를 통해, 크수토스가 신으로부터 아들을 되찾게 됐다는 사실을 알게 됐을 때, 그녀의 고통과 분노와 절망이 폭발합니다. 그녀는 진실을 말하기로 결심합니다. 신의 부당함과 거짓말에 대한 감정적 반응을 통해 진실이 발설되어 백일하에 드러나게 됩니다. 크레우사의 파레시아 장면은 시적 구조와 파레시아의 유형 측면에서 서로 완전히 다른 두 부분으로 구성되어 있습니다. 첫 번째 부분은 놀라울 정도로 아름다운 긴 독백, 일종의 탄핵 연설입니다. 두 번째 부분은 배우들이 번갈아 한 구절씩 말하는 격행대화隔行對話로 구성되어 있습니다.

우선 탄핵 연설의 순간에 크레우사는 시종인 한 노파와 함께 있는데, 그는 크레우사가 말하는 동안 침묵을 지키고 있습니

다. 탄핵 연설은 어떤 사람이 타인이 저지른 범행이나 오류, 부정
행위 등을 공개적으로 고발하는 형태의 파레시아입니다. 그리고
이런 고발은 피고발인이 고발인보다 강력한 자일 경우에 파레시
아에 속한다고 할 수 있습니다. 그리고 피고발인은 그 고발 때문
에 자신을 고발한 자에게 보복하고 그를 응징할 수도 있습니다.
파레시아는 의존적 관계를 맺고 있는 누군가에 대한 공개적인 비
난과 힐책, 비판입니다.* 크레우사가 탄핵 연설에서 행하는 파레
시아는 침묵을 지키거나 진실을 말하는 [양자택일]의 상황에 놓인
파레시아입니다. 이제껏 크레우사는 포이보스와 있었던 일에 대
해 침묵해왔지만, 포이보스가 크수토스에게 아들을 주었기 때문
에 그를 고발하기로 결심합니다.

크레우사 내 마음이여, 내 어찌 침묵할 수 있겠는가? 하지만 어찌
수치심을 떨쳐버리고 은밀한 교합을 들춘단 말인가?
하지만 무엇이 나를 막는단 말인가? 대체 누구와 내가 미덕을
다툰단 말인가? 남편은 이미 나를 배신하지 않았는가? 나는 집
도 잃고, 자식들도 잃고, 희망마저 잃지 않았는가? 나는 교합에
관해 침묵함으로써, 눈물겨운 출산에 관해 침묵함으로써 그 희
망을 이루려 했으나, 부질없는 짓이었어. 천만에, 제우스의 별이
총총한 옥좌에 걸고, 내 고향의 절벽 위에, 수심이 깊은 트리토니
아스의 신성한 물가에 기거하시는 여신에 걸고 맹세컨대, 나는

---

*   수고: 《헤레니우스에 바치는 수사학》[28]에서 파레시아에 대한 이러한 정의를 발견할 수 있다.)
28   다음을 보라. *Rhétorique à Herennius*, trad. fr. G. Achard, Paris, Les Belles Lettres, 2012. *Cf.*
GSA, p. 125: "《헤레니우스에게 바치는 수사학》이라 불리는 이 텍스트에서 파레시아의 라틴어 번역어
인 리켄티아는 어떤 사람이 자기가 두려워하고 공경해야 하는 사람들을 고발하는 것으로 정의됩니다.
그리고 그는 고유한 자신의 권리를 옹호하는 말을 하면서, 그가 두려워하고 공경해야 하는 그 사람들
에게, [그] 힘 있는 자들이 저지른 잘못을 비난합니다."

더 이상 그 교합을 숨기지 않으리라. 가슴에서 짐을 들어내면 더 편안해질 테니까. 내 눈에서는 눈물이 비 오듯 하고, 인간들과 신들의 사악한 짓거리에 가슴이 미어지는구나. 하지만 나는 그들이 내 사랑을 배신한 배은망덕한 자들임을 밝히리라.

들짐승의 생명 없는 뿔들에서 무사 여신들의 노래를 곱게 되울리는 일곱 현의 키타라로 음악을 연주하는 그대, 레토의 아드님이여, 그대의 허물을 나는 햇빛에 대고 밝힐래요. 내가 몸을 치장하려고 금빛 찬란한 사프란 잎사귀들을 옷자락에 따 모으고 있을 때 그대는 금발머리를 번쩍이며 내게 다가왔지요.

그리고 하얀 내 손목을 잡더니 "오오, 어머니!"라고 비명을 지르는 나를 동굴 안으로 끌고 가 누이고는, 신인데도 나와 동침하여 파렴치하게 그대의 애욕을 채웠지요. 그리고 가련한 여인인 나는 그대의 아들을 낳았으나, 어머니가 무서워 그대의 잠자리에 내다 버렸지요. 그대가 이 가련하고 불운한 여인을 겁탈했던 그 가련한 잠자리 말이에요. 아아, 슬프도다. 내 아들이자 그대의 아들인 그 애는 지금은 없어졌어요. 새들이 먹이로 채어 가버렸거든요. 한데도 무정한 이여, 그대는 키타라를 치며 파이안을 부르고 있구려. 이봐요, 대지의 중심에 있는 신전의 황금 의자에서 신탁을 나누어 주는 그대, 레토의 아드님이여! 나는 햇빛에다 대고 외칠래요. "오오, 비열한 유혹자여!"라고. 이전에 그대에게 호의를 베풀지도 않은 내 남편에게 그대는 대를 이을 아들을 주시는구려. 하지만 그대의 아들이기도 한 내 아들은, 무정한 이여, 없어졌어요. 어머니가 싸준 강보에서 독수리들이 먹이로 채어 가버렸어요. 그대를 미워하고 있어요, 델로스 섬도, 레토가 신성한 진통 끝에 그대를 낳은 제우스의 정원에 있는 잎이 부드러운 종려나무 옆의 월계수 어린 가지들도.[29]

이 텍스트는 놀랍도록 아름답습니다. 이것은 진정한 고백입니다!

이 텍스트를 너무 길게 논평하지는 않겠습니다. 저는 〔단지〕 몇 가지 점을 강조하고자 합니다. 첫째, 보시다시피 이것은 공개적인 비판이자 저주입니다. 초반부와 종반부 발언을 보면, 이는 아주 명확합니다. 여기서 레토에 대한 언급은 신의 머리를 짓누르는 저주인데, 그 이유는 아시다시피 포이보스는 레토와 제우스 사이에서 태어난 사생아였기 때문입니다. 저는 이 탄핵 연설을 통해, 포이보스는 황금빛 머리칼을 가진 빛의 신—그는 태양신, 광명의 신입니다—인 동시에 어린 소녀를 유혹해 동굴의 어둠 속으로 끌고 가 그녀를 유혹하고 강간하는 신이라는 점에서, 양자 간에 항상적이고 명확한 대립이 존재한다는 사실을 강조하고자 합니다. 이것이 두 번째 점입니다. 셋째, 인간들에게 진실을 말한다고 되어 있는 신과 〔그의 침묵〕* 간의 대립이 존재합니다. 그리고 크레우사는 그가 신탁의 신임을 상기시킵니다. 크레우사는 또한 그가 '일곱 가지 소리가 나는 리라',** 즉 칠현금을 소유하고 있다는 것, 그가 노래, 음악, 소리, 아름다움 등의 신이라는 사실을 누차 그에게 상기시킵니다. 아폴론 앞에서 크레우사는 뭘 하고 있는 걸까요? 그녀는 울며 비명을 지르고 있습니다. 여러 곳에서 그녀는, 진실을 말할 수 없는 신의 음악과, 눈물을 통해 진실을 말하고 진실을 말해야만 하는 자신을 대립시킵니다. 그리고 이 눈물과 비명 소리가 침묵하는 신전의 문 앞에서, 사원 앞에서 들린다는 점을 생각해볼 필요가 있습니다. 문은 닫혀 있고, 아무도 말하지 않으

29   에우리피데스, 〈이온〉, 앞의 책, 189-190쪽(Euripide, *Ion*, 859-922, *op. cit.*, p. 218-220).
*   이 구절을 이해하는 데 필요한 낱말들을 수고에 의거해 복구했다.
**   수고에서 따옴표 안에 들어가 있다.

며, 무녀를 통해 세계의 진실을 말하기로 되어 있는 목소리는 침묵하고 있습니다. 그리고 크레우사는 신전 문 앞에서 외치며 진실을 말합니다. 이상이 크레우사의 파레시아 장면 전반부입니다.

두 번째 부분은[30] 이 긴 탄핵 연설 뒤에 그녀가 한 말을 들은 늙은 시종이 이온과 크수토스가 했던 질문들과 정확히 대칭되는 어떤 것을 시도하는 순간 시작됩니다. 이온이 질문했던 것을 기억하실 겁니다. "어떻게 제가 당신 아들일 수 있습니까? 그것이 어떻게 가능했습니까? 언제 그런 일이 일어났습니까?" 이와 동일한 방식으로 이제는 크레우사의 늙은 시종이 크레우사에게 그 이야기를 정확히 해달라고 요청합니다. 사실 그 이야기는 이 탄핵 연설에서 처음으로 등장합니다. 하지만 진실 생산의 체제 내에서 이런 종류의 대칭이 있기 위해서는 진실에 접근하는 전형적으로 인간적인 방식인 탐문 조사가 필요합니다. 탐문 조사가 있고, 늙은 시종은 언제 어떻게 그 일이 일어났는지 묻습니다. 그리고 아시다시피 탐문 조사를 통해 진실을 말하는 이러한 방식은 진실을 말하는 신탁적 방식과 반대됩니다. 신탁은 애매모호하고 불분명합니다. 신은 명시적 질문에 결코 직접적으로 답하지 않습니다. 신탁은 결코 탐문 조사의 형태로 진행될 수 없습니다. 여기에서는 질의와 응답을 통해 진행되는 탐문 조사가 있고, 모든 것이 아주 명백해집니다.

또 하나 주목해야 할 것은 여기서 자기 비판을 목격할 수 있다는 사실입니다. 크레우사의 파레시아 장면 첫 번째 부분에서는 유혹한 자, 강간한 자에 대한 크레우사의 힐책, 요컨대 인간이 신을 탄핵하는 것을 볼 수 있습니다. 이제 관건은 크레우사의 자

---

30   에우리피데스, 〈이온〉, 앞의 책, 191-193쪽(Ibid., 925-969, p. 220-222).

담론과 진실_두 번째 강의

아비판입니다. 이것은 《히폴뤼토스》에서의 파이드라의 고백과 동일한 형태의 고백입니다. 그리고 동일한 종류의 말할 필요성과 말을 유보할 필요성, 동일한 유형의 문답 게임, 그리고 동일한 간접 고백 형태를 수반합니다. 적어도 장 라신Jean Racine의 《페드르와 이폴리트》*를 통해 누구나, 에우리피데스의 《히폴뤼토스》에서 파이드라가 자기 입으로 "나는 히폴뤼토스를 사랑해"라고 이야기하지는 않는다는 것을 잘 알고 있습니다. 파이드라는 히폴뤼토스의 이름을 하녀로 하여금 말하게 합니다.[31] 크레우사도 마찬가지로 늙은 하인이 사건을 설명하게 하는 식으로 자기 자신을 표현하지, 완전한 고백은 하지 않습니다.

우리는 여기서 정치적 파레시아와 대조되는 '개인적 파레시아'**를 발견할 수 있습니다. 정치적 파레시아는 이온의 파레시아였고, 이를 통해 이온은 민주정 체제의 도시국가에서건, 군주제 혹은 전제적 체제에서건 간에 통치 방식을 유용하게 비판할 능력을 자신이 갖고 있음을 보여줬습니다. 이온은 자신에게 그렇게 할 능력과 비판할 수 있는 용기가 있음을 보여줍니다. 하지만 그는 한 가지가 결여되어 있고, 뭔가를 더 필요로 합니다. 이온은 파레시아를 행할 수 있는 자의 위상을 진정으로 갖고 있다는 것을 보증할 수 있는 징표가 필요합니다. 다른 한편으로 개인적 파

---

*　페드르는 파이드라의 프랑스식 이름, 이폴리트는 히폴뤼토스의 프랑스식 이름이다.-옮긴이

31　J. Racine, *Phèdre et Hippolyte*, Acte Iᵉʳ, scène III, dans *Oeuvres complètes*, t. I, "Bibliothèque de la Pléiade", Paris, Gallimard, p. 830. 〔장 라신, 《페드르와 이폴리트》, 신정아 옮김, 열린책들, 2013, 40-41쪽〕: "—외논〔하녀〕: 사랑하세요? —페드르〔파이드라〕: 사랑의 모든 광증을 다 가지고 있다. —외논: 누구를? —페드르: 너는 혐오스러움의 극치를 듣게 될 것이다. 나는 사랑한다…. 그 치명적 이름에 몸이 떨리고 전율한다. 나는 사랑한다…. —외논: 누구를요? —페드르: 너도 알지, 아마존 여인의 아들, 그토록 오랫동안 내가 몸소 박해했던 그 왕자 말이다. —외논: 이폴리트〔히폴뤼토스〕요? 하느님 맙소사! —페드르: 그 이름을 댄 것은 너다." 푸코는 이 구절을 《자기 통치와 타자 통치》(GSA, p. 129, 148-149)에서도 언급한다.

**　수고에서 따옴표 안에 들어가 있다.

레시아의 장면이 발견되는데, 이 개인적 파레시아의 장면은 크레우사의 파레시아 장면입니다. 이 장면에서 크레우사는 제도에 대한 정치적 비판이나 정치적 삶에 대한 비판으로서 진실을 말하는 것이 아니라 파레시아를 두 가지 방식으로 활용합니다. 우선, 여성이고 강간을 당한 약자가 자신보다 훨씬 강력하지만 범죄와 과오를 저지른 타자에게 하는 힐난이나 힐책으로 파레시아를 행합니다. 이것이 개인적 파레시아의 첫 번째 유형입니다. 또 다른 유형의 개인적 파레시아는 어떤 사람이 자신에 대한 진실을 말하고, 자신이 범한 범죄나 과오, 그리고 자신의 약점을 드러내 보일 때의 고백입니다. 그것은 이온으로 대표되는 파레시아적 태도와 《이온》의 대단원에서 온전한 진실을 발견할 수 있게 해주는 크레우사의 파레시아적 담론의 결합입니다. 물론 시간이 없어 미처 설명하지 못한 많은 다른 일화들도 있습니다. 왜냐하면 이 작품에서 크레우사가 진실을 말하는 순간, 그녀가 포이보스와 가진 아들이 이온이라는 것을 아는 사람은 아무도 없기 때문입니다. 〔신 외에는 크레우사와 아폴론의 아들이 이온이라는 것을 모르고, 이온도 크레우사는 그의 어머니이고 크수토스는 그의 아버지가 아니라는 것을 모릅니다.-FS〕 이온의 파레시아의 담론과 크레우사의 파레시아적 담론을 결합하기 위해서는 많은 일화가 있어야 합니다. 예를 들면, 크레우사가 여전히 이온을 크수토스의 친자로 믿으며 이온을 살해하려 하지만 실패하는 대단히 흥미로운 장면 등이 있습니다.[32] 여기서도 역시 오이디푸스의 상황에 대한 명백한 참조가 발견됩니다. 하지만 여기서는 아들이 아버지를 죽이려 하는 것이 아니라 어머니가 〔아들을 죽이려〕 합니다.

---

32   푸코는 〈자기 통치와 타자 통치〉 1983년 1월 26일 강의 말미에 다른 에피소드들의 분석을 제

대단원에서 우리는 진실을 알게 되는데, 이 진실은 아폴론에 의해서가 아니라 아테나에 의해 확보되고 확증됩니다. 초반부에 이미 이 점을 말씀드렸습니다. 그래서 〔강의 초반부에 묘사한 도식을 다시 취한다면[33]〕 우리는 극의 종반부에서 내려오는 진실들(아테나-에렉테우스-크레우사-이온)이 대단원에서 완결되는 것을 볼 수 있습니다. 다른 한편으로, 대단원에서도 진실을 모른다고 되어 있고, 아테나이에 돌아와서도 여전히 이온이 자신의 아들이라 믿고 있는 크수토스가 있습니다. 이렇게 그는 마지막까지 속습니다. 그리고 이 극의 대단원에 이르기까지 포이보스는 침묵을 지킵니다. 델포이와 포이보스의 침묵, 아테나와 아테나이인들, 에렉테우스, 크레우사, 그리고 이온의 진실, 이방인들에 대한 기만의 장면은 대단히 정합적입니다.

이상이 《이온》과 관련해 말씀드리려 했던 바입니다. 다음강의에서는 플라톤, 이소크라테스와 함께, 정치와 철학 내에서의 파레시아와 관련된 더 진지한 문제에 접근해보고자 합니다.

안한다. *Cf.* GSA, p. 130-135.
33 이 책 148쪽.

세 번째 강의(1983년 11월 7일)

지난 강의에서는 에우리피데스의 작품들에서 파레시아라는 말이 출현하는 곳들 중 몇몇을 인용했습니다.* 하지만 그 외에도 파레시아라는 말이 출현하는 곳이 더 있는데, 에우리피데스가 작고하기 몇 년 전인 기원전 408년에 쓰였거나 적어도 상연된 그의 작품 《오레스테스》에서 발견됩니다. 이 시기는 또한 민주정 제도와 체제에 대한 수많은 논쟁이 벌어졌던 아테나이의 정치적 위기의 시대였습니다. 이 극에는 에우리피데스의 극들 가운데서 파레시아가 경멸적 의미로 사용되는 유일한 형용어구가 나오기 때문에 대단히 흥미롭습니다. 이 작품과 무대의 정치적이고 이데올로기적인 맥락을 분석하기 전에 다음 글을 함께 읽어보는 것이 바람직하리라 생각합니다.

사자使者 아르고스의 백성들이 전원 참석했을 때, 전령이 일어서더니 말했어요. "오레스테스가 모친을 살해한 죄로 죽어야 하는지 아닌지, 누가 말하기를 원하시오tis chrêzei legein?"
그러자 프리기아인들을 도륙하는 데 그대의 부친을 도왔던 탈튀비오스가 일어섰어요. 그는 힘 있는 자들 앞에서는 언제나 굽실

---

* 이 강의의 본론에 들어가기 앞서 푸코는 이렇게 명확히 말한다. "첫 시간에는 방금 나눠 드린 텍스트를 함께 읽고 몇 가지를 설명해드리려고 합니다. 그러고 나서, 에우리피데스와 《이온》에 대한 아주 흥미로운 이야기를 많이 알고 계시고, 완전히 다른 관점에서 《이온》에 대한 흥미로운 텍스트를 쓰셨던 고대 문헌 전문가 짐 포터(Jim Forter) 선생을 모셔서 이야기를 들어보겠습니다. 그다음에 우리는 정치적 문제를 다루게 될 겁니다. 〔제가 지금 말씀드릴〕 이 텍스트는 파레시아의 정치적 문제와 관련한 과도기를 구성합니다."

대는hupo tois dunamenois ôn 인물로, 그대의 부친은 극구 찬양하고 그대의 오라비는 칭찬하지 않음으로써 찬사와 비난의 말을 비비 꼬며 애매모호하게 말했어요elexe dichomutha. 오레스테스는 부모들에게 해로운 나쁜 선례를 남긴다고 말이에요. 그러면서 그는 아이기스토스의 친구들에게 자꾸 아첨하는 눈길을 보내는 것이었어요. 〔그런 부류는 다 그런 법이지요. 전령들은 언제나 성공한 사람 편이 되고, 그들에게는 도시에서 권력 있고 높은 관직에 있는 사람이 친구지요.〕

그다음에는 디오메데스 왕이 말했는데, 그대나 그대의 오라비를 죽이지 말고, 신을 존경하는 마음에서 그대들에게 추방령을 내리자고 제안했어요. 청중 가운데 일부는 좋은 조언이라며 박수갈채를 보냈으나, 일부는 찬동하지 않았어요. 그다음에는 대담한 것으로 한몫 보는ischuôn thrasei 한 수다쟁이athuroglôssos가 일어섰어요. 아르고스인이지만 토박이 아르고스인이 아니라 마지못해 아르고스인이 된ênagkasmenos 그자는 군중들의 갈채와 자신의 어리석고 방종한 혀에 의존했는데thorubô te pisunos kamathei parrêsia, 청중들에게 재앙을 안겨줄 수 있을 만큼 설득력이 있었어요. 〔…〕[1]

그자는 오레스테스와 그대가 돌에 맞아 죽어야 한다고 주장했어요. 그러나 그대들을 죽여야 한다고 주장하는 그자를 뒤에서 부추긴 것은 튄다레오스였어요. 또 다른 사람이 일어나 그 제안에 반대했어요.

그는 잘생기지는 않았으나 용감한 사람이었으며, 도성이나 장터를 찾는 일이 드물었어요. 그는 소규모 자작농autourgos으로— 이

---

[1]   푸코는 일반적으로 나중에 삽입된 부분이라 여겨지는 907-913행을 생략하고 있다. "말은 달콤하나 생각이 모자란 사람이 대중을 설득하게 되면, 도시에 큰 재앙이 되기 때문이죠. 한편 생각이 깊고 언제나 좋은 조언을 해주는 사람들은 당장이 아니라도, 장기적으로는 도시에 도움이 되죠. 사람들은 모름지기 이런 시각에서 지도자를 보아야 해요. 연설을 하는 사람이나 관직에 있는 사람이나 하는 일이 비슷한 데가 많으니까요."

런 사람들만이 나라를 지키지요— 원하면 논쟁을 벌일 만큼 영리했으며, 성실하고 나무랄 데 없는 삶을 살고 있었어요. 그는 아가멤논의 아들 오레스테스가 아버지의 원수를 갚으려고 사악하고 신을 부정하는 여인을 죽였으니 화관을 씌워주자고 주장했어요. 고향에 남은 자들이 출정한 전사들의 아내들을 유혹해 가정의 질서를 파괴할까 두려워 아무도 손에 무기를 들고 집을 떠나 원정길에 오르려 하지 않는다면, 그건 그녀의 책임이라고 그가 말했어요.[2]

이 구절은 아시다시피 자신의 어머니를 살해해 〔펠라스기의-옮긴이〕 법정에 소환된 오레스테스의 재판에서 일어난 일을 〔엘렉트라에게 전하러 아르고스의 왕궁에 온-옮긴이〕 사자의 이야기입니다. 사자는 이 재판에 대해 이야기합니다. 이야기는 아테나이의 형사재판 절차에 대한 구체적 언급으로 시작됩니다. 모든 시민이 출석했을 때 전령이 일어나 "누가 말하기를 원하시오 Tis chrêzei legein?"라고 외칩니다. 그것이 아테나이의 권리〔발언의 평등권isegoria-FS〕입니다. 그러자 두 연사가 일어나 말합니다. 이 두 사람은 모두 이 작품의 신화적 맥락에서 차용해온 자들로, 호메로스의 세계에 속하는 사람들입니다. 전자는 탈튀비오스로, 트로이 전쟁 동안 아가멤논의 전령이었습니다. 후자는 디오메데스로, 가장 유명한 그리스 영웅 가운데 한 사람입니다.

탈튀비오스의 연설을 사자가 이야기하는 방식은 대단히 흥

---

2 에우리피데스, 〈오레스테스〉, 《에우리피데스 비극 전집 2》, 339-340쪽〔Euripide, *Oreste*, 884-930, dans *Tragédies*, t. Ⅵ-1, trad. fr. L. Méridier, Paris, Les Belles Lettres, 2002, p. 67-69〕. 푸코는 이 비극을 〈자기 통치와 타자 통치〉 1983년 2월 2일 강의에서 처음으로 연구한 바 있지만(*cf.* GSA, p. 150-155), 여기서 더 진전된 분석을 제시한다. 각주 1의 내용이 빠져 있다.

미롭습니다. 사자는 탈튀비오스를, 완전히 자유롭지는 않고 노예는 아니지만 자주적이지 못하며 자기보다 더 힘 있는 자들에게 의존하는 사람으로 특징짓습니다. 그리스 문헌은 그를 "힘 있는 자들의 권력에 순종하는hupo tois dunamenois ôn"자라고 말합니다. 그는 하수인입니다. 그리고 다른 두 작품에서 에우리피데스가 이런 종류의 인간, 즉 전령을 비판한다는 점은 대단히 흥미롭습니다.

우선 그중 한 작품인 《트로이아 여인들》에서 동일 인물 탈튀비오스가 등장하는데, 왜냐하면 그리스군이 트로이를 점령한 직후이기 때문입니다. 탈튀비오스는 아가멤논의 전령 자격으로 무대에 등장해 카산드라에게 그녀가 아가멤논의 부인이 되어야 한다고 말합니다. 카산드라는 그의 이러한 말에 〔자신이 적들을 파멸시키리라는—FS〕예언으로 응수합니다. 그리고 아시다시피 카산드라의 예언은 언제나 진실이었죠···. 하지만 물론 탈튀비오스는 그녀의 예언을 믿지 않습니다. 왜냐하면 전령으로서 그는 단지 주인인 아가멤논이 말하라고 한 것을 말해야 하니까요. 하지만 그는 진실을 모르고, 또 무엇이 진실인지, 카산드라가 그에게 무슨 말을 하는지 확인할 능력도 없습니다. 그는 카산드라가 미쳤다 생각하고, 이렇게 말합니다. "네가 정신이 나갔구나Ouk artias echei phrenas."[3] 이에 카산드라는 이렇게 대답합니다. "놀랍구나, 시종이여! 전령이라는 자는 일반적으로 미움을 받는 자, 왕과 도시국가의 앞잡이들이 아닌가?" 그리고 그녀는 계속해서 설명합니다. "당신은 내 어머니가 율리시스의 노예가 될 거라고 말했다. 하지만 신께서는 그녀가 여기서 죽을 거라 말씀하셨다."[4] 그리고 이것

3   에우리피데스, 〈트로이아 여인들〉, 《에우리피데스 비극 전집 1》, 506쪽〔Euripide, *Les Troyennes*, 417, trad. fr. L. Parmentier et H. Grégoire, Paris, Les Belles Lettres, 1964, p. 46〕.
4   에우리피데스, 〈트로이아 여인들〉, 위의 책, 506쪽〔*Ibid.*, 424-430, p. 46〕: "이 하인은 정말 참을

은 사실입니다(카산드라의 어머니 헤쿠바는 트로이에서 죽습니다–FS). 보시다시피 전령은 자신의 주인에게 예속된 자이기 때문에 진실을 알지 못하고, 진실을 말할 능력이 없으며, 진실을 확인할 수 없는 자입니다.

그리고 에우리피데스의 또 다른 작품 《탄원하는 여인들》에서는, 테바이에서 온 이름 모를 전령과, 엄밀히 말해 아테나이의 왕은 아니지만 아테나이의 일등 시민인 테세오스 간의 아주 흥미로운 대화가 등장합니다.[5] 전령이 무대에 나타나 "누가 이 나라의 독재자turannos요?"라고 묻습니다. 테세오스는, 아테나이에서는 독재자를 찾을 수 없기 때문에 독재자가 누구인지 알 수 없고, 아테나이는 자유로운 나라라서 부유한 사람과 가난한 사람이 똑같은 권리를 누린다고 답합니다.[6] 그래서 민주정과 군주정, 전제정과 민주정 가운데 어떤 형태의 통치 체제가 최상의 것인지에 대한, 물론 한담閑談이지만 대단히 중요한 논쟁이 시작됩니다. 전령은 군주제를 찬양하고, 민주정에 대해 혹독하고 구체적으로 비판합니다. 이에 테세오스는 아테나이 민주정 찬양으로 응수합니다. 그는 아테나이 민주정에서는 법이 성문화되어 있고, 부유한 사람과 가난한 사람 모두 평등한 권리를 가지며, 민회(에클레시아)에서는

수가 없구나! 어째서 전령들은 만인에게 미움받는, 참주들이나 도시들의 하수인에 불과한 주제에 전령이란 명예로운 이름을 갖고 있는 것일까? 그대는 지금 우리 어머니께서 오디세우스의 궁전으로 가실 것이라고 말하는 것이오? 그렇다면 어머니께서 이곳에서 돌아가신다고 일러준 아폴론의 말씀은 어떻게 되는 거지?"

5   에우리피데스, 〈탄원하는 여인들〉, 《에우리피데스 비극 전집 1》, 385-387쪽(Euripide, *Les Suppliantes*, 399-463, trad. fr. H. Grégoire, Paris, Les Belles Lettres, 2002, p. 118-120).

6   에우리피데스, 〈탄원하는 여인들〉, 위의 책, 385쪽(*Ibid.*, 399-408, p. 118): "—전령: 누가 이 나라의 독재자요? 대체 누구에게 크레온의 전언을 전해야 하지요? 일곱 성문 앞에서 에테오클레스가 아우인 폴뤼네이케스의 손에 죽은 뒤로 지금은 크레온이 테바이를 통치하고 있으니까요. —테세우스: 이 방인이여, 자네는 첫머리부터 틀린 말을 하는군. 여기서 독재자를 찾다니 말일세. 도시는 어느 한 사람의 지배를 받는 것이 아니라, 자유로우니 말일세. 매년 번갈아가며 백성들이 관직에 취임한다네. 우리는 부자라고 해서 특권을 주지 않으며, 가난한 사람도 똑같은 권리를 누린다네."

원한다면 누구나 자유롭게 발언할 수 있다고 설명합니다. 민회에서 발언하는 자들은 좋은 평판을 얻고, 시민들 가운데 일등 시민이 되며, 다른 시민들은 침묵을 지킵니다. 그리고 테세오스는 "이보다 더한 평등이 어디 있겠는가?"[7]라고 결론 내립니다. 보시다시피 민주정은 평등성, 그리고 누구나 발언할 수 있다는 사실로 특징지어집니다. 전제주의 권력의 대리인인 전령에게 테세오스가 가하는 반론은 바로 이 민주적 평등성과 발언의 자유인 것입니다.

《오레스테스》에서 탈튀비오스는 타자의 권력을 대리하는 전령들, 즉 예속된 자들 가운데 한 사람입니다. 이들은 누군가에게 예속되어 있기 때문에 진실을 말할 수 없습니다. 완전한 자유는 진실을 말할 능력과 동일한 것입니다. 탈튀비오스는 아가멤논, 즉 자신보다 권력이 있는 자에게 예속되어 있기 때문에 〔오레스테스의 재판에서—옮긴이〕 솔직하고 명확하게 발언할 수 없을 것입니다. 그는 명확하게 말하지 않고, 이 작품에서 dichomutha라고 명명하는 말을 합니다. 이 말은 상반된 두 사물을 동시에 의미하는 양의적 담론을 지시합니다. 우리는 이 말을 '이중적 언어'*라고 부릅니다. 그리고 탈튀비오스가 아가멤논을 찬양하는 것을 볼 수 있는데, 왜냐하면 그는 아가멤논의 전령이었으므로 아가멤논의 아들인 오레스테스의 지지자들과 골치 아프게 엮이고 싶지 않았기 때문입니다. 그렇다고 그가 오레스테스의 말에 찬동하는 것도 아

---

7   에우리피데스, 〈탄원하는 여인들〉, 위의 책, 386-387쪽〔Ibid., 429-441, p. 119〕: "도시에 독재자보다 더 해로운 것은 아무것도 없네. 무엇보다도 그런 도시에서는 공공의 법이 없고, 한 사람이 법을 독차지하여 자신을 위해 통치를 하기 때문일세. 그리고 그것은 이미 평등이 아닐세. 하지만 일단 법이 성문화되면 힘없는 자나 부자나 동등한 권리를 갖게 된다네. 그러면 부유한 시민이 나쁜 짓을 할 경우 힘없는 자가 비판을 할 수 있으며, 약자도 옳으면 강자를 이길 수 있다네. 자유란 이런 것일세. '누가 도시에 유익한 안건을 갖고 있어 공론(公論)에 부치기를 원하십니까?' 원하는 자는 이름을 날리고, 원치 않는 자는 침묵하면 된다네. 도시에 이보다 더한 평등이 어디 있겠는가?"
*   수고에서 따옴표 안에 들어가 있다.

닙니다. 탈튀비오스는 민회의 모든 사람으로부터 환심을 얻기를 원했고, 두 진영의 적대성을 두려워했기 때문에 양의적인 발언 dichomutha을 합니다. 하지만 가장 강력한 사람들은 당시 아테나이를 통치하던 사람들, 즉 아이기스토스의 〔측근들〕*이었기 때문에 결국 탈튀비오스는 오레스테스와 엘렉트라에게 유죄를 선고하고 사형에 처하자고 제안합니다. 이상이 첫 번째 연사인 탈튀비오스와 관련된 사항입니다.

　　그때 두 번째 연사가 등장합니다. 부정적 인물 다음으로 긍정적 인물 디오메데스가 등장합니다. 디오메데스도 호메로스 신화의 등장인물입니다. 그리고 이 호메로스 신화에서 디오메데스는 용맹한 무훈과 유창한 수사학, 즉 화술과 지혜로 유명한 그리스 전사였습니다. 탈튀비오스와는 달리 디오메데스는 독자적인 사람이었습니다. 그는 자기 생각을 소신 있게 말합니다. 그리고 그는 절제된 해결책, 가벼운 형벌, 정치적 동기를 갖지 않는 형벌, 요컨대 복수심에 불타는 앙갚음이 아닌 형벌을 제안합니다. 종교적 이유만을 갖는 가벼운 형벌을 제안하는 것입니다. 그의 의견에 따르면, 오레스테스는 추방형에 처해져야 합니다. 살인에 대한 전통적이고 종교적으로 적절한 징벌은 추방형이기 때문에 오레스테스를 추방형에 처해 그가 저지른 범죄로부터 아테나이를 정화해야 했습니다. 여기서 주목해야 할 것은 정치적 보복이 아니라 종교적 동기입니다. 탈튀비오스는 만인의 환심을 사려고 최선의 노력을 한 반면, 디오메데스는 매우 절제되고 합리적인 판결을 제안했음에도 불구하고, 참석한 사람들 일부의 동의만 얻고, 나머

---

*　　푸코는 "아이기스토스"라고 말하지만, 아이기스토스는 오레스테스에게 이미 죽임을 당했으므로 아이기스토스의 측근들이라고 해야 할 것이다.

지 사람들의 동의는 얻지 못합니다. 극단적인 의견은 만장일치를 이끌어내지만, 절제된 의견은 민회를 분열시킵니다.

이 두 신화적 인물 다음에 또 다른 두 연사가 등장합니다. 그들의 이름은 알 수 없습니다. 그들은 호메로스의 신화적 세계에 속하는 인물이 아닙니다. 그들은 영웅들이 아닙니다. 그러나 이 소송에 대해 말하는 사자는 이 두 연사가 어떤 사람들인지를 아주 구체적으로 묘사하고 있습니다. 우리는 그들이 오늘날 우리의 언어로 두 '사회적 유형'*임을 알 수 있습니다. 탈튀비오스와 대칭을 이루는 나쁜 웅변술사인 전자는 민주정에 해로운 연사입니다. 그리고 우리는 그의 특징들을 신중히 연구해볼 필요가 있습니다. 첫 번째 특징을 살펴봅시다. "절제되지 않은 혀를 가진 자가 그때 일어섰다"라는 표현에서 프랑스어 번역판은 아튀로글로소스athuroglôssos**라는 그리스어를 à la langue effrénée, 즉 '절제되지 않은 혀'로 번역했습니다. 이 말은 대단히 흥미롭습니다. 아튀로글로소스는 혀를 의미하는 glôssa, glôtta와 문을 의미하는 thura에서 온 말입니다. 그래서 아튀로글로소스는 문자 그대로 혀는 있지만 문이 없는 사람을 가리킵니다. 그러므로 이 말은 입이 항상 열려 있어서 입을 다물 수 없는 사람을 의미합니다.

침묵할 때 닫히고 말할 때 열리는 문에 입과 입술을 비유하는 것을 우리는 고대 그리스 문헌에서 자주 발견할 수 있습니다. 예를 들면, 기원전 5세기 테오그니스의 시(《엘레지Élégies》)에서 입을 문으로 닫을 수 없는 사람들에 대한 견해를 발견할 수 있는데,

---

*   수고에서 따옴표 안에 들어가 있다.
**   사실 푸코는 "영역본에서는 그리스어 athuroglôssos를 'tongue unbridled'라고 번역했습니다"라고 말했는데, 우리[편집자]가 우리[프랑스] 맥락으로 바꾸었다. [천병희 씨의 우리말 역에서는 '요설쟁이'라고 번역되어 있다.-옮긴이]

여기서 혀 앞에 굳게 닫힌 문이 없는 사람들이 많다는 표현을 볼 수 있습니다.[8] 기원후 2세기에 《수다에 관하여》에서 플루타르코스는, 치아는 울타리 혹은 문이고, 혀가 그 경계를 넘어설 경우, 치아는 혀를 물 수 있으며,[9] 이것은 자연이 사물들을, 그것들이 마땅히 그러해야 하는 것으로 만들어낸 징후라고 말합니다. 혀와 문, 입술과 혀, 문으로서의 치아와 같은 비유의 세계에서 아튀로글로소스는 '혀는 있지만 문이 없는 사람'을 의미하고, 아리스토파네스의 작품에서는 athuron stoma, 즉 문 없는 입을 가졌다는 말이 나옵니다. 이렇게 아튀로글로소스라는 말은 언제나 경멸적인 특성을 지녔습니다. 입 앞에 문이 없다는 것은 침묵할 수 없다는 것, 머리에 떠오르는 대로 모두 말하는 경향이 있다는 것을 의미합니다. 그리고 플루타르코스는 《수다에 관하여》에서 이런 사람들을 흑해에 비유합니다. 빠져나가는 물을 막을 수 있는 문이나 수문이 없는 흑해의 모든 물은 지체 없이 지중해로 흘러나갈 것입니다.[10]

보시다시피 아튀로글로소스, 아튀로스토미아athurostômia는 파레시아와 아주 유사한 개념이지만, 파레시아의 부정적 버전입

---

8   Théognis, *Poèmes élégiaques*, livre I, 421-424, trad. fr. J. Carrière, Paris, Les Belles Lettres, 2003, p. 81: "많은 사람이 혀 앞에 제대로 닫히지 않은 문을 갖고 있어, 자신과 무관한 일들에 신경을 쓰는구나. 나쁜 소식은 문안에 간직하고, 오직 희소식만을 밖으로 내보내는 것이 바람직하지 않겠나."

9   플루타르코스, 〈수다에 관하여〉, 《그리스 로마 에세이》, 536쪽(Plutarque, *Du bavardage*, 503C, dans *OEuvres morales*, t. VII-1, trad. fr. J. Dumortier, Paris, Les Belles Lettres, 1975, p. 230): "인체 가운데 자연이 혀만큼 안전하게 울타리로 둘러진 부위는 없다. 자연은 혀를 지키기 위해 그 앞에 이를 배치했으니 말이다. 그래서 내부의 이성이 침묵의 고삐를 당기는데도 혀가 복종하지 않거나 자제하지 않으면, 우리는 피를 흘릴 때까지 혀를 깨물어 그 불복종에 제동을 걸 수 있는 것이다." 푸코는 플루타르코스의 《수다에 관하여》를 〈주체의 해석학〉 1982년 3월 3일 강의에서 환기한다. 《주체의 해석학》, 367-370쪽(HS, p. 324-326) 참조.

10   플루타르코스, 〈수다에 관하여〉, 위의 책, 536쪽(Plutarque, *Du bavardage*, 503C-D, *op. cit.*, p. 230): "문 없는 집이나 끈 없는 주머니는 그 임자에게 아무 쓸모도 없다고 믿으면서 자기 입에는 문도 달지 않고 자물쇠도 채우지 않아, 마치 흑해에 물이 흘러나오듯 끊임없이 말이 흘러나오는 사람들이 있는데, 이들은 말을 아주 무가치한 것으로 여기는 게 분명하다."

니다.[11] 제 생각에 이와 같은 부정적 파레시아 개념은 두 가지 특징을 보여줍니다. 첫째, 여러분이 아튀로글로소스라면 말할 것과 말하지 않고 마음속에 간직해야 할 것을 전혀 구분할 수 없고, 말할 때와 침묵해야 할 때를 구분할 수 없습니다. 아튀로글로소스인 자는 아무런 분별력이 없는 자입니다. 그래서 테오그니스는 수다스러운 사람은 좋은 생각과 나쁜 생각을 구분할 수 없고, 경솔한 방식으로 타자의 문제에 개입한다고 말하기도 했습니다. 그들은 자기 자신의 일과 타인의 일을 구분하지 못합니다. 둘째, 플루타르코스의 작품에서 발견되는 아튀로글로소스에 대한 중요한 비판은 훨씬 더 심각합니다. 플루타르코스는, 여러분이 아튀로글로소스라는 것은 여러분이 로고스를 atimotatos로 간주한다는, 즉 진실을 완전히 무가치한 것으로 간주한다는 징표라고 말합니다. 아튀로글로소스인 사람들은, 그들을 진실에 접근할 수 있게 해주는 이성, 합리적 담론에 그 어떤 가치도 부여하지 않는다는 것입니다.

그래서 아튀로스토미아는 파레시아와 대단히 가깝지만 동시에 정반대의 것입니다. 아튀로스토미아로 전락하지 않고 파레시아를 사용할 수 있는 능력은 지혜의 징표입니다. 그래서 파레시아스트가 해결해야 하는 문제 가운데 하나가 말해야 할 바와 침묵해야 할 바를 구분하는 것입니다. 그리고 이 양자를 구분할 능력, 요컨대 아튀로스토미아에 빠지지 않으면서 파레시아를 활용할 능력을 모두가 갖추고 있는 것은 아닙니다. 심지어 철학자들 중에도 이러한 능력을 갖추지 못한 자들이 있습니다.《자유인의 자식은 어떻게 교육해야 하는가》에서 플루타르코스는 예를 하나

11   푸코가 아튀로스토미아와 파레시아를 이렇게 상세하게 대조하는 것은 이곳이 유일하다.

듭니다. 그는 소피스트 철학자 테오크리토스의 일화를 이야기하면서, 그릇된 파레시아, 다시 말해 아튀로스토미아의 예로 그를 언급합니다. 테오크리토스는 철학자였는데, 안티고노스 왕은 테오크리토스에게 사자를 보내 궁정으로 와달라고 요청합니다. 그가 보낸 사자는 왕의 요리사였습니다. 테오크리토스는 [왕을 알현하러 가야 한다는 말을 왕의 요리사로부터 듣는 것-FS]이 당연히 달갑지 않았습니다. 안티고노스 왕이 전쟁에서 눈 하나를 잃었고, 그래서 애꾸였다는 사실을 아시는지 모르겠네요. 테오크리토스는 "나를 키클롭스에게 산 채로 먹이로 바치려는 걸 잘 알고 있소이다"라고 말합니다. '키클롭스'는 안티고노스가 애꾸였다는 사실을 암시하고, '산 채로 먹이로 바친다'는 말은 사자가 요리사라는 것을 의미합니다. 이에 요리사는 "당신의 미친 언행에 대한 벌을 받을 것이오"[12]라고 응수했습니다. 그것은 아튀로스토미아이지 파레시아가 아닙니다. 진정으로 훌륭한 철학자는 왕을 마주하고서도 파레시아를 행할 수 있습니다. 하지만 이 경우에는 아튀로스토미아일 뿐입니다. 왕이 애꾸라는 사실과 사자가 요리사라는 사실을 농담거리로 삼는 데는 철학적 중요성이 없기 때문이죠. 철학적 중요성이 없는 솔직함은 파레시아가 아닌 아튀로스토미아에 속합니다.

 이상이 아튀로글로소스라는 말의 의미인데, 오레스테스의

---

12 플루타르코스, 〈자유인의 자식은 어떻게 교육해야 하는가〉, 《플루타르코스의 모랄리아: 교육·윤리 편》, 62-63쪽〔Plutarque, *De l'éducation des enfants*, 11B-C, dans *OEuvres morales*, t. I-1, trad. fr. J. Sirinelli, Paris, Les Belles Lettres, 2003, p. 56〕. "또 테오크리토스는 마케돈의 왕인 안티고노스가 외눈박이라고 그의 불구의 몸을 흉보아 왕으로부터 극도의 분노를 사게 됐네. 안티고노스 왕은 군대의 장교였던 그의 조리장 에우트로피온을 테오크리토스에게 보내 자기에게 직접 와서 토의하자고 제의했네. 에우트로피온이 테오크리토스에게 이 전갈을 전하고, 같은 목적으로 여러 차례 방문하자, 그는 불구인 왕의 모습을 흉보고 지금은 일개 조리사가 된 그를 비꼬았네. '당신이 외눈박이 왕에게 나를 산 채로 먹이로 바치려고 하는 걸 잘 알고 있소.' 그러자 에우트로피온은 말했네. '그러면 당신의 머리가 붙어 있지 않을 것이오. 이런 무모한 말을 하다니! 당신의 미친 언행에 대해 벌을 받을 것이오(tês athurostômias tautês kai manias dôseis dikên).' 그는 즉시 왕에게 보고하고, 왕은 사람을 보내 테오크리토스를 죽였지."

재판에서 이것이 세 번째 연사의 첫 번째 특징으로 발견됩니다. 그는 아튀로글로소스입니다. 그러고 나서 그가 아튀로글로소스라는 사실을 설명하는 서너 가지 특징이 나옵니다.

프랑스어 번역은 '뻔뻔스럽게 강한'이라고 되어 있는데, 이 것은 아튀로글로소스로서 그의 첫 번째 특징입니다. Ischuôn thrasei가 의미하는 바는 다음과 같습니다. Ischuein은 어떤 사람의 강건함을 지시하는데, 즉 힘이 세다는 것, 대개의 경우 전투나 경기에서 상대방을 제압할 수 있는 신체적 강건함을 지시합니다. 그런데 보시다시피 여기서 이 화자는 강하지만 thrasei하게 강합니다. 즉, 이성이나 말할 수 있는 능력, 진실을 말할 수 있는 역량 때문이 아니라, 단지 그가 thrasus하기 때문에 강하다는 말입니다. thrasus는 뻔뻔스러운, 뻔뻔함, 오만이라는 뜻입니다. 그는 뻔뻔함의 측면에서만 강건합니다.

매우 중요한 두 번째 특성은 '아르고스인이 아닌 아르고스인'입니다. 그는 완전한 권리를 가진 시민이 아닙니다. '아르고스인이 아닌 아르고스인'은 아르고스인으로 태어난 사람이 아니라 외지에서 와서 도시국가에 통합된 ênagkasmenos, 즉 무력이나 부정행위를 통해 억지로 도시국가의 구성원으로 인정받은 자를 말합니다. 이것이 이 〔인물〕의 두 번째 특징입니다.

그의 세 번째 특징은 thorubô pisunos, 즉 '자신의 소란스러운 말을 신뢰한다'는 것입니다. 이것은 그가 토뤼보스thorubos를 신뢰한다는 뜻인데, 토뤼보스라는 어휘는 대단히 흥미롭습니다. 토뤼보스는 큰 목소리, 고함, 아우성, 야단법석에 의해 발생한 소음을 의미합니다. 예를 들어, 전투에서 병사들이 스스로 사기를 높이거나 적에게 겁을 주기 위해 함성을 지를 때 그리스인들은 토뤼보스라는 어휘를 사용했고, 민회에서 사람들이 고함을 지를 때도 이를 토뤼보스라 불렀습니다. 그러므로 세 번째 연사는 자신이 표명할 수 있는 정합적 언어를 신뢰하지 않고, 청중들에게 감동적 반응을 불러일으킬 수 있는 능력만을 신뢰한 것입니다. 목소리가 강하고 잘 울리는 등 그에게는 크게 외칠 능력이 있기 때문이죠. 음성과 그 음성이 민회에 불러일으키는 감동의 효과 간의 직접적 관계는 토뤼보스의 특성입니다. 토뤼보스는 정합적 담론의 합리적 의미와 대립됩니다. 그것은 민회에서 일정한 감동의 효과를 발생시키는 정합적이지 않은 소음입니다.

　부정적 연사의 마지막 특성은 그가 자신의 무지한 직설, 즉 아마테스 파레시아amathês parrêsia를 신뢰한다는 것입니다. 그리고 이 표현에서 파레시아라는 말이 발견됩니다. 어떤 면에서 이 아마테스 파레시아라는 표현은 아튀로글로소스의 반복일 수 있지만, 제 생각엔 정치적 함의를 지니고 있다고 생각됩니다. 이것은 이 연사가 설령 부정행위나 무력을 통해 도시국가에 받아들여졌다 하더라도, 시민으로서 파레시아의 권리를 소유하고는 있으나 그것을 적절하게 행사할 수는 없다는 것을 의미합니다. 그의 파레시아는 형식적인 시민의 권리에 불과합니다. 이 경우, 그의 파레시아는 훌륭하고 유용하며 정치적으로 긍정적인 파레시아를 행하는 데 필요한 무언가가 빠져 있습니다. 그의 파레시아에 없는 이 역량은 《오레스테스》에서 마테시스mathêsis라 불리는, 배움과 지식입니다. 여기서 파레시아는 모든 시민에게 부여되는 발언의 자유에 불과한 것이 아닌 것처럼 보입니다. 훌륭한 파레시아이기 위해, 도시국가에 긍정적 효과를 발생시키기 위해, 파레시아는 훌륭한 교육과 결부되어야 하며, 지성적이고 도덕적인 훈련, 파이데이아paideia 혹은 마테시스와 결부되어야 합니다. 그렇게 할 때만 파레시아는 토뤼보스, 즉 단순한 음성적 소음 이상의 것일 수 있고, 도시국가를 위해 긍정적 효과를 발휘할 수 있습니다. 사람들이 파레시아를 마테시스 없이 사용하고 무지한 직설을 행할 경우, 도시국가는 최악의 상황에 놓이게 됩니다.

그러므로 이 구절에서는 특정한 사회적 유형의 연사에 대한 특징짓기, 폭력적이고 정념적이며 그 도시국가에서 태어나지 않은 연사는 위험하다는 특징짓기가 발견됩니다. 또한 두 유형의 파레시아 간의 단절도 발견할 수 있습니다. 나쁜 파레시아는 아테나이 헌법으로부터 오는 것으로, 이는 파레시아가 모든 사람, 적어도 시민으로 등록된 모든 사람에게 부여된 권리이기 때문입니다. 한편, 훌륭한 파레시아가 있는데, 이 파레시아는 순수한 합법성뿐 아니라, 마테시스, 즉 교육과 지식을 요구합니다. 나쁜 파레시아가 폭력과 정념과 연관된다면 훌륭한 파레시아는 마테시스와 결부되어 있습니다. 마테시스는 파레시아가 단순한 소음이 되는 것을 막아주며, 파레시아가 이 마테시스와 결부될 때 비로소 언어 활동은 늘상 열려 있는 입에서 나오는 단순한 소음과는 다른 것이 됩니다.* 그리고 이 마테시스와 더불어 파레시아는 도시국가가 필요로 하는 조언을 할 수 있는 어떤 것이 됩니다. 플라톤이 《일곱째 편지》에서, 디온이 시칠리아의 시라쿠사에서 수행하고자 했던 것이 무엇이었는지, 또 어떻게 해서 그가 하고자 했던 바가 좌절됐는지 설명한 것을 기억하시겠죠? 플라톤은 시칠리아에서 디온의 계획이 실패한 까닭을 설명합니다. 두 가지 이유가 있었습니다. 첫째, 아마도 신이 그를 질투한 것 같고, 둘째, 시칠리아에 아마티아amathia(무지)가 있었기 때문이라는 것입니다. 아마티

---

* 수고: 그리고 이성적 사유(raisonnement)를 통해 사람들을 설득하는 대신 그들에게 폭력을 행사하는 사람.

아에 관해 플라톤은 "인간의 모든 악령이 뿌리를 내리고 꽃피우며 후에 씨를 뿌린 자들에게 가장 쓴 결실을 맺게 하는"[13] 그런 토양이라고 말합니다.*

이상이 《오레스테스》에서 나쁜 파레시아가 갖는 특성들입니다. 이제 914행으로 가보겠습니다. 이렇게 시작됩니다. "그자는 오레스테스와 그대가 돌에 맞아 죽어야 한다고 주장했어요." 이것이 나쁜 연사가 제안하는 형벌입니다. 이 앞에 오는 7행은, 에우리피데스의 것이기는 해도 분명 다른 저작에서 들여온 삽입 행입니다.**

이제 네 번째 화자로 넘어갑시다. 그는 정치계에서 디오메데스와 대칭을 이룹니다. 호메로스의 세계, 영웅의 세계에서는 디오메데스였다면, 도시국가 아테나이 정치계, 아니 아르고스 정치계에서는 이 네 번째 연사입니다. 어쨌든 이 장면이 아테나이에서 일어난다는 것은 분명합니다. 이 네 번째 연사는 디오메데스가 탈튀비오스와 대립됐던 것과 마찬가지 방식으로 세 번째 연사와 대립됩니다. 이 네 번째 연사의 특징은 무엇일까요? 첫째, morphê ouk euôpos, 즉 신체적으로 위풍당당하지 못하고 존재감이 없으며, 둘째, andreios anêr, 즉 용감한 남자입니다. 우리는 여기서 andreios라는 말의 어원에 대한 유희를 상기할 필요가 있

---

13   플라톤, 〈일곱째 편지〉, 《편지들》, 김주일·강철웅·이정호 옮김, 이제이북스, 2009, 103쪽
〔Platon, *Lettre VII*, 336b, *op. cit.*, p. 43〕: "그러나 지금 현재는 아마도 어떤 신령 내지 원혼 같은 것이 무법적이고도 신성 모독적으로 그리고 무엇보다도 무지스러운(amantias) 만용을 가지고 우리를 습격해왔습니다. 무지는 모든 사람에게 모든 해악을 뿌리내리게 하고 자라나게 하며, 나중에 그것을 심은 자들에게 가장 쓴 열매를 가져다주는 것인데, 바로 이 무지가 두 번째로 모든 것을 뒤엎으려고 파탄에 이르게 했던 것입니다."
*   수고: (정치에서의 amathia의 불행한 효과들과 관련해서는 《법률》, III, 688c를 참조하라.)
**   수고: (하지만 그것들이 흥미로우니 잠시 후 재론토록 하겠다.) 튄다레오스가 이 나쁜 파레시아를 옹호하는 이 행들도 내버려두자. 〔튄다레오스는 스파르타의 왕으로, 클리타임네스트라의 아버지이다.〕

습니다. Andreios는 남자를 의미하는 anêr에서 온 말로, 용감함을 의미합니다. 용감하다는 것, 용기는 아시다시피 남자의 자질이고 여자들에겐 이러한 자질이 없다는 겁니다. 이 남자는 진짜 남자입니다. 이 점이 중요한데, 그 이유는 뒤에 가서 아시게 될 겁니다. 셋째, 그는 사람들이 모이는 곳, 정치적 토론의 장소인 아고라에 그다지 자주 가지 않는 사람입니다. 이 점은 대단히 중요한데, 왜냐하면 이 훌륭한 연사, 즉 긍정적 파레시아스트는 아고라에서 일생을 보내는 직업 정치인 부류에 속하지도 않고, 민회에 참여한 사람들에게 주는 돈을 받기 위해 아고라에 오는, 다른 생계수단이 없는 가난한 자들의 부류에 속하지도 않기 때문입니다. 그는 중요한 순간, 중요한 정책 결정을 위해 참여하는 자입니다. 그는 정치로 밥벌이하는 자도 아니고, 아테나이의 정치가 행해지는 장소에서 밥벌이하는 자도 아닙니다. 네 번째 특징은 아우투르고스autourgos인데, '경작자*'로 번역됩니다. 아우투르고스는 손수 일하는 자, 자기 땅을 손수 일구는 자를 의미합니다. 그는 지주이며, 게다가 일하는 지주입니다. 이 어휘는 농민들 중 가장 가난한 사람들이 아니라, 자기 땅에 살면서 손수 그 땅을 일구고, 경우에 따라서는 소수의 시종과 노예의 힘을 빌려 경영하는 특수한 부류의 지주를 의미합니다. 그들은 땅을 일구고 시종들의 일을 감독하면서 대부분의 시간을 보내는데, 크세노폰은 《가정관리론》에서 그들을 대단히 찬양합니다.[14]

---

*   푸코는 다음과 같이 덧붙인다. "이 말들은 영어로 'he is a yeoman'이라고 번역됩니다. 이 번역은 나쁘지 않지만 〔원전에〕 완전히 충실한 것은 아닙니다." 우리는 이 지적을 싣지 않았다. Autourgos를 cultivateur라고 번역한 프랑스어 역에는 적용되지 않기 때문이다. 〔우리말 역의 경우, 《오레스테스》에서는 '소규모 자작농', 《경영론·향연》에서는 '자기 손으로 직접 일하는 사람들'이라고 번역되어 있다. ─옮긴이〕

14   크세노폰, 〈가정관리론〉, 《경영론·향연》, 오유석 옮김, 부북스, 2015, 53-58쪽〔Xénophon, Économique, V, trad. fr. P. Chantraine, Paris, Les Belles Lettres, 1949, p. 51-55〕. 〔《경영론》이라는 제목

이《오레스테스》의〕 텍스트에서 아주 흥미로운 것은 에우리피데스가 이런 부류의 사람들이 갖는 정치적 능력과 역량을 강조한다는 사실입니다. 에우리피데스는 이들 아우투르고스, 즉 몸소 시종들과 더불어 자신의 영지를 경작하는 이들의 정치적 능력이 갖는 두 가지 특징을 지적합니다. 첫 번째 특징은 그들이 언제나 도시국가를 위해 〔전쟁터로 달려가－옮긴이〕 기꺼이 싸우려 하고, 그 누구보다도 이 일을 하는 데 탁월하다는 점입니다. 물론 에우리피데스는 그들이 왜 도시국가에서 다른 누구보다도 탁월한 전사들인지를 설명하지는 않습니다. 하지만 아우투르고스가 묘사되어 있는 크세노폰의 《가정관리론》을 참조하면 그 이유를 알 수 있습니다. 크세노폰의 설명에 따르면, 상인들과 도시인들은 농촌에서 일어나는 일에 별 신경을 쓰지 않고 적들이 농촌을 노략질해도 관심을 갖지 않는데, 왜냐하면 그것이 자신들의 재산과 무관하기 때문입니다. 이와는 대조적으로 자기 땅을 일구는 지주는 나라와 농촌의 방어 및 보호에 당연히 더 지대한 관심을 보이고, 바로 그렇기 때문에 그들은 훌륭한 전사입니다. 농부로 일하는 사람은 적들이 농장을 강탈하여 농작물을 불사르고 가축을 죽이는 것 등을 용납할 수 없고, 그래서 그들은 훌륭한 전사라는 것입니다. 이러한 설명이 크세노폰의 텍스트에서 발견됩니다. 하지만 《오레스테스》에서 아우투르고스는 언어를 사용할 능력과 도시국가에 적절한 조언을 할 능력이 있는 자입니다. 그리고 그 이유는 크세노폰의 《가정관리론》 마지막 부분에 설명되어 있습니다.[15] 크세노폰이 설명하듯 이러한 지주들은 하인들에게 말

으로 번역되어 있으나, 이곳에서는 맥락상 《가정관리론》으로 번역한다.－옮긴이〕
15   크세노폰, 〈가정관리론〉, 위의 책, 89~96쪽〔*Ibid.*, XI, p. 78-83〕.

하고 명령을 내리며 삶의 다양한 상황에서 해야 할 바와 관련해 결정을 내리는 일에 익숙한 자들입니다. 그들은 훌륭한 전사일 뿐만 아니라 훌륭한 지도자입니다.[*] 그렇기 때문에 도시국가에서 가장 중요하고 주요한 책임을 담당해야 합니다. 아무튼 중대한 상황에서 드물게 그들이 출석하는 민회에서 발언할 때 그들은 소란을 떨거나 토뤼보스를 사용하지 않습니다. 그러나 그들이 말하는 바는 중요하고 합리적이며, 그들은 도시국가에 적절한 발의와 조언을 할 능력이 있습니다. 그리고 이 훌륭한 연사의 마지막 특징은 그가 도덕적 자질을 갖추고 있다는 점, 그의 삶에 결점이 없다는 점입니다. 그는 '청렴하고 완전무결한 품행을 갖춘 자'입니다.

이 마지막 연사와 관련해 주목해야 할 마지막 점은 다음과 같습니다. 이 지주가 자신의 의견을 정당화하기 위해 드는 이유에 주목할 필요가 있습니다. 앞서 나온 연사가 오레스테스를 돌로 쳐서 사형에 처하자고 주장한 반면, 이 지주는 오레스테스의 무죄방면을 요구할 뿐만 아니라 그가 한 일에 대한 보상까지 요구합니다. 이것은 두 가지 사실을 의미합니다. 먼저 이 장면에서 오레스테스의 소송이라는 문제가 전쟁과 평화의 문제였다는 것은 명백합니다. 즉, 이 결정은 전쟁의 속행을 야기할 적대적 결정이거나 평화를 가져올 결정이었습니다. 무죄방면의 제안은 당연히 평화의 의지를 상징합니다. 하지만 이 연사는 거기서 그치지 않고, 오레스테스가, 전쟁 동안 자신의 남편을 속이고 애인을 취하는 불명예스러운 행동을 한 클리타임네스트라를 살해한 데 대해 상을 받아 마땅하다고 주장합니다. 아테나이와 스파르타의 전쟁이라

---

[*] 수고: 그리고 바로 이런 이유로 그들은 토뤼보스, 즉 그들의 입으로 만들어내는 소리는 믿지 않는다. 그들은 로고스를 사용할 수 있다.

는 문제, 적어도 [전쟁] 기간 동안 집을 비운 전사들의 문제가 여기서 발견되는 것은 분명합니다. 이 네 번째 연사의 발언과 그가 드는 이유를 통해 이 문제가 명확히 언급되고 있습니다.[*]

이제 이 장면의 정확한 역사적·정치적 맥락을 설명할 수 있습니다. 역사적이고 정치적인 준거는 대단히 구체적입니다. 때는 기원전 408년입니다. 이 시기는 아테나이와 스파르타 간의 경쟁이 여전히 첨예한 시기였습니다. 두 나라는 짧은 휴전 기간만을 가진 채 오랜 세월 동안 전쟁을 해오고 있었고, 408년에 아테나이는 수차례의 패배 끝에 적어도 해군력은 다소 회복했습니다. 하지만 육상에서의 상황은 좋지 않았고, 스파르타는 아테나이를 위태롭게 할 힘이 있었습니다. 그럼에도 스파르타는 아테나이에 몇 차례 평화 협상을 제안했고, 그래서 전쟁의 지속이냐 평화 협상이냐의 문제는 당시 아테나이에서 대단히 민감한 토론 주제였습니다.

아테나이에서 민주파는 늘 전쟁에 찬동했고 귀족파는 평화에 찬동했다는 것은 잘 알려진 사실입니다. 민주파는 매우 명백한 경제적 이유로 전쟁에 찬동했습니다. 일반적으로 상인들과 아테나이의 제국주의적 팽창에 관심 있는 사람들이 민주파를 지지했죠.[**] 반면, 귀족파는 지주들의 지지를 받았는데, 그들은 스파르

---

[*] 수고: 이 논증은 좀 너무 평범하고 속되게 보일 수도 있다. 하지만 이것은 이 파레시아 장면의 정치적 맥락에 대한 아주 [좋은] 표지이다.
[**] 수고: 민주파는 전쟁에 찬성했다. 정치적이고 경제적인 몇몇 이유 때문이었다. 즉, 아테나이에서 민주주의와 제국주의는 연결되어 있었는데, 왜냐하면 도시인들과 상인들 등은 농업보다는 강력한 상업 활동에 더 관심이 있었기 때문이다. 제국주의가 돈을 의미하기 때문이기도 했다. 도시국가는 의회에 참여하는 시민들에게 돈을 줬던 것이다.
이렇게 아테나이에서 전쟁파는 또한 민주파이기도 했다. 그 파는 모든 시민이 투표할 수 있고, 결정에 관여할 수 있으며, 자신의 의견을 표현할 수 있는 정치체제에 찬성했다.

타와의 평화적 관계에 더 관심이 있었고, 아테나이가 스파르타와 아주 유사한 헌법을 갖기를 원했습니다. 민주파의 지도자는 아테나이 태생이 아닌 클레오폰이었는데, 아테나이 시민으로는 부정하게 등록됐지만, 대단히 노련하고 영향력 있는 연사였습니다. 동시대인들은 언제나 그가 야비하다고 묘사했습니다. 요컨대 그는 전사가 될 만큼 용감하지 못했고, 남자들과의 성관계에서 수동적 역할을 담당했다고 합니다. 에우리피데스의 《오레스테스》에서 클레오폰의 초상이 발견됩니다. 클레오폰의 모든 특성이 여기서 묘사됩니다. 다른 한편, 보수파는 스파르타와의 평화에 동의했으며, 그들의 지도자는 테라메네스라는 자였습니다. 그는 아테나이의 헌법을 바꾸길 원했고, 시민적이고 정치적인 주요 권리가 지주들에게 할애되어야 한다고 주장했습니다. 따라서 그는 《오레스테스》의 훌륭한 연사와 정확히 일치합니다. 전쟁과 평화, 아테나이의 헌법과 관련된 클레오폰과 테라메네스 간의 논쟁, 요컨대 민주파와 보수파 간의 논쟁이 〔《오레스테스》의〕 배경입니다.

그런데 저는 파레시아의 역사라는 관점에서 《오레스테스》가 엄청난 중요성을 갖고 있다고 생각합니다. 《오레스테스》보다 10년 앞서는 기원전 418년에 쓰인 《이온》에서 파레시아가 긍정적 가치를 갖는 것으로 소개되었던 것을 아마도 기억하실 겁니다. 파레시아는 도시국가의 일등 시민에 속할 수 있었던 이온과 같은 사람이 향유하고자 했던 일종의 자유나 특권이었습니다. 그리고 문제는 이온에게 이 파레시아스트 역할을 부여하기 위해 그의 출생의 진실이 밝혀져야 한다는 것이었습니다. 신이 진실을 밝히고 싶어 하지 않았기 때문에 크레우사는 파레시아를 통해 실제 일어났던 일을 이야기해야 했습니다. 이 장면에서 크레우사는 신을 비판했고, 자기 자신을 비판했으며, 고백을 했던 것입니다. 파레시아는 신과 인간의 게임 속에서 설정되어 수립된 것입니다.

여기서 아주 명확히 보실 수 있듯이, 문제는 파레시아라는 주제, 인간이 담당하는 파레시아스트 역할 내부에 위치하고 있으며, 긍정적 의미의 파레시아와 부정적 의미의 파레시아 간의 단절이 있습니다. 우리는 이 파레시아 기능의 위기가 두 주요 양태로 나타남을 알 수 있습니다. 첫째, 누가 파레시아를 사용할 자격을 갖느냐는 문제입니다. 아무 때나 원하기만 하면 모든 시민이 의회에서 발언할 수 있는 권리로 파레시아를 수용하면 충분할까요? 아니면 파레시아는 사회적 신분과 개인적 덕에 따라 소수의 시민들에게만 배타적으로 보장되어야 할까요? 바로 이것이 첫 번째 문제입니다. 만인에게 파레시아〔의 권리─옮긴이〕를 부여하는 평등 체제, 그리고 개인적 자질이나 경제적·사회적 위상의 측면에서 도시국가를 이롭게 할 파레시아를 행할 능력이 있는 자들을 여러 시민 가운데서 선별할 필요성 간에는 모순이 존재합니다. 이 모순이 파레시아 위기의 첫 번째 문제입니다. 그리고 두 번째 문제는 다음과 같습니다. 파레시아의 문제는 파레시아와 마테시스가 맺는 관계와 관련이 있습니다. 이는 파레시아가 더 이상 그 자체로는 진실을 밝혀낼 능력이 있는 활동으로 간주되지 않는다는 것을 의미합니다. 파레시아 혹은 파레시아를 사용한다고 주장하는 사람들은 순수한 솔직성, 순수한 용기와는 다른 진실과 관계를 맺습니다. 이제 이 진실과의 관계는 교육을 통해, 더 일반적으로 말하면 개인적 수련을 통해 확립되어야 합니다.

이제 파레시아의 위기가 무엇인지 이해하실 수 있으리라 생각합니다.[16] 간략히 말하면, 진실의 문제라고 말할 수 있습니다.

---

16   기원전 5-4세기 아테나이의 전환점에서의 민주적 파레시아의 '위기'에 대해서는 다음을 참조

각자가 권력을 행사하고 자신의 의견을 표현할 수 있는 권한을 평등하게 갖고 있는 민주주의라는 제도적 체제의 장에서 누가 진실을 말할 능력이 있는지를 아는 문제라고 할 수 있죠. 진실, 민주주의 그리고 교육, 바로 이것들이 파레시아 위기의 주요 특징들입니다. 그리고 아테나이는 기원전 5세기 말에 민주정에 대한 문제 제기와 진실에 대한 문제 제기의 교차 지점에서 이와 같은 '파레시아 위기'*를 경험했다고 말할 수 있습니다. 한편으로, 평등한 제도적 체제인 민주정은 그 자체로는 어떤 사람이 진실을 말할 권리와 능력을 가져야 하는지 결정할 수 없습니다. 그리고 〔다른 한편으로〕 솔직하고 용기 있게 자신이 생각하는 바를 말하는 발언 행위로서의 파레시아, 순수한 솔직성으로서의 파레시아는 진실을 폭로하기에 충분치 않습니다. 바로 이것이 파레시아의 새로운 문제화입니다. 신의 침묵에도 불구하고 파레시아에 접근해야 할 필요성만이 중요한 게 아닙니다. 이제 중요한 것은 기원전 5세기 말 아테나이에서 자유, 권력 그리고 진실이 맺는 문제 제기적인 관계로서 파레시아를 문제화하는 것입니다. 명시적 개념으로서의 파레시아가 이 위기의 시기에 출현했다고 말하고자 하는 것은 아닙니다. 이 이전 시기에는 사람들이 발언의 자유에 대한 그 어떤 관념도 갖고 있지 않았다고 말하려는 것도 아닙니다. 제가 말하고자 하는 바는 진실, 발언 행위, 자유, 권력 그리고 정치제도 간의 관계에 대한 새로운 종류의 문제화가 이 시기에 발견된다는 점입니다.**

하라. GSA, p. 164-128, 277-279; CV, p. 34-51. 또한 캘리포니아대학교 버클리캠퍼스에서의 1983년 11월 14일 강의를 참조하라(이 책 214-229쪽).

*　　　수고에서 따옴표 안에 들어가 있다.

**　　　수고: 그리고 이러한 문제화는 서구 철학의 중대한 여러 문제들 중 몇몇 문제의 요람이었다. 방법론적으로 도움이 될 수 있는 부록에 주목하라.

저는 이 점을 다음과 같은 방법론적 이유에서 강조하고자 합니다. 저는 관념사와 사유사를 구분하려고 합니다.[17] 대체로 관념사가 어떤 개념이 출현하는 시기를 특정하려 하고, 새로운 어휘의 탄생을 통해 그 시기를 확증하려는 경향이 있습니다. 하지만 제가 사유사를 연구하면서 시도하려는 바는 다릅니다. 일정한 행동 방식과 습관을 갖고 있고, 일정 유형의 실천에 참여하며, 일정 유형의 제도를 작동시키는 사람들에게 이 제도, 실천, 습관, 행동이 문제로 떠오르게 되는 방식을 분석하는 것이 중요합니다. 이것이 관념사와 사유사의 차이입니다. 관념사는 한 관념을 그 탄생과 발전, 그리고 그 관념의 맥락이 되는 다른 관념들의 구축에 입각해 분석합니다.* 사유사는 다른 것이어야 한다고 생각합니다. 그것은 아무 문제 없이 수용되고 친밀하며 조용했던, 아니면 적어도 논의의 여지가 없었던 경험의 장 혹은 실천의 장이 토론과 논쟁을 발생시키고 새로운 반응을 야기하며 습관, 실천, 제도에 위기를 발생시키는 방식에 대한 분석입니다. 이런 식으로 이해된 사유사는 관념사와 명확히 구분되며, 사람들이 어떤 것에 관해 고심하는 방식, 이러저러한 것들에 마음을 쓰는 방식, 아마도 광기, 범죄, 섹스, 자기 자신 혹은 진실을 돌보는 방식에 관한 역사입니다. 기원전 5세기 말에, 오늘 읽어드린 텍스트들에서 파레시아라는 말이 출현했을 때, 이 모든 것은 당시 아테나이 사람

내가 하고자 하는 것은 파레시아라는 개념의 역사(혹은 역사의 밑그림)가 아니다. 나는 파레시아라는 개념(그리고 자유, 평등, 진실, 솔직함, 용기와 유사한 개념들)이 특정 순간에 어떻게 문제화됐는지를 드러내고자 한다.

17   '관념사'에 대립되는 것으로서의 푸코의 사유사에 대해서는 다음을 참조하라. 《비판이란 무엇인가? 자기수양》(CCS, p. 84-85); M. Foucault, "Préface à l'Histoire de la sexualité'", dans DE II, n° 340, p. 1398-1400; "Polémique, politique et problématisations"(entretien avec P. Rabinow), dans DE II, n°342, p. 1416-1417; "Foucault", dans DE II, n°345, p. 1450-1451.

*   수고에 의거해 수정했다.

들이 발언의 자유를 하나의 관념이나 가치로서 발견했다는 징표가 아니라고 저는 생각합니다. 그 모든 것은 아테나이에서 이 발언의 자유에 대한 새로운 문제화 형식이 있었다는 징표이고, 이것은 진실, 자유, 정치권력, 발언 행위 간의 관계에 대한 새로운 방식의 배려와 문제 제기라고 저는 생각합니다.

이상입니다. 질문 있으십니까?

사유사와 제도사가 맺는 관계는 어떤 것입니까? 제도의 측면에서 파레시아 위기에 상당하는 변화가 있었습니까?

이 시기에 제도적 측면의 변화가 있었다고는 생각하지 않습니다. 물론 제도상의 변화가 있긴 했지만, 읽어드린 텍스트들에서 언급되는 것은 이러한 변화가 아닙니다. 아시다시피 클레이스테네스 헌법은 이 시기에 여전히 유효했습니다. 몇 년 동안 일종의 반민주 헌법이 존재하긴 했는데, 그것은 '30인 참주정'이었습니다.[18] 하지만 아테나이는 곧 옛 민주정 헌법을 회복했고, 여기서 문제는 제도의 문제가 아니라 제도 활용의 문제입니다. 요컨대 옛 클레이스테네스 헌법의 틀 내에서 파레시아를 규정하고 적절하게 활용하는 것이 가능한지, 아니면 법을 바꾸고 헌법을 바꾸고 폴리테이아(정체)를 바꾸어 제도를 통해 민회에서 누구의 말이 들을 가치가 있는지를 결정해야 하는지를 아는 것이 문제였습니다. 그러므로 이것은 새로운 문제 제기이지 제도적 측면에서의

18　사실 중요한 것은 30인 참주정이 아니다. [펠로폰네소스 전쟁에서-옮긴이] 아테나이가 패배한 이후 기원전 404년에 권력을 잡는 것은 30인 참주정이 아니라 400인 과두정이 될 것이다. 400인 과두정은 반민주주의적 쿠데타에 이어서 기원전 411년에 몇 달밖에 지속되지 못할 과두정체를 설치한다. 그러므로 기원전 408년에 아테나이는 클레이스테네스 체제로 돌아온다.

변화가 아닙니다. 제도적 측면에서의 변화가 새로운 문제화의 결과인 경우도 종종 있습니다. 또 보다 명확하고 구체적인 문제화가 있기 전에 제도적 측면에서 변화가 일어나는 경우도 종종 있습니다. 하지만 문제화의 역사는 제도사도 아니고 관념사도 아니라고 생각합니다. 이 점은 18세기 말 형벌 체계에서 매우 명백하게 드러납니다. 제도 변화가 있기 20년 내지 30년 전에 형벌 체계에 대한 문제화의 측면에서 급진적인 변화가 일어나는 것을 볼 수 있습니다. 그리고 19세기를 살펴보면, 새로운 형벌 체계가 시행된 이후에, 어떤 변화도 일어나지 않은 채로 그 형벌 제도에 대한 새로운 문제화가 있었다는 것을 확인할 수 있을 것입니다. 이렇게 제도적 변화는 이와 같은 두 유형의 문제화 이전과 이후에 발생했습니다.[19] 바로 그렇기 때문에 제가 말하는 역사적 장 내에서 제가 사유사라고 부르는 바를 연구할 필요가 있다고 생각합니다. 이 사유사는 제도와 관념의 〔역사〕와는 다른 문제화로 이해되어야 합니다.

선생님께서는 에우리피데스의 《오레스테스》를 선택하고 그것을 파레시아에 대한 당대의 문제화 절차를 대표하는 텍스트로 제시하셨습니다. 왜 그런 선택을 하셨죠?

고대의 문학과 문화와 관련해서는 아주 간단하고 명확하게 답변드릴 수 있습니다. 제한된 사료체를 갖고 작업한다고 말입니다. 하지만 정확히 말해 〔제가 하려는 답변은 이 답변이〕* 아닙니다. 설사

---

19   푸코는 《감시와 처벌》에서, 특히 프랑스의 형벌 체계와 관련하여 이러한 복잡한 역학을 묘사한 바 있다. 다음을 참조하라. 미셸 푸코, 《감시와 처벌》, 오생근 옮김, 나남출판, 2016, 특히 123-167, 405, 444쪽〔SP, p. 75-105, 269, 299〕.
*   들리지 않는 구절을 추측했다.

어떤 사람이 아퓌로글로소스라 할지라도, 아무것도 말하지 않기 위해 말하는 것은 결코 아니라는 것이 제가 답변하고자 하는 바입니다. 발언 행위는 언제나 어떤 특정한 상황에 대한 대응입니다. 그리고 문학 텍스트, 철학 텍스트, 이론적 텍스트가 어떤 상황에 대한 표현이나 해석일 뿐이라고 생각하는 것은 심각한 오류입니다. 여러분이 뭔가에 대해 논의하신다면 그 이유는 그 상황에서 어떤 게임을 하려 하기 때문입니다. 그리고 《오레스테스》를 읽으신다면 당연히 여러 가지 독서 방식이 있겠습니다만, 한 가지 독서 방식은 피해 갈 수 없다고 생각하는데, 그것은 당대를 참조하는 독서일 것입니다. 〔오레스테스〕의 재판의 묘사는 클레오폰과 테라메네스를 인정하지 않고서는 읽을 수 없습니다. 그러므로 문제는 에우리피데스가 《오레스테스》라는 작품에 당대 상황에 대한 명확한 참조를 중첩시켰을 때 그의 생각은 무엇이었고 그가 하려던 게임은 무엇이었느냐 하는 것입니다. 저는 그것이 선택의 문제가 아니라고 생각합니다. 저는 제가 말하고자 하는 바를 이 텍스트를 통해 설명하려고 이 작품을 택하지는 않았습니다. 저는 《오레스테스》를 어떤 상황과 연관시킬 가능성을 완전히 배제하고 읽을 수는 없습니다. 그렇지 않겠습니까? 답변이 만족스럽지 않을 것 같아 걱정이네요….

파레시아가 무엇인지 아주 명확하게 설명해주셨습니다. 하지만 마지막 지적에서는 파레시아를 다양한 개념들, 그중에서도 특히 권력 개념과 연관시키셨어요. 선생님은 권력을 어떤 의미로 이해하시나요? kratos(강인한 힘)라는 의미로 이해하고 계신지, 아니면 다른 의미로 이해하고 계신지요?

저는 그것을 크세노폰, 플라톤, 아리스토텔레스가 정치적 문제를 통치하는 자들과 통치받는 자들 간의 문제로 규정하면서 아주 명확히 표명한(정식화한-옮긴이), 항상적 문제였다고 생각되는 문제와 연관시킵니다. 이 통치자와 피통치자의 관계 문제는 그리스 정치 문제의 항구 불변하는 본질적 특징이라고 생각합니다.

에우리피데스의 《오레스테스》와 관련해 교육을 언급하셨는데, 교육을 통해 무엇을 말씀하시려고 하셨나요? 파이데이아가 문제인가요?

아마테스Amathês(무지한)라는 말의 출현은, 파레시아 자체로는 불충분하기 때문에 파레시아에 필요하다고 여겨지는 마테시스와 관계가 있습니다. 소피스트의 논리, 궤변술, 소크라테스 등과 완전히 동시대적인 문제인 마테시스의 문제죠. 파레시아적 언어는 어떻게 마테시스와 결부되는 걸까요? 어떤 종류의 교육과 훈련을 통해 마테시스와 결부되는 걸까요? 《오레스테스》를 참조한다면, 그것은 어떤 지주가 자신의 삶을 통해 획득하는 경험을 지시한다고 하는 편이 더 설득력 있어 보입니다. 파레시아의 언어가 소크라테스나 플라톤의 마테시스 개념과 관련되어 있다고 생각하지는 않습니다. 이 사람은, 그의 파레시아가 단순한 토뤼보스에 그치지 않고 마테시스를 갖춘 그런 사람입니다.

사유사에 대해 질문드리겠습니다. 사유사 내에서 파레시아 위기와 같은 이러한 위기들은 지식계와 예술계, 전문가들과 교양인들에 국한된 문제일까요, 아니면 사회에 보다 광범위한 영향을 미치는 것일까요?

좋은 질문 하셨습니다. 하지만 획일적인 답변을 드릴 수는 없을 것 같네요. 어떤 시기, 어떤 문제와 관련해서는 이러한 문제화가 극소수 엘리트 서클 내에서 행해지는 것을 보실 수도 있고, 또 다른 경우에는 문제화가 널리 확산되어 있는 것을 발견하실 수도 있습니다. 그러므로 문제는 어떤 사회적 영역 내에서 이러한 문제화가 전개되는지를 아는 것입니다. 이러한 문제 제기가, 만인에 의해 인정되는 총체적인[일반적인 - 옮긴이] 문제 제기인 경우는 매우 드뭅니다. 하지만 몇 차례 그런 일이 일어나기도 합니다.

파레시아와 진실은 어떤 관계를 맺고 있습니까? 처음엔 선생님께서 진실이 파레시아 개념에 내재한다고 생각하시는 줄 알았습니다. 하지만 이제는 때때로 파레시아에 가담하면서 진실이 아닌 바를 말할 수도 있다고 생각하기 시작했습니다. 맞나요?

예. 하지만 약간의 지적을 해야 할 것 같습니다. 예를 들어, 《이온》에서 이온이 파레시아에 대해 논할 때, 그가 파레시아를 필요로 할 때 문제가 되는 것은 일등 시민 몇 사람이 행사할 수 있는 그런 권리입니다. 그리고 그들이 이 파레시아를 행사할 때 그들은 자신들이 생각하고 있는 바를 말하며, 그들이 말하는 것은 진실입니다. 왜냐하면 그들은 자질을 갖춘 자들이기 때문이고, 또 그들이 도시국가, 법, 진실과 일정한 관계를 유지하고 있기 때문입니다. 그러므로 파레시아에 관한 이 첫 번째 묘사에서 진실과의 관계에 대한 문제화는 없습니다. 파레시아에 대한 문제화는 명확히 두 가지 사항과 관련이 있습니다. 한편으로는 평등의 문제와 관련되어 있고, 다른 한편으로는 진실과 맺는 관계와 관련되어 있습니다. 파레시아 그 자체만으로는 충분치 않은데, 이 문제는 당연히 평등성의 문제와 관련되어 있습니다. 가장 형편없는 자들까지를 포함한 모든 시민이 파레시아를 행할 수 있기 때문에, 그들이 진실을 말하리라고 기대할 수 없는 것이 당연합니다. 그러므로 다음과 같은 두 문제를 제기해야 합니다. 누가 사회적·정치적·제도적으로 파레시아를 행사하도록 허용받을 것이며, 누군가 파레시아를 행사할 때 그가 진실을 말하리라 확신할 수 있는 조건들은 무엇인가?

그러니까 어떤 사람이 진실을 말할 가능성은 그의 사회적 위상과 연관이 있는 것 같군요.

확실히 그렇습니다. 훌륭한 파레시아를 행하는 자를 특징짓는 다양한 기준들을 에우리피데스가 지적할 때 이 점을 아주 명확히 보실 수 있습니다. 그것은 우선 사회적 신분이고, 다음으로는 삶의 방식, 그리고 또한 개인의 탁월함이기도 합니다.

크수토스에게 친아들이 있다고 말하는 포이보스의 신탁은 완전한 진실은 아니었지만 그렇다고 또 완전한 거짓은 아니었….

새빨간 거짓말이었죠! 그는 pephukenai(본성상)라는 말을 사용합니다.[20]

하지만 이 거짓말을 하는 자는 별로 좋지 않은 유전적 특성을 갖고 있고….[21]

---

20   에우리피데스, 〈이온〉, 앞의 책, 175쪽(Euripide, *Ion*, 536, *op. cit.*, p. 206).
21   아폴론은 사실 제우스의 사생아이다(정실부인 헤라가 아닌 레토의 아들-옮긴이).

그는 신입니다! 《이온》에서는 인간에게 진실을 말할 권한이 있는 신이 진실을 말하지 않았습니다.

그렇다면 한 사람의 사회적 신분이 그가 말하는 진실에 영향을 준다는 선생님의 관점과 이것을 어떻게 조화시킬 수 있습니까?

제 관점 말입니까? 이 작품에서 아테나이는 제도를 갖추고 있고, 또 진실을 말하는 아테나라는 여신에 의해 보호를 받는 도시국가로 등장합니다. 하지만 어떤 정치적 이유로 아테나이와 투쟁 중에 있던 델포이 신전에서(아테나이와 델포이 그리고 델포이의 성직자 간에는 많은 정치적 문제가 존재했습니다) 포이보스는 진실을 말하지 않았던 자로 묘사됐습니다. 어느 시기에 에우리피데스는, 포이보스가 파레시아를 행할 수 없고 아테나이인들이 〔그것을 행하는〕 표상을 파레시아에 부여합니다. 그리고 여기《오레스테스》에서 대립은, 델포이와 아테나이 간에 존재하는 것이 아니라 아테나이라는 도시국가 내의 두 인물, 포이보스와 아테나 간에 존재합니다.

첫 번째 강의에서 선생님은 파레시아라는 말의 어원을 설명하셨고, 그것이 '모두 말하기'를 의미한다고 설명하셨습니다.

바로 그렇습니다. 그것은 어원론적 구조입니다. 〔하지만〕 실제로 '모두 말하는 것'을 의미하는 것은 결코 아닙니다.

파레시아라는 말의 어원에 대한 좀 더 상세한 설명을 듣고 싶습니다.

때로는 파레시아라는 말이 경멸적 의미를 갖기도 하고, 또 초기 그리스도교 문헌에서는 파레시아가 '머릿속에서 일어나는 일을 모두 말하기'라는 의미를 갖기도 했습니다.

'모두 말하기'와 파레시아의 어원이 구분되기 위해서는 파레시아가 국가에 유익한 것을 말하는 것이어야 하고, 또 의도성과 실용성의 요소를 갖고 있어야 합니다. 이것은 애초부터 파레시아의 정의에 내포되어 있었습니까, 아니면 선생님께서 말씀하신 파레시아의 위기로부터 생겨난 변화입니까?

이런 문제를 제기하시는 건 아주 합당하다고 생각합니다. 이 점은 나중에 논의하려고 했는데, 클레이스테네스 이래로 아테나이 헌법에는 법 앞에서 만인이 평등하다는 사실과 관련된 이소노미아의 문제, 그리고 만인에게 주어진 자신의 의견을 표현할 수 있는 권리인 이세고리아의 문제, 그리고 파레시아의 문제가 있었습니다. 이소노미아 및 이세고리아와 파레시아의 큰 차이 중 하나는, 전자의 경우 제도를 통해 아주 명확하게 규정될 수 있다는 것입니다. 무엇을 말하든 처벌받지 않고 보복당하지 않는다는 확신을 갖고 말하는 자유로서의 파레시아는 아테나이 헌법 내에 명확히 규정된 해당 사항이 없습니다. 진실을 말하는 파레시아스트를 보호하는 법은 존재하지 않았습니다. 노모스nomos(법)와 알레테이아alêtheia(진실)의 문제, 요컨대 진실과 관련되어야 하는 어떤 것에 법적 형태를 부여하는 것이 어떻게 가능할 수 있는지의 문제에 관해서는 나중에 좀 더 자세히 다루겠습니다. 진실을 위한 법은 존재하지 않습니다. 사법적 의미에서의 진실에 대한 법 역시 존재하지 않습니다. 진실에 대한 형식적인 법은 존재하지만, 〔진실〕과 관련된 사회적·정치적·제도적 법률은 존재하지 않습니다. 그래서 그것이 문제였습니다.

《오레스테스》의 어느 부분에 아마테amathês라는 말이 나오는지 말씀해주실 수 있습니까?

아마테스Amathês 말입니까? 그 말은 카이 아마테스kai amathês를 축약한 카마테이kamathei의 형태로 905행에 등장합니다. 그러니까 pisunos thorubô te kai amathei parrêsia로 말입니다.

제가 이해하기로, 애초에 파레시아는 말하는 자의 신분과 능력으로 보장되는 진실과 분리될 수 없었고, 이는 이후에도 진실된 것으로 존속됐지만, 이러한 파레시아 개념과 만인에게 부여된 발언권 사이에, 즉 요청되는 자질을 갖추건 말건 상관없이 부여되는 발언권 사이에 긴장이 생겨났습니다. 이 긴장을 이런 식으로 보시는 것 맞나요? 그런데 왜 이러한 긴장이 하필 역사의 이 시기에 발생했을까요?

질문자께서 형식적인 합법성과 진실의 문제, 그리고 진실을 말할 수 있는 자가 누군지를 알아야 하는 문제 간의 긴장을 특징지으신 방식이 옳다고 생각합니다. 왜 하필 그 시기에 이러한 긴장이 발생했을까요? 그건 정치적 맥락을 살펴봐야 한다고 생각합니다. 아테나이에서 클레이스테네스 헌법은 여러 해 동안 유효했고, 또 페리클레스와 더불어 아테나이인들은 모든 시민이 정당한 발언권을 갖고 있으며 자신들의 의견을 정당하게 피력할 수 있다고 느끼는 일종의 균형감을 갖게 됐습니다. 그리고 실제로 페리클레스는 시민들 가운데 일등 시민으로서 군주정이 아니라 귀족정 혹은 그에 상당하는 체제하에서 아테나이를 통치했던 것 같습니다. 펠로폰네소스 전쟁 당시 페리클레스의 두 번째 연설을 읽어보시면²² 페리클레스가 몇몇 사람들에게 공격당하는 것을 볼 수 있는데, 그 이유는 〔전쟁을 하기로 결정된〕* 방식과 관련해 그가 비판받기 때문입니다. 그리고 그는 어찌 된 일인지 이렇게 말합니다. "자, 다들 말씀하셨죠. 원하시는 바를 모두 말씀하셨습니다. 그러니 이제 제가 일등 시민의 자격으로 말씀드리고자 하는 바를 말씀드리겠습니다. 여러분과 저, 우리는 같은 위험에 처해 있습니다. 우리는 몇몇 위험을 감수했고, 우리가 이 위험을 감수하는 것은 옳은 일입니다." 바로 여기서 훌륭한 파레시아의 이미지를 볼 수 있습니다. 사람들 간의 긴장 관계, 자기 의견을 개진하고자 하는 시민들, 그리고 페리클레스가 시민들에게 진실을 말하며 그들이 적절한 결정을 내리도록 돕는 자라는 사실을 시민들이 인정하는 것을 말이죠. 수차례의 패배와 시칠리아의 재앙 등등 이후에 패배의 책임을 민주정에 돌리는 귀족파의 수많은 비판과 수많은 정치적 투쟁이 있었습니다. 하지만 기원전 5세기 말부터 알렉산드로스 대왕 시대에 이르기까지, 즉 그리스 민주정의 자유가 사라질 때까지 주요한 정치적 투쟁은 늘 귀족파와 민주파 간에 발생했습니다. 그리고 도시국가에서 누가 진실을 말하고 결정을 내

---

22   투퀴디데스, 《펠로폰네소스 전쟁사》, 167-176쪽〔Thucydide, *La guerre du Péloponnèse*, livre Ⅱ, 35-46, *op. cit.*, p. 26-34〕. 그럼에도 맥락을 고려해볼 때, 푸코는 오히려 페리클레스의 세 번째 연설을 참조하고 있는 것 같다. 투퀴디데스는 실제로 이 연설을 다음과 같이 소개한다. "펠로폰네소스인들의 두 번째 침입이 있은 뒤, 국토가 두 번이나 유린당하고 전쟁과 역병에 동시에 시달리자 아테나이인들은 생각이 바뀌었다. 그들은 전쟁을 하도록 자기들을 설득했다고 페리클레스를 비난하는가 하면, 자기들이 당한 불행을 모두 그의 탓으로 돌렸다. 그들은 라케다이몬인들과 평화조약을 맺고 싶었고, 그래서 실제로 사절단을 파견했지만 아무 성과가 없었다. 그러자 그들은 완전히 절망감에 빠져 페리클레스에게 비통을 터뜨렸다. 아테나이인들이 현재 상황에 불만이 많고 모든 점에서 자기가 예상한 대로 행동하는 것을 보자 페리클레스는 회의를 소집했는데(그는 여전히 장군직에 있었다), 용기를 북돋워주고 노여운 마음을 달래 그들이 자신감을 되찾게 해주기 위해서였다. 그는 앞으로 나서서 다음과 같이 말했다…"(위의 책, 59, 184쪽). 이 책 114쪽, 각주 23을 보라.
*   푸코가 끝마치지 않은 문장을 추측했다.

릴 권리를 갖는지를 아는 문제는 [...]* 이 텍스트, 크세노폰의 텍스트, 플라톤의 텍스트, 이소크라테스의 텍스트, 데모스테네스의 텍스트 등에서 발견하실 수 있습니다.[23]

도시국가라는 공간과 관련해 제가 놀란 건, '입 앞에 문' 없이 말하는 자가 도시에 사는 반면, 말할 능력이 있지만 침묵할 줄도 아는 자는 도시와 멀리 떨어진 곳에 살아야 한다는 점입니다. 도시에서는 사생활을 가질 수 없고, 늘 수다를 떨지 않기 위해서는 도시와 떨어져서 거리를 둬야 한다는 의미일 겁니다. 도시에 대한 낙인 찍기라는 느낌이고, 도시의 위험을 상기시킨다는 느낌….

예, 도시의 위험 맞습니다. 그리스 문화는 아주 빈번하게, 로고스가 높이 평가받던 문화로 묘사되곤 합니다. 그건 확실합니다. 하지만 침묵도 마찬가지로 높이 평가받았죠. 언제 시간이 된다면 파레시아의 관점에 입각해서 아뤼로스토미아와 파레시아를 구분하는 것, 그리고 자녀들에게 침묵을 지키는 법을 가르치는 것이 얼마나 중요한 것이었는지, 그리고 말을 해야 하는 카이로스kairos(적기)와 침묵을 지켜야 하는 카이로스를 결정하는 법을 가르치는 것이 얼마나 중요했는지를 설명해드리고 싶습니다. 아고라에 대한 이러한 불신이 《오레스테스》에 분명히 나타납니다. 그리스 문명과 문화의 첨단의 장소인 아고라는 《오레스테스》에서 부정적 특성을 가진 곳으로 묘사되어 있습니다. "이따금 아고라에 가보세요. 하지만 부디 아고라에서 살다시피 하지는 마시고,

---

23   *Cf.* GSA, p. 164-168, 176-180; CV, p. 34-51.

거기서 말하고 토론하며 시간을 허비하지 마세요"라는 식으로 말입니다. 아고라에 대한 이러한 불신은 대단히 흥미롭고, 또 일정한 여론의 흐름 속에서 늘 등장하는 것입니다.

도시의 주변 환경이 중요한 양태를 구축하게 된 것은 처음 있는 일이라고 생각합니다. 도시는 그 도시를 둘러싸고 있는 것 없이는 진정으로 존재할 수 없습니다.

애초에 도시는 지주들의 공동체에 불과했으니까요. 이 공동체는 이따금 도시에 모이곤 했습니다. 하지만 도시의 발달, 상업의 발달과 더불어 지주들보다 상인들이 상점을 닫고 민회로 달려가는 것이 훨씬 용이해졌습니다. 그리고 당연히 민주정 체제하에서 민회에 갈 시간이 있었던 사람과 그렇지 못한 사람이 누구인지를 아는 것은 대단히 중요했습니다.

민주정 체제하에서는 진실과 발언의 자유 간에 늘 긴장 관계가 있고, 또 사악한 자들이 늘 그들의 담론을 통해 승리합니다. 선생님께서 말씀하시는 파레시아의 변화는 말을 잘한다는 것과 진실을 말하는 것 간의 긴장 관계, 진실과 관계를 설정하면서 잘 말하는 것으로 특징지어지는 귀족적 덕과 파레시아가 애초에는 동일시됐으나 이제 민주정하에서 파레시아는 오히려 솔직하게 말하는 것이 되어버렸다는 사실을 표현하는 다른 방식이 아닙니까?

그렇습니다. 잘 말하는 것의 문제를 제기하는 것은 정당하다고 생각합니다. 예를 들어, 호메로스의 텍스트에서, 제가 기억하기로 디오메데스는 달변인 자, 말을 잘하는 자로 언급되는데,

이는 그가 진실을 말한다는 것을 의미했습니다. 말을 잘하는 것과 진실을 말하는 것 간의 차이는 수사학의 출현과 더불어 비로소 명확해졌습니다. 저는 이 점에 대해 논의하고 싶지만, 지금은 때가 아닌 것 같군요. 어쨌든 파레시아에는 두 가지 문제가 있는데, 그것은 노모스와 평등의 문제, 그리고 수사학과 언어의 형식적 법칙의 문제입니다.[*]

---

[*]   푸코는 《이온》에 대한 짐 포터의 발표를 들어보라고 제안한다.

네 번째 강의(1983년 11월 14일)

오늘은* 지난번에 파레시아와 민주정 체제의 위기와 관련해 논의했던 것을 신속하게 마무리 짓고, 자기 및 타자와 맺는 관계의 장에서의 파레시아, 자기 돌봄 내에서의 파레시아 분석으로 넘어가고자 합니다.

우선 지난 강의에서 말씀드렸던 걸 보충하기 위해서, 기원전 4세기 정치 제도 내에서의 위기의 양태에 관해 간략히 몇 말씀 드리겠습니다. 우리가 에우리피데스의《오레스테스》에서 봤던 나쁜 파레시아에 대한 묘사와 부정적으로 파레시아를 사용하는 화자에 대한 비판, 이 모든 것은 펠로폰네소스 전쟁 후 그리스의 정치적 사유에서 다반사로 발생했습니다. 더 구체적으로 말해, 파레시아와 민주정 제도 간의 관계에 대한 논쟁을 촉발했습니다.** 이 문제를 대략적으로 설명하면 다음과 같습니다. 민주정은 폴리테이아politeia, 즉 민중인 데모스가 권력을 행사하고 만인이 법 앞에 평등한 헌법에 근거하고 있습니다. 하지만 이러한 헌법은 모든 종류의 파레시아, 심지어 최악의 파레시아를 야기할 수밖에 없었습니다. 다른 한편으로 파레시아는 가장 형편없는 시민들에게도 부

---

*   강의를 시작하기에 앞서 푸코는 청중들에게 주세페 스카르파트의 파레시아에 관한 책을 알고 있는지 묻는다.[1] 푸코는 "참조할 것이 많은 아주 좋은 책입니다. 하지만 정치적 맥락에 관한 내용은 아주 적고, 영성 지도에서의 파레시아 역할에 대한 내용은 거의 없습니다. 반면, 초기 그리스도교와《신약》에서의 파레시아에 대해 참조할 것이 아주 많습니다"라고 말했다.

1   G. Scarpat, *Parrhesia. Storia del termine e delle sue traduzioni in latino, op. cit.*

**   수고: 민주주의와 진실 사이의.

FS에서는 이 부분에 다음의 각주가 추가되어 있다. Cf. Robert J. Bonner, *Aspects of Athenian Democracy*, 1933, Chapter IV "Freedom of speech"; A. H. M. Jones, "The Athenian Democracy and its Critics" in *Athenian Democracy*, 1957, p. 41-72; G. Scarpat, *Parrhesia*, p. 38-57.–옮긴이

여되고, 나쁜 연사들의 과도한 영향력 행사가 시민들을 전제정치로 유도하기 때문에 도시국가와 민주정을 위험에 빠뜨릴 위험이 있었습니다. 이 문제는 대단히 단순하고 우리에게는 친숙한 문제지만, 그리스인들에게 파레시아와 민주정 간의 반목, 민주정과 로고스, 자유, 그리고 진실이 맺는 위험한 관계라는 이러한 문제의 발견은 길고도 열렬한 논쟁과 논의의 출발점이었습니다.[2]

우리는 이 논쟁의 쌍방 중 한쪽을 훨씬 더 잘 알고 있다는 점을 염두에 두어야 하는데, 왜냐하면 지금까지 남아 있는 이 시대의 텍스트 대부분이 귀족파 작가들의 것이거나 적어도 민주정 제도를 불신하는 작가들의 것이기 때문입니다. 그리고 저는 이 텍스트들 가운데 세 개의 텍스트를 민주정 제도 영역에서의 파레시아 문제의 예로서 원용하고자 합니다.

제가 인용하고자 하는 첫 번째 텍스트는 기원전 5세기 후반경에 쓰인 (아테나이 민주정에 대한 - 옮긴이) 극단적 보수주의와 과격한 귀족주의적 태도를 보이는 풍자시입니다. 오랫동안 사람들은 이 풍자시가 크세노폰의 것이라 생각했습니다. 하지만 요즘 학자들은 이 귀속 관계가 정확하지 않다는 데 동의하고 있고, 영미 고전학자들은 이 풍자시를 쓴 가짜 크세노폰에게 멋진 별명까지 붙였습니다. 그들은 그를 '늙은 과두정치주의자*'라 불렀습니다. 이 풍자시는 기원전 5세기 말에 아테나이에서 대단히 활동적이었던 귀족 단체나 정치 클럽에서 나온 글이 분명합니다. 이 단체들은 펠로폰네소스 전쟁 와중에 발생해 실패한 (기원전 411년의 - 옮긴이) 반-민주주의 혁명에 지대한 영향력을 행사했습니다. 풍자

---

2 이 책 194쪽, 각주 15.
* 푸코는 "늙은 아리스토텔레스"라고 말한다.

—
215

시는 역설적인 찬사의 형식을 취하는데, 이는 그리스인들에게 친숙했던 장르였습니다. 중요한 것은 아테나이 헌법에 대한 역설적 찬양인데, 연사는 아테나이의 민주주의자로 추정됩니다. 이 연사는 아테나이 민주정 제도와 정치 생활의 가장 명백한 몇 가지 불완전, 결함, 흠, 실패 등에 주의를 집중합니다. 연사는 이러한 결점들을 마치 가장 긍정적인 결과를 가져오는 장점이라도 하듯 설명합니다. 이 텍스트는 문학적 가치가 없고, 기지에 넘치기보다는 지나치게 호전적입니다. 하지만 이 텍스트에서 발견되는 모든 비판의 근본이 되는 주요 논지는 흥미롭고, 철저하게 귀족주의적인 태도를 드러냅니다. 이 귀족주의의 논지는 이렇습니다. 데모스는 그 수가 가장 많습니다. 그렇기 때문에 데모스는 가장 평범하고, 질이 낮은 시민들로 구성되어 있습니다. 데모스는 일등 시민으로 구성되어 있지 않은 것입니다. 그러므로 데모스와 폴리스polis(도시 국가) 사이에는 필연적으로 모순이 존재합니다. 민중에게는 좋은 것이라도 도시국가에는 좋지 않을 수 있다는 것입니다. 왜냐하면 데모스는 도시국가에서 가장 많은 사람들로 구성되어 있기 때문입니다. 이러한 대전제 위에서 이 풍자시의 저자는 아테나이 민주정을 역설적으로 찬양합니다. 그리고 파레시아에 대한 긴 구절도 있습니다. 실제로 풍자시 자체는 아주 짧습니다. 이 구절은 말하자면, 아테나이 제도 내에서의 파레시아 게임을 풍자한 것입니다.

모든 사람이 동등한 자격으로 발언하거나 의회에서 자리를 차지하도록 허용치 않고 오직 가장 명석한 자에게만 이를 허용하는 것이 이제 올바른 일이라고 사람들은 생각할 수 있다. 하지만 이 점과 관련해서도 역시 그들은 속된 민중이 발언할 수 있도록 허용함으로써 완벽하게 올바른 결정을 내렸다. 만약 귀족들만이 말할 권리와 토론에 참여할 수 있는 권리를 부여받는다면 그것은 그들과 그들의 동료들에게는 좋은 일이나 프롤레타리아에게는 바람직한 것이 되지 못할 것이기 때문이다. 그러나 이제 그러기를 원하는 저속한 자들이 앞으로 나아가 말할 수 있게 됐으므로 그는 자기 자신과 동료들에게 유용한 바를 바로 표현할 것이다.

하지만 당신은 이런 사람이 어떻게 자기 자신이나 민중에게 유익한 것을 이해할 수 있냐고 반박할 것이다. 민중은 이 사람의 무지와 저속함 그리고 호감이, 탁월한 자의 도덕과 지혜 그리고 반감보다 훨씬 더 유용하다고 알고 있다.

도시국가는 이런 제도들을 토대로 해서 최고가 될 수는 없겠지만, 민주정을 유지하는 데는 이런 제도들이 가장 적합하다. 민중이 원하는 것은 그들이 노예로 살아갈 잘 통치되는 국가가 아니라, 그들이 자유로운 국가, 그들이 명령할 수 있는 국가이기 때문이다. 법률이 나쁘다는 것, 그것은 그들이 가장 신경 쓰지 않는 것이다. 당신이 나쁜 통치로 간주하는 것이 그들에게 힘과 자유를 가져다준다.

만약 당신이 적절한 통치를 추구한다면 당신은 가장 능력이 출중한 사람들이 법률을 제정하고, 가장 선한 자들이 악인들을 벌하며, 가장 정직한 자들이 국사를 결정하고, 제멋대로 구는 사람들이 새로운 의견을 개진하거나 말하거나 민회의 참석하지 못하게 하는 것을 보게 될 것이다. 하지만 이런 탁월한 조치들의 결과로 민중들은 지체 없이 노예 상태로 전락하게 될 것이다.[3]

3　Pseudo-Xénophon, *La République des Athéniens*, 1, 6-9, dans *Oeuvres*, t. II, trad. fr. P. Chambry, Paris, Garnier-Flammarion, 1967, p. 474-475. 이 텍스트에 대한 보다 심화된 연구는 CV, p. 40-44를 참조하라.

이제 저는 훨씬 더 온건한 입장을 보여주는 다른 텍스트로 넘어가보고자 합니다. 이소크라테스가 기원전 4세기 중엽에 쓴 글로, 중도 귀족정 혹은 중도 민주정의 입장을 보여줍니다. 여기서 이소크라테스는 여러 차례 파레시아 개념과 파레시아스트의 문제를 지적합니다. 기원전 355년에 쓴 《평화에 관하여》의 서두에서 이소크라테스는 이테나이인들이 사생활과 관련해 취하는 태도와 공적 생활, 정치 활동과 관련해 취하는 태도 간의 대조를 아주 명확히 부각합니다. 아테나이인들은 사생활에서 자신들이 합리적이고 총명하며 교양 있다고 생각하고 있으며, 그들에게 진실을 말할 수 있는 사람들에게 조언을 구하려는 강렬한 열망을 갖고 있다고 이소크라테스는 말합니다. 예를 들어, 아테나이인들은 주정뱅이를 결코 그들의 사적 조언자로 선택하지 않는다는 것입니다. 하지만 공적인 일과 관련해서는 아테나이인들은 그와 정반대로 행동합니다. 그들은 자신들이 발견할 수 있는 최악의 사람을 그들의 연사, 지도자로 영입하고, 이 최악의 사람들이 말할 수 있는 바에 동의합니다.[4] 이것이 첫 번째 요점입니다.

이보다 훨씬 위험한 것이 있는데, 그것은 아테나이인들이 이 나쁜 연사들의 말은 경청하고 훌륭한 연사들의 말은 경청하려 하지 않는다는 것입니다. 그들은 훌륭한 연사가 발언할 수 있는 기회 및 발언권조차 거부합니다. 그리고 이소크라테스는 이렇

---

4   Isocrate, *Discours sur la paix*, 13, dans *Discours*, III, trad. fr. G. Mathieu, Paris, Les Belles Lettres, 1966, p. 15: "당신들은 사적인 일과 관련해 자문을 구할 때는 지성에서 당신들보다 우위에 있는 자를 조언자로 찾지만, 국사를 심사숙고할 때는 이런 사람들을 불신하고 혐오하면서 당신들보다 앞서 연단 위에 올라온 자들 가운데 가장 저열한 자를 찾으려 한다. 그리고 대중의 더 좋은 친구로서 맑은 정신을 가진 자보다는 술 취한 자를 선호하고, 지혜로운 자보다는 몰상식한 자를 선호하며, 자기 돈을 들여 공무를 수행하는 사람보다는 공적 자금을 나누어 주는 사람을 선호한다. 모든 사람이 이런 자문위원들을 고용한 국가가 더 나은 쪽으로 진보해나가길 기대한다는 것 자체가 놀라울 뿐이다." 이소크라테스의 이 텍스트에 관한 다른 논평들을 보려면 다음을 참조하라. GSA, p. 164-167, 174-175; CV, p. 36-38.

게 씁니다. "나는 당신들이, 당신들을 향해 말하는 연사들의 말에 동등한 지지를 보내며 듣고 있지 않음을 관찰했고, 또 어떤 사람에게는 관심을 보이는 반면 다른 사람의 경우 목소리를 듣는 것조차 참아내지 못하고 괴로워하는 것을 본다. (…) 당신들은 오래전부터 당신들의 욕망을 지지하는 자들을 제외한 모든 연사들을 끌어내리는 경향이 있다."[5] 저는 이것이 대단히 중요하다고 생각합니다. 훌륭한 연사와 형편없는 연사의 차이점이, 전자는 좋은 조언을 하고 후자는 나쁜 조언을 한다는 사실에 적어도 일차적으로는 있지 않음을 알 수 있습니다. 그 차이는, 형편없는 연사는 대중이 듣고 싶어 하는 것만을 말한다는 데 있습니다. 형편없는 연사는 다만 대중이 원하는 바를 소리 높여 잘 분절된 연설로 표명하고 말할 뿐입니다. 그래서 이소크라테스는 이런 연사들을 아첨꾼이라 불렀습니다. 반대로 훌륭한 연사는 데모스의 의지에 맞설 능력과 용기가 있는 자입니다. 그러므로 형편없는 연사와 훌륭한 연사를 구분하는 첫 번째 기준은 전자가 나쁜 조언을 하고 후자는 좋은 조언을 한다는 사실이 아닙니다. 그 기준은 전자가 하는 말이 데모스의 바람에 정확하게 부합하는 반면, 후자는 비판적 역할, 교훈적 역할을 담당한다는 사실에 있음을 알 수 있습니다. 훌륭한 연사는 근본적이고 본질적으로 데모스의 바람과 대립됩니다. 훌륭한 연사의 역할은 도시국가의 의지, 즉 시민들의 의지를 변화시키는 것입니다. 왜냐하면 그는 도시국가를 이롭게 하는 것을 목표로 하고 있기 때문입니다.

데모스의 의지와 도시국가의 〔최선의-FS〕 이익 간의 대립은 파레시아에 대한 이러한 비판과 아테나이 제도에서 근본적이었

5   Isocrate, *Discours sur la paix*, 3, *op. cit.*, p. 12.

다고 생각합니다. 그리고 이소크라테스는 대중이 바라는 바를 (앵무새처럼-FS) 반복하지 않으면 아테나이에서 말은 들릴 수조차 없기 때문에, 물론 민주정은 좋은 것이지만, 이런 상황에서는 민주정은 존재해도 파레시아는 존재하지 않는다고 말합니다. 왜냐하면 파레시아는 데모스의 의지나 바람과 대립하는 태도에 있기 때문이죠. 그리고 이 텍스트에서 이소크라테스는, 파레시아를 행할 수 있고 파레시아스트로 받아들여질 수 있는 몇 안 되는 사람들이 희극 작가들과 비극 작가들이라고 말합니다. 보시다시피 여기서 이소크라테스는 진실을 말할 수 있고 대중의 의견과 바람 그리고 의지를 비판하고 교정하며 개혁할 능력이 있는 용기 있고 솔직한 담론이라는 긍정적 의미를 파레시아라는 말에 부여합니다. 그러므로 여기서는 민주정과 파레시아에 대한 긍정적 정의를 보실 수 있습니다. 하지만 민주정은 존재해도 파레시아는 존재할 수 없다는 주장도 보실 수 있습니다.[6]

이 텍스트와 비교될 수 있는 다른 텍스트에서 이소크라테스는 또 다른 구분을 하고 있는데, 그는 사태를 상당히 다른 방식으로 설명하긴 하지만, 제 생각에 진정한 민주정과 진정한 파레시아의 양립 불가능성이라는 일반적인 관념에는 부합하는 것 같습니다. 이 텍스트는 《아레오파지티쿠스》에 나옵니다. 이소크라테스는 여기서 솔론과 클레이스테네스의 오래된 헌법과 당대 아테나이의 정치 생활을 비교합니다. 이소크라테스는 과거의 헌법이 아테나이에 데모크라티아(민주정), 엘레우테리아(자유), 이소노

---

6   *Ibid.*, 14, p. 15: "여러분의 견해와 대립하는 것이 위험하다는 것을 나는 잘 알고 있고, 또 완전한 민주정 체제하에서도 의회에서 여러분의 복락을 전혀 배려하지 않는 무모한 연사들과 극장에서 희극 시인들이 누리는 자유를 제외하면 어디에도 '발언의 자유(parrêsia)'가 존재하지 않는다는 것을 나는 잘 알고 있다."

미아(법 앞에서의 평등), 에우다이모니아eudaimonia(도시국가의 번영과 도시국가 대중의 행복)를 가져다주었다는 이유로 찬양합니다. 하지만 옛 제도들의 이러한 본질적 특질들이 당대 아테나이 민주정에서는 퇴락했다고 이소크라테스는 주장합니다. 그리고 민주정은 그가 아콜라시아akolasia라 부르는 바가 되어버렸다고 설명합니다. 이 말은 '무절제', '품행의 문란',[7] '방만한 품행'[8]을 의미합니다. 아콜라시아는 일반적으로 소프로쉬네sôphrosunê(절제)와 대립되고, 그 반대를 의미합니다.[*] 이는 자기 자신을 처벌하지 않는 것, 자기 자신을 통제하지 않는 것, 도덕적 영역 내에서의 자기 통제 부족을 의미합니다. 자신이 어떤 억압의 대상이 되지 않고 자신을 스스로 억제하지 않는 것을 의미합니다. 이렇게 이제 데모크라티아는 억압의 부재가 됩니다. 엘레우테리아, 아테나이의 옛 자유는 이제 파라노미아paranomia, 즉 법률 위반이 되었으며, 에우다이모니아, 즉 일반적 행복은 exousia tou panta poiein, 즉 원하는 대로 다 하는 자유가 되어버립니다. 또한 이소노미아, 즉 만인의 법 앞에서의 평등은 파레시아가 되어버립니다.[9] 이 글에서 파레시아는 부정적 의미를 갖습니다. 그것은 법 앞에서의 평등을 핑계 삼아 다른 시민들을 설득하고 그들에게 연사가 원하는 바를 권유하려 하면서

---

7   푸코는 이 말을 프랑스어 relâchement des mœurs로 표현한다.

8   푸코는 이 말을 프랑스어 mœurs relâchées로 표현한다.

*   Akolasia를 영어로 번역하는 최선의 방법과 관련된 푸코와 청중의 간략한 대화는 여기에 재수록하지 않았다.

9   Isocrate, *Aréopagitique*, 20, dans *Discours*, t. III, trad. fr. G. Mathieu, Paris, Les Belles Lettres, 1966, p. 68: "예전[솔론과 클리스테네스 시대]에 이 도시국가를 다스리던 자들은, 오늘날 우리가 가장 공평하고 가장 온화하다고 부르지만, 실제로 그 정치체제와 관계 있는 자들이 보기에는 그렇게 여겨지지 못하는 그런 정치체제를 확립한 것이 아닙니다. 그들은, 규율이 없는 상태를 민주주의의 정신이라 여기고, 법에 대한 경시를 자유라고 여기며, 무람없는 발언을 평등이라 여기고, 원하는 대로 행동할 권리를 행복이라 여기는 그런 정치체제를 확립하지 않았습니다(epaideue tous politas ôsth' hêgeisthai tên mên akolasian dêmokratian, tên de paranomian eleutherian, tên de parrêsian isonomian, tên d'exousian tou tauta poiein eudaimonian). 그들이 확립한 것은, 그런 종류의 사람들을 싫어하고 벌함으로써 시민들을 훌륭하고 지혜롭게 만들려는 정치체제였습니다."

아무나 일어나 발언하는 것과 같습니다. 그러므로 보시다시피 이 소크라테스의 글에서는 민주정에 대한 지속적인 긍정적 평가가 존재하지만, 현재 행해지고 있는 그런 형태의 민주정과 파레시아를 동시에 향유할 수 없다는 단언이 존재합니다. 그리고 기원전 4세기의 아테나이 제도들 내에서 훌륭한 파레시아가 없는 민주정이 있다거나, 아니면 이 민주정 제도 내에 어떤 종류의 파레시아가 존재한다 해도 그것은 형편없는 파레시아임에 틀림없으리라는 주장이 존재합니다. 그리고 또 늙은 과두주의자들의 풍자시에서 더 과격한 형태로 이미 마주친 바 있는, 데모스의 의지, 느낌, 의견 그리고 바람에 대한 분명한 불신도 이소크라테스의 생각에서 발견할 수 있습니다. 파레시아스트는 데모스의 바람과 대립하고 대면하는 자여야 합니다.[*]

제가 검토하고자 하는 세 번째 텍스트는 플라톤의 《국가》 8권에 나옵니다. 여기서 소크라테스는 민주정이 어떻게 발생하고 발전했는지를 설명합니다. 소크라테스는 이렇게 주장합니다. "민주정이 생기게 되는 것은 가난한 사람들이 이겨서, 다른 편 사람들 가운데 일부는 죽이고 일부는 추방한 다음, 나머지 시민들에게는 평등하게 시민권과 관직을 배정하게 되고, 또한 이 정체에서 관직들이 대체로 추첨에 의해 할당될 때라고 나는 생각하네." 이와 같은 정치체제는 어떤 것인가? 대화 상대자가 묻습

---

[*]　수고: 보다시피 이소크라테스에게서 다음의 것들을 발견할 수 있다.
- 헌법적 형식으로서의 민주정에 대한 한결같은 긍정적 평가.
- 파레시아에 대한 애매한 평가. 때로는 좋고 때로는 나쁜.
- 발언자들이 민중의 의지에 완전히 자유롭게 맞설 수 있는 상황으로서의 파레시아, 민중이 이러한 대립을 받아들일 수 있는 상황으로서의 파레시아에 대한 암묵적 성격 규정.
- 민중의 의지, 민중의 감정, 그들의 의견에 대한 명백한 불신(이러한 불신은 민주정 옹호에 대한 귀족정의 평형추이다).
- 끝으로 만인의 법 앞에서의 평등으로서의 이소노미아와, 누구나 각자 발언의 자유를 활용하는 것 간의 긴장.

니다.* 그리고 그 답은 이렇습니다. "그러니까 첫째로 이들은 자유로우며, 이 나라는 자유와 솔직한 말하기로 가득 차 있어서, 이 나라에서는 자기가 하고자 하는 바를 멋대로 할 수 있는 자유가 있지 않겠는가?" '자유'는 엘레우테리아, '솔직한 말하기'는 물론 파레시아, 그리고 원하는 대로 하도록 허용됨은 exousia poiein ho ti tis bouletai입니다. 보시다시피 이소크라테스에게서와 거의 같은 말들을 발견할 수 있습니다. 그리고 플라톤은 말합니다. "원하는 대로 하도록 허락된 나라에서는 각자가 어떤 형태로든 제 마음에 드는 자기 삶의 개인적인 대책을 마련할 것이 명백하네."[10]

이 글과 관련해 흥미로운 점은, 파레시아가 도시국가에 영향력을 행사할 수 있는 가능성을 가장 저열한 시민들까지를 포함한 만인에게 부여하는 것에 대해 플라톤이 비난하지 않는다는 것입니다. 플라톤은 파레시아가 민중들로 하여금 최악의 결정을 내리게 한다는 점을 비판하지 않습니다. 플라톤에게 파레시아의 가장 중대한 위험은 무지하고 부패한 지도자들이 폭군이 되도록 하는 데 있는 것이 아닙니다. 플라톤에게 파레시아가 갖는 가

---

* 　　사실 이 질문은 대화 상대자가 아닌 소크라테스의 입에서 나온다. 소크라테스가 자문자답하고 대화 상대자는 맞장구를 치는 모양새가 연출된다.─옮긴이
10　　플라톤, 《플라톤의 국가·정체》(Platon, *La République*, Ⅷ, 557a-b, *op. cit.*, p. 25-26): "'따라서 민주 정체(dēmokratia)가 생기게 되는 것은 가난한 사람들이 이겨서, 다른 편 사람들 가운데 일부는 죽이고 일부는 추방한 다음, 나머지 시민들에게는 평등하게 시민권과 관직을 배정하게 되고, 또한 이 정체에서 관직들이 대체로 추첨에 의해서 할당될 때라고 나는 생각하네.' 실상 민주 정체의 수립이 그렇죠. 무력에 의해서 이루어졌건, 또는 다른 쪽이 겁을 먹고 망명함으로써 이루어졌건 간에 말씀입니다.' 그가 말했네. '그렇다면 이들은 어떤 식으로 살아가는가? 그리고 또 이와 같은 정치체제는 어떤 것인가? 실은 이와 같은 사람이 민주 정체적인(민주 정치를 닮은) 사람으로 드러날 것이 명백하이.' 내가 말했네. '그건 명백합니다.' 그가 말했네. '그러니까 첫째로 이들은 자유로우며, 이 나라는 자유와 솔직한 말하기로 가득 차 있어서, 이 나라에서는 자기가 하고자 하는 바를 멋대로 할 수 있는 자유가 있지 않겠는가? 원하는 대로 하도록 허락된 나라에서는 각자가 어떤 형태로든 제 마음에 드는 자신의 삶의 개인적인 대책을 마련할 게 명백하네(eleutherias ê polis mestê kai parrêsias gignetai, kai exousia en autê poiein o ti tis bouletai).' '그건 명백합니다.' '이렇게 되면, 이 정체에서는 무엇보다도 온갖 부류의 인간들이 생겨날 것이라 나는 생각하네(dêlon oti idian ekastos an kataskeuên tou hautou biou kataskeuazoito ên autê, hêtis hekaston areskoi).'" 이 책 38쪽, 각주 21을 보라.

장 중대한 위험, 적어도 1차적인 위험은 도시국가 만인에게 공통
된 진실이 존재하지 않으며, 공통된 로고스, 가능한 통일성이 존
재할 수 없다는 데 있고, 그 결과 만인이 플라톤이 kataskeuê to
biou라 부르는 바, 요컨대 각자가 자기 고유의 생활 양식, 실존 양
식을 갖고, 각자가 자기 삶의 양식을 구축하는 방식을 갖게 된다
는 데 있습니다. 인간의 삶과 도시국가의 삶이, 인간 존재의 자질
들의 위계적 조직과 도시국가의 정체적 구성이 직접적이고 완벽
하게 상응하며, 인간의 행동 방식과 도시국가가 통치되는 방식 간
의 유사 관계가 존재한다는 플라톤의 원리에 따르면, 도시국가
의 모든 사람이 각자 자신의 의견과 의지 그리고 욕망하는 바에
따라 자신이 원하는 대로 행동한다면 도시국가에는 통일성이 있
을 수 없게 된다는 것입니다. 도시국가에는 자신들이 원하는 대
로 행동하는 시민의 수만큼의 ‘정체’,* 즉 폴리테이아와 독자적인
작은 도시국가들이 있게 될 것입니다.¹¹ 바로 이 점이 이 텍스트
에서 주목해야 할 첫 번째 점이라고 생각합니다. 중요한 점이 하
나 더 있는데, 플라톤은 파레시아를 각자 원하는 바를 뭐든 말할
자유로 정의할 뿐만 아니라, 원하는 바를 뭐든 **행할** 자유로도 정
의합니다. 파레시아는 여기서 ‘원하는 바를 말하는 것’과 ‘원하는
바를 행하는 것’을 의미합니다.** 그리고 플라톤이 가장 혹독하게

---

*   수고에서 따옴표 안에 들어가 있다.

11   플라톤, 《국가》, 8권, 557c-d: "그래서 내가 말했네. '아마도 정체들 중에서는 이게 가장 아름
다운(훌륭한) 것임직하이. 마치 온갖 꽃을 수놓은 다채로운 외투처럼, 이 정체도 온갖 성격으로 장식
되어 있어서 가장 아름다워 보일 걸세.' 그러고서 또 내가 말했네. '그뿐더러 아마도 많은 사람 또한 마
치 다채로운 것들을 보고 있는 아녀자들처럼, 이 정체를 가장 아름다운 것이라 판단할 걸세.' '그러고말
고요.' 그가 말했네. '더구나, 여보게나, 여기에서는 어떤 정체든 찾아보기가 편리하다네.' 내가 말했네.
'어째서죠?' '그건 이 정체가 '멋대로 할 수 있는 자유'로 인해서 모든 종류의 정체를 지니고 있기 때문
일세. 따라서, 이제껏 우리가 해왔듯, 나라를 수립코자 하는 사람은 아마도 민주적으로 통치되고 있는
나라로 가야만 될 것 같으이. 그래서 자기 마음에 드는 형태의 것을, 마치 정체들의 잡화점으로 찾아간
사람처럼 골라야 할 것 같고, 일단 고른 이상, 뜻대로 수립해야만 할 것 같으이.'"

*   수고에서 따옴표 안에 들어가 있다.

비판하는 것은 바로 이 두 번째 양상, 즉 자신이 원하는 바를 뭐든지 행하는 것입니다. 파레시아는 단순한 발언의 자유가 아니라 삶의 선택이고, 자유 내에서의 일종의 무정부 상태이며, 각자의 선택 속에서 무제한적으로 자기 고유의 삶의 양식을 선택할 자유라는 것입니다.*

그리스 문화에서 파레시아에 대한 정치적 문제화에 관해서는 많은 것을 언급할 수 있지만, 기원전 4세기와 4세기 말 동안에는 이 문제화의 주요한 두 양상을 목격할 수 있습니다. 첫째, 플라톤의 텍스트에서 명확히 드러나듯, 발언의 자유와 관련된 문제는 점차 실존의 선택, 삶의 방식의 선택이라는 문제와 연관됩니다. 로고스logos(참된 말) 사용에서의 자유가 점차 비오스bios(삶)를 선택할 자유, 자신의 삶의 양식을 선택할 자유가 되어갑니다. 파레시아의 문제는 점차, 훌륭할 경우에는 도시국가의 정치 생활에 유용한 일종의 덕이 될 수 있고, 부정적일 경우에는 도시국가에 위험이 될 수 있는 개인의 태도, 개인의 자질로 간주됩니다. 데모스테네스의 글에서 우리는 파레시아에 대한 수많은 언급을 볼 수 있습니다. 그러나 파레시아는 통상적으로 제도로서가 아니라 개인의 자질로서 논의됩니다. 데모스테네스는 파레시아를 강화하거나 보장할 수 있는 제도에 신경 쓰는 것이 아니라 한 인간으

---

* 　 수고: 두 번째 중요한 점은, 플라톤이 파레시아와 엘레우테리아를 관계 짓는 방식이다. 플라톤은 이 텍스트 서두에서, 사람들이 자기들이 원하는 대로 행하고 말할 수 있기 때문에 민주정 도시국가들의 "모든 곳에서 자유와 파레시아가 지배하고", 그러한 까닭에 민주정 도시국가들이 찬양받는다고 말한다.

하지만 동일한 문제들에 대한 다른 많은 참고문헌들과 이 텍스트에서 플라톤은 엘레우테리아를 원하는 대로 하는 것으로 간주할 수 없다고 주장한다. 자기가 원하는 대로 하고 싶어 하는 사람은 노예이다. 자기 자신의 노예, 자기 욕망의 노예, 자기 욕구의 노예 등등. 동일한 방식으로 각자 자기가 원하는 대로 하는 도시국가는 가장 형편없는 자들의 노예가 된다. 그래서 자유와 연결되어 있는 것처럼 보이는 파레시아는 사실 폭군의 원인이다.

진실, 일관성, 자유의 부재.

로서, 시민으로서 자신이 도시국가가 선택한 그릇된 정책을 비판해야 하기 때문에 파레시아를 사용하려 한다는 점을 강조합니다. 그리고 그는 이렇게 함으로써 자신이 큰 위험을 감수한다고 주장합니다. 아테나이인들이 비판 수용에 소극적일 경우, 자유롭게 말한다는 것은 그에게 위험한 것이었기 때문이죠.[12]

파레시아의 문제화에서 또 다른 변화를 목격할 수 있습니다. 파레시아는 다른 종류의 정치 제도와 점차적으로 연결되고, 그것을 통해 보이게 됩니다. 파레시아는 군주정 제도, 군주권, 군주의 권위와 연관되게 됩니다. 발언의 자유는 이제 왕을 향해 행해져야 하고, 왕은 파레시아를 받아들여야 합니다.* 하지만 이런 군주제 상황에서 파레시아는 왕과 왕에게 충고하는 자 모두의 개인적 자질에 의존하게 됩니다.** 민주정 체제하의 도시국가에서와 같은 제도적 문제는 이제 중요하지 않습니다.

파레시아의 문제가 점점 더 개인의 자질, 태도, 실존의 선택, 혹은 비오스의 문제와 연결되는 것을 볼 수 있습니다. 그리

12   다음을 참조하라. Démosthène, *Troisième Philippique*, 3-4, dans *Harangues*, t. II, trad. fr. M. Croiset, Paris, Les Belles Lettres, 1959, p. 93: "설령 내가 몇몇 진실을 솔직히 말한다 해도(an ti alêthôn meta parrêsias legô), 당신이 나에 대해 불쾌해할 필요는 없다고 생각합니다. 당신은 다른 모든 주제들에 대한 솔직히 말하기가 우리 도시에 사는 모든 이들을 위한 권리이길 바라시죠(parrêsian epi men tôn allôn houtô koinên oiesthe dein einai pasi tois en tê polei). 당신은 (그 권리를) 이방인들에게까지 인정하며, 심지어는 노예들에게까지도 인정합니다. 그리고 사실 우리는 당신네 하인들이 다른 도시의 시민들은 허락하지 않는 모든 것을 보다 자유롭게 말하고 다니는 것을 볼 수 있습니다. 하지만 이 자유롭게 말하기는, 당신이 내몰아버렸던 법정에 속하는 것입니다. 그 결과가 무엇입니까? 군중이 모인 곳에서 당신은, 당신을 기쁘게 하는 것만을 목표로 하는 아첨 듣기를 즐거워하지만, 그러고 나서 여러 사건들이 완료되면 당신 자신의 평안마저 위험에 처합니다. 만약 당신이 지금도 여전히 이러한 경향 속에 있다면, 당신께 드릴 말씀은 아무것도 없습니다. 만약 반대로, 당신께 아첨하기를 바라지 않으시고, 당신의 호의를 요청하는 것을 듣고자 하신다면, 저는 말할 준비가 됐습니다." 또한 다음을 보라. Démosthène, *Sur l'organisation financière*, 15, et *Troisième Olynthienne*, 3 et 32, dans *Harangues*, t. I, trad. fr. M. Croiset, Paris, Les Belles Lettres, 1959, p. 78, 127, 134. 데모스테네스에게서의 파레시아 개념에 대해서는 다음을 보라. CV, p. 11-13, 38-39.

*   수고: 플라톤과 이소크라테스[13]에게서 이러한 유형의 파레시아에 대한 언급을 발견할 수 있다.

13   이소크라테스, 《니코클레스에게》, 28, 앞의 책, 179-180쪽; 이 책 39쪽, 각주 23을 보라.

**   수고: (한쪽 편의 용기, 너그러움, 그리고 타자의 자기의 스승)

고 이를 확증할 수 있는 것으로, 이를테면 아리스토텔레스에게서는 매우 드물게 나타나는 파레시아라는 말, 파레시아라는 개념을 들 수 있습니다. 파레시아가 무엇인지에 대한 정치적 분석은 그에게서 찾아볼 수 없습니다. 파레시아라는 말은 두세 번 출현하고, 그중 한 번은 《아테나이 정치제도사》 16권에서인데, 거기서 아리스토텔레스는 페이시스트라토스의 참주정을 분석합니다. 아시다시피 페이시스트라토스는 아리스토텔레스를 포함한 적어도 몇몇 사람에게 좋은 참주의 유형으로 간주됐고, 그의 치세는 아테나이에 매우 유익하고 적절했다고 여겨졌습니다. 그리고 아리스토텔레스는 참주정의 맥락에서 좋은 파레시아일 수 있는 것의 예를 듭니다. 이 이야기에 따르면, 페이시스트라토스는 아테나이 근처의 시골에서 산책하다가 한 농부를 만납니다. 그 소지주는 페이시스트라토스를 알아보지 못한 채로 세금에 대해 아주 격하게 불평합니다. 페이시스트라토스가 농부에게 그의 고통의 이유를 묻자 농부가 답하길, 많이 벌어도 페이시스트라토스에게 그가 얻은 것의 10분의 1을 내야만 한다는 것입니다. 페이시스트라토스는 이 파레시아를 받아들이고, 〔그 세금을〕 면제해주었습니다.[14] 보시다시피 이 파레시아는 군주제의 맥락, 참주정의 맥락 내에서의 전형적인 파레시아입니다.

14　아리스토텔레스, 〈아테네 정치제도사〉, 《고대 그리스정치사 사료》, 최자영·최혜영 옮김, 신서원, 2002, 66쪽〔Aristote, *Constitution d'Athènes*, XVI, 5-6, trad. fr. G. Mathieu, Paris, Les Belles Lettres, 1962, p. 17〕: "〔페이시스트라토스는〕 몸소 시골로 자주 나가 살펴보고 분쟁을 해결함으로써 사람들이 도시에 자주 들락거리면서 일을 등한시하는 일이 없도록 했다. 그가 언젠가 한번 나들이를 할 때 생긴 일 때문에 그 후부터 히메토스에서 경작하는 사람들의 땅을 면세농장이라 부르게 됐다고 한다. 어떤 사람이 온통 돌천지 밭을 파서 일구는 것을 보고 놀란 그가 아이에게 명하여 밭에서 무엇을 생산하는지 물어보도록 했다. 그러자 농부는 '고통과 수고요. 이 같은 고통과 수고에서 페이시스트라토스가 10분의 1을 가져가는 것이다'라고 말했다. 그 사람은 묻는 사람이 누군지 모르고 이같이 대답했다. 페이시스트라토스는 그 솔직함과 근면에 흡족하여 그에게 모든 세금을 면제해주었다." 푸코는 〈진실의 용기〉 1982년 2월 9일 강의에서도 이 텍스트를 참조한다.

파레시아라는 말이 발견되는 아리스토텔레스의 또 다른 텍스트에서는 파레시아의 특성이 분석되고 있거나 적어도 환기되고 있습니다. 이 텍스트는 바로 《니코마코스 윤리학》입니다. 여기서 아리스토텔레스는 메갈로프시코스megalopsuchos인 자,[15] 요컨대 포부가 큰 자의 특징인 megalopsuchia, 즉 탁월성을 기술하고 있습니다. 여기서의 파레시아는 정치 제도나 실천이 아니라 탁월성의 특징, 양상, 특질입니다. 탁월성의 또 다른 특징들 가운데는 파레시아의 특성 및 태도와 다소 직접적으로 연관된 자질들도 발견됩니다. 아리스토텔레스가 메갈로프시코스를 용기 있는 자, 진정한 용기를 가진 자, 합리적 용기를 가진 자라고 묘사하는 것을 볼 수 있습니다. 그는 아리스토텔레스가 polukindunos라고 부르는 자, 요컨대 위험을 너무 좋아한 나머지 아무 위험이나 마주치려고 달려 나가는 그런 부류의 사람이 아닙니다. 그는 용감하지만 합리적으로 용감합니다.[16] 메갈로프시코스는 아무것도 숨기지 않고 독사doxa(의견)보다는 알레테이아alêtheia(진실)를 선호합니다. 그는 아첨꾼을 좋아하지 않습니다. 그리고 흥미롭게도 그는 kataphronein, 요컨대 타인들을 위에서 아래로 내려다볼 수 있는데, 이는 진실을 말하고 타자들의 결점과 오류를 인식할 능력이 있으며 자신의 우월성을 의식하는 자의 파레시아의 특성들 가운

---

15   아리스토텔레스, 《니코마코스 윤리학》, 137-142쪽(Aristote, *Éthique àNicomaque*, 1123a-1125a, *op. cit.*, p. 199-208). 푸코는 〈진실의 용기〉 첫 강의에서도, megalopsuchia(영혼의 관대함 또는 위대함)를 파레시아의 실천과 연결시키는 아리스토텔레스의 이 텍스트를 거론한다. 이때 푸코는 특히 용기―파레시아스트의 용기와 그의 대화 상대자의 용기―라는 주제를 강조한다. *Cf. CV*, p. 13-14.

16   아리스토텔레스, 위의 책, 140쪽(Aristote, *Éthique àNicomaque*, 1124b, *op. cit.*, p. 205): "그런데 포부가 큰 사람은 작은 것을 위해 위험을 무릅쓰는 사람이 아니며, 명예롭게 여기는 것이 많지 않기에 위험을 좋아하는 사람도 아니지만, 큰 것을 위해서는 위험을 무릅쓰는 사람이다(ouk esti mikrokindunos oude philokindunos dia to oliga timan, megakindunos de). 그는 또 위험에 처해서는, 무슨 수를 써서라도 살아남는 것은 가치 있는 일이 아니라고 생각해서 자신의 생명을 아끼지 않는 사람이다."

데 하나입니다.[17] 이 모든 것은 파레시아와 더불어 메갈로프시코스의 도덕적 초상을 이루고 있습니다. 보시다시피 아리스토텔레스에게 파레시아는 군주정의 맥락 내에 존재하거나 윤리적·도덕적 특성으로 존재하지, 정치 제도로 존재하지는 않습니다.

이와 같은 개인적이고 윤리적이며 도덕적인 파레시아의 양상이 점차 도처에서 나타나는 것을 볼 수 있습니다. 하지만 사실 플라톤, 이소크라테스, 그리고 아리스토텔레스보다 훨씬 앞서 출현해 발전된 새로운 유형의 파레시아 실천을 확인할 수 있는데, 지금부터는 이 새로운 유형의 파레시아 실천을 분석해보고자 합니다. 물론 이 다른 유형의 파레시아 실천과 이 강의에서 제가 논의했던 정치적 파레시아는 완전히 다른 것도 아니고, 완전히 분리된 것도 아닙니다. 이 두 유형의 파레시아 간에는 중요한 유사성과 상호 의존 관계가 존재합니다. 하지만 이와 같은 유사성과 상호 의존 관계에도 불구하고 이 새로운 유형의 파레시아는 여러 특수성을 갖고 있습니다. 그리고 소크라테스라는 인물과 직접적으로 연관된 이 새로운 유형의 파레시아의 특성들을 규정하기 위해서는 플라톤의 대화편《라케스》초반부에 나오는 구절을 함께 읽는 것이 가장 좋을 것 같습니다. 저는 파레시아적 인물로서의 소크라테스에 관한 증언으로서 이 텍스트를 선택했습니다. 이 텍스트를 선택한 데는 몇 가지 이유가 있습니다. 먼저 플라톤의 대

17 　아리스토텔레스, 위의 책, 142쪽〔*Ibid.*, p. 206-207〕: "그가 자신의 좋아하고 싫어하는 감정을 숨기지 않는다는 것은 틀림없는 사실이다. 〔감정을〕 감추는 것은, 또 진실에는 신경 쓰지 않고 사람들이 어떻게 생각하는지에 더 신경 쓰는 것은 두려워하는 사람이 하는 일이니까(amelein tês alêtheias mallon ê tês doxês). 또 그는 숨기지 않고 말하며 숨기지 않고 행동한다(parrêsiastês gar dia to kataphronêtikos einai). 그는 낮추어 보는 사람이라 솔직히 말하며, 다중에게 '자기 비하'를 통해 이야기하는 것을 빼고는 진실한 사람이다."

화편 《라케스》가 상당히 짧은 텍스트이면서도 파레시아라는 말이 세 번이나 등장하기 때문입니다.[18] 플라톤이 이 말을 얼마나 드물게 사용하는지를 고려하면 빈도수가 상당히 높은 편입니다.

대화 초반부에 여러 대화 상대자들이 그들 특유의 파레시아로 특징지어진다는 사실에 주목해보면 대단히 흥미롭습니다. 그들 가운데 리시마코스와 멜레시아스라는 대화 상대자는 일생 동안 딱히 중요하고 영광스러운 것을 성취하거나 이룩한 적 없다고 고백하기 위해 파레시아를 사용하여 자기 생각을 자유롭게 말하겠다고 선언합니다. 그리고 이들은 다른 연로한 두 시민, 즉 대단히 유명한 (장군들인-옮긴이) 라케스와 니키아스에게 이 사실을 고백하고, 이 두 사람도 그들처럼 마음을 열고 솔직히 말할 것을 기대했습니다. 왜냐하면 라케스와 니키아스는 솔직하여 그들이 진실로 생각하는 바를 숨기지 않을 것으로 기대되기 때문이고, 또 그들이 솔직하게 말할 수 있을 정도로 충분히 연로하고 영향력 있으며 저명한 자들이었기 때문입니다. 이상이 《라케스》 초반부에서 보실 수 있는 것들입니다. (하지만) 이 구절은 오늘 함께 읽으려고 하는 핵심 구절이 아닙니다. 왜냐하면 이 구절은 소크라테스의 파레시아를 직접적으로 다루고 있지 않기 때문입니다. 이 대목에서 문제가 되는 것은 일상적인 의미의 파레시아입니다.

---

18   플라톤, 《라케스》(Platon, *Lachès*, 178a, 179c et 189a, dans *OEuvres complètes*, t. Ⅱ, trad. fr. A. Croiset, Paris, Les Belles Lettres, 2011, p. 90, 91 et 104). 푸코는 여기서 처음으로 《라케스》 연구에 의거한 소크라테스적 파레시아 분석을 제시한다. 푸코가 보기에 이 대화록이 중요한 이유는 무엇보다도 여기서 비오스라는 것이 '파레시아 게임에서 가장 중요한 요소'로 출현하기 때문이다(이 책 247-248쪽). 콜레주드프랑스 〈진실의 용기〉 강의에서 푸코는 이 분석을 재론하고 한층 더 전개시킨다(*cf.* CV, p. 113-143). 《알키비아데스》가 '영혼의 형이상학'을 향해 가는 소크라테스적 진실 진술이 전개되는 선의 출발점이라면, 《라케스》는 반대로 '실존의 문제'를 향해 가는 선의 출발점이라고 푸코는 주장한다. 달리 말하면 《라케스》는 '진실 말하기의 원칙과 형태 내에서의 참된 삶'이라는 주제의 출현을 나타내며, 그러므로 견유주의자들에게서의 파레시아가 취하게 될 형태를 이미 가리키고 있다는 것이다. *Cf.* CV, p. 147-153.

하지만 이 텍스트 초반부부터 파레시아가 문제시된다는 것을 보는 것은 대단히 흥미로운 일입니다. 그리고 이 텍스트 종반부에서 제가 대단히 좋아하는 에피멜레이아 헤아우투epimeleia heautou, 즉 자기 돌봄 개념을 발견할 수 있습니다. 누구도 대화의 주제인 용기에 대한 합리적이고 진실되며 만족할만한 정의를 내릴 수 없었기 때문에 이론적 관점에서 볼 땐 실패작인 이 대화가 끝나고, 니키아스, 라케스, 리시마코스 그리고 멜레시아스는 그럼에도 모두 소크라테스에게 자기 아들들을 맡기기로 동의하는데, 왜냐하면 소크라테스가 가장 탁월한 스승이라고 생각했기 때문입니다. 소크라테스 역시 용기를 정의할 능력은 없었지만, 리시마코스와 멜레시아스는 소크라테스를 자기 아들들의 스승으로 삼기로 합니다. "내가 아무것도 알지 못하고 용기가 무엇인지 정의할 수 없는 것은 사실이지만, 우리는 이제부터 우리 자신과 타자들을 돌봐야 한다"[19]고 말하며 소크라테스는 이를 승낙합니다. 제 생각에 우리는 이 대화편을 통해 소크라테스라는 파레시아적 인물로

---

19 플라톤, 앞의 책(Platon, *Lachès*, 200e-201b, *op. cit.*, p. 121-122): "—소크라테스: 리시마코스 님, 누군가가 가능한 한 훌륭하게 되도록 함께 열의를 쏟으려 하지 않는다는 건 사실 끔찍한 일일 겁니다. 그러니 만일 조금 전의 대화에서 제가 아는 자로 보이고 이 두 분은 모르는 자로 보였다면, 특별히 저를 이 일에 불러들이는 것이 마땅할 겁니다. 그러나 지금 우리는 모두 똑같이 난관에 봉착했습니다. 그렇다면 어찌 누가 우리 중 누구를 가려 뽑을 수 있겠습니까? 그래서 저 자신에겐 누구도 선택될 수 없다 여겨집니다. 자, 상황이 이러하니, 제가 선생님들께 조언을 드리는 것이 뭔가 좋게 여겨질 수 있겠는지를 살펴봐주십시오. 여러분—어떤 얘기도 밖으로 새어 나가지 않을 테니—, 저는 우리 모두가 무엇보다 우리 자신을 위해 최고로 훌륭한 선생님을 함께 찾아야만 한다고 주장합니다—우리에게 필요하니까요—. 다음으로 청년들을 위해서도 돈이든 다른 어떤 것이든 아끼지 말고 그렇게 해야 한다고 주장합니다. 그리고 우리 자신이 지금의 우리 상태 그대로 있는 것을 허락하지 마시라고 조언드립니다. 그런데 만일 우리 같은 나이에도 우리가 선생들에게 드나드는 것을 가치 있게 생각한다고 해서 누군가 우리를 비웃는다면, 호메로스의 다음과 같은 말을 인용해야 한다고 저는 생각합니다. 호메로스는 '염치가 곤궁한 사람 옆에 있는 건 좋지 않다'고 말했지요. 그러니 누가 무슨 말을 해도 개의치 말고 함께 우리 자신과 청년들을 돌보도록 합시다(koinê hêmôn autôn kai tôn meirakiôn epimeleian poiêsômetha). —리시마코스: 소크라테스 선생, 선생의 말씀은 내게 만족스럽습니다. 그리고 내가 가장 나이를 많이 먹었으니 그만큼 가장 열정적으로 젊은이들과 함께 배우려고 합니다. 하지만 내게 이렇게 해주시지요. 내일 동틀 무렵에 내 집으로 와주시오. 마다하지 마시고요. 우리가 바로 이 일들에 관해 숙고할 수 있도록 말이오. 이젠 우리 이 모임을 끝냅시다. —소크라테스: 그렇게 하겠습니다, 리시마코스 님. 그럼 내일 댁으로 찾아가겠습니다, 신께서 기꺼워하신다면."

부터 자기 돌봄으로의 이동을 파악할 수 있습니다.

이 텍스트를 읽기 전에 대화 초반부 상황을 신속하게 상기해보고자 합니다. 《라케스》의 상황은 사실 대단히 복합적이고 복잡하기 때문에 간략하고 도식적으로 환기하고자 합니다. 두 명의 장년 리시마코스와 멜레시아스는 그들의 아들을 어떻게 교육해야 할지 고민합니다. 두 사람 모두 아테나이의 명망 있는 가문 출신이었습니다. 리시마코스는 아리스티데스의 아들이었고, 멜레시아스가 누구 아들이었는지는 잘 기억나지 않지만, 역시 명망 있는 가문에 속하는 자였습니다.[20] 하지만 바로 이 점이 흥미로운 점이고, 또 이것이 그들이 파레시아를 논하는 이유들 가운데 하나이기도 한데, 그들은 평생 동안 딱히 특별하거나 영광스러운 일을 성취해본 적 없는 자들이었습니다. 그들은 이렇다 할 군사적 임무나 중요한 정치적 역할을 담당해본 적이 없었습니다. 그들은 이런 사실을 공개적으로 인정하는 데 파레시아를 사용합니다. 그리고 이런 경험으로부터 다음과 같은 결론 혹은 질문을 끌어냅니다. 그들은 어떻게 그렇게 훌륭한 게노스genos(혈통, 가문)에서 태어났는데도 두각을 나타내는 일을 할 수 없었을까? 훌륭한 가문에 속한다는 것이 도시국가에서 특출한 역할을 담당할 수 있게 되는 데 충분치 않다는 것은 자명하지 않나? [뭔가가 더 필요한데, '뭐가 더' 필요한 걸까? 교육이 아닐까?]* 그렇다면 어떤 종류의 교육이 필요할까?

플라톤의 다수의 대화편들에 공통적인 문제계들을 여기서 아주 쉽게 확인할 수 있습니다. 아무튼 《라케스》의 대화는 기원

---

20   리시마코스는 아리스티데스의 아들이다. 아리스티데스는 기원전 5세기 사람으로, '공정한 자'라는 별명을 갖고 있었다. 멜레시아스는 투퀴디데스(역사가 투퀴디데스와 혼동하지 말 것)의 아들이다. 투퀴디데스는 귀족파의 수장 중 하나였다.
*   누락된 구절을 수고에 의거해 복구했다.

전 5세기 말경에 오고 갔던 대화로 추정되는데, 이 시대에는 수많은 사람들이 젊은이들에게 훌륭한 교육을 제공할 수 있다고 주장했고, 그들 대부분이 소피스트를 자처했습니다. 왜냐하면 출신 가문 자체가 도덕적·정치적 역량을 확보해줄 수 없다는 것은 만인의 눈에 자명했기 때문입니다. 이러한 새로운 교육 기술과 그것을 둘러싼 논쟁은 교육의 여러 영역에 집중됐습니다. 그것은 수사학, 그리고 정치적 의회에서나 배심원들에게 말하는 방법의 습득에 집중됐지만, 소피스트의 교육은 일정한 기술적 역량에, 경우에 따라서는 군사 교육에도 적용됐습니다. 당시 아테나이에서 가장 중요한 문제들 가운데 하나는, 스파르타의 중무장 보병보다 여러 면에서 열등한 아테나이 보병을 교육하는 문제였습니다. 이상이 이 대화편의 전반적인 맥락입니다. 요컨대 교육적·정치적·사회적·제도적 문제는 모두 명백히 파레시아의 문제와 연결되어 있습니다. 도시국가에서 누가 최고의 역할을 할 수 있는지, 누가 통치할 능력이 있는지가 문제이기 때문입니다. 하지만 이 물음은 일반적인 상황에서의 교육의 문제에 던져졌다는 것을 알 수 있습니다.

리시마코스와 멜레시아스는 자신들의 아들들에게 훌륭한 군사 교육을 시키기 위해 군사 교육 분야의 스승을 자처하는 한 스승의 집으로 데려갑니다.[*] 이 스승은, 말하자면 기술자, 예술가, 운동선수이자 배우라 할 수 있는 자입니다. 이는 그가 비록 무기를 다루는 데 능숙하긴 해도, 그 수완을 실제 적과 싸우는 데 사용하지 않고, 단지 대중 공연과 젊은이들의 교육을 통해 밥벌이하는 데 사용할 뿐이라는 사실을 의미합니다. 이 스승은 일종의 무술 분야의 소피스트입니다. 그리고 이 스승의 대중 공연을 참관한 후,

---

[*]   수고: 이 스승은 군인이 아니다. (그리고 이것은 역사와 문제화를 위해 중요하다.)

리시마코스와 멜레시아스는 이러한 교육이 실제로 유용하고 효율적인지 판단할 수 없었습니다. '무술 분야의 소피스트*'의 위업을 자신들의 두 눈으로 확인했음에도 불구하고 이 교육을 어떻게 생각해야 할지 모르고 있었습니다. 우리는 여기서 교육의 기준이라는 문제와 만나게 됩니다. 훌륭한 교육을 받지 않고서 어떻게 훌륭한 교육이 무엇인지 판단할 수 있겠습니까? 그러므로 이 교육의 영역, 기술 교육과 군사 교육 분야에서, 정치 제도에서의 파레시아의 문제와 동일한 문제를 확인할 수 있습니다. 정치 분야에서 진실을 말하는 누군가가 우리에게 필요하지만, 누가 진실을 말하는지를 어떻게 확인할 수 있을까요? 이제 이 동일한 문제가 교육 분야에서 발견되고, 아시다시피 교육의 문제는 그보다 앞선 문제와 연관되어 있습니다. 동료 시민들에게 진실을 말할 능력이 있는 사람들을 발견하기 위해서는 훌륭한 교육을 받은 사람들이 필요하다는 것입니다. 교육을 받아야 할 사람들은 진실을 받아들여야 합니다. 교육을 받아야 할 사람들은 스승의 진실을 받아들여야 합니다. 그런데 '진실을 말할 능력이 있는 스승은 어떤 사람인가'라는 문제가 발생합니다. 이러한 파레시아의 문제는, 이렇게 표현해도 좋을지 모르겠습니다만, 끝없는 순환에[21] 빠집니다. 왜냐하면 파레시아의 문제는 언제나 정치적 문제, 정치적 파레시아의 문제에 속하지만, 정치적 파레시아를 만들어내는 데 필수적인 교육 영역에서 이 문제를 재생산하기 때문입니다.

아무튼 리시마코스와 멜레시아스는 이렇게 상당히 실망스

---

*   수고에서 따옴표 안에 들어가 있다.

21 푸코는 이 말을 프랑스어 en abyme으로 표현한다. 〔mise en abyme이라는 표현 형태로 주로 사용되는데, 문자 그대로는 '심연으로 밀어넣기'를 뜻하지만, 마치 마주 보는 두 거울 사이에 섰을 때처럼, 때로는 무한하게 이어지는 심상의 중첩을 말한다. 앙드레 지드(André Gide)에 의해 처음으로 개념화됐으며, 그 후로 문학 및 예술 비평 등의 분야에서 널리 쓰인다.—옮긴이〕

러운 경험을 하고 난 후, 당대에 대단히 유명한 두 인물, 니키아스와 라케스에게 충고를 부탁합니다. 니키아스는 노련한 장군으로서 전장에서 수차례 승리를 거둔 영향력 있는 정치 지도자였습니다. 라케스 역시, 비록 아테나이의 정치 무대에서 중요한 역할을 하고 있지는 않았으나, 대단히 유명하고 존경받는 장군이었습니다. 리시마코스와 멜레시아스는 니키아스와 라케스에게 이 소피스트의 교육에 대한 생각을 묻고, 또 그들이 참관한 이 스승의 시범 교육에 대해 어떻게 생각하는지 묻습니다. 그래서 니키아스와 라케스는 각자 자신들의 의견을 피력했고, 교육과 관련한 그들의 견해는 완전히 대립되는 것으로 드러납니다. 훌륭한 장군인 니키아스는 이 소피스트, 이 무술 전문가가 시범을 잘 보였고, 그래서 젊은이들에게 훌륭한 군사 교육을 제공할 수 있으리라 생각했습니다. 그러나 역시 훌륭한 장군인 라케스는 이에 전혀 동의하지 않고, 그리스 최고의 병사인 스파르타 사람들은 이러한 스승에 의존하지 않는다고 주장합니다. 더욱이 이 무술 전문가는 병사가 아니며, 전투에서 단 한 번도 승리해본 적이 없는 자라 주장합니다.* 이 토론을 통해 우리는 이 문제계의 두 양상을 볼 수 있습니다. 특별한 자질을 갖추지 않은 평범한 사람은 어떤 교육이 최상의 교육인지 알 수 없고, 누가 배울만한 가치가 있는 수완을 가르칠 수 있는지 알 수 없으며, 또 니키아스와 라케스처럼 자신들의 삶과 활동을 통해 자신들의 능력을 증명한 자들조차 누가 훌륭한 스승이고 누가 교육 분야에서 진실을 말할 역량이 있는지 판

---

*   수고: 이는 새로운 무기를 발명하고 전투에서는 비웃음을 샀던 다른 '전문가들'을 암시한다.[22]

22   실제로 라케스는 스테실레오스라는 이름의 인물에 대해 말한다. 그는 자신이 발명한 무기인, 낫 달린 창 때문에 해전에서 웃음거리가 됐다. [플라톤, 앞의 책(Platon, *Lachès*, 183d-184a) 참조-옮긴이]

단할 수 없는 것을 볼 수 있습니다.* 그래서 이제 그들은 소크라테스 쪽으로 방향을 돌려 그의 생각을 묻습니다. 일독을 권해드릴 구절이 바로 여기에 있습니다. 니키아스와 라케스는 그들의 명성, 아테나이의 국사에서 그들이 담당하는 중요한 역할, 그들의 연령, 경험 등에도 불구하고 모두 소크라테스에게 그가 용기에 대해 어떻게 생각하는지 문의해봐야 한다는 데 동의합니다. 왜 자신들이 소크라테스의 역할을 받아들이는지에 대해 니키아스와 라케스가 제시하는 이유에서 파레시아스트로서의 소크라테스의 초상이 묘사되고 있다고 생각합니다. 그리고 이 대목에서 파레시아**라는 말이 사용됩니다.

우선 니키아스가 소크라테스의 게임을 받아들이는 이유는 다음과 같습니다.

니키아스 제겐 어르신께서 다음과 같은 사실을 모르고 계신다고 여겨집니다. 누구든지 소크라테스 선생과 매우 가까이 지내면서 대화를 하며 교제하는 사람은hos an eggutata Sôkratous ê logô, hôsper genei, kai plêsiazê dialegomenos, 혹 그가 먼저 뭔가 다른 주제로 대화를 시작했더라도, 계속해서 이 사람에게 말로 이리저리 끌려 다니지 않

---

* 수고: 한편으로는 특정한 기술을 갖고 있다고 주장하며 그것을 가르친다고 주장하면서도 동시에 실제 삶에서는 그들 자신을 위해 그 기술을 적용할 수 없는 사람들은 믿을 수 없다. 이러한 질문은 플라톤의 초기 대화편들에서 매우 빈번하게 나타난다. 그리고 이러한 문제와 정치적 파레시아의 문제 간의 관계를 볼 수 있다.
1) 가장 훌륭한 시민들일 수 있는 자, 도시국가를 지도할 수 있는 자를 규정하기 위해 리시마코스와 〔멜레시아스〕는 교육의 문제에 다다른다.
2) 그리고 교육 영역에서 동일한 문제가 나타난다. 누가 진실을 말할 수 있는가? 또 누가 교육 행위의 형식하에서 진실을 말할 수 있는가?
이 문제를 해결하기 위해 그들은 소크라테스에게 도움을 요청하여 무술 전문가들을 교육하는 가장 좋은 방법에 대한 그의 의견을 묻기로 한다.
** 푸코는 "파레시아스트라는 말"이라고 말하지만, 사실은 《라케스》의 답변과는 다소 거리가 있는 파레시아라는 말이 관건이다(188e).

을 수가 없을 터인데, 결국 지금 자신이 어떤 방식으로 살아가고 있는지 해명하고mê pauesthai hupo toutou periagomenon tô logô, prin an empesê eis to didonai peri hautou logon, 어떻게 지난 삶을 살았는지 자신에 관해 hontina tropon nun te zê kai hontina ton parelêluthota bion bebiôken 해명하는 상황에 걸려들 때까지 그렇게 될 거라는 겁니다. 그리고 그가 걸려들고 나면, 이것들을 모두 훌륭하게 잘 시험해보기 전까지는prin an basanisê tauta 소크라테스 선생이 먼저 그를 놔주지 않을 거라는 거죠. 그러나 저는 여기 이 사람에게 익숙해져 있으며, 또한 이 사람에 의해 사람들이 이런 일들을 겪을 수밖에 없다는 것도 알고 있습니다. 더 나아가 저 자신이 이 일들을 겪을 거라는 점도 잘 알고 있습니다. 리시마코스 님, 사실 저는 이 사람과 교제하고 있어서 기쁩니다. 또한 그리 훌륭하지 않게 행했거나 행하고 있는 것을 상기하는 건 전혀 나쁜 일이 아니라고 생각합니다. 아니, 오히려 남아 있는 삶을 위해 미리 생각을 기울일 수밖에 없다고 생각합니다. 이러한 일들을 피하지 않고, 솔론의 말에 따라 살아 있는 한 배우기를 원하며 가치 있게 여기는 사람이라면, 그리고 노령이 분별력을 갖고 자신에게 다가오는 것은 아니라고 생각하는 사람이라면 말이죠. 그러나 저로서는 소크라테스 선생에게 시험받는 것이 생소할 것도 불쾌할 것도 전혀 없습니다. 오히려 저는 벌써 오래전부터 대강 알고 있었지요. 소크라테스 선생이 참석하게 되면 우리 논의는 청년들에 관해서가 아니라 우리 자신에 관해 이루어질 거라는 점을 말입니다. 그래서 제가 말씀드렸듯이, 저는 소크라테스 선생이 원하는 방식대로 소크라테스 선생과 함께 시간을 보내는 데 어떤 이의도 없습니다. 하지만 여기 라케스가 이와 같은 것에 대해 어떤 마음을 품고 있는지를 보시지요.[23]

소크라테스에 대한 니키아스의 이 발언에서 소크라테스의 방식에 대한 분석, 아니 오히려 청자, 보다 정확히는 대화 상대자의 관점에서 본 파레시아 게임에 대한 분석을 보실 수 있으리라고 생각합니다. 소크라테스의 파레시아 게임은, 진실을 알고 있어서 진실을 말하기 원하며 진실을 말할 수 있을 만큼 충분히 용기 있다고 여겨지는 연사가 자신이 말하는 진실을 통해 민회를 설득하려 했던 정치적 영역과 정치적 무대에서 우리가 마주쳤던 파레시아 게임과 대단히 다르다는 것을 알 수 있습니다. 첫째로 이 대화에서 우리는 개인과 개인의 대면 관계를 전제하는 파레시아 게임을 보게 됩니다. 이 인용문의 서두에서 이 점을 볼 수 있습니다. 니키아스는 "제겐 어르신께서 다음과 같은 사실을 모르고 계신다고 여겨집니다. 누구든지 소크라테스 선생과 매우 가까이 지내면서 대화를 하며 교제하는 사람은…"이라고 진술하고 있습니다. 여기에는 한 가지 문제가 있는데, 그 이유는 필사본 원전의 상태가 그다지 좋지 않기 때문입니다(logô hôsper genei가 종종 가필로 간주되기 때문입니다).* 원문은 hos an eggutata Sôkratous ê logô, hôsper genei, kai plêsiazê dialegomenos입니다. 프랑스어 번역판(Budé판)은 logo hôsper genei를 보존하고, 거기에 형편없지는 않지만 조금 작위적인[24] 의미를 부여합니다. 위의 문장을 문자 그대로[25] 해석하면 다음과 같습니다. 요컨대 "소크라테스와 아주 가까운eggutata Sôkratous 자, 소크라테스와 혈통genos의 측면에서 가까운 것과 마찬가지로 로고스의 측면에서도 가능한 한 가까운logô hôsper genei"자입니다. 이 해석은 좀

23   플라톤, 앞의 책(Platon, Lachès, 187e-188c, op. cit., p. 103)
*   푸코가 인용한 영역판은 이 가필 부분을 반영하지 않은 반면, Alfred Croiset의 프랑스어판에서는 이 가필 부분을 반영했다. 그래서 우리도 프랑스어판에 맞췄다.
24   푸코는 프랑스어 tirée par les cheveux(견강부회, 제 논에 물 대기)로 표현한다.
25   푸코는 프랑스어 mot à mot로 표현한다.

과장됐습니다. (…) 이어서 "kai plêsiazê dialegomenos, 요컨대 소크라테스에게 dialegomenos, 즉 대화를 통해 접근하는 자"가 옵니다. Logô hôsper genei는 차치하더라도 이 게임은 소크라테스와 그의 대화 상대자들 간의 친밀성과 서로 간의 상호 접촉(교류)을 전제로 한다는 것을 알 수 있습니다. Plêsiazesthai는 '성관계를 갖는다'는 의미를 갖고 있지만, 여기서 그런 의미로 사용된 것은 아닙니다. 여기서 중요한 것은 두 사람이 관계를 맺는다는 사실입니다. 여기서 plêsiazesthai는 '(어떤 사람의) 모임의 회원 되기, 누군가를 추종하기, 어떤 사람의 지지자 되기'를 의미합니다. 소크라테스의 게임을 할 경우, 여러분은 소크라테스와 접촉해야 하고, 그와 친밀감을 형성해야 하며, 그와 관계를 맺어야 합니다. 이것이 첫 번째 요점입니다.

둘째, 이와 같은 파레시아 게임에서 청자, 대화 상대자가 소크라테스의 로고스에 이끌리는 것을 알 수 있습니다. Mê pauesthai hupo toutou periagomenon tô logô, 다시 말해서 그는 소크라테스의 담론에 이끌린다는 것입니다. 이러한 관점에서 볼 때, 대화 상대자는 수동적 역할을 담당하고, 수동적 위치에 있습니다. 그러나 소크라테스의 말을 듣는 대화 상대자의 수동성은 의회의 청중이 갖는 수동성과는 다릅니다. 정치적인 파레시아 게임에서는 수동성이, 청중으로 하여금 그가 듣는 바에 의해 설득당하도록 하는 반면, 소크라테스의 파레시아 게임에서 대화 상대자는 소크라테스의 로고스에 의해 이끌립니다. 그런데 그는 무엇으로 이끌리는 것일까요? Prin an empesê eis to didonai peri hauton logon, 요컨대 자기 자신의 삶에 대해 설명하는 logon didonai 단계로 이끌립니다. 그 결과, 소크라테스의 로고스는 청자를 이끌어가는 로고스, 청자로 하여금 자기 자신의 삶을 설명하도록 유도하는 로고스, 청자 자신의 삶에 로고스를 부여하도록 유도하는 로고스입니다. 그러면 청자는 어떻게 자기 자신의 삶에 로고스를 부여하는 것일까요? 《라케스》에는 이렇게 쓰여 있습니다. "그는 계속해서 이 사람에게 말로 이리저리 끌려 다니지 않을 수가 없을 터인데, 결국 지금 자신이 어떤 방식으로 살아가고 있는지 해명하고, 어떻게 지난 삶을 살았는지 자신에 관해 해명하는 상황에 걸려들 때까지 그렇게 될 거라는 겁니다." 그리고 조금 뒤쪽에서 다음과 같은 구절을 볼 수 있습니다. "리시마코스 님, 사실 저는 이 사람과 교제하고 있어서 기쁩니다. 또한 그리 훌륭하지 않게 행했거나 행하고 있는 것을 상기하는 건 전혀 나쁜 일이 아니라고 생각합니다."

우리는 이 구절을 그리스도교 문화의 눈으로, 혹은 안경을 통해 들여다보는 경향이 있습니다. 그래서 소크라테스의 파레시아 게임을 소크라테스가 지도하는 제자가 과거의 자기 생활을 설명해야 하거나 자신의 과오를 고백해야 하는 그런 실천으로 해석하는 경우도 있습니다. 그러나 이런 해석은 이 텍스트의 진정한 의미를 놓치는 해석입니다. 사실 이 구절을 《소크라테스의 변론》, 《알키비아데스》 그리고 《고르기아스》와 같은 플라톤의 다른 대화편들에 나오는 소크라테스의 게임에 대한 묘사와 비교해보면, 소크라테스와 더불어 어떤 사람이 소크라테스의 담론, 소크라테스의 로고스에 이끌리는 것은 곧 자기 자신에 대해 설명해야 하는 것이라는 관념을 종종 발견할 수 있는데, 우리는 여기서의 문제가 '자서전*'이 아니라는 것, 죄나 과오를 고백하는 것이 결코 아니라는 것을 분명히 알 수 있습니다. 소크라테스에 대한 플라

---

*　　수고에서 따옴표 안에 들어가 있다.

톤 대화편, 소크라테스에 대한 크세노폰의 묘사 그 어디서도 우리는 한 사람의 삶에 대한 자서전적 설명과 유사한 그 어떤 것도 발견할 수 없으며, 죄나 과오 혹은 그와 유사한 것에 대한 고백이나 고해와 같은 것은 전혀 발견할 수 없습니다. 설명한다는 것 didonai logon은 명시적 의미를 갖고 있습니다. 소크라테스가 비오스에 대해 물음을 던질 때 그는 어떤 이야기를 요구하는 것이 아니라, 삶을 조직하고 삶에 형태를 부여하는 합리적 담론, 그것을 통해 어떤 사람이 자신이 행하는 바와 행한 바를 정당화할 수 있는 합리적 담론에 대해 물음을 던지는 것입니다. 자기 자신의 삶을 설명하는 것 didonai logon은 자기 자신의 삶을 이야기하는 것이 아니라 자신이 활용할 수 있는 합리적 담론인 로고스와 자신이 사는 방식 간에 관계가 있다는 것을 명백히 할 능력이 있는지 없는지를 보여주는 것입니다. 소크라테스의 탐색은 인생의 사건들에 골몰하는 것이 아니라 삶, 삶의 양식으로서의 비오스와 로고스 간의 관계에 골몰합니다. 그것은 이 텍스트가 말하고 있듯, 삶에 트로포스 tropos(형태)를 부여하는 바에 관한 탐색입니다. 이 점은 나중에 이 동일한 대화에서 대단히 명확하게 설명되어 있습니다. 예를 들면, 소크라테스는 라케스에게, 그가 전쟁에서 세운 무훈담을 이야기하거나 자신의 약점을 설명하기를 원하는 것이 아니라, 그의 용기의 이유를 말하기를 바랍니다. "선생님은 용감합니다. 모든 사람이 선생님이 용감하다는 것을 알고 있고, 선생님은 실제로 용감했다는 것을 증명해 보이셨습니다"라고 소크라테스는 라케스에게 말합니다. 그리고 "그런데 선생님께서는 이 용기를 설명하실 수 있습니까? 이 용기에 합리적이고 이해 가능한 형태를 부여할 수 있는 로고스를 보여주실 수 있습니까?"라고 묻습니다. 이것은 사람들에게 그들의 삶을 설명해보라고 요구하는 소크라테스의 역할이고, 이 역할은 《라케스》에서 바사노스basanos의 역할로 기술되어 있습니다. 바사노스 혹은 바사니제인basanizein이라는 말은 prin an basanisê tauta에서 발견됩니다. 이것은 "능란하게 모든 것을 시험하기 전까지"로 번역됩니다. 그리스어 바사노스는 '시금석'입니다. 이 돌 덕분에 금의 진위가 밝혀질 수 있습니다. 소크라테스는 바사노스인데, 왜냐하면 소크라테스 덕분에 로고스와 비오스가 맺는 관계가 어떤 것인지를 정확히 알 수 있기 때문입니다. 합리적이고 덕 있어 보이는 비오스 혹은 로고스는 실제로 그러한 것일까요? 소크라테스의 시금석 역할에 힘입어 사람들은 그 시험을 할 수 있게 되는 것입니다.[26][*]

서로 대면하는 개인적 관계, 자신에 대한 설명, 다시 말해 비오스와 로고스의 관계가 무엇인지 보고, 다음으로 바사노스로서의 소크라테스의 역할을 정의한 후, 니키아스는 자신의 발언 후반부에서 소크라테스가 한 점검의 결과로 사람들은 남은 생애를 영위하는 방식에 대해 고심할 마음이 생기고, 이제 최선을 다해 살기를 원하는 마음이 생겼다고 설명합니다. 그리고 이러한 열망은 나이에 구애받음 없이 배우고 자신을 양성하려는 열망의 형태를 취하게 됩니다. 소크라테스의 이러한 시험에 힘입어 사람들

---

26 푸코는 〈진실의 용기〉 1984년 2월 22일 강의에서도 《라케스》에서 소크라테스가 담당하는 '시금석'의 역할을 강조한다. Cf. CV, p. 133-143. 또한 이 책 43쪽, 각주 26을 보라.

* 〔FS 각주〕플라톤, 《고르기아스》(Platon, Gorgias, 486a-487a, op. cit.): "─소크라테스: 공교롭게도 내가 금으로 된 혼을 가졌다면, 칼리클레스, 사람들이 금을 시험하는 데 사용하는 저 돌들 가운데 하나를, 그것도 가장 좋은 것을 내가 발견하게 되어 좋아할 거라고 생각하지 않나? 그래서 그것에다 나의 혼을 갖다 대고 시험했을 때, 혼이 보살핌을 잘 받았다고 그것이 나에게 동의해주면, 나는 만족스러운 상태에 있으며, 더 이상 다른 시험이 전혀 필요 없다는 것을 마침내 내가 잘 알게 될 거라고 생각하지 않는가? ─칼리클레스: 왜 그런 질문을 하십니까? ─소크라테스: 자네에게 말하지. 지금 나는 자네를 만나 그런 종류의 횡재(시금석의 발견)를 했다고 믿네. ─칼리클레스: 어째서요? ─소크라테스: 나의 혼이 의견을 갖는 것들에 대해 자네가 나에게 동의해준다면, 바로 그것들이 결국 진실이라는 것을 알게 되기 때문이지. 올바르게 사는 혼과 그렇지 않은 혼을 충분히 시험하고자 하는 자는 자네가 가진 지식과 호의와 솔직함, 이 세 가지를 모두 가져야 한다는 생각에서 하는 말이네."

은 로고스와 비오스 간의 관계, 자신의 삶과 합리적 원리 간의 관계가 어떤 것인지 분별하게 되고, 무엇인가를 배울 수 있게 되거나 배우려고 노력하게 됩니다. 그리고 이제 이러한 마테시스와 파레시아의 관계는 청년에서 장년에 이르기까지 뭔가를 배우려는 항상적 태도, 항상적 의지의 형태를 갖게 됩니다.[*]

이제 라케스가 발언하는데, 그 발언은 소크라테스의 파레시아 게임을 다른 관점에서 제시합니다. 그것은 청자의 관점이 아니라 소크라테스 자신의 관점인데, 왜냐하면 다음과 같은 문제가 제기되기 때문입니다. 문제는 소크라테스 자신이 청자의 삶에서 비오스와 로고스를 시험할 수 있는 훌륭한 바사노스임을 어떻게 확신할 수 있는가와 관련해 발생합니다.

라케스 니키아스, 나야 논의(담론)에 관해 단순하오. 하지만 이렇게 말해도 된다면 단순하지 않고 이중적이오. 어떤 사람에겐 내가 논의를 좋아하는 사람으로 여겨지는가 하면, 또 논의를 싫어하는 사람으로도 여겨질 수 있기 때문이오. 그 까닭은 이렇소이다. 나는 어떤 사람이 덕에 관해서나 어떤 지혜에 관해 대화를 나누고 있는 것을 들을 경우, 그가 진짜 사람이고 자기 말값을 하고 있다면 엄청나게 기뻐하오. 말하고 있는 자와 그자가 하는 말이 서로 잘 맞고 조화를 이루고 있는 것을 함께 보면서 말이지요. 그리고 내겐 그와 같은 사람이 딱 음악적인 사람이라 여

---

[*] 수고: 이 텍스트에서 중요한 것은, 제도의 영역에서 이용되는 수사학적 작용과 정치적 삶의 영역에서 이용되는 수사학적 작용이 반대로 되어 있다는 점이다.
   - 일상적 방식(jeu)에서 발언자는 진실을 말한다고 여겨지고, 청자는 설득된다고 여겨진다. 청자는 들음으로써 진실을 배운다.
   - 소크라테스의 방식에서는 청자가 말한다. 그는 자기 자신에 관해 말하며, 합리적 담론의 원칙들을 자기 고유의 삶의 양식과 대면시킨다. 그리고 이때 자기 고유의 삶, 그가 배워야 하는 종류의 것을 didonai logon(설명)할 수 없음을 알게 된다.

겨지는데, 그는 가장 아름다운 음계를, 리라나 놀이 악기가 아니라, 실제로 자기 자신의 삶을 말과 행동이 일치하는 상태로 조율해낸 사람입니다. 순전히 도리스 선법으로 말이오. 이오니아 선법이나 프리기아 선법, 리디아 선법이 아니라, 유일한 그리스적 음계인 바로 그 도리스 선법으로 말이오. 그래서 그와 같은 사람은 말을 할 때 나를 기쁘게 하며, 누구에게든 나를 논의를 좋아하는 사람으로 여겨지게 합니다 ─그처럼 열렬히 나는 그가 말하는 것들을 받아들인다오─. 반면 이와 반대로 행하는 자는 나를 고통스럽게 하는데, 그자가 말을 더 잘한다고 여겨질수록 그만큼 나를 더욱 고통스럽게 하여, 이번에는 나를 논의를 싫어하는 사람으로 여겨지게끔 합니다.

그런데 나는 말이오, 소크라테스 선생의 말들은 겪어보지 않았으나 이전에 그의 행위들은 경험했던 것 같고, 거기서 나는 그가 훌륭한 말들과 온갖 솔직한 발언을_{axion onta logôn kalôn kai pasês parrêsias} 할 자격이 있다는 걸 알았다오. 그러니 그가 이러한 면까지 갖추고 있다면 나는 이 사람과 한마음이 될 겁니다. 그리고 나는 그와 같은 사람에게서 아주 즐거이 검토받을 것이고, 배우는 것에 짜증 내지도 않을 겁니다. 오히려 나 역시 솔론에게, 한 가지만 덧붙여, 동의합니다. 늙어가면서는 많은 가르침을 오직 훌륭한 사람들한테서만 받고 싶기 때문입니다. 자, 솔론도 이 점에서 내게 동의하게 하시지요. 가르치는 사람 자신도 훌륭한 사람이라는 점을 말입니다. 내가 배움을 싫어해 더디 배우는 자로 보이지 않도록요. 그런데 가르치고 있는 자가 나이가 더 어리거나 아직 명성이 없거나 그와 같은 다른 어떤 상황이라 하더라도, 그건 내게 아무 상관없소. 그러니 소크라테스 선생, 나는 말이오, 선생 마음 내키는 대로 나를 가르치고 논박하라고 제안하겠소. 또 내가 아는 것을 배우라고도 제안하겠소. 선생은 그날 이후 내게 그렇게 생각되고 있소이다. 그날 선생은 나와 위험을 함께 헤쳐 나왔고, 선생의 용맹함의 증거를 보여주었소. 제대로 보여주고자 하는 사람이 보여주어야만 하는 그 증거를 말이오. 그러니 우리 나이를 개의치 마시고, 선생 하고 싶은 대로 말씀하시지요.[27]

이상 라케스의 말이었습니다. 이 발언은 소크라테스에게 다른 사람들의 삶의 바사노스 역할을 담당할 수 있는 자격을 부여하고, 타인들에 의해 그들 삶의 바사노스로 받아들여질 수 있는 가시적 기준, 개인적 자질이 무엇인지에 대한 문제에 답하고 있습니다. 소크라테스는 그다지 유명하지도 않았고, 특출한 시민에 속하지도 않았으며, 또 군사 교육과 관련해 라케스가 총사령관이었던 전투[28]에 참여한 것을 제외하곤 어떤 특별한 능력도 갖고 있지 않았다는 것, 니키아스와 라케스보다도 젊었다는 것을 우리는 《라케스》 초반부에 이미 주어진 정보들을 통해 잘 알고 있습니다. 그렇다면 왜 유명한 두 장군이 소크라테스의 게임을 받아들이는 걸까요? 라케스가 이 문제에 답합니다. 늙은 군인으로서 라케스는 그다지 영리하지 않아 보이고, 정치적이거나 철학적인 토론에 별로 관심이 없어 보입니다. 라케스가 소크라테스의 게임을 하는 데 동의한 이유는 소크라테스의 말과 그의 행동 사이에 조화로운 관계가 존재하기 때문입니다. 니키아스의 발언의 주제 역시 로고스와 비오스의 관계의 문제였다는 것을 기억하실 겁니다. 니키아스의 발언에서 소크라테스의 게임은 사람들이 자기 자신

---

27   플라톤, 《라케스》, 한경자 옮김, 이제이북스, 2014〔Platon, *Lachès*, 188c-189c, *op. cit.*, p. 103-104〕.

28   기원전 424년의 델리온 전투를 말한다.

의 삶을 설명할 능력이 있는지 여부의 문제였습니다. 소크라테스는 자기 자신의 삶을 설명할 능력이 있습니다. 아니, 오히려 그는 자신의 삶을 설명할 필요조차 없습니다. 왜냐하면 그가 말하는 바와 행하는 바 사이에는 어떤 부조화도 없음이 명백해 보이기 때문이죠. 소크라테스는 mousikos anêr입니다. 이 말의 의미는 대단히 흥미롭습니다. 그 이유는 그리스 문화에서, 또 다른 대부분의 플라톤의 대화편에서 mousikos anêr는 교양을 갖춘 자를 지시하기 때문입니다. 여기서 mousikos anêr는 존재론적 조화를 갖춘 자인데, 그 이유는 그의 로고스와 비오스가 조화로운 관계에 있기 때문입니다. 그리고 이 조화는 단순한 조화가 아니라 훌륭한 조화입니다. 그리스의 조화에는 네 종류가 있습니다.[*] 플라톤은 리디아식 조화를 혐오하는데, 그 이유는 너무 우아하기 때문입니다. 그는 프리기아식 조화도 경멸하는데, 그 이유는 이 조화가 정념들의 조화였기 때문입니다. 이오니아식 조화는 여성스럽습니다. 그리고 도리아식 조화는 남성적이고 용맹한 조화입니다. 바로 이런 종류의 조화(도리아식 조화 - 옮긴이)를 소크라테스가 현시하는데, 그는 이 조화를 라케스가 지휘했던 (델리온 - 옮긴이) 전투에서 그가 보여준 용기를 통해 현시했습니다.

바로 이런 이유 때문에 라케스는 소크라테스에 대해 "logôn kalôn kai pasês parrêsias. Axion onta logôn kalôn kai pasês parrêsias"할 능력이 있다고 말합니다. 이를 번역하면, "그는 가장 훌륭한 언어와 가장 완전한 발언의 자유를 구가할 능력이 있는 사람이라고 생각한다"입니다. 더 정확히 말해, 이 구절은 소크

---

[*]　　〔FS 각주〕플라톤, 《플라톤의 국가·정체》; 아리스토텔레스, 《정치학》, 천병희 옮김, 숲, 2009 〔*Cf.* Platon, *La République*, III, 398c-399e, *op. cit.*; Aristote, *Les Politiques*, VIII, 7〕참조.

라테스가 자신의 삶 속에서 조화를 현시하기 때문에 우선 logoi kaloi, 훌륭한 담론을 행할 능력이 있고—여기서 '훌륭한'은 '윤리적 가치를 갖춘', '합리적인' 등을 의미합니다—, (다음으로) 자기 자신을 위해 파레시아를 받아들일 능력이 있다는 것입니다. 이것은 그가 하는 말이 곧 그의 생각이고, 또 그가 생각하는 것이 곧 그가 행하는 것임을 의미합니다. 이상이 파레시아의 첫 번째 양상입니다. 그래서 결국 라케스는 청년은 아니지만 자신보다 훨씬 나이 어린 소크라테스에게 자문을 구하는 데 동의합니다. 그리고 자신은 장군이고 소크라테스는 도시국가에서 거의 무명의 인물이지만, 소크라테스의 질문에 답하고 치열한 심문을 받을 것에 동의합니다.[*] 바로 이런 이유들 때문에 소크라테스는 그의 대화 상대자들에 의해 파레시아스트로 인정받습니다.

이 모든 것과 관련해 몇 마디 덧붙이겠습니다. 이러한 소크라테스의 파레시아 게임은 정치적 영역에서 발견되는 파레시아 게임과 많은 차이가 있고, 또 몇몇 유사성과 유연성도 있음을 말해줍니다. 여기서도 파레시아스트적 인물은 정치적 영역에서의

---

[*]   수고: 라케스가, 소크라테스에 관한 자신의 단언을 강화하기 위해 소크라테스가 전투에서 보여준 용기를 예로 들고 있다는 사실에 주목해보면 흥미롭다. 그리고 이 예는 대단히 중요하다.
a) 라케스는 그의 용기 때문에 칭송을 받았다. 라케스는 장군이기 때문에 소크라테스의 용기를 가장 잘 평가할 수 있는 사람이다.
b) 지금 벌어지고 있는 토론에서의 문제는 용기의 본질이다.
c) 우리가 알고 있듯, 용기는 파레시아에 필수적이다.
이런 이유로 라케스는, 소크라테스가 아주 아름다운 것들을 말할 수 있고, 또 파레시아를 사용할 수 있을 것이라 여긴다고 매우 명백하게 말한다. 이러한 점들을 통해 보면, 파레시아를 통해 라케스가 말하고자 하는 바는, 소크라테스의 담론들은 그 자신의 삶에 뿌리를 두고 있고, 또 그의 삶에 의해서 보증된다는 사실이다.
소크라테스의 삶은 다음의 것들을 보여준다.
   - 소크라테스가 솔직하다는 것.
   - 소크라테스가 진실을 말한다는 것(왜냐하면 그것은 진정한 삶 속에서 일어나기 때문에).
   - 소크라테스가 그가 말하는 아름다운 것들과 일치하는 삶의 양식과 품행의 유형(을 드러낼 용기를 갖고 있다)는 것.
그래서 (라케스는) 다음과 같이 결론내리며 파레시아 게임을 받아들인다. 여전히 배울 것이 아주 많은 라케스 스스로에 의해 가능한 발견과 치열한 질문.

파레시아스트와 여전히 같다는 것을 알 수 있습니다. 여기서 파레시아스트적 인물은 늘 일정한 발언 행위, 일정한 언행을 통해 진실을 출현시킬 능력이 있는 자입니다. 그리고 그는 발언의 측면에서 용기 있을 뿐만 아니라 삶에서도 용기 있고, 비판적으로 대화 상대자의 의견과 과감히 맞설 수 있으며, 필요시에 그 의견을 비판할 수 있기 때문에 진실을 출현시킬 수 있습니다. 하지만 〔소크라테스의 파레시아—옮긴이〕 게임은 〔정치적인〕 파레시아 게임과 조금 다릅니다. 그 차이점은 우선 두 개인 간의 사적인 관계가 문제시된다는 데 있습니다. 그리고 우리가 정치적 맥락에서 로고스와 진실 사이에서, 혹은 진실과 용기 사이에서 검토한 이 관계 말고도 새로운 요소, 다시 말해 비오스가 출현합니다. 이제 비오스는 파레시아의 핵심 요소로 등장합니다. 정치적 파레시아 게임에서는 〔한편에는〕 진실을 아는 것으로 추정되고 자신에게 위험함에도 불구하고 진실을 말해야 하는 자가 있고, 다른 한편에는 청중이 있었습니다. 여기〔소크라테스의 파레시아 게임—옮긴이〕에는 뭔가 다른 것이 있습니다. 두 사람밖에 없지만, 로고스, 진실, 용기 그리고 두 사람 각자의 비오스가 있습니다. 말하는 자, 즉 소크라테스의 입장에서 비오스와 로고스의 관계는 그에게 파레시아스트 역할을 할 수 있게 해주는 조화로운 관계입니다. 반면, 듣는 자, 즉 대화 상대자의 입장에서 비오스와 로고스의 관계는 불확실한 관계입니다. 왜냐하면 대화 상대자는 자신의 삶을 설명해야 하고, 자신의 삶이 로고스에 부합하는지 아닌지 보여줘야 하기 때문입니다. 이런 의미에서 파레시아 게임의 작업, 표적, 목표는 로고스에 부합하는 삶으로 대화 상대자를 이끌어가는 것입니다.[*] 로고

---

[*]   수고: 그리고 파레시아 게임은 청중, 제자가 얼마나 그의 비오스와 로고스를 조화시킬 수 있는

스와 비오스의 조화로운 관계는 한편으로 소크라테스의 파레시아스트 역할의 가시적 기준이고, 또 동시에 파레시아 기능의 가시적 기준이기도 합니다. 다른 한편으로 로고스와 비오스의 조화로운 관계는 파레시아스트 활동의 최종적 목표, 표적입니다. 이런 관점에서 파레시아스트는 도시국가의 **훌륭한**[*] 지도자가 될 수 있는 자가 아닙니다. 이제 파레시아스트는 진정한 바사노스일 수 있는 자입니다. 이것은 그가 자신 안에 대화 상대자에게 시험해봐야 할 자질들을 갖추고 있음을 의미합니다. 자기 자신이 진실과 맺는 관계인 바가 타자의 삶 내의 진실과의 관계인 바를 출현시킬 가능성을 그에게 부여합니다.[**]

〔강의를 – 옮긴이〕 여기서 마치려고 하는데요, 〔그전에〕 한두 가지만 지적하고 싶습니다. 에우리피데스의 《이온》에서 우리는 신과 인간의 관계 속에서 로고스와 게노스, 진실과 태생 간의 게임의 형태로 파레시아가 문제화되는 것을 보았습니다. 그리고 우리는 파레시아의 문제화가 로고스와 게노스 간의 게임이 아니라 로고스와 노모스, 즉 진실과 법 간의 게임으로 제기되는 것을 보았습니다. 그리고 우리는 정치 제도의 영역에서, 구체적으로 법 앞에서의 시민의 평등을 의미하는 이소노미아 영역에서 파레시아가 어떻게 문제화됐는지를 살펴보았습니다. 전자의 경우, 파레시아는 훌륭한 혈통을 가진 시민들의 권리로 간주되는 반면, 정치 영역에서의 파레시아는 이제 훌륭한 지도자의 개인적 자질로 간주

지, 혹은 없는지를 드러내는 것을 그 목적으로 한다.

[*]   수고에서 강조되어 있다.

[**]   수고: 《고르기아스》에는 바사노스로서의 소크라테스의 또 다른 성격 규정이 있다. 그리고 소크라테스는 바사노스이기 위해서는 파레시아와 에피스테메 그리고 에우노이아를 가져야 한다고 아주 명확하게 설명한다.[29]

29   플라톤, 《고르기아스》(Platon, *Gorgias*, 486d-487b, *op. cit.*, p. 166-167). 이 책 41-43쪽과 42쪽의 각주 25, 43쪽의 각주 26을 보라.

됩니다. 이제 소크라테스와 더불어 파레시아에 대한 세 번째 유형의 문제화를 볼 수 있는데, 여기서 파레시아는 로고스와 비오스 간의 게임으로 문제화됩니다. 로고스와 게노스가 문제인 것도 아니고, 로고스와 노모스가 문제인 것도 아닙니다. 문제는 로고스와 비오스입니다. 그리고 이 문제는 두 개인 간의 사적 관계와 교육적 관계의 영역에서 발견됩니다. 이 파레시아는 좋은 가문 시민들의 권리도 아니고, 훌륭한 정치 지도자의 개인적 자질도 아닙니다. 그것은 타인들의 삶의 시금석으로 기능할 수 있는 바사노스의 존재론적·윤리적 자질입니다. 첫 번째 사례인 에우리피데스의 《이온》에서 파레시아는 신의 침묵과 대립합니다. 두 번째 사례인 정치적 문제계에서 파레시아는 대중의 의지나 다수의 바람에 아첨하는 자들과 대립합니다. 그리고 이제 세 번째 사례인 소크라테스의 파레시아 게임에서 파레시아는 자기에 대한 무지와 소피스트의 그릇된 가르침과 대립합니다. 여기서 명백히 나타나는 이 파레시아의 역할, 바사노스의 역할이 플라톤의 다른 텍스트들, 특히 《소크라테스의 변론》[30]에서는 《이온》에서 침묵을 지키던 신탁의 신, 포이보스가 소크라테스에게 부여한 임무로서 나타난다는 것은 무척 흥미롭습니다.

다음 강의에서 보여드리고 싶은 것은, 플라톤주의에서 문제가 되는 것이 정치적 파레시아와 윤리적 파레시아 간의 일치, 로고스와 노모스 간의 정치적 게임과 로고스와 비오스 간의 윤리적 게임 간의 일치의 가능성을 한정하는 것이 되리라는 점입니다. 반면, 소크라테스로부터 파생된 견유학파의 전통에서 노모

---

30   플라톤, 《소크라테스의 변론》(Platon, *Apologie de Socrate*, 20e-23e et 29b-31c, *op. cit.*, p. 144-147 et 156-159). 푸코는 〈진실의 용기〉 1984년 2월 14일 강의에서 델포이의 신(아폴론)이 소크라테스에게 부여한 이 '파레시아의 임무'에 대해 더 심층적으로 분석한다. *Cf. CV.* p. 74-83.

스와 비오스의 관계는 전면적인 대립 관계에 놓입니다. 아니, 보다 구체적으로 말해, 이 전통에서 견유주의 철학자는 파레시아 게임을 할 수 있는 유일한 자로 간주됩니다. 그리고 견유주의 철학자는 모든 종류의 정치 제도, 모든 종류의 노모스에 대해 항구적으로 부정적이고 비판적인 태도를 취하면서 이 게임을 해야 합니다.

질문 있으십니까?

용어에 관한 질문이 하나 있습니다. 게노스와 노모스가 뭘 뜻하는지 잘 모르겠습니다.

게노스는 종족, 가문으로, 이 말은 당신을 특징짓는 태생의 유형을 일컫습니다. 그리고 노모스는 법입니다.

선생님께서 지적하신 세 가지 사례에서 동일한 진실이 문제가 되는 겁니까?

동일한 진실이요? 아니요, 전혀요. 에우리피데스의 《이온》에서 진실은 전설적이고 신화적인 이 혈통입니다. 이온의 권리, 그리고 아테나이가 델포이와의 경쟁 상황에서 일종의 범그리스적 역할을 담당할 수 있는 권리도 바로 이 혈통에 기초하고 있습니다. 바로 이런 유형의 진실이 나타났어야 했던 것입니다. 정치적 파레시아 게임에서 로고스에 의해 폭로되어야 하는 진실은 도시국가에 유용하고 도시국가의 안녕을 확보할 수 있는 진실, 요컨대 sôzein tên polin입니다. sôzein은 '도시국가가 위험으로부터 벗어나는 일을 돕는 것'을 의미하고, 또 '도시국가를 그 고유의 존재

속에서 유지하는 것'도 의미합니다. 바로 이것이 〔정치적 파레시아 게임〕에서 〔진실된〕 담론이 담당하는 역할입니다. 그리고 여기〔소크라테스의 파레시아 게임〕에서 진실은 당연히 파레시아스트의 담론이 폭로하는 바인데, 그것은 한 사람의 진실입니다. 그러나 이 진실은 다양한 사건들 속에서 그의 삶이 어떤 것이었는지와는 관계가 없는 진실입니다. 한 개인의 삶의 진실은 그 삶이 진실과 맺는 관계이고, 또 그 삶이 진실을 인식하고 마테시스의 도움을 받아 진실을 인식하려고 노력하는 어떤 사람으로 구축되는 방식입니다. 그것은 소크라테스적 시금석과 치열한 소크라테스적 심문의 존재론적 대상입니다. 그렇기 때문에 진실은 〔여기서〕 존재론적 진실이지 정치적 진실이 아닙니다. 그것은 진실과 한 개인이 맺는 관계인 것입니다.

로고스의 경우도 그렇습니까? 로고스는 이 세 가지 사례에서 서로 다른 것일까요?

분명히 다릅니다. 첫 번째 사례의 경우, 로고스는 뮈토스muthos (신화)에 아주 가깝습니다. 두 번째 사례의 경우, 로고스는 어떤 담론에 훨씬 더 가깝고, 또 가장 중요한 문제는 정치 영역에서 수사학의 차이 혹은 용례가 무엇인지를 아는 것입니다. 세 번째 사례의 경우, 수사학의 문제는 배제되어 있는 것을 볼 수 있습니다. 완전하게 배제되어 있는 것은 아니지만, 소크라테스의 담론을 수사학과 구별하기 위한 논쟁의 맥락 내에 위치하고 있습니다. 소크라테스를 도울 수 있는 것은 수사학이 아닙니다. 소크라테스는 수사학을 시금석의 역할을 담당하기 위한 수단으로 사용할 수 없습니다.

이 세 형태의 파레시아는 엄격한 연대순의 변화에 따르고 있는 건가요?

아니요, 그렇지 않습니다. 에우리피데스는 5세기 말 직전에 작고했고, 소크라테스는 기원전 399년에 세상을 떠났습니다. 변화는 연대순을 따르지 않는데, 거기에는 여러 이유가 있습니다. 첫째, 정확한 연대기를 수립하기가 상당히 어렵습니다. 둘째, 고대 문화에서 사물, 관념, 주제의 영속성, 철학적 테마, 철학적 문제계의 영속성은 고대 이후보다 훨씬 더 강했습니다. 그리고 이 시대의 사료들은 거의 남아 있는 것이 없습니다. 에우리피데스의 작품에 나타나는 최초 [형태의 파레시아]는 그 이후에 유구한 전통을 남기지 않았다고 생각합니다. 정치적 파레시아의 문제는 제도의 변화와 헬레니즘 시대의 왕정의 발전으로 인해 점차 왕과 그의 조언자들 간의 사적 관계의 형태를 취하게 됐습니다. 그리고 이 경우, 당연히 도덕적 가치와 군주에 대한 도덕 교육의 문제는 소크라테스의 교육과 가까운 어떤 것으로 귀결됩니다. 그리고 소크라테스의 교육은 그가 죽고 난 후 견유주의자들과 다른 철학자들을 통해 아주 유구한 전통을 남겼습니다. 그러므로 [이 세 형태의 파레시아]는 거의 동시에 출현하여 표명됐으나, 사실 동일한 역사적 운명을 누리지는 못했습니다.

'로고스-진실-비오스'와 '로고스-진실-노모스', 이 두 3부작 간의 갈등을 선생님은 파레시아를 가지고 아테나이에 도전한 소크라테스의 운명의 예에서 보시는 건가요?

확신할 수는 없지만, 최근 몇 주에 걸쳐[31] 견유주의자들에

---

[31]   그러므로 푸코가 파레시아의 역사에서 중요한 의미를 갖는 계기로서 견유주의에 관심을 갖기 시작하는 것은 1983년 가을에 이르러서였다. 하지만 이로부터 몇 달 뒤에 이 '계기'는, 푸코가 보기에 훨씬 더 큰 중요성을 갖게 되고, 이때 푸코는 콜레주드프랑스 〈진실의 용기〉 강의의 후반부 절반을 견

대해 독서하면서 어떤 생각이 떠올랐습니다. 파레시아는 수 세기 동안 진정한 파레시아스트들이었던 견유주의자들에게 대단히 중요했지만, 그들에게 관건은, 항상 그런 것도 아니고, 끝까지 그런 것도 아니지만, 상당히 장시간 정치 제도에 대해 논쟁적 태도를 취하는 것으로 특징지을 수 있는 파레시아 게임을 수행하는 것이었다는 느낌을 갖게 됐습니다. 반면에 플라톤 혹은 플라톤을 통해 우리가 소크라테스에 대해 알 수 있는 바는 정치적 파레시아의 역할과 윤리적 파레시아의 역할을 일치시키려는 시도를 보여준다는 생각이 들었습니다. 철학적 로고스는 노모스와 어떤 종류의 관계를 맺을 수 있을 것인가의 문제 말입니다. 이 문제는 《소크라테스의 변론》, 《크리톤》에서 발견할 수 있고, 또 《국가》와 《법률》에서도 발견할 수 있습니다. 《법률》에는 아주 이상하고 흥미로운 구절이 있는데, 여기서 여러분은 파레시아라는 말을 발견할 수 있습니다. 이 구절을 기억하시는지 모르겠습니다. 이 구절은 청년들의 성적인 규율들에 대한 설명 바로 직전에 나옵니다. 플라톤은 이렇게 말합니다. 우리는 도시국가에서 훌륭한 법률이 하는 역할 〔곁에〕*서 만인에게 각자가 준수해야 할 도덕적 품행이 정확히 무엇인지를 말할 능력이 있는 자를 필요로 한다고 말입니다. 그리고 플라톤은 이자를 '파레시아스트'[32]라고 부릅니다. 입법자들과 법의 수호자들 곁에서 플라톤은 법률을 제정하거나 법률이 잘 적용되고 있는지를 감시하고 관찰하는 역할은 아니지만, 순

유주의에 할애하기로 결심했다. 사실 푸코는, 그때까지는 주로 에픽테토스의 《대화록》 III권 22장을 주해하면서 견유주의를 참조했었다. 거기서 에픽테토스는 자신의 철학적 입장에 의해 대단히 크게 영향받는 견유주의의 초상을 묘사한다. 이 텍스트에 대한 푸코의 여러 다른 주해를 살펴보려면 다음을 보라. SV, p. 117-118; 《주체의 해석학》, 174-175, 467쪽(HS, p. 134, 423); GSA, p. 318-320; CV, p. 267-278; 《자기 배려》, 182-183쪽(SS, p. 185-186).

*   들리지 않는 구절을 추측했다.

32   플라톤, 《법률》(Platon, Les lois, VIII, 835c, op. cit., p. 75). 이 책 40쪽, 각주 24를 보라.

전히 도덕적이고 윤리적인 영역에서 진실을 말하고 조언하는 역할을 담당하는 자의 필요성을 느낍니다. 그리고 이 사람은 '파레시아스트'라고 불립니다. 제가 아는 한 《국가》가 됐건 《법률》이 됐건 간에 플라톤이 〔법률〕*의 영역에서 정치적 인물로서 파레시아스트에 대해 논하는 구절은 이 구절뿐입니다.

선생님께서는 로고스와 비오스의 관계를 시금석으로서의 소크라테스 자신에 구체적으로 현전하는 것으로, 또 동시에 소크라테스의 대화와 방법의 목표로 설명하셨습니다. 이 두 양태, 요컨대 토대와 목표 간에는 모순이 존재하는 것은 아닐까요?

소크라테스의 게임은 라케스나 니키아스 같은 사람들이 용감함에도 불구하고 용기가 뭔지 알 수 있는 능력이 없다는 것을 보여주는 데 있습니다. 그들은 합리적으로 그들의 삶을 설명할 능력이 없습니다. 그러므로 로고스와 비오스 간에 조화로운 관계가 부재합니다. 바로 이것이 소크라테스 게임입니다. 그래서 문제가 되는 것은 왜 소크라테스가 이런 관점에서 그들의 삶이 조화롭지 못하다는 것을 타인들에게 인정하게 만들 수 있는 유일한 사람일 수 있는지를 아는 것입니다. 이 물음에 장군이었고 소크라테스가 얼마나 용감하게 행동할 수 있었는지를 본 라케스는 다음과 같이 대답합니다. "나는 소크라테스를 로고스와 비오스 관계의 시금석으로 받아들이겠는데, 그 이유는 그의 삶과 그가 하는 말이 조화롭다는 것을 내가 알고 있기 때문이다"라고 말입니다. 바로 이것이 이유입니다. 제가 이 점에 대해 명확히 설명드리

---

*   빠진 낱말을 추측했다.

지 않았을 수도 있지만, 바로 이것이 소크라테스와 소피스트의 차이입니다. 소피스트는 용기에 대해 미사여구, 즉 칼로이 로고이 kaloi logoi를 늘어놓지만, 자기 자신은 용기가 없습니다. 로고스와 비오스 간의 이러한 일치나 조화는 라케스의 관점에서 볼 때 파레시아스트의 자격으로 소크라테스를 받아들일 수 있는 이유가 되고, 늙은 장군인 그가 마치 어린아이처럼 치열한 심문을 받는 것에 동의합니다.

선생님은 《이온》에서 에우리피데스가 묘사하는 파레시아와 소크라테스의 파레시아를 구분하셨습니다. 하지만 《이온》에서 파레시아의 신탁적 기능은 소크라테스의 파레시아 기능과 대단히 유사하다고 생각됩니다. 이 둘은 어떻게 다른가요?

《소크라테스의 변론》에서 소크라테스가 자기 자신을 포이보스로부터 임무를 부여받은 사람으로 소개한다고 언급하는 것은 당연히 어떤 면에서 소크라테스가 신탁의 역할과 전적으로 다르다고만은 할 수 없는 역할을 담당하고 있기 때문입니다. 하지만 아주 현격하고 중대한 차이가 있다 해도, 적어도 양자에 공통적이라 할 수 있는 한가지 점이 있다고 생각합니다. 신탁적인 응답의 경우, 사람들은 자기 자신을 알지 못하는 상태에서, 자기 자신이 어떤 종류의 문제를 제기하는지를 알지 못하고, 신탁이 자신의 삶과 품행, 자신의 고유한 상황에서 어떤 의미를 갖는지를 알지 못하는 상태에서는 신탁의 수수께끼적이고 모호한 응답을 이해할 수 없다는 사실 말입니다.[33] 그러나 다른 한편으로 양자의

---

33   델포이 신전 합각에 새겨진 격언, '너 자신을 알라'에 대한 해석은 다음을 보라. 《주체의 해석

차이는, 신탁은 사람들에게 닥칠 일을 말해야 하는 반면, 소크라테스의 파레시아의 도움을 받아 사람들이 배우고 발견해야 하는 것은 자신의 현재 상태, 요컨대 미래와의 관계나 사건들의 연쇄와의 관계가 아니라 진실과 자신과의 관계라는 데 있습니다. 진실과의 또 다른 유형의 관계가 문제라는 것이죠.

아테나이 민주정에 대한 귀족파의 공격과 관련해 강의 초반부에 하신 말씀이 다시 생각납니다. 귀족파의 주된 생각은 아테나이 민주정 내에서 유일하게 행사되는 파레시아는 형편없는 파레시아라는 것입니다. 민주정을 수호하기 위해서는 파레시아스트의 비판이 경청되고 중시되는 이상적 도시국가를 상상할 수 있어야 한다는 것이죠. 또 다른 가능성은 민중과 도시국가 간의 근본적인 대립이 존재하지 않고 파레시아의 비판적 역할이 이 정도로 필요하지 않은 도시국가일 것입니다. 민중은 이른바 기술적인 조언만을 필요로 하는 도시국가 말입니다. 선생님께서는 이것이 진정한 대안들이라고 생각하십니까? 또 이 대안들이 당시에 민주정을 옹호하는 자들이 주장한 이상이라고 생각하십니까? 비록 그들의 글은 하나도 남아 있지 않지만 말입니다.

우리는 민주파들의 태도에 대해 거의 논의하지 않았습니다. 여러분 생각은 어떻습니까?

투퀴디데스의 저작에 나오는 페리클레스의 연설이 실제로 우리가 발견할 수 있는 것에 가장 가깝습니다.

학》, 41-43쪽〔HS, p. 5-6〕.

제가 여러분께 답변드릴 수는 없지만, 데모스의 의지, 데모스의 바람의 문제와 관련해 흥미로운 점은 "그것은 데모스의 의지 때문이다", "도시국가의 의지 때문이다"라고 말한 루소의 이론과 같은 정치적 이론이 여기에는 없다는 점입니다. 저는 이런 종류의 것이 있다고 생각하지 않는데, 그 이유는 데모스라는 개념이 대단히 모호한 개념이기 때문입니다. 적어도 대부분이 귀족과 전통으로부터 나온 이 텍스트에서는 말입니다. 데모스는 도시국가의 사람들에 해당하고, 가장 다수이기 때문에 〔그중에서도〕 가장 형편없는 부류의 사람들에 해당합니다. 이러한 생각은 그리스인들의 정신에 깊이 각인되어 있었습니다. 그리고 저는 '데모스의 의지이기 때문에 그것은 도시국가의 의지다'라는 뜻을 내포하고 있는 정치 이론이 존재했다고는 확신할 수 없습니다. 견유주의자들과 더불어 정치적 관점에서 아주 흥미로운 점을 볼 수 있는데, 이것은 아주 뒤늦은 시기의 일입니다. 시민들과 관련해 도시국가가 갖는 초월성은 고대 그리스 사유에서 본질적인 어떤 것이었습니다. 우리에게 도시국가는 무엇일까? 그것은 거기에 거주하는 사람 전체, 혹은 시민들 전체를 의미하는 것이 아닙니다. 이런 물음은 고대 그리스에서는 제기될 수도 없었습니다. 비록 〔…〕*이라도 도시국가는 뭔가 다른 것이었습니다. 우리는 아리스토텔레스 때문에 〔이 개념〕을 수정해야 할 것 같습니다. 하지만 아리스토텔레스는 고대 그리스 문화에서 하나의 〔예외적-옮긴이〕 괴물이었습니다. 왜냐하면 아리스토텔레스는 고대 그리스 문화를 대표하는 자가 아니기 때문입니다.[34] 하지만 파레시아에 대한 이 이론들

---

*   들리지 않는 단어.

34   다음을 참조하라. 《주체의 해석학》, 61쪽(HS, p. 19): "(…) 아리스토텔레스는 고대의 정점이 아니라 고대의 예외입니다." 또한 《비판이란 무엇인가? 자기수양》, 〈불문과에서의 토론〉의 각

내에서 데모스가 자신의 의지를 도시국가에 강요할 수 없었다는 것은 분명한 사실입니다.

선생님께서 말과 행동의 일치에 기초해서 설명해주신 소크라테스의 파레시아는, 말과 행동의 철저한 분리를 보여주는 소크라테스에 대한 다른 묘사에 의해 이의 제기를 받을 수 있는 것은 아닐까요? 예를 들어, 《알키비아데스》에서 소크라테스는 사악한 자로 소개되고 있고, 그에 대한 다른 묘사들은 그의 외관과 내면, 즉 용모의 추함과 그의 철학 간의 대조를 강조하고 있습니다. 소크라테스는 종종 거짓말쟁이, 가면을 쓴 자로 묘사되기도 합니다.

하지만 중요한 것은 인간의 신체적 외관과 그 현실 간의 대립이지 비오스의 문제가 아닙니다. 비오스는 생물학적 현실도 아니고, 신체도 아닙니다. 비오스는 사람들이 자신들의 실존, 삶에 부여하는 양식입니다. 그것은 선택의 문제, 자유의 문제입니다. 저는 소크라테스의 말과 그의 삶 간의 모순을 어딘가에서 발견할 수 있다고 생각하지 않습니다.

그가 아이러니를 사용하는 방식에서조차도요?

주 43(216쪽)에 인용된 M. Foucault, *Discussion with Michel Foucault*, IMEC/Fonds Michel Foucault, D250(8), p. 13을 참조하라. "제 생각에는 스토아주의에서의 우주, 일반적으로 고대철학에서의 우주와 관련해 우리가 이야기하는 것들을 좀 조정할 필요가 있습니다. 왜냐하면 그것은 소크라테스에서부터 에픽테토스에 이르기까지 고대 철학 전반에 나타나면서 이상하게 반복되는 주제이기 때문입니다. 고대인들은 아무짝에도 쓸모없는 것들, 그러니까 천문학, 약효가 없는 식물, 바다 깊은 곳에서 일어나는 일 같은 것들은 알 필요가 없다고 생각했습니다. (…) 이런 [양상]들은 끊임없이 재발견되고, 이와 관련하여 플라톤과 아리스토텔레스가 예외적이라는 것은 확실합니다. 그들은 가장 고대적인 사유의 전형이 절대로 아닙니다. 그들은 고대적 사유와의 관계에서 보자면 기형적입니다. 고대적 사유에서 우리는, 실존에 직접적으로 유용한 것에만 관심을 기울여야 한다는 주제를 끊임없이 발견하게 됩니다. 소크라테스에게서도, 적어도 모든 후기 스토아주의에서도, 에픽테토스와 에피쿠로스에게서도 그렇습니다."

아리스토텔레스는 선생님께서 앞서 인용하신 《니코마코스 윤리학》의 그 구절에서 그 점을 말하고 있습니다.[35]

아이러니에 대한 아주 모호한 그 구절을 아리스토텔레스의 megalopsuchia에 관한 텍스트 안에서 어떤 식으로 이해하고 계십니까?

흥미로운 것은….

아무튼 그것은 (…)과 전혀 관련이 없습니다.

어떤 사람이 어떤 것을 말하고, 그러고 나서 그것을 뭔가 다른 것으로 만들어버리면 그것은 파레시아가 아닙니다.

하지만 소크라테스의 아이러니는 다른 것입니다. 거기서 문제가 되는 것은 아이러니가 아니라 계략입니다.

저는 소크라테스의 아이러니는 로고스 내에서의 게임이라고 생각하고, 심지어 외관에서도 비오스와 로고스 간에는 모순이 결코 존재하지 않는다고 생각합니다. 저는 그렇게 생각합니다.

35   아리스토텔레스, 《니코마코스 윤리학》, 140-142쪽(Aristote, *Éthique àNicomaque*, 1124b, *op. cit.*, p. 206-207). 이 책 229쪽, 각주 17을 보라.

다섯 번째 강의(1983년 11월 21일)

　지난 강의에서 우리는 《라케스》에서 발췌한 텍스트를 분석했고, 거기서 소크라테스와 더불어 에우리피데스의 작품과 그 밖의 몇몇 텍스트에서 우리가 연구했던 정치적 유형의 파레시아와는 완전히 다른 새로운 유형의 파레시아가 출현하는 것을 살펴보았습니다. 《라케스》는 파레시아 역할의 변화를 분명히 보여준다고 생각합니다. 《라케스》에서 다섯 명의 대화 상대자들이 참여하는 게임을 기억하시겠죠? 그들 중 두 명〔리시마코스와 멜레시아스─옮긴이〕은 명망 있는 아테나이 가문에서 태어난 사람들이었지만 파레시아스트 역할을 담당할 수 없었고, 자식들을 어떻게 교육해야 할지 알 수 있는 능력이 없었습니다. 그래서 그들은 저명한 장군이자 정치가인 다른 부류의 두 사람에게 물어보러 갑니다. 그들이 바로 라케스와 니키아스입니다. 하지만 이 두 사람 역시 파레시아스트 역할을 담당할 수 없었습니다. 그래서 라케스와 니키아스는 진정한 파레시아스트로 보이는 소크라테스에게 호소할 수밖에 없었습니다. 이러한 상황을 통해 정치적 파레시아로부터 철학적 파레시아로 가는 이동을 보실 수 있습니다. 그리고 《라케스》의 초반부 대화에서 우리는 또한 파레시아스트를 특징짓는 것이 무엇인지를 보았고, 또 파레시아스트를 특징짓는 것이 그의 태생이나 사회적 신분으로부터 기인하는 것이 아니라, 파레시아스트가 하는 말과 그가 하는 행실, 그가 사는 방식 간의 일정한 조화, 일정한 관계로부터 기인하는 것을 알 수 있었습니다. 그리고 세 번째로, 대화의 종반부에서 우리는 이 파레시아 게임이 어디로

귀결됐는지도 살펴보았습니다. 소크라테스가 행하는 파레시아 게임은 용기가 무엇인지를 말할 수 있게 해주지 못했으나, 대화의 종반부에서 〔대화에 참여한〕 모두는 소크라테스가 용기에 대한 정말 적절하고 명철한 정의를 내릴 수 없었음에도 타인들을 도와야 한다는 데 동의했고, 또 〔리시마코스와 멜레시아스〕의 어린 아들들이 그들 자신들을 돌봐야 한다는 데 동의합니다.

그러므로 이 텍스트를 출발점으로 삼음으로써 다음과 같이 특징지을 수 있는 그리스-로마 문화에서의 새로운 유형의 파레시아의 도약과 발전을 관찰할 수 있다고 생각합니다.

첫째, 이 파레시아는 철학적 파레시아로 특징지을 수 있습니다.[2] 저는 이것을 철학적 파레시아라고 말했는데, 그 이유는 이것이 수 세기에 걸쳐 철학자들에 의해 실천됐기 때문이고, 또 그리스-로마 문화에서 행해진 철학적 행위와 역할은 상당 부분이 파레시아 게임에 할애됐기 때문입니다. 이 철학적 역할은 세 종류의 상이한 파레시아 게임을 내포하고 있었고, 이 셋은 서로 연결되어 있었다고 말할 수 있습니다. 철학은 세계와 자연 등에 대한 진실을 발견하고 가르쳐야 하기 때문에 인식 혹은 지식의 역할 혹은 게임이 〔우선 존재합니다〕. 철학이 도시국가, 법, 정치 제도 등에 대한 태도를 취해야 하기 때문에 철학의 역할은 정치적인 역할을 포함합니다. 그리고 기원전 4세기에서 초기 그리스도교 시대에 이르는 그리스-로마 문화 내에서의 철학적 활동에는 파레시아 게임이 존재합니다. 요컨대 세 번째 역할은 파레시아스트의 활동입니다. 이 파레시아스트의 활동은 로고스와 세계의 관계에 대해 문제를 제기하지 않습니다. 이 활동은 로고스와 노모스의 관계에 대해 문제를 제기하지 않고, 진실과 삶, 진실과 삶의 양식, 진실과 우리가 윤리 혹은 자기 윤리라 부르는 것 간의 관계를 공들여 구축해내는 것을 목표로 설정합니다.[3] 그리스-로마 문화의 철학적 영역에서 파레시아는 개념이나 주제가 아니라 개인들이 자기 자신과 맺게 되는 특수한 관계를 구체화하려는 실천으로 간주해야 합니다. 그래서 우리의 도덕적 주체성은 적어도 부분적으로 이 실천에 뿌리를 두고 있다고 생각됩니다. 이상이 철학 활동 내에서의 파레시아의 특성화와 관련해 〔지적할 수 있는-옮긴이〕 첫 번째 점입니다. 구체적으로 말해, 이 실천 내에서 파레시아스트를 식별하는 기준은 태생에 뿌리를 두고 있는 것도 아니고, 시민권 내에 있는 것도 아니며, 개인의 역량에 있는 것도 아니고, 자신의 비오스 내에 있다고 말할 수 있습니다. 요컨대 로고스와 비오스 사이의 조화에 있다고 말할 수 있을 것입니다.

둘째, 이 새로운 파레시아의 목표는 도시국가 아테나이나 민회나 시민들이 그들과 도시국가를 위해 가능한 한 최상의 결정을 내리도록 설득하는 것이 아니라, 어떤 사람에게 자기 자신을 돌봐야 하고, 또 자신의 삶을 변화시켜야 한다고 설득하는 것입니다. 이 '삶 변화시키기'*라는 문제, 이 회심과 전향의 테마는 기원전 4세기부터 그리스-로마 문화에서 대단히 중요해졌고, 철학적 실천에서 본질적인 역할을 담당하게 됩니다. 물론 파레시아의

2   '실존의 미학'이라는 주제에 관해서는 다음의 것들을 참조하라. 푸코, 《비판이란 무엇인가? 자기수양》에 실린 〈사학과에서의 토론〉, 172-173쪽〔CCS, p. 143〕과 〈불문과에서의 토론〉, 184-187쪽 〔CCS, p. 154-156〕; "On the Genealogy of Ethics. An Overview of Work in Progress"(entretien avec H. Dreyfus et P. Rabinow), dans DE II, n°326, p. 1209; "Rêver de ses plaisirs, Sur l'Onirocritique' d'Artémidore", dans DE II, n°332, p. 1307; "À propos de la généalogie de l'éthique: un aperçu du travail en cours"(entretien avec H. Dreyfus et P. Rabinow), dans DE II, n°344, p. 1429-1430, 1434; "Une esthétique de l'existence"(entretien avec A. Fontana), dans DE II, n°357, p. 1550-1551; CV, p. 149-151; 《쾌락의 활용》, 113-117쪽〔UP, p. 103-107〕.
*   수고에서 따옴표 안에 들어가 있다.

목표가 되는 이 '삶 변화시키기', 이 회심의 테마는 연사가 파레시아를 사용하여 동료 시민들에게 각성할 것과 마음을 변화시킬 것과 결정을 바꿀 것을 요구하고, 과거에 용인한 바를 거부하거나 과거에 거부한 바를 수용하도록 요구할 때 정치 생활에서 일어나는 변화와 완전히 다르거나, 그것으로부터 멀어진 것이 아니라는 것을 알 수 있습니다. 하지만 파레시아스트의 〔철학적〕 실천에서 회심 개념은 보다 일반적이고 확장된 의미를 갖게 됩니다. 왜냐하면 이제 중요한 것은 의견을 변화시키는 것만이 아니라, 자신의 생활 방식, 자신과 타자와의 관계, 자신과 자신과의 관계를 변형시키는 것이기 때문입니다.

셋째, 정치적 파레시아의 실천과 대조적인 이 새로운 파레시아의 실천은 자기와 진실 사이의 복잡한 연결을 내포하고 있음을 알 수 있습니다. 이러한 파레시아의 실천을 통해 개인은 자기 자신이 무엇인지를 확인할 수 있다고 간주될 뿐만 아니라, 또 이 자기 인식을 통해 자신에 접근하는 것이 가능하거나 가능해진다고 간주됩니다. 철학적 파레시아에서는 어떻게 개인, 주체가 자기 자신을 인식할 수 있으며, 이 〔자기〕 인식을 통해 진실과 인식에 도달할 수 있는지가 문제로 여겨집니다. 그러므로 일종의 원환이 존재하는 것을 볼 수 있습니다. 그리고 이 원환은 자신이 진실을 알 수 있게 만들기 위해서는 자기 자신에 대한 진실을 알아야 한다는 것을 전제하고 있습니다. 그리고 이것은 기원전 4세기 이후 서구 철학의 항상적 원리들, 항상적 수수께끼 가운데 하나였습니다. 데카르트나 칸트를 떠올려보세요.

마지막으로 그리스-로마 문화에서의 이 새로운 철학적 파레시아와 관련해 제가 강조하고자 하는 것은 이 파레시아가 토론이 이루어지고 결정이 내려지는 공공의 장소인 아고라와 결부된 것이 아니라 다양한 장소에서 행해진다는 점입니다. 이 파레시아는 연사와 시민 간에 존재하는 관계와는 다른 수많은 관계를 내포하고 있습니다. 그리고 이 새로운 유형의 파레시아는 과거에 사용된 설득적 담론의 기술과는 아주 다른 수많은 기술에 의지하게 됩니다.

이상이 이번 강의와 마지막 강의가 될 다음 강의에서 제가 분석해보고자 하는 양상들입니다. 저는 이와 같은 철학적 유형의 파레시아를 파레시아적 실천의 관점에서 간단히 분석해보고자 합니다. 그리고 '파레시아적 실천'이라는 말을 통해 저는 두 가지 사항을 의미하고자 합니다. 우선 파레시아 관계의 문제인데, 오늘 저녁에 이것을 논의할 것입니다. 그리고 〔다음으로〕 파레시아의 절차와 기술의 문제인데, 이것은 마지막 세미나에서 간략하게 설명하고자 합니다.

지금부터 새로운 파레시아적 관계의 문제, 혹은 우리가《라케스》의 초반부에서 관찰할 수 있었던 새로운 종류의 이러한 실천을 통해 본 파레시아적 관계의 문제를 〔논의해보겠습니다〕. 이 새로운 철학적 파레시아에 내포되어 있는 세 가지 주요 형태의 관계를 확인하거나 구분할 수 있습니다. 이것은 도식에 불과하고, 매개적인 여러 형식이 존재하지만, 명확한 설명을 위해 저는 세 유형을 구분하고자 합니다. 〔첫째로〕 우리가 공동체적 관계라 부를 수 있는 것, 더 정확히 말해서 소규모 인간 단체의 범주나 공동체 생활의 맥락 내에서의 활동으로서의 파레시아가 있습니다. 두 번째는 공적인 삶의 범주 내에서의 활동이나 태도로서의 파레시아입니다. 마지막으로 세 번째는 개인의 사적인 관계의 범주에서의 파레시아입니다. 간략히 설명하자면, 공동체 생활, 단체 생활의 특징으로서의 파레시아는 대체적으로 에피쿠로스주의 철학이나 에피쿠로스주의 삶의 방식 내에서 큰 중요성을 가지고 있었고, 아주 높게 평가됐습니다. 반면, 공적인 생활이나 공적인 증명으로서의 파레시아는 견유주의의 중요한 양태였으며, 견유주의와 스토아주의의 경계 지대에 있는 그런 삶의 중요한 양태였다고 말할 수 있습니다. 그리고 사적인 관계의 양태를 갖는 파레시아, 개인적인 관계를 이용하는 파레시아는 스토아주의에서 발견되며, 플루타르코스와 같은 진정한 스토아주의자가 아닌 저자들의 작품에서도 볼 수 있는데, 일반화된 형태의 스토아주의에서 훨씬 더 빈번하게 발견된다고 말할 수 있습니다.[3]

　　하지만 이 모든 것은 강의 시간이 부족해서 좀 더 명확한 설명을 하기 위해 마련한 단순한 도식에 불과합니다. 그 밖의 여러 매개 형태들도 발견할 수 있습니다. 예를 들어, 에피쿠로스주의자들이 우정에 부여하는 중요성 때문에 공동체적 삶을 훨씬 더 빈번하게 실천한 것이 사실이긴 하지만, 몇몇 스토아주의 단체가 한 철학자 주변에 모인 것을 볼 수 있는 것도 역시 사실입니다. 아니, 적어도 다양한 집단과 귀족 그룹에게 도덕적이고 정치적인 조언을 한 스토아주의적 견유주의 철학자들을 발견할 수 있습니다. 예를 들면, 무소니우스 루푸스나 데메트리오스가 있는데, 견유주의자 데메트리오스는 네로 치하에서 자살한 트라세아 파이투스를 중심으로 하는 자유주의적 반-귀족파의 조언자였습니다.[*] 그리고 데메트리오스는 이 자살의 무대감독[4]이자 연출가였

3　　철학 내에서, 특히 '이 새로운 철학적 파레시아에 내포된 관계의 세 주요 형식들', 즉 공동체적 삶의 틀에서의 파레시아, 공적 삶의 틀에서의 파레시아, 개인적 관계라는 틀에서의 파레시아 내에서, '파레시아적 실천'에 대한 이 연구를 푸코가 이런 방식으로 제시하는 것은 〔이곳이〕 유일하다.

*　　〔FS 각주〕 다음을 참조하라. 《자기 배려》, 71-72쪽〔SS, p. 67-68〕; Cora E. Lutz, *Musonius Rufus*, 14ff 참조.

4　　푸코는 이 말을 프랑스어 régisseur로 표현한다.

습니다. 그러므로 에피쿠로스주의자들의 공동체 생활 이외에도 다른 중간적 형태들이 있었습니다. 에픽테토스의 아주 흥미로운 사례가 있습니다. 아시다시피 에픽테토스는 스토아주의자였으며, 그에게 파레시아 개념과 그 실천은 대단히 중요했고, 또 그는 견유주의와* 유연관계가 있었습니다. 그는 학원을 이끌었는데, 〔에픽테토스의 제자인-옮긴이〕 아리아노스가 기록해 현존하고 있는 《대화록》을 통해 우리는 이 학원이 어땠는가에 대해 조금은 알 수 있습니다. 《대화록》을 통해 우리는 먼저 에픽테토스가 운영하는 학원에 학생들이 진정한 공동체 생활을 할 수 있는 건물이 있었다는 사실을 알 수 있습니다. 이 학원에는 공개 강의와 더불어 외부인들에게 개방된 공개 회합도 있었습니다. 여기서 이들은 질의를 할 수 있었고, 때때로 에픽테토스는 이들을 조롱하거나 힐책하기도 했습니다. 이 학원에서 에픽테토스는 제자들과 사적인 대화를 하기도 했는데, 이 대화들 중 어떤 것들은 공개적으로 제자들 앞에서 진행되었고, 또 어떤 대화는 사적으로 진행되었습니다. 그리고 이 학원은 철학자가 되려고 하거나 타인을 돌보는 방법을 배울 필요를 느끼고, 그래서 도덕적 조언자가 되려는 자들을 위한 교육의 장소이기도 했습니다. 이곳은 의식 지도를 위한 일종의 고등사범학교[5]와 같은 곳이었습니다. 이렇게 파레시아 실천을 둘러싼 제도와 실천을 볼 수 있습니다. 그러므로 제가 에피쿠로스주의자들의 사례를 통해서는 공동체적 그룹의 파레시아 문제를, 견유주의자들의 사례를 통해서는 공적인 삶에서의 파레시아 문제를, 스토아주의자들의 사례를 통해서는 사적인 파레시아 문제를

*   푸코는 "스토아주의와"라고 말했는데, 수고에 의거해 수정했다.
5   푸코는 이 말을 프랑스어 école normale로 표현한다.

분석하겠다고 말했을 때, 그것들은 이정표적인 예에 지나지 않는다는 점을 분명히 하고자 합니다. 실제 실천은 훨씬 복잡했을 뿐만 아니라 복합적인 것이었습니다.

그러면 에피쿠로스주의 단체의 사례를 통해 공동체 생활에서의 파레시아 문제를 살펴보는 것으로 시작해봅시다. 불행히도 우리는 에피쿠로스주의 공동체에 대해 아는 바가 거의 없고, 또 이 공동체의 파레시아 실천에 대해서 역시 아는 바가 없습니다. 그렇기 때문에 제 설명은 짧을 수밖에 없습니다. 하지만 필로데모스가 쓴 텍스트가 하나 있습니다. 필로데모스는 기원전 1세기 초반의 에피쿠로스주의 저자로, 파레시아를 주제로 한 《파레시아에 대하여》를 썼습니다.[6] 이 책의 전체 내용은 알 수 없지만, 이 책의 일부가 19세기 말 헤르쿨라네움에서 발견됐습니다. 보존된 텍스트는 대단히 파편적이고 모호한 글들입니다. 솔직히 마르첼로 지간테와 같은 이탈리아 학자들이 10여 년 전에 단 주석이 없었다면 거기에 보존된 그리스어 어휘들을 이해할 수 없었을 것이라고 고백하지 않을 수 없습니다.[7]

첫째, 이 텍스트를 통해 우리는 필로데모스가 파레시아를 단순히 개인의 자질, 덕 혹은 태도로 간주하고 특징짓는 것이 아니라 테크네techné(기술)로 묘사하거나 분석하거나 적어도 특징짓는 것을 알 수 있습니다. 필로데모스는 이 테크네를 의학, 의술, 환자의 치료술, 배의 항해술에 비유합니다. 의학과 조타술에의 비교는 그리스 문화에서 매우 전통적인 것이었습니다. 의학과 조타술에의 비교는 아래와 같은 두 가지 이유로 흥미롭습니다.

---

6   Philodème, *Peri parrêsias*, *op. cit.* 이 책 47쪽, 각주 31을 보라.
7   M. Gigante, "Philodème: Sur la liberté de parole"; "Motivi paideutici nell'opera filodemea sulla libertà di parola"; "'Philosophia Medicans' in Filodemo."

항해사의 항해 기술techne과 의사의 의료 기술techne이 아주 빈번하게 서로 비교되는 첫 번째 이유는 양자 모두에게 당연히 어떤 〔이론적-옮긴이〕 지식이 필요했고, 〔또〕 그 지식이 유용한 지식이 되려면 일정한 실천적 훈련, 연습이 필요했기 때문입니다. 그뿐만이 아닙니다. 양자가 갖는 공통점은, 이 두 기술을 사용하기 위해서는 이 기술의 일반 규칙과 원칙을 고려해야 할 뿐만 아니라, 어떤 개별적 상황 고유의 특수한 여건도 고려해야 한다는 점입니다. 예를 들어, 환자가 일정한 체질을 가지고 있으면 〔거기에 맞는- 옮긴이〕 일정 유형의 약을 사용하게 하는 그런 정황을 고려해야 합니다. 또 정황을 고려할 뿐만 아니라, 그 약을 환자에게 줄 최적의 시기, 혹은 조타수라면 결정을 내려야 할 최적의 시기를 고려해야 합니다. 그리스인들이 카이로스라 부르는, 상황과 시기도 고려할 필요성은 대단히 중요한 것인데, 그리스인들은 이것을 조타술과 치료술의 공통점이라고 생각했습니다.* 이 카이로스, 즉 최적의 시기의 문제는 그리스 사유에서 인식론적·도덕적·기술적技術的 관점에서 언제나 중요한 역할을 담당했습니다.** 흥미로운 것은 파레시아가 조타술 및 의술과 연관되어 있기 때문에 파레시아 역시 조타술과 의술처럼 개별적 사례, 특수한 상황, 카이로스의 선택을 다루는 기술로도 여겨지고 있다는 점입니다. 그러므로 어떤 의미에서 조타술, 의술, 파레시아의 실천은 모두 '임상적 기술'이라고 말할 수 있습니다.

---

* 　〔FS 각주〕 아리스토텔레스, 앞의 책〔Aristote, *Éthique àNicomaque*, 1104a4-9, *op. cit.*〕: "행위에 관한 문제나 유용성에 관한 문제에는 건강을 가져오는 것과 관련된 문제가 그렇듯, 아무것도 고정된 것이 없다. 일반적인 논의가 이러할진대, 개별적인 것들과 관련한 논의는 더욱더 엄밀성을 가지지 않는다. 그것들은 그 어떤 기예나 지침에도 포섭되지 않으며, 의술과 항해술의 경우가 그러하듯 개별적인 것들을 행하는 사람들 자신이 항상 각 경우에(pros tou kairos) 적절한 것을 고려해야만 하기 때문이다."

** 　〔FS 각주〕《쾌락의 활용》, 101-104쪽〔UP, p. 68-70〕.

그리스인들이 의술과 조타술을 아주 빈번히 연관시킨 두 번째 이유는, 이 두 종류의 기술에서 한 사람〔의사 혹은 항해사－옮긴이〕이 결정을 내리고 명령을 내리며 권력을 행사해야 하는 반면, 나머지 사람들, 이를테면 환자, 선원, 환자, 배의 승객은 복종해야 하기 때문입니다. 여기서 쉽게 추론할 수 있듯이 항해술과 의술은 모두 정치술과 명백히 연관되어 있습니다. 정치술에서도 당연히 최적기를 선택해야 합니다. 정치에서도 다른 사람들보다 역량이 더 뛰어나다고 간주되어 여타의 사람들이 복종해야 할 명령을 내릴 수 있는 권리를 갖는 사람이 존재합니다. 정치술에서는 구체적 상황과 최적기, 그리고 한 사람이 결정하고 다른 사람들은 복종해야 하는 권력관계를 고려해야만 하는 테크네가 반드시 필요합니다. 결과적으로 이런 기술에는 의술, 조타술, 정치술 등 세 가지 기술이 있고, 그리스 텍스트에 아주 빈번하게 등장하는 의술, 조타술, 정치술 간의 이러한 비교는 정치 이론가들에 의해 정식화된 법률, 헌법, 정체에 관계된 성찰이 아니라, 사람들을 통치하는 기술에 관한 성찰의 근본 토대가 됩니다.[8]

　　아무튼 〔필로데모스〕의 이 텍스트로 되돌아가, 제가 의술, 조타술, 정치술의 오래된 유연관계를 언급한 이유는, 타자로 하여금 자신이 무엇인지를 발견하게 하는 쪽으로 유도하는 파레시아 활동, 이 테크네, (당연히 시대 착오적인 용어를 사용해 명명하는 것이지만) 이 '영성 지도'*는 헬레니즘 시대에 조타술, 의술, 정치술과 같이 아

8　　푸코는 〈주체의 해석학〉 1982년 3월 10일 강의에서도 이 의술, 조타술 그리고 정치술을 비교하여 말한다. 《주체의 해석학》, 432쪽(HS, p. 386)을 참조하라. 〈안전, 영토, 인구〉 1978년 2월 15일 강의에서 푸코는, 정치인이 양떼를 인도하는 목자와 같아야 한다는 생각을 그리스인들은 일반적으로 기피했으며, 그들에게 정치 행위의 모델, 사람들을 통치하는 기술의 모델은 오히려 직조술이었다고 주장한다. 《안전, 영토, 인구》, 209-210쪽(STP. p. 149-150)을 참조하라. 또한 다음을 참조하라. M. Foucualt, "'*Omnes et singulatim*': vers une critique de la raison politique", dans DE II, n°291, p. 962-963.

*　　수고에서 따옴표 안에 들어가 있다.

담론과 진실 그리스에 반해 감히

주 잘 알려진 다른 기술 영역에 통합됐다는 사실을 지적하기 위해서입니다. 그리고 이제 임상적이고 정치적인 네 개의 기술인 조타술, 의술, 정치술, 그리고 파레시아를 통해 자기와 타자를 돌보는 기술이 존재하게 됩니다. 물론 이 네 기술 가운데 하나인 조타술은 은유적 참조에 지나지 않습니다. 하지만 나머지 세 기술은 그리스-로마 문화의 관점에서 서로 긴밀하게 연관되어 있습니다. 그리고 이 관계, 즉 그리스인들과 로마인들이 이 세 가지 임상적이고 정치적인 활동, 요컨대 도시국가에서 사람들을 통치하고 의술을 통해 병자들을 통치하며 철학적 파레시아를 통해 사람들의 삶을 통치하는 활동들 간의 관계를 어떻게 간주하고 또 어떤 방식으로 분석했는지 연구는 것은 아주 중요합니다. 수 세기 후에 나지안조스의 그레고리우스(기원후 329-389)는 영성 지도를 '테크네 테크논techné technôn, 아르스 아르티움ars artium', 즉 '기술 중의 기술'[9]이라 부릅니다. 이 표현은 매우 중요한데, 그 이유는 이것이 과거 로마 제국에서 테크네 테크논, 즉 기술 중의 기술로 여겨졌던 정치술이었기 때문입니다. 그러나 기원후 4세기부터 17세기에 이르기까지 유럽에서 테크네 테크논, 아르스 아르티움이라는 표현은 최적기를 선택하고 상황을 고려해 다른 사람들을 통치할 수 있는 서로 다른 기술들 가운데 가장 중요한 것으로서의 영성 지도를 의미했습니다. 왜냐하면 그들이 병자이고 당신은 의사이거나, 당신이 왕이고 그들은 신하이거나, 혹은 당신은 영혼의 안내자이고 그들은 인도받아야 하기 때문입니다. 물론 이 모든 것은 필로데모스의 텍스트에 대단히 함축적으로 표현되어 있지만, 파레시

---

9   *Cf.* Grégoire de Nazianze, *Discours théologique*, II, trad. fr. J. Bernardi, "Sources chrétiennes", Paris, Éditions du Cerf, 1978, p. 110-111. 《안전 영토, 인구》, 217, 266쪽(STP, p. 154, 196); CV, p. 51.

아를 의술, 조타술과 연관된 테크네로 특징짓는 것은 파레시아가 새로운 영역의 기술과 실천으로 변화됐음을 지시하는 것입니다.

필로데모스의 글에서 나타나는 두 번째 양상은 파레시아와 에피쿠로스주의 공동체의 위계적 구조 간의 관계입니다.[10] 필로데모스의 주석자들은 이 공동체들의 정확한 형태, 복잡성, 위계화된 조직과 관련해 당연히 이견을 보입니다. 어떤 사람들*은 이 위계가 아주 잘 설정되어 있었고 복잡했다고 생각하지만, 다른 사람들, 예를 들어 지간테는 이 공동체의 위계가 훨씬 더 간소한 것이었다고 생각합니다.** 아무튼 에피쿠로스주의 학교와 공동체 안에는 적어도 두 종류의 스승과 두 유형의 가르침이 있었던 것 같은데, 이는 매우 흥미롭습니다. 스승이 그룹으로 학생들을 가르치는 '강의실 교육'이 있었고, 스승이 공동체의 개별 구성원에게 조언하고 훈시하는 사적인 대면 수업의 형태를 취하는 가르침도 있었습니다. 위계가 낮은 스승들은 강의실 교육만을 담당했던 반면, 위계가 높은 스승들은 강의실 교육과 개인적인 대면 수업을 다 할 수 있었습니다.

옥스포드대학교와 닮아 있네요?

예, 그렇습니다. 우리의 대학 체계는 에피쿠로스주의 공동체로부터 온 것입니다. 에픽테토스가 운영한 학원은 영국을 위한

---

10   에피쿠로스 학파들을 특징짓는 위계적 구조에 대해서는 《주체의 해석학》, 171-173쪽(HS, p. 131-133)을 참조하라.

*   FS에서는 이런 의견을 개진하는 인물로 De Witt를 언급한다. - 옮긴이

**   [FS 각주] Norman De Witt, "Organization and Procedure in Epicurean Groups", "Epicurean *Contubernium*", *Epicurus and His Philosophy*(Chapter V: The New School in Athens); M. Gigante, "Filodemo sulla libertà di parola"; "Motivi paideutici nell'opera filodemea sulla libertà di parola."

담론과 진실_다섯 번째 강의

대단히 훌륭한 공립학교입니다.

이 네 가지 통치술은 프로네시스phronêsis〔용의주도, 실천적 지혜〕와 어떤 관계를 맺고 있는 걸까요?

〔그 문제를 제기하시는 건〕 합당하다고 생각됩니다. 프로네시스는 이 네 종류의 테크네의 영역에서 최적의 결정을 내리는 데 필요한 인식〔지식 – 옮긴이〕입니다. 왜냐하면 정상적인 형태의 에피스테메〔지식〕는 예컨대 수학적 증명을 수행하고 증거를 제시하기 위한 일반 규칙들을 제공할 수 있기 때문입니다. 하지만 여러분이 이것들의 특수한 양상들을 고려할 경우, 그리고 그 결과에 확신을 가질 수 없을 경우, 가능적인 어떤 것이 존재하게 되고, 그래서 여러분은 프로네시스를 사용해야 합니다. 이 점은 아리스토텔레스에게 대단히 명확합니다.

그것은 법률과도 어느 정도 관련이 있지 않을까요?

법률 말입니까? 물론 그렇습니다. 왜냐하면 여러분이 어떤 특수한 사례에 법률을 적용해야 한다면 파레시아를 사용해야 하기 때문이죠. 하지만 제가 아는 한 〔그리스인들은〕 법률을 어떤 특수한 사례에 테크네로서 적용하려고 결코 생각하지 않았습니다.

프로네시스가 무엇입니까?

프로네시스는 프랑스어로 '용의주도'로 번역됩니다.

실천이성이죠.

아무튼 에피쿠로스주의 단체들에서는 일반 강의와 개인적인 지도 간에 구분이 있었다고 볼 수 있습니다. 그리고 제가 강조하고자 하는 첫 번째 사항은, 이 구분이 이론적인 교육과 실천적 교육 간의 차이, 예컨대 논리학이나 물리학과 같은 이론적 교육과 윤리와 같은 실천적 교육 간의 차이가 아니었다는 점입니다. 왜냐하면 윤리학 강의가 있었을 뿐만 아니라 물리학, 우주론, 자연법의 탐구는 에피쿠로스주의자들에게 윤리적 중요성을 갖기 때문입니다.[*] 이 구분은 〔교육의〕 내용과 관련된 것도 아니고, 이론적 교육과 실천적 교육 사이에 있는 것도 아닙니다. 그보다는 오히려 진실과 스승과 제자 간의 교육적이거나 영성 지도적 관계가 관건이 됩니다. 여기서 흥미로운 것은 두 번째 사항입니다. 소크라테스의 대화, 소크라테스의 상황에서는 대화 상대자가 자기 자신에 대한 진실을 발견하게 되고,[**] 자기 자신을 돌보며 세계, 이데아, 프쉬케psuché(영혼)의 속성 등에 관한 진실을 발견하게 되는 절차는 오직 하나밖에 없습니다. 그러므로 진실에 접근하고 자기 자신에 대한 진실과 세계에 대한 진실을 발견하기 위해서는 오직 하나의 절차, 오직 하나의 길만이 있었습니다. 필로데모스의 이 텍스트에 따르면, 〔에피쿠로스주의 학원에는 두 유형의 교육적 관계가 존재했습니다. 그중 하나는〕[***] 어떤 사람이 타인들에게 진실을 폭로할 때처럼 권위적 교육의 형태를 취합니다. 또 다른 유형의 관계로는 스승이 제자가 스스로 자신의 진실을 발견할 수 있도록 도와주는 교육

---

[*]   수고: 그리고 인식의 영역들을 공부하는 이유는 명백히 윤리적 의미를 파악하기 위해서이다.

[**]   수고: 〔다시 말해〕 그가 아무것도 모르고 있다는 것.

[***] 누락된 구절을 추측했다.

적 지도 관계가 존재합니다.* 이 두 유형의 교육은 서구 문화의 항구적인 특질이 됐습니다. 이 교육은 고전주의 시대, 적어도 17세기와 18세기 프랑스와 영국에서 발견되고, 스승과 제자 간의 이 두 유형의 관계, 요컨대 강의실 교육 형태의 집단적 교육과 〔개인적인-옮긴이〕 영성 지도가 교육 시스템에 항상 존재하는 개신교 국가들에서도 발견됩니다. 그리고 에피쿠로스주의자들의 학원의 조직과 관련해 제가 강조하고자 하는 세 번째 사항은 두 번째 역할인 영성 지도가 더 높은 가치를 인정받았다는 점입니다.

'상호 고백**'이라 부를 수 있는 그런 실천에 대해 몇 가지 사항을 언급하면서 필로데모스에 대한 논의를 마무리하고자 합니다. 필로데모스 텍스트의 몇몇 표현에 따르면, 각각의 공동체 회원이 차례로 돌아가며 자신들의 사유, 오류, 그릇된 행동 등을 솔직히 말하는 회합이나 회동이 있었던 것 같고, 또 이들은 이것을 공동체의 회동 동안에 행했던 것 같습니다. 우리는 그 주제가 무엇인지는 알 수 없습니다. 하지만 필로데모스의 텍스트에서 이 실천을 가리키는 아주 흥미로운 표현을 발견할 수 있습니다. 그것은 di' allêlôn sôzesthai라는 표현으로, '서로서로에 의한 구제'를 의미합니다. 물론 이때의 '구제'라는 말은 오늘날 우리가 이 말에 부여하는 의미를 가지고 있지 않습니다. 이 말은 어떤 종류의 내세의 의미도, 신의 심판의 의미도 지니고 있지 않습니다. Sôzesthai, 즉 자기 자신을 구제한다는 표현은 에피쿠로스주의, 스토아주의, 혹은 견유주의의 어휘 체계에서 선하고 아름다우며 행복한 삶에

도달한다는 것을 의미합니다. 이 자기 자신의 구제에서 에피쿠로스주의 공동체의 구성원들은 결정적인 역할을 담당했습니다. 그들은, '진실의 주동자'* 혹은 자기 진실의 주동자입니다. 이 모든 것은 에피쿠로스주의 단체에서 우정이 갖는 대단히 중요한 역할입니다. 에피쿠로스주의 공동체 내에서의 파레시아는 이상과 같습니다. 에피쿠로스주의자들과 관련해 질문 있으십니까?

이러한 공개적인 고백에 위계 체계의 압박이 있습니까?

그것에 대해서는 아는 바가 없습니다. 그것은 몇몇 낱말에 불과합니다. 고전 연구 전문가들이 얼마나 능란한지 잘 아시지요? 한 단어를 반으로 쪼개고, 두 단어를 반으로 쪼개어 〔여러 해석을 할 수 있습니다〕.**

〔이제부터는〕 견유주의자들의 공적인 파레시아에 대해 〔논의해보고자 합니다〕. 이미 말씀드렸듯이 에피쿠로스주의자들의 공동체에서의 실제적인 삶이 어떠했는지에 대해 우리는 거의 아는 바가 없습니다. 하지만 여러 텍스트를 통해 에피쿠로스주의자들의 사유가 어떤 것이었는지 어림짐작할 수는 있습니다. 견유주의자들의 경우, 상황은 정반대라고 생각됩니다. 왜냐하면 〔견유주의자들의 독트린이 존재했다 해도!〕 우리는 견유주의자들의 독트린이 무엇이었는지에 대해서는 거의 아는 바가 없지만, 그들의 생활방식에 관한 수많은 정보와 증언들을 알고 있기 때문입니다. 그리고 이것에는 그다지 놀

---

*   수고에서 따옴표 안에 들어가 있다.
**   부분적으로 들리지 않는 구절을 추측했다.

랄만한 것은 없습니다. 견유주의자들도 다른 철학자들처럼 책을 쓰긴 했지만 그래도 그들은 무엇보다 우선적으로 일정한 삶의 양식의 선택과 실천에 관심을 집중했기 때문입니다.[11]

견유주의의 역사적 문제는 다음과 같습니다. 기원전 1세기와 2세기 이래로 출현한 견유주의자들, 그리고 물론 그 이후에 출현한 견유주의자들도 모두 디오게네스와 때로는 안티스테네스를 견유주의 운동과 철학의 창시자로 언급하고 있습니다. 그리고 디오게네스와 안티스테네스를 거쳐 그들은 소크라테스의 가르침에까지 자신들을 연관시킵니다. 하지만 1940년대 말, 1950년대 초 견유주의자들에 대한 흥미로운 책을 쓴 미국의 전문가 페란드 사이르Ferrand Sayre에 따르면, 철학적 유파로서의 견유학파는 소크라테스가 세상을 떠난 지 두 세기가 지난 기원전 2세기에 비로소 출현합니다.[12] 그리고 사이르는 그리스 무대에 견유주의가 출현하는 것은 마케도니아 제국의 구축에서 비롯된다고 설명합니다. 거기에는 두 가지 방식이 있습니다. 첫째, 수많은 현상을 설명하기 위해 아주 빈번히 행해져온 설명이 있는데, 이 설명은 좀 신빙성이 없다고 생각되지만, 고대 세계 정치체제의 붕괴와 더불어 찾아온 그리스 철학의 붕괴 때문에 부정적이고 호전적이며 비판적인 개인주의인 견유주의가 출현했다는 것입니다. 그리고 사이르는 또 다른 설명을 하는데, 이 설명 역시 문제적이지만 훨씬 더 흥미로운 것 같습니다. 요컨대 그리스인들이 수 세기 전부터 인도 철학을 알고 있었지만, 알렉산드로스 대왕과 그의 동방 정복 이

---

11   견유주의가 갖는 매우 독특한 '전통주의의 양식'은 행동의 모델과 태도의 모형을 전달하는 이야기, 일화, 예시들에 기초하며, 푸코는 이를 '교의적 전통주의'에 대비하여 '실존적 전통주의'라고 부른다. 이 '전통주의의 양식'에 대해서는 다음을 참조하라. CV, p. 193-194.
12   F. Sayre, *Diogenes of Sinope. A Study of Greek Cynism*, Baltimore, J. H. Furst, 1938.

후 그들과 더욱 친숙해졌다는 것입니다. 사이르는 견유주의 운동 내에서 인도의 수도승 제도와 금욕주의의 여러 양상이 발견된다고 주장합니다.

견유주의의 기원과 관련해 다양한 견해가 있지만, 견유주의자들이 기원전 1세기부터 기원후 4세기에 걸쳐 그 수가 대단히 많았고 영향력이 강했던 것은 분명한 사실입니다. 그래서 기원후 165년에 철학자들을 좋아하지 않았던 저자 루키아노스는 견유주의자들에 대해 다음과 같이 씁니다. "도시국가는 악행들로 들끓고 있다. 특히 디오게네스, 안티스테네스 그리고 크라테스의 교의를 신봉하는 교활한 자들의 악행들로 들끓고 있다. 그리고 그들은 개의 깃발 아래 정렬한다."[13] 사실 견유주의자들은 그 수가 많고 영향력이 있어서 황제 율리아누스는 고전기 그리스 문화를 부활시키려 시도하는 와중에 그들의 무지와 조악함을 경멸했으며, 그들을 그리스-로마 문화와 제국의 적으로 묘사하며 풍자하는 글을 썼습니다.[14] 율리아누스 황제가 견유주의자들을 그처럼 혹독하게 공격한 이유 중 하나는 그들이 초기 그리스도교도들과 유사했기 때문이었습니다. 그리고 율리아누스 황제에게 그토록 공포감을 준 어떤 유사성들은 피상적 유사성 이상의 것이었습니다. 예를 들면, (기원후) 2세기의 유명한 견유주의자였고, 루키아노스의 풍자시[15]에서 표적이 됐던 페레그리누스는 견유주의로 전향한 그리스도교도였던 것으로 보입니다. 그리고 초기 그리스도교

13   Lucien, *Les fugitifs*, 16, dans *Œuvres complètes*, t. II, trad. fr. E. Talbot, Paris, Hachette, 1866, p. 403.

14   Julien, *Contre les cyniques ignorats*, dans *Discours*, t. II-2, trad. fr. J. Bidez, Paris, Les Belles Lettres, 1963.

15   Lucien, *Sur la mort de Pérégrinus*, dans *Œuvres complètes*, t. II, *op. cit.*, p. 384-398. 페레그리노스라는 인물에 관한 보다 진전된 분석을 보려면 다음을 참조하라. CV, p. 167, 180-181, 233-234.

금욕주의자들 중 몇몇이 견유주의자들이 사는 방식과 동일한 방식으로 생활했다는 것은 분명한 사실입니다.

견유주의자들은 삶의 방식에 큰 가치를 부여했습니다. 이는 그들이 이론에 진정한 관심을 보이지 않았다는 말이 아닙니다. 삶의 방식에 대한 이러한 관심은 그들이 인간의 삶, 삶의 방식이 진실과의 관계로 규정될 수 있고, 또 사람들이 사는 방식이 바로 그들이 진실과 맺는 관계의 시금석이라고 생각했다는 것을 보여줍니다. 아시다시피 이것은 소크라테스의 전통에서 발견되는 것입니다. 하지만 이것은 견유주의자들에게 보다 각별한 것이었고, 또 그들이 소크라테스의 원리로부터 끌어내오던 것이기도 한데, 견유주의자들은 그들의 교훈이 가시적이고 이목을 집중시키고 도발적이며 때때로 파문을 일으키는 삶의 방식과, 이러한 실례들, 또는 그 실례들과 연관된 일정한 설명들을 통해 만인이 접근 가능하게 된 진실과 말하자면 관계를 설정해야 한다고 생각했습니다. 견유주의자들은 이 근본적인 진실들이 그들 자신들의 실존은 물론이고, 만인의 실존의 규칙과 지침이 되기를 바랐습니다. 그리고 그들은 그들 자신의 삶이 이와 같은 실체적 진실들의 문장紋章이 되기를 바랐습니다. 거기서 삶의 기술이라는 그리스 철학 개념으로부터 멀어지는 것은 하나도 없습니다. 바로 이런 이유로 인해, 비록 불교의 영향이 있었다는 가설을 받아들인다 해도, 견유주의자의 태도는 일반적인 형태와 원리의 측면에서 삶과 진실 간의 관계에 대한 그리스적 개념의 급진적 버전이라는 사실을 인정해야 합니다. 견유주의자의 태도는 진실에 대한 인식과 삶의 방식 간의 관계에 대한 그리스적 개념의 가장 급진적인 버전이라고 말할 수 있을 것입니다.[16] 그리고 이것은 공적인 활동으로서의 파레시아의 중요성을 설명해줍니다.

이러한 태도의 결과로서 우리는 견유주의자들이 그들의 교훈의 측면에서, 그들의 삶의 방식의 측면에서, 그리고 그들의 파레시아의 측면에서, 공적인 파레시아로서의 그들의 삶의 방식의 측면에서 어떤 전통에 준거했는지를 알 수 있습니다. 플라톤주의, 아리스토텔레스주의 혹은 스토아주의의 전통에서 사람들은 어떤 교의 텍스트 혹은 적어도 이론적 경구나 원리를 참조했다고 말할 수 있습니다. 에피쿠로스주의 전통에서 사람들은 에피쿠로스의 교의와 에피쿠로스주의자 모두가 모방해야 했던 에피쿠로스의 개인적인 모범을 참조했습니다. 에피쿠로스는 교의를 부과했고, 에피쿠로스는 모델이었습니다.* 견유주의의 전통에서 가장 중요한 준거는 텍스트나 교의가 아니라 실례였습니다. 물론 다른 철학 학파들에서도 실례가 중요했다는 것을 부정하지는 않지만, 견유주의의 활동에서는 제대로 확립되어 공인된 텍스트나 교의가 존재하지 않았습니다. 이론적 전통이 분명 존재하기는 했지만, 견유주의자들은 삶의 방식으로서 견유주의의 원천이 됐던 실제적이거나 신화적인 어떤 사람들을 준거로 삼았습니다. 성찰과 논평의 원천이 되는 이 실례들, 이 사람들은 헤라클레스, 율리시스, 디오게네스와 같은 신화적 인물들이었는데, [그중-옮긴이] 디오게네스는 역사적 인물이자 신화적 인물입니다. 역사적 인물로서의 디오게네스에 대해 우리가 알고 있는 것은 거의 없습니

---

16 몇 달 후, 콜레주드프랑스의 〈진실의 용기〉 강의에서 푸코는 진실 인식과 견유주의에 의해 수행되는 삶의 양식의 관계에 대한 그리스적 원리의 이러한 '급진화'에 대해 보다 명확한 묘사를 제시할 것이다. 그는 '진실한 삶'에 대한 플라톤-스토아주의적 이해를 상세하게 서술할 것이고, 견유주의가 왜 "진실한 삶이라는 주제들을 (…) 한계에 이르게 하는 일종의 이행, 일종의 확대 적용, 그리고 진실한 삶이라는 주제들로부터 진정한 삶의 모델에 부합하는 형상임과 동시에 진정한 삶의 찌푸린 형상으로의 돌변"을 수행하는 '단절의 철학'으로 여겨져야 했는지를 설명할 것이다. Cf. CV, p. 200-210, 224-225, 231-264.

* 수고: 에피쿠로스주의 전통에서는 에피쿠로스가 신성한 인물로 변형됨으로써 창조력에 큰 한계가 있었다.

다.* 하지만 이 역사적 인물은 견유주의 전통 내에서 방대한 양의 도발적이고 파문을 일으키는 일화, 행적, 태도를 수반하는 신화적 인물이고, 또 이 요소들이 사실적·역사적 요소들에 추가됐습니다. 디오게네스는 철학적 영웅이 되어버렸습니다. 견유주의가 무엇인지, 견유주의자들이 삶의 양식과 진실 간에 전제하고 인정하는 관계가 무엇인지를 이해하는 것은 매우 중요합니다. 예를 들어, 플라톤과 아리스토텔레스 그리고 아마도 제논은 스토아주의의 전통 내에서 철학적 저자, 철학적 권위였지, 철학적 영웅은 아니었습니다. 에피쿠로스는 저자이자 영웅이었습니다. 그리고 디오게네스는 '순수한 영웅'**이었습니다. 한 사람의 영웅을 준거로 삼는 이러한 철학적 관념, 삶의 관념은 실제적으로 중요한 것입니다. 그리고 여러분은 특정한 시기에 견유주의와 그리스도교의 관계가 어땠는지를 이해할 수 있는데, 그것은 텍스트에 대한 참조를 통해서가 아니라, 영웅적 인물에 대한 참조인 것입니다.[17]***

이제 견유주의의 파레시아로 넘어가봅시다. 〔다시 한 번 간략하게 말씀드리면, 견유주의자들은 세 가지 유형의 파레시아 실천을 행했습니다.〕**** 그들은 〔첫째로〕 비판적 설교, 〔둘째로〕 파문을 일으키는 행동, 〔셋째로〕 제가 '도발적인 대화'라 부르는 바를 행했습니다.[18]

---

* 수고: 이 철학자〔디오게네스 - 옮긴이〕는 안티스테네스를 매개로 해서 소크라테스적 운동과 특정한 관계를 맺고 있었다.

** 수고에서 따옴표 안에 들어가 있다.

17 '철학적 영웅주의의 정수'로서의 견유주의에 대해서는 다음을 보라. CV, p. 194-195.

*** 수고: 영웅으로서 진실을 말하는 자:
- 소크라테스?
- 디오게네스
- 순교자
- 그리고 현대사회의 혁명적 지도자들.

**** 누락된 구절을 수고에 의거해 재구성했다.

18 1983년 가을에 푸코의 견유주의 파레시아에 관한 연구는, 몇 달 뒤에 콜레주드프랑스에서 이루어지게 될 것과는 상당히 다른 방식으로 조직된다. 특히 그는 여기서 담론적 유형의 파레시아 실천(전도, 도발하는 대화)의 분석에 많은 중요성을 부여하면서도 '파문을 일으키는 행동'을 논의하는 데

먼저, 비판적 설교입니다. 설교는 일정 형태의 연속적인 강연입니다. 그리고 대부분의 철학자들, 특히 스토아주의자들은 그들의 교의를 설명하는 강연을 했습니다. 그러나 대개의 경우, 그들은 이 강연을 아주 제한된 청중 앞에서 했습니다. 반면, 견유주의자들은 이러한 엘리트주의를 좋아하지 않았고, 다수의 군중에게 말하기를 좋아했습니다. 그들은 축제나 종교적 행사를 맞이하여 극장이나 사람들이 모이는 장소에서 발언하기를 좋아했습니다. 예를 들어, 견유주의자의 위대한 초상에서 에픽테토스는 극장에서 대중 가운데 일어나 강론을 시작하던 사람들을 상기시킵니다.[19]

대중적 설교는 혁신적인 것은 아니었습니다. 이런 종류의 설교에 대한 증언들이 기원전 5세기부터 있어왔습니다. 예를 들어, 소피스트는 이런 종류의 설교자들입니다. 플라톤의 대화편에 나오는 몇몇 소피스트가 그 증거입니다. 그러나 견유주의자들의 설교는 역사적으로 중요했고, 또 특수성을 가지고 있었습니다. 견유주의자들의 설교가 역사적으로 중요한 이유는 이 설교가 삶의 방식, 자유, 사치스러운 삶의 포기, 제도와 정치 제도, 도덕률에 대한 비판과 관련된 철학적 주제들을 통해 엘리트의 경계를 넘어서서 확산되고 또 대중적인 것이 됐기 때문입니다. 그리고 이러한 관점에서 견유주의의 설교가 그리스도교의 몇몇 주제에 길을 열어주었다고 할 수 있습니다. 이러한 주제들만이 아니라 견유주의 설교의 형식도 그리스도교 선교가 다시 취하게 되고, 또 철학자

는 거의 시간을 할애하지 않는다. 반면, 《진실의 용기》에서 견유주의적 파레시아는 무엇보다도 태도 (êthos), 완전한 권리를 갖고 사는 방식으로 묘사된다. 그리고 견유주의적 파레시아를 특징짓는 담론적 실천들은 뒤로 밀리게 된다. 푸코는 《쾌락의 활용》, 71-72쪽(UP, p. 64-65)에서도 역시 견유주의 철학의 파문을 일으키는 행위를 참조한다.

19 Épictète, *Entretiens*, III, 22, 26, *op. cit.*, p. 73.

들이 그렇게 생각했듯이 진실은 가장 탁월한 자들에게만 말해지고 가르쳐져야 하는 것이 아니라 만인에게 말해지고 가르쳐져야 하는 것이라는 생각과 함께, 수 세기 동안 우리 사회에서 설교가 파레시아의 주된 형태 가운데 하나였다는 것은 분명한 사실입니다. 그리고 이러한 엘리트주의와 대중에 대한 경멸 이외에도 견유주의자의 설교에는 중요하고 특이한 것이 있었는데, 그것은 이 설교의 주제와 관련이 있었습니다. 견유주의자의 설교에는 실증적 교훈은 거의 없었고, 선한 것과 악한 것에 대한 직접적인 정의가 부재했으며, 모든 삶과 품행의 판단 기준으로서 항상적으로 자유와 자족autarkeia에 준거하거나 의거하고 있는 것 같습니다. 자유와 자족을 항상적이고 지속적이며 보편적인 기준으로 삼는 이 설교의 가장 중요한 부분은 규칙, 법률, 사회생활의 제도의 자의성에 반대했던 것 같고, 또 이 법률과 제도에 의존하는 모든 삶에 반하는 것이었던 것 같습니다.* 간략히 말해, 제도와 이 사회적 역할은 자유와 독립, 그리고 자연에 대립되었기 때문에 이 설교는 제도와 사회적 역할에 대해 늘 비판적이었습니다. 비판적 파레시아로서의 설교는 이상과 같습니다.

대중적이고 전도적인 설교의 곁에서 견유주의자들은, 글쎄 이것을 고약한 농담 혹은 파문을 일으키는 실천이라 부를 수 있는지 모르겠는데, [아무튼] 파문을 일으키는 행동에 의거했습니다. 이것은 완전히 견유주의적인 파레시아의 특징이기도 합니다. 대개의 경우, 이러한 파레시아적 태도의 실천은 어떤 규칙이나 제도, 집단적 습관, 의견 등에 이의를 제기하는 방식이었습니다. 그

---

* 수고: 이 제도와 [규칙]에서 이익을 끌어내려는 자들에 맞서는 것처럼, 또 이 법과 제도들에 복종하는 자들에 맞서서.

282
—
283

리고 여전히 도식적이고 파문을 일으키는 유형의 행동으로서 견유주의자들은 여러 절차와 기술을 사용했다고 말할 수 있을 것입니다.

그것들 가운데 하나가 역할 전도였습니다. 앞으로 보시게 되겠지만, 우리는 이 점을 알렉산드로스 대왕에 대한 디온 크리소스토무스의 담화에서 발견할 수 있습니다.[20] 알렉산드로스 대왕과 디오게네스의 그 유명한 만남은 대단히 중요했고, 견유주의자들은 이 만남을 아주 빈번하게 참조했습니다. 왜냐하면 여기서 문제가 되는 것이 전형적인 역할 전도이기 때문이죠. 알렉산드로스와 디오게네스의 만남은 왕궁, 궁정에서 일어난 것이 아니라 길거리에서 일어났습니다. 알렉산드로스 대왕은 서 있고, 디오게네스는 그의 통 속에 편안히 앉아 있습니다. 알렉산드로스 왕은 디오게네스로부터 해를 볼 수 있도록 비켜나라는 명령을 받습니다. 해를 볼 수 있게 비켜달라는 명령을 왕에게 내리는 것은 왕이 신의 후예라고 가정되는 신화적 계보와 대조적으로 태양과 철학자 간의 직접적이고 자연스러운 관계를 단언하는 것이었습니다. 이와 같은 역할 전도는 일종의 테크닉이었습니다.

또 어떤 영역의 규칙, 실천, 습관이 얼마나 임의적인지를 보여주기 위해 그 규칙을 그것이 수용되는 영역으로부터 수용되지 않는 영역으로 옮겨놓거나 전치시키는 기술도 있었습니다. 한번은 코린트 지협 축제의 운동 경기와 승마 경기가 열리던 동안, 계속되는 파문으로 모두를 귀찮게 하던 디오게네스가 월계관을 잡아 자기 머리에 쓰고, 축구 경기나 그런 유의 운동 경기에서 승리

20   D. Chrysostome, *Quatrième discours: Sur la royauté*, dans *Les Cyniques grecs*, trad. fr. L. Paquet, Paris, Le Livre de Poche, 1992, p. 202-233.

한 사람 흉내를 냈습니다. 치안판사들은 디오게네스의 이러한 행동에 매우 만족했는데, 그 이유는 적어도 이러한 행동이 디오게네스를 징벌하여 추방하고 제거할 수 있는 절호의 기회라고 생각했기 때문이죠. 하지만 디오게네스는 자신이 머리에 왕관을 쓴 이유가 자신이 자기 자신의 부도덕한 행위에 맞서 싸우며 운동선수가 시합에 이겨 쟁취한 승리보다 훨씬 영광스럽고 어려운 승리를 쟁취했기 때문이라고 설명합니다.[21] 그러고 나서 계속해서 시합이 열리는 동안, 그는 두 마리의 말이 서로 싸우고 있는 것을 보았습니다. 디오게네스는 달려나가 승리한 말에게 왕관을 씌웠습니다.[22]* 그러므로 두 대칭적인 이동이 있는 것을 보실 수 있습니다. 만약 진정한 승리의 자격으로 누군가에게 왕관이 수여된다면, 다시 말해 도덕적 승리가 문제가 된다면, 철학자로서 모든 악덕을 무찌르고 승리했기 때문에 디오게네스가 그것을 받을 만하지만, 만약 그것이 단순히 신체적으로 우월한 강건이 문제라면 승리한 말이 왕관을 받지 못할 이유가 없다는 것입니다.

파레시아의 형태로서 파문을 일으키는 다른 유형의 행동도 있습니다. 견유주의자들은 종종 모순적으로 보이고, 서로 거리가 먼 것처럼 보이던 두 규칙을 한데 묶습니다. 신체적인 욕구와 관련해 예를 들어보죠. 여러분은 음식을 먹습니다. 음식을 먹는 것은 어떤 파문도 일으키지 않습니다. 음식을 먹는 것은 아무런 파문을 일으키지 않기 때문에 여러분은 대중 앞에서 음식을 먹을 수 있습니다. 비록 그리스인들에게 이것은 당연하지 않

---

21   D. Chrysostome, *Neuvième discours: Diogène ou le discours isthmique*, 10-14, dans *Les Cyniques grecs*, *op. cit.*, p. 243-244.
22   *Ibid.*, 22, p. 245.
*   수고에 의거해 수정했다.

았지만 말입니다. 어찌 됐든 간에 디오게네스는 종종 아고라에서 식사를 했습니다. 디오게네스는 아고라에서 밥을 먹었기 때문에 아고라에서 자위를 하지 못할 이유가 없다고 생각했습니다. 두 경우 모두 신체적 욕구를 충족시키는 것이 문제였기 때문입니다. 다른 많은 기술들이 존재했었고, 저는 이런 매력적인 것들 가운데 다른 하나를 애써 감출 생각은 없습니다.

이러한 설교와 파문을 일으키는 실천들 말고도 견유주의자들은 또 다른 종류의 파레시아를 사용했는데, 그것에 대해 보다 구체적으로 설명해보고자 합니다. 그것은 도발적인 대화입니다. 그리고 이런 대화의 보다 구체적인 예를 제시하기 위해 프루사의 디온의 《제4담화: 왕권에 대하여》를 예로 들어보겠습니다. 이 대화는 매우 흥미로운데, 그 이유는 이 대화가 소크라테스의 파레시아로부터 파생했지만, 소크라테스의 파레시아와는 다르기 때문입니다.

프루사의 디온이 누군지 알고 계시나요? 그는 〔기원후〕 1세기 말부터 2세기 초에 살았던 정말 흥미로운 사람으로, 소아시아의 〔프루사라는〕 도시에서 정치적 역할을 담당했던 부유한 로마인 가문에서 태어났습니다. 디온의 가문은 수많은 작가, 공무원, 장교, 장군 그리고 때로는 로마 제국의 황제를 배출한 지방 유지 계급에 속했습니다. 그는 전문 웅변술사의 자격으로 로마에 왔던 것 같은데, 여기에는 이론의 여지가 있습니다. 크리스토퍼 존스Christopher P. Jones라는 한 미국 전문가가 프루사의 디온에 대한 흥미로운 책을 썼습니다. 이 책에는 철학적인 사유와 맥락과 관련된 것은 거의 없습니다. 탁월하고 진실된 역사가로서 저자는 사회사를 쓰고 있고, 관념들에는 거의 신경을 쓰지 않았기 때문이지요. 어쨌든 이 책은 당대에 로마 제국 내에서 프루사의 디온과 지식인들의 사회생활이 어떠했는지에 대해 탁월한 묘사를 하는 책이라 할 수 있습니다.[23] 로마에서 프루사의 디온은 스토아주의 철학자 무소니우스 루푸스와 친분을 맺게 됐고, 아마도 그를 통해 〔황제의〕 개인적인 권력과 다소 대립되는 자유주의적인 단체와 관계를 맺게 됐던 것 같습니다. 그는 도미티안에 의해 유배를 당하고 심지어는 자신의 고향에서조차도 살 수 없게 됩니다. 그래서 방랑 생활이 시작되었고, 그는 견유주의 철학으로 혹은 적어도 견유주의의 삶의 양식으로 개종한 것으로 보입니다.[*] 또 그는 견유주의자들의 습관과 태도를 수년 동안 채택했습니다. 로마로의 귀환을 허가받으면서 그는 새로운 이력을 시작했습니다. 그는 〔예전의 재산을 되찾아〕 부유하고 훌륭한 선생이 됐습니다. 하지만 그는 한 견유주의 철학자의 생활방식, 태도, 습관, 철학적 견지와 준거들을 일정 기간 동안 채택했습니다.

《에우보이아 이야기》라는 디온의 일곱 번째 이야기를 아시나요?[24] 어느 작은 농촌 마을에 대한 대단히 흥미로운 묘사가 나오는데요, 제 생각에는 최초의 민속학적·철학적 묘사인 듯합니다. 이 이야기를 읽어보실 필요가 있습니다. 너무 재밌습니다. 어떤 면에서 그것은 아름다운 전원생활과 관련된 베르길리우스의 시에 나오는 일종의 유토피아, 전원 풍경입니다. 하지만 그것은 어떤 공동체에 대한 사회적 묘사로 보이기도 합니다. 디온은 결혼식도 묘사하고, 두 지주 사이의 재산 갈등 같은 것도 묘사합니다.

23   C. P. Jones, *The Roman World of Dio Chrysostom*, Cambridge(Mass.), Harvard University Press, 1978.

*   수고: (견유주의가 언제나 스토아주의와 가까운 상태를 유지함에도 불구하고)

24   D. Chrysostome, *Discourse 7: The Euboean Discourse or The Hunter*, in *Discourses*, vol. I, trad. angl. J. W. Cohoon, Loeb Classical Library, 1932. F. Alban이 부분 번역한 프랑스어 역이 다음에 수록되어 있다. *Romans grecs. L'Eubéenne ou le chasseur*, Paris, Charpentier, 1841.

아주 재밌습니다. 인류학사의 출발점이 루소가 아니라는 것은 명백하다고 생각합니다…. [*]

　　이 일곱 번째 이야기는 놔두고 네 번째 이야기로 넘어가봅시다. 여기서는 세 형태의 파레시아가 발견됩니다. 그것은 담화, 설교입니다. [**] 그리고 디오게네스의 파문을 일으키는 행동에 대한 언급들이 있고, 또 알렉산드로스 대왕과 디오게네스의 만남에 관한 이야기가 있으며, 알렉산드로스와 디오게네스 간의 도발적인 대화와 그 예도 있습니다. [***] 이 대화는 실제로 있었다고 전해지는 디오게네스와 알렉산드로스 대왕과의 그 유명한 만남에 할애되어 있습니다. [25][****] 디온의 담화는 세 부분으로 되어 있습니다. 우선 이 만남에 대한 몇 가지 성찰이 있고, 다음으로 허구적인 대화가 있으며, 마지막으로 긴 담화가 옵니다. 담화 초반부에 디온 크리소스토무스는 디오게네스와 알렉산드로스의 만남이 군사적 승리로 유명한 한 사람과 덕으로 유명한 다른 한 사람 간의 평등한 만남이라고 설명하는 자들을 비판합니다. 디온 크리소

---

[*]　　수고: 여러 차례의 여행들 중 하나에서 그는 다소간 그리스-로마 문명을 간직하고 있는 나라들을 방문했고, 그곳에 사는 인민들을 아주 흥미롭게 묘사했다. 이것은 우리가 원시적인 민속학·철학이라고 부를 수 있을만한 것의 최초의 예시들 중 하나이다. 신화로서나 인류의 초창기를 불러내는 것으로서, 좋았던 옛 시절의 재생으로서 나타나는 것이 아니라, 여전히 존재하지만 그리스-로마적이지는 않은 실제 사회에서의 어떤 명확한 관계로서 나타나는 초상, 우리 문명의 한계들 밖에 있는 합리적 실존과 같은 것으로서의 자연 상태의 삶(그는 결혼, 약혼녀의 행동, 의례들을 묘사했다). 그의 의도는 이러한 '사실적' 묘사를 통해 그리스-로마 세계의 동료 시민들에게 교훈을 주는 것이다. 그는 동료 시민들에게, 어떻게 인간 사회가 적은 수의 자연법에 따름으로써 자유롭고 행복하게 살 수 있는지를 보여주고 싶어 한다.
이 텍스트는 인류학사의 관점에서 분석해볼 만한 가치가 있다.

[**]　　수고: 이것은 그 자체로 담화이다. 이 담화에서 디온은 디오게네스가 알렉산드로스 앞에서 했다고 추정되는 말들을 이야기한다.

[***]　　수고: 이것은 소크라테스식의 질문과 답변 게임의 견유주의 버전으로 보인다.

[25]　　푸코는 디온 크리소스토무스가 이야기하는 디오게네스와 알렉산드로스의 만남을 〈진실의 용기〉 1984년 3월 21일 강의에서도 분석하지만, 여기서의 분석보다는 덜 상세하다. Cf. CV, p. 252-255.

[****]　　수고: 그리고 견유주의적 교육 방식에 따라 [디온은] 이 만남이라는 주제에 엄청난 양의 세부 사항을 덧붙인다. 이것들은 완전히 허구적이긴 하지만, 디오게네스가 이 장면에 부여하는 철학적 의미의 진실을 밝힌다.

스토무스는 알렉산드로스 대왕이 디오게네스와 같은 하찮은 자를 무시하지 않았다는 이유로 사람들이 그를 찬양하는 것을 바람직하게 생각하지 않았습니다. 디온 크리소스토무스는 알렉산드로스가 실제로 자신이 디오게네스보다 열등하다고 느꼈으며, 그의 명성 때문에 디오게네스를 질투했다고 주장합니다. 왜냐하면 알렉산드로스는 자신이 하고자 하는 일, 요컨대 세계 정복을 위해 돈과 병사와 연합국들을 필요로 했던 반면, 디오게네스는 자신이 원하는 바를 하는 데 그 어떤 것도 필요하지 않았기 때문이라는 겁니다. 그리고 알렉산드로스는 자신의 연합국들에게 거짓말을 하고 아첨을 해야 했던 반면, 디오게네스는 만인에게 진실을 말할 수 있었기 때문이라는 겁니다. "(…) 마케도니아인들과 다른 그리스인들을 복종하게 하기 위해" 알렉산드로스는 "종종 감언과 관대의 힘을 빌려logois te kai dôrois 그들의 수뇌들과 백성들 모두의 공감을 얻어내야" 했고, 반면에 디오게네스는 감언을 통해 사람들의 총애를 받으려 하지 않고 "만인에게 진실을 말했다alla talêthê pros apantas legôn"[26]고 디온은 쓰고 있습니다. 그러므로 디오게네스는 여기서 아주 명백하게 진실의 스승으로 간주되고, 이러한 관점에서 알렉산드로스는 디오게네스보다 열등하며, 알렉산드로스는 열등감을 느낍니다. 열등감을 느끼기는 했지만, 알렉

---

[26]   D. Chrysostome, *Quatrième discours: Sur la royauté*, 8-10, *op. cit.*, p. 203: "알렉산드로스는 자신이 원하는 곳으로 가서 욕망하는 바를 획득하기 위해 마케도니아의 군대, 테살리아의 기병대, 트라키아인, 파이오니아인과 많은 다른 사람이 필요했다. 하지만 디오게네스는 수행원 없이도 아주 안심하고 밤낮으로 그가 가고 싶어 하는 곳은 어디나 돌아다녔다. 게다가 알렉산드로스는 자신의 계획을 수행하기 위해 엄청난 양의 황금과 은을 필요로 했으며, 더욱이 마케도니아 백성과 다른 그리스 백성들이 계속 그에게 복종하기를 기대한다면 그들의 통치자와 일반 대중이 자신에 대해 갖는 평판을 말과 선물로 부단히 잘 관리해야 했다. 반면에 디오게네스는 그 누구도 감언이설로 속이지 않고 만인에게 진실을 말했으며, 돈(드라크마)이 한 푼도 없었음에도 자신이 원하는 일을 성공적으로 수행할 수 있었고, 자기가 작정한 그 어떤 목표도 결코 달성하지 못하는 법이 없었으며, 자신이 가장 위대하고 행복한 삶이라고 생각한 인생을 영위했고, 알렉산드로스의 왕권이나 메데스와 페르시아의 부를 자신의 가난과 맞바꾸려 하지 않았다."

산드로스는 디오게네스의 파레시아 게임에 참여하기로 결정합니다. 알렉산드로스는 악덕과 결점, 약점이 있었지만 형편없는 전제군주는 아니었기 때문에 이 파레시아 게임을 받아들였다는 겁니다. "그래서 알렉산드로스 왕은 여전히 앉아 있는 디오게네스에게 다가가 인사를 했다. 디오게네스는 험상궂은 눈을 하고 알렉산드로스를 쳐다보았으며, 볕에 몸을 덥히고 있으니 좀 비켜서라고 명했다(매력적인 짧은 일화입니다-M. F.). 그러자 알렉산드로스는 자신의 존재감에 압도당하지 않는 그의 태연자약에 즉각적으로 매료된다. 용감한 자가 용감한 자를 좋아하는 것은 자연스러운 일이다(사실 파레시아의 기원이 되는 이 용기는 알렉산드로스의 군사적 용기를 통해 확인되고, 그렇기 때문에 알렉산드로스는 파레시아를 받아들입니다-M. F.). 반면, 비겁한 자는 용감한 자를 불안한 눈으로 바라보며 적으로서 증오하지만 비열한 자는 환영하며 좋아한다. 그러므로 용감한 자들은 진실과 솔직함(여기서 parrêsia라는 말이 발견됩니다. âletheia kai parrêsia -M. F.)을 세상에서 가장 소중하고 매력적인 것으로서 중요하게 여기지만(용감한 자들에게는 왕이 문제시될 때조차도 용기를 찬미하기 때문에 파레시아는 세상에서 가장 매력적인 것입니다-M. F.), 비겁한 자들은 아첨과 기만을 가장 높게 평가한다. 비겁한 자들은 대화에서 환심을 사려고 하는 자들의 말에 귀를 기울이고, 용감한 자들은 진실을 중시하는 자의 말에 귀를 기울인다."[27]

이제 파레시아 게임이 시작될 수 있게 됐습니다. 알렉산드로스는 디오게네스의 무례함에도 불구하고 파레시아 게임을 받아들입니다. 파레시아 게임이 시작되고, 어떤 면에서 이 게임은 소크라테스의 파레시아 게임과 그리 다르지 않습니다. 질의와 응

---

27   *Ibid.*, 14-15, p. 204.

답을 수반하는 게임이기 때문이죠. 하지만 적어도 두 가지 차이가 존재합니다.[28] 우선 이 파레시아 게임에서 질문하는 자는 알렉산드로스이고, 대답하는 자는 디오게네스입니다. 이는 소크라테스의 대화와 정반대입니다. 제 생각에 훨씬 더 중요한 또 다른 차이가 존재하는데, 이 두 번째 차이는 견유주의 파레시아의 전형이라고 생각됩니다. 기억하시겠지만 소크라테스는 대화 상대자의 무지를 가지고 게임을 했습니다. 디오게네스는 알렉산드로스의 무지를 가지고 게임을 하는 것이 아니라, 다른 것, 요컨대 그의 자존심을 가지고 게임을 합니다. 디오게네스는 알렉산드로스의 자존심을 상하게 하려고 합니다. 예를 들어, 디오게네스는 처음부터 알렉산드로스를 사생아로 취급하고, 왕은 스스로 자기 머리에 왕관을 씌우고 자신이 왕이라고 선언하는 아이들과 다를 바가 없다고 알렉산드로스에게 말합니다. 또한 전쟁터에서 알렉산드로스가 쟁취한 승리는 알렉산드로스가 자신의 악덕과 치러야 할 전쟁에 비해 그다지 중요한 것이 아니라고 주장하기도 합니다. 이 모든 것은 듣기에 그다지 유쾌한 것이 아닙니다. 하지만 이것은 디오게네스의 게임입니다. 대화 상대자의 자존심을 공격하고, 그가 자기 자신이라고 주장하는 바가 실은 자기 자신이 아니라는 것을 인정하도록 그를 몰아세우는 것은, 자신이 알고 있다고 생각했던 것을 실은 모르고 있었음을 그에게 증명해 보이는 것과는 다릅니다. 물론 소크라테스의 게임과 디오게네스의 게임 간에는 관계가 있습니다. 왜냐하면 소크라테스의 대화에서는 종종 누군가가 자신의 무지를 인정할 수밖에 없음으로 인해 자존심에 상

---

28   디오게네스의 도발적 대화와 소크라테스의 대화 사이의 이러한 촘촘한 구조는 푸코의 콜레주 드프랑스 강의 〈진실의 용기〉에서 재논의되지 않을 것이다. 거기서는 본질적으로 견유주의자-왕이라는 주제를 둘러싸고 돌아가는, 디오게네스와 알렉산드로스의 만남이 분석된다. Cf. CV, p. 252-255.

처를 받기 때문이죠. 예를 들어, 어느 순간 자존심에 정말 상처를 입어 대화를 중단하는 칼리클레스의 경우가 그 분명한 예입니다.[29] 그러나 그것은 (소크라테스의) 파레시아 본 게임의 부차적 효과에 불과합니다. 그 본 게임이란 어떤 사람에게, 그 사람이 알고 있다고 생각하는 것을 (실은-옮긴이) 그가 모른다는 것을 증명하는 것입니다. 디오게네스의 경우, 주가 되는 것은 자존심과의 게임이고, 무지와 앎의 게임은 이 게임의 부대 효과에 불과합니다. 이 점이 다르다고 생각합니다.

알렉산드로스의 자존심에 대한 이런 공격을 통해 대화 상대자는 파레시아 수용의 경계, 한계에 이르게 됩니다.[*] 이미 살펴보았듯 알렉산드로스는 이 파레시아 게임을 할 용의가 있었고, 이런 종류의 디오게네스의 무례함, 모욕을 받아들일 준비가 되어 있었습니다. 알렉산드로스는 디오게네스에 의해 모욕을 당할 때마다 화를 내며 자리를 떠버리거나 폭력을 사용할 태세였습니다. 그러므로 파레시아 게임은 파레시아 계약의 경계 지대에 있고, 항시 계약 위반 직전의 상태에 있는 것을 볼 수 있습니다. 왜냐하면 파레시아스트가 너무나 불쾌한 말을 해대고 대화 상대자가 이에 화를 내기 때문이죠. 규칙의 한계 상태에 봉착한 게임의 한 예는 다음과 같습니다. 디오게네스는 알렉산드로스에게 묻습니다. "무장하고 다니는 것은 쫄보의 특성이라는 걸 모르는가? (그런데 겁먹은 자는 절대로 왕이 될 수가 없지. 노예나 될 수 있을 뿐이다.' 이 말에 알렉산드로스는 그에게 창을 꽂기 일보 직전이었다."[30] 그래서 대화가 이 지경에 이르렀을 때 두

29   플라톤, 《고르기아스》(Platon, Gorgias, 505c-d, op. cit., p. 194-195).

*   수고: (진실을 얘기할 테니 벌하지 말아달라.)

30   D. Chrysostome, Quatrième discours: Sur la royauté, 63-64, op. cit., p. 212: "너로 말할 것 같으면, 내 느낌에 너는 분명, 산책할 때뿐만 아니라 잘 때도 완전무장을 할 것 같구나. 무장하고 다니는 것은 쫄보의 특성이라는 걸 모르는가? 그런데 겁먹은 자는 절대로 왕이 될 수가 없지. 노예나 될 수 있을

가지 가능성이 존재합니다.)* 대화 상대자를 게임에 끌어들이고, 디오게네스는 이 두 가지 가능성을 모두 이용합니다.

그 첫 번째 가능성은 도전입니다. 요컨대 "그래, 나는 네가 화가 난 걸 알고 있다. 너는 자유롭고, 또 나를 죽일 수 있는 물리적이고 사법적인 가능성을 가지고 있어. 날 죽일 만큼 충분한 용기나 비겁함을 가지고는 있나?" 알렉산드로스를 모욕한 다음, 디오게네스는 그에게 다음과 같이 말합니다. "그건 신경 쓰지 말고, 내가 말하는 바에 대해 화를 내고, 격노하여 날뛰며 나를 인간들 가운데 가장 저주받을 자로 여기고, 만인이 보는 앞에서 나를 모욕하며, 네 마음이 후련해질 수만 있다면 창으로 나를 찌르거라. 나는 네게 진실을 들려준 유일한 사람이었고, 다른 누구도 너에게 진실을 가져다주진 않을 테니 말이야. 그리고 모든 사람은 나보다 덜 정직하며 덜 자유로우니 말이지."[31] 여기서 우리는 디오게네스의 게임이 무엇인지 아주 잘 알 수 있습니다. 디오게네스는 알렉산드로스의 분노를 의도적으로 촉발시키고 나서 다음과 같이 말합니다. "자, 이제 나를 죽여라. 그러나 나를 죽이면 아무도 네게 진실을 말해주지 않으리라는 걸 너는 알아야 해." 그리고 새로운 종류의 파레시아 계약이 있게 됩니다. 요컨대 '디오게네스를 죽이든가 아니면 알렉산드로스가 진실을 알게 되든가'라는 형태의 계약입니다. 그리고 물론 이런 종류의 용기와 진실에 대한 협박은 알렉산드로스를 자신에게 유리하도록 감화하는 효과가 있습니다. "알렉산드로스는 자신의 존재감에 의해 동요되지 않는 디오게네스의 확고한 자신감에 매료됐다"[32]고 프루사의 디

뿐이다.' 이 말에 알렉산드로스는 그에게 창을 꽂기 일보 직전이었다."

*　　　수고에 기초하여 녹음상의 몇몇 누락을 복구했다.

31　　*Ibid.*, 59, p. 212.

온은 말합니다. 그리고 디온은 "그리고 나서 알렉산드로스는 디오게네스의 용기와 대담함에 매료됐다"[33]고 말합니다. 알렉산드로스를 이 게임에 다시 끌어들이기 위한 첫 번째 수단은 이상과 같습니다.

하지만 '나를 죽이든지 아니면 진실을 〔보는 걸 받아들여라〕[*]라는 이러한 도전 말고도 또 다른 수단이 있습니다. 이것은 훨씬 더 교묘한 수단이며, 소크라테스의 아이러니와는 다른 계략입니다. 소크라테스의 아이러니는 소크라테스가 자신의 대화 상대자와 마찬가지로 무지한 척하면서 대화 상대자가 거리낌 없이 자신의 무지를 드러내게 만드는 데 있다는 것을 알고 계실 것입니다. 이 점이 적어도 소크라테스의 아이러니의 원리였습니다. 어떤 면에서 디오게네스의 계략은 이와는 다릅니다. 디오게네스는 그의 대화 상대자가 격노하는 바로 그 순간, 대화 상대자의 마음에 들어할 말을 합니다. 예를 들어, 알렉산드로스가 사생아라고 말하고 이를 알렉산드로스가 받아들이지 않자 디오게네스는 "내가 너한테 사생아라고 한 건, 네가 제우스의 아들이라는 뜻으로 한 말이야"라고 말합니다. 이 말은 당연히 알렉산드로스를 기쁘게 합니다. 왜냐하면 알렉산드로스는 디오게네스가 이 말로부터 무엇을 끌어낼지 알지 못하기 때문이죠. 아무튼 알렉산드로스는 만족해하며 디오게네스와 대화를 계속합니다.[34]

---

32   *Ibid.*, 15, p. 204.
33   *Ibid.*, 76, p. 214.
*   듣기 힘든 구절을 추측했다.
34   *Ibid.*, 18-20, p. 205: "'그래도 내게 말해봐라. 네가 바로, 우리가 사생아라고 부르는 그 알렉산드로스인가?' 이 말을 듣자 왕은 얼굴이 벌겋게 달아오르고 자기 안에 분노가 일어나는 것을 느꼈지만, 스스로를 억제했다. 그리고 무례하고 허세로 가득 차 있다는 느낌이 드는 자와의 대화에 친히 참여해준 것을 후회하기 시작했다. 하지만 디오게네스는 그의 내적 동요를 완벽하게 파악했고, 마치 주사위 놀이를 하는 사람처럼 바꿔 던지는 척했다. 알렉산드로스가 디오게네스에게 '어떻게 날 사생아라고 부를 생각을 했느냐?'고 묻자 디오게네스는 이렇게 응수했다. '내가 그런 생각을 한 이유 말인가? 하지

그러므로 "어디 한번 죽여봐. 그럼 넌 진실을 알지 못하게 될 거야"라는 식의 도전과, 알렉산드로스의 마음에 드는 이야기를 해서 그로 하여금 대화를 지속하고 싶게 만드는 [계략]이라는 두 가지 가능성이 있는 것을 볼 수 있습니다. 그러나 소크라테스의 대화가 우여곡절 끝에 무지한 인식으로부터 무지에 대한 인식으로 나아가는 반면, 견유주의자의 대화는 전투나 전쟁에 훨씬 더 가깝다는 것을 알 수 있는데, 여기에는 엄청난 호전성이 최대치에 이르는 순간들, 그리고 당연히 대화 상대자를 함정에 빠뜨리기 위해 마련된 누그러지는 순간들과 예의 바른 대화들이 동반됩니다. 하지만 프루사의 디온은 소크라테스의 게임과 다르다고 생각되는 이런 종류의 견유주의 게임을 대화 속에서의 일종의 전략으로 아주 분명히 제시하고 있습니다. 알렉산드로스에게 대단히 불쾌한 말을 하고 나서(그 내용이 무엇이었는지는 기억이 나지 않습니다[35]) 디오게네스는 이렇게 묻습니다. "리비아 신화를 이야기해줄까?"[36] 리비아 신화는 알렉산드로스가 제기한 문제와 관련이 있습니다.[37] 알렉산드로스 왕은 그 신화를 모른다고 답합니다. "디오게네스는 알렉산드로스에게 리비아 신화를 열정적이고 매력적

만 나는 네 어미가 네게 그렇게 말했다고 들었다. 네가 필리포스로부터 난 자식이 아니라, 용이나 암몬, 혹은 어느 신인지는 모르겠지만 반신 또는 야생의 짐승으로부터 난 자식이라고 네게 말해준 것이 네 어미 올림피아스 아니던가? 어쨌든 너는 사생아인 것이다.' 이 말에 알렉산드로스는 미소를 지으며 그 어느 때보다 더 기뻐했다. 알렉산드로스에게 디오게네스는 무례한 자가 아니라, 그와 정반대로 가장 솜씨 좋은 자, 칭찬할 줄 아는 유일한 자인 것처럼 보였다."

35   디오게네스는 알렉산드로스에게 그의 선조인 아르켈라오스 왕이 염소치기였음을 상기시킨다. Cf. ibid., 71-72, p. 213-214.

36   Ibid., note 18, p. 257: "자신들의 아름다운 용모로 리비아 옆을 지나가는 선원들을 유혹하고는 야밤을 틈타 그들을 잡아먹는, 반은 여인이고 반은 짐승인 기이한 피조물들에 관한 것이다."

37   Ibid., 73-74, p. 214: "'그리고 만약 네가 네 자존심과 현재의 염려들을 물속으로 던져버린다면 너는 십중팔구 말뿐만이 아니라 실제로도 왕일 텐데. 너는 모든 사람들, 남자들과 여자들을 지배하겠지. 네가 조상이라고 주장하는 헤라클레스처럼 말이야.' 다른 쪽이 대꾸했다. '여자들! 물론이지! 아마조네스를 말하는 거냐?' '천만에! 그들을 지배하는 데는 아무 어려움이 없어. 나는 다른 여자들에 대해 말하는 거야. 대단히 위험하고 사나운 종족이지. 리비아 신화를 들어봤나?'"

으로 이야기한다. 왜냐하면 디오게네스는 어린아이의 따귀를 때리고 나서 아이를 위로하고 달래는 유모처럼 알렉산드로스를 안심시켜 환심을 사려 했기 때문이다."[38] 그리고 잠시 후 동일한 방식으로 이런 종류의 게임을 설명하면서 [디온은 계속해서 이렇게 말합니다.] "[알렉산드로스]의 마음이 심하게 동요되고 있고, 또 주저하고 있음을 간파한 디오게네스는 그와 게임을 시작했고, 또 알렉산드로스를 오만과 명예욕으로부터 끌어내어 제정신을 차리게 해줄 수 있다는 희망을 품고 그를 이러저러한 방식으로 조종하기 시작했다. 왜냐하면 사실 디오게네스는 알렉산드로스가 기뻐진 동시에 슬퍼지기도 했다는 것을, 똑같은 구름에서 비가 내리는 동시에 햇빛이 비쳐 나오는 하지나 동지 때의 날씨처럼 그의 영혼이 불안정한 것을 목격했기 때문이다."[39] 하지만 이런 호의는, 디오게네스에게는 자신의 호전성을 강화하는 수단에 불과합니다. 알렉산드로스가 사생아라고, 다시 말해서 그가 제우스의 아들이라고 말함으로써 알렉산드로스를 즐겁게 한 후에 디오게네스는 더 멀리까지 나아갑니다. 알렉산드로스는 당연히 행복해하며 자부심을 느꼈고, 이에 디오게네스는 이렇게 말합니다. "제우스가 아들을 갖게 됐을 때, 그는 이 아들에게 그의 신성한 출생의 징표를 줬지." 알렉산드로스는 물론 자신이 이 표식들을 갖고 있다고 믿습니다. 그런데 디오게네스는 이렇게 말합니다. "신성한 출생의 표식들을 네게 가르쳐주지." 이 표식은 왕이라는 인물의 순전히 도덕적인 초상이라는 것입니다. 디오게네스는 다음과 같이 말합니다. "그 누구도 사악하고 정직한 왕보다 더 나쁜 왕이 될 수는 없

38　　*Ibid.*
39　　*Ibid.*, 77-78, p. 215.

어. 왜냐하면 왕은 가장 용감하고 정의로우며 인간적이고, 또 어떤 난관이나 탐욕에 의해서도 결코 정복당하지 않는 모든 인간들 가운데서 가장 탁월한 자이기 때문이야. 마부가 마차를 운전할 줄 모르는 자라고 생각하니? 조타수가 조타술을 모르는 자라고 생각하니? 의사가 의술에 대해 아무것도 모르는 자라고 생각하니?"[40] 그리고 여기서 의술, 조타술, 정치적 수완이라는 세 가지 은유가 발견됩니다. "따라서 항해사의 방식이 아니고서는 배를 조종할 수 없듯, 왕의 방식으로서만 왕이 될 수 있단다."[41] 보시다시피 알렉산드로스는 신의 아들로서 자신이 신의 아들임을 증명하는 징표를 자신의 신체에 지니고 있다고 생각했습니다. 하지만 〔디오게네스의〕 대답은 이랬습니다. "그렇지 않아. 진정한 왕이 될 수 있는 유일한 방법은 왕처럼 행동하는 거야." 그러자 알렉산드로스는 왕이 될 수 있는 방식을 어떻게 배울 수 있는지 묻습니다. 그러자 디오게네스는 말합니다. "왕이 되는 것을 배울 수 있는 수단은 존재하지 않아. 너는 태생적으로 왕이고, 너는 네가 태생적으로 왕이라는 것을 알고 있잖니. 네가 게임을 하면 〔…〕."[42]*

그래서 게임은 소크라테스의 대화에서와 마찬가지로 알렉산드로스가 자신이 누구인지 알 수 없는 지점에 도달하게 됩니다. 하지만 알렉산드로스는 자신이 태생적으로 왕인 것이 결코 아니라는 사실을 발견하고, 자신이 왕이 되는 방법은 오직 하나라는 것, 즉 견유주의 철학자와 동일한 삶의 양식을 갖고 동일한 유형의 성격 혹은 에토스_ethos_(태도)를 취하는 것이라는 사실을 발견합

---

[40]   *Ibid.*, 24-25, p. 206.
[41]   *Ibid.*, 25, p. 206.
[42]   *Ibid.*, 26-31, p. 206-207.
*   들리지 않는 구절.

니다.[*] 그리고 이 대화에서 더 이상 할 말이 없게 되는 순간이 있습니다. 소크라테스의 대화에서 대화 상대자들이 너무나 당황해서 더 이상 아무 말도 할 수 없게 될 때, 소크라테스가 담론을 시작할 수밖에 없거나 다른 사람의 담론을 인용하는 일이 일어나는 것을 여러분은 기억하시죠? 그리고 대개의 경우, 대화의 종반부에 장황한 담론이 시작될 때 긍정적인 논지가 출현합니다.[**]

프루사의 디온의 텍스트에서도 동일한 사태가 발견됩니다. 알렉산드로스가 너무나 당황스러워할 때[***] 디오게네스는 장황한 담론을 시작합니다.[****] 하지만 이 담론에서 문제가 되는 것은 긍정적 논지의 진실일 수 있는 어떤 것을 말하는 것이 아닙니다. 디오게네스는 왕의 속성과 항시 관련되어 있는 세 가지 주요 결점을 구체적으로 묘사하는 것에 만족합니다. 그것은 쾌락을 탐하는 성향, 부에 대한 탐욕, 정치적 삶에서의 과도한 야심입니다 [...].[*****]

흥미로운 점은 대화 종반부에 긍정적 교훈은 존재하지 않고, 단지 항상적인 영적 투쟁의 목표가 무엇인지에 대한 분석이나 설명만이 있을 뿐이라는 것입니다. 물론 '영적 전투', '영적 투쟁'이라는 표현은 여기에 아직 존재하지는 않습니다. 그러나 흥미

---

[*] 수고: 알렉산드로스는 이 왕의 특징이 군주제의 제도적 정의에 다름 아니라는 것을 아주 잘 알고 있었다. 하지만 디오게네스는 더 멀리 나아가, 이 왕의 특징이라는 것은 교육될 수 없다고 말하며, 알렉산드로스가 그 어떤 수업에서도 그것을 배울 수 없고, 다만 자기 자신과의 특정한 관계를 통해서만 그것을 배울 수 있다고 말한다. 또 디오게네스는 왕을 견유주의 철학자로 묘사한다.

[**] 수고: 직접적 교육의 순간이다.

[***] 수고: 하지만 이것은 뭘 말해야 할지 모르는 사람의 당혹스러움이 아니다. 왜냐하면 그는 자신이 모른다는 사실을 발견하기 때문이다. 자긍심과 의기소침, 기쁨과 근심 사이에서 동요하는 자, 자기가 어떤 사람인지 모르는 자의 당혹감, 불안이다.

[****] 수고: 이 긴 담화를 통해 디오게네스는 알렉산드로스에게, 자신이 소피스트들 및 수사학자들과 더불어 경쟁할 능력이 있음을 보여주고자 한다. 또 그는 이런 종류의 교육을 신뢰하는 알렉산드로스를 기쁘게 하고 싶어 하기도 한다(이것은 《파이드로스》에서의 소크라테스의 행동과 그다지 다르지 않다).

[*****] 들리지 않는 구절.

로운 것은 형이상학적 논지, 형이상학적 주장, 이론적인 단언은 존재하지 않고, 단지 알렉산드로스가 평생 싸워야 할 결점들에 대한 서술만이 존재한다는 것입니다. 그리고 이 대화에서 알렉산드로스와 디오게네스 간의 투쟁과 전투의 형태를 취하는 동일한 실천을 발견할 수 있습니다. 이것은 지도자가 타인을 그가 예측하지 못했던 어떤 지점으로 이끌어가는 그런 종류의 아이러니가 아닙니다. 그것은 다른 무엇입니다. 그것은 두 유형의 권력, 요컨대 정치권력과 진실 권력 간의 투쟁입니다. 이 싸움에는 끊임없는 위험이 도사리고 있고, 파레시아스트〔디오게네스-옮긴이〕는 처음부터 끝까지 알렉산드로스의 권력에 맞서며 이 위험을 받아들입니다. 그리고 파레시아스트의 이러한 투쟁은 대화 상대자를 어떤 진실로 인도하거나 그로 하여금 이 진실을 발견하게 만드는 결과를 초래하지 않습니다. 그것은 대화 상대자로 하여금 이 파레시아 투쟁을 내면화해 자기 안에서 자신의 결점 및 욕망과 싸우게 하고, 자기 자신과 관련해서는, 디오게네스가 자기 자신과 관련해 그리 됐던 것처럼 되도록 유도합니다. 저는 견유주의자들이 이러한 중요한 유형의 투쟁을 발명했다고 말하려는 것은 아닙니다. 왜냐하면 이러한 투쟁은 플라톤에게서도 발견되기 때문입니다. 〔플라톤에게서〕* 이러한 투쟁 개념의 대단히 중요한 요소들이 발견됩니다. 하지만 여기 이런 종류의 견유주의 모델에서는 소크라테스의 게임과는 다른 유형의 파레시아가 존재합니다. 이러한 형식적인 특성들은 그리스도교 제도 내에서도 발견되지만, 〔견유주의에는〕 형식만 있는 것이 아니라 특수한 목적을 가진 내용도 있습니다. 바로 이 파레시아 투쟁 개념이 어떤 사람이 자기 자신과의 영

* 　들리지 않는 낱말을 추측했다.

적인 투쟁을 수행할 수 있게 해주는 수단입니다.

견유주의자들의 이 파문을 일으키는 선동에서 제가 놀란 점은 행동에 부여된 중요성, 극적인 차원, 그리고 미장센입니다.

네, 옳으신 말씀입니다. 견유주의적 태도에서 정말 흥미로운 것은, 그것이 언제나 청중을 필요로 하고 연극적 성격을 갖는, 공적인 어떤 것이라는 사실입니다.[43] 알렉산드로스와 디오게네스의 만남도 물론 길 위에서 수많은 사람이 지켜보는 가운데 이루어집니다. 그리고 저는 이것이 아주 흥미롭다고 생각합니다. 어쨌든 한동안 견유주의적 훈련으로 인도됐고 견유주의적 삶의 양식을 가졌었던 프루사의 디온이 순수한 견유주의자는 아니었다는 사실을 염두에 두셔야 합니다. 순수한 견유주의라는 것이 실존한 적이나 있었는지 모르겠지만 말입니다. 주지의 사실이지만, 기원후 1세기 그리스-로마 세계에는 일종의 수도사들의 선구자들이 있었습니다. 이렇게 말해도 괜찮다면, 그들은 걸인들이었고, 사람들에게 험한 말을 하곤 했으며, 사람들을 불쾌하게 하는 행동을 했습니다. 그들을 '순수한 견유주의자'라고 부르기는 쉽지만, 〔그들 중-옮긴이〕 이론적 토대를 갖고 있는 사람은 아주 적었습니다. 프루사의 디온의 경우에는 아주 훌륭한 철학 교육을 받았〔다는 점에서 아주 다릅니다〕. 그래서 저는 담론의 이러한 형식 내에서 아주 잘 나타나는 이 파레시아 게임이 대부분의 견유주의적 실천들보다 소크라테스의 전통에 더 가까운지 어떤지 확신하지 못하겠습니다. 아마도 소

---

43   콜레주드프랑스 강의 〈진실의 용기〉에서 푸코는 견유주의적 삶의 공적이고 극적인 성격을 실제로 매우 강조하게 될 것이다. *Cf.* CV, p. 159-161, 169, 231-235 *et passim*.

크라테스적 형식과 몇몇 견유주의적 〔특징들〕의 조합이겠죠.

견유주의라는 말에 경멸적 코노타시옹connotation**〔함의〕이 나타나는 것은 언제인가요?**

아주 일찍부터입니다. 왜냐하면 아시다시피 견유주의라는 말은 '개'를 의미하고, 디오게네스는 '개'라고 불렸으니까요. 디오게네스에 대한 첫 번째 역사적 기록은 아리스토텔레스에게서 발견됩니다. 아리스토텔레스는 디오게네스의 이름도 부르지 않고, 그냥 '개'라고 부릅니다.[44] 이렇게 아주 일찍부터 견유주의에는 어떤 파문을 일으키는 것이 있었고, 보시다시피 저는 왜 사이르가 견유주의는 완전히 낯선 어떤 것이었다고 말했는지, 혹은 그리스 문화나 인도 문화 외부로부터 온 것이었다고 말했는지 너무 잘 알고 있습니다. 저는 견유주의가 어떤 특정한 방식으로 그리스 문화에 아주 가까웠다고 생각합니다. 우리는 우리가 진실과 맺는 고유한 관계에 다름 아니며, 진실과 맺는 이 관계는 삶 속에서 구체화되어야만 한다는 이러한 생각은 완전히 그리스적이었다고 생각합니다. 하지만 〔견유주의에는〕 적어도 동일한 시기의 그리스에서 아주 친근하고 잘 받아들여지는, 그러나 아주 엘리트주의적인 유형의 철학이 보기에는, 언제나 파문을 일으키는 어떤 것이 있었습니다. 그러므로 아마도 그리스와 인도를 비교하는 문제 이상으로, 엘리트주의적 태도에 관한 대중철학 및 대중적 태도의 문제가 있습니다. 어쨌든 고상한 철학자는 언제나 견유주의자를 아주

---

44   아리스토텔레스, 《수사학/시학》, 천병희 옮김, 숲, 2017, 286-287쪽〔Aristote, *Rhétorique*, Ⅲ, 10, 1411a24, *op. cit.*, p. 474〕: "견유학파 철학자〔개〕는 선술집을 '앗티케의 공동 식사 장소'라고 불렀다." 〔이 책의 우리말 번역에서는 '개'를 '견유학파 철학자'로 유추하여 번역하고 있다. - 옮긴이〕

업신여겼습니다. 제 생각에 율리아누스의 문제는 아주 흥미롭습니다. 율리아누스는 황제의 자격으로 견유주의자들에 대한 풍자의 글을 썼습니다. 왜냐하면 율리아누스가 보기에 견유주의자들이 그리스도교도들과 아주 유사했기 때문이고, 또 동시에, 방금 그 이유와는 조화되지 않는 이유지만, 율리아누스가 보기에 이런 종류의 철학 운동, 대중철학은 그리스도교와 경쟁할 수 있었기 때문입니다. 그는 견유주의자들에게 진정한 문화가 없고, 그들이 그리스-로마의 지고한 문화를 대표할 수 없다는 사실에 실망스러워했습니다. 그는 견유주의자들이 그리스도교도들과 너무 비슷하다는 사실에 실망스러워했지만, 대중철학과 같은 어떤 것이 있을 수 있으리라고 희망하며 기대하기도 했던 것입니다.

견유주의에는 교의가 없었기 때문에, 선생님께서 제시하신 묘사만 가지고는 견유주의가 개혁적 운동이었는지 아닌지를 알기가 어렵습니다.

답해드리기가 참 어려운데, 왜냐하면 진정한 견유주의에 대한 정보가 너무 적기 때문입니다. 예를 들어, 〔기원후〕 1세기 초에 살았던 철학자, 데메트리오스가 있습니다. 세네카는 그를 견유주의자로 간주합니다. 사실 세네카는 그를 연구하고 칭송합니다.[45] 데메트리오스는 로마 궁정 혹은 로마 최상층 공동체에서 살았습니다. 하지만 세네카는 그의 주제에 대해, 그리고 이 사람들의 정치 이론이었던 바에 대해 우리에게 아무것도 가르쳐주지 않거나, 혹은 아주 적은 것들만을 알려주기 〔때문에-옮긴이〕 이 사람들의 정

---

45   데메트리오스라는 인물에 대해서는 다음을 참조하라. 《주체의 해석학》, 178-181, 263-265쪽 〔HS, p. 137-138, 221-222〕; CV, p. 179-181.

담론과 진실_다섯 번째 강의

치 이론에 대해 알기는 아주 어렵습니다.

견유주의가 전념하는 사명, 즉 성격의 결핍들을 묘사하는 사명이 그 리스도교 고해에서 죄인들에 대한 묘사가 전개된 맥락이라고 생각하 십니까?

글쎄요, 알렉산드로스가 맞서 싸워야 했던 결핍들의 묘사 가 무엇이었는지 말씀드리기에는 시간이 부족하네요. 이 텍스트 에서 디오게네스는 삶의 세 가지 양식이 있다고 설명합니다. 첫 번째는 쾌락에 몰두하는 삶이고, 두 번째는 부에 몰두하는 삶이 며, 세 번째는 정치권력에 몰두하는 삶입니다. 그리고 디오게네스 는 이 세 종류의 삶이 세 가지 정신, 세 가지 다이몬daimon이 의인 화되는 특정한 방식이라고 말합니다.[46] 이 모든 것이 아주 흥미롭 고 복잡합니다. 그리스 문화에서 정신의 대중적 개념이었던 다이 몬은 철학적 개념이 됩니다. 이것은 플루타르코스에게서 발견할 수 있는데, 그리스 문화에서 매우 중요합니다. 그리스도교 금욕주 의에서 볼 수 있는 나쁜 정신, 나쁜 다이몬에 맞선 투쟁의 전조 들[47]이 그리스 문화 내에서 다소간 발견되는 것처럼 보입니다.

선생님께서 말씀하신 이 죄인들의 목록은 후대의 것이라고 생각합니 다. 5세기에 에바그리우스와 카시아누스가 이 리스트를 구상했습니다.

카시아누스는 우리에게는 거의 알려져 있지 않은 이 개념

---

46 D. Chrysostome, *Quatrième discours: Sur la royauté*, 83-84, *op. cit.*, p. 215-216.
47 푸코는 이 말을 프랑스어 précurseur로 표현한다.

을 에바그리우스에게서 차용합니다. 〔...〕* 에바그리우스는 카시아누스와 마찬가지로 철학적으로 아주 훌륭한 교육을 받았습니다. 다이몬, 정신[48]이라는 이 개념에 대한 탁월한 논고가 《영성 사전》[49]에 있으며, 이 다이몬의 형상이 영적 투쟁이라는 그리스도교적 개념 내에서 아주 중요한 역할을 수행한다고 확신할 수 있습니다. 또 이 〔영적 투쟁이라는 - 옮긴이〕 개념을 플루타르코스에게서 발견하실 수 있고, 또 여러 〔...〕** 에서 이 개념에 접근하는 것을 발견하실 수 있습니다. 또 거의 연구되지 않은 것이 있는데, 그것은 바로 오늘날 우리의 것이기도 한 주체성의 형식에서 엄청난 중요성을 갖는 영적 투쟁이라는 개념입니다. 영적 투쟁이라는 오래된 전통을 염두에 두지 않고는 정신분석과 이 모든 심리적 역학을 이해할 수 없습니다. 저는 영적 투쟁이라는 개념에 대한 책이 존재하지 않는다고 확신합니다.

피에르 아도가 혹시 그의 최근 저서에서 영적 훈련에 대해 말하지 않았습니까?[50]

아니요, 그가 영적 투쟁에 관해 가끔 말하기는 하지만, 그건 제가 말씀드린 그런 것이 아닙니다. 그는 대부분의 경우에 이론적 텍스트로 해석되는 마르쿠스 아우렐리우스와 스토아주의자들의 몇몇 텍스트를 분석합니다. 그리고 그는 그 텍스트들을

---

*   들리지 않는 구절.

48   푸코는 이 말을 프랑스어 esprit로 표현한다.

49   F. Vandenbroucke, "Démon en Occident", dans *Dictionnaire de spiritualité*, III, Paris, Beauchesne, 1957, p. 212-238.

**   들리지 않는 낱말.

50   P. Hadot, *Exercices spirituels et philosophie antique, op. cit.*

영적 수련을 위한 모형을 구성하는 것으로서 해석하려고 합니다. 아주 놀랍긴 하지만….

견유주의자들이 그들의 대화 상대자를 향한 경멸을 공공연하게 드러내고, 진실의 폭로를 모욕과 계략으로 대체할 때, 그들의 목표는 뭘까요?

아주 정당한 질문을 하셨습니다. 왜냐하면 사실 제가 드리고 싶었던 말씀을 못 드렸기 때문입니다. 문제는 진실을 모욕으로 대체하거나, 모욕을 진실로 대체하는 것이 아닙니다. 누군가를 돕기 위해, 예를 들어, 왕의 진짜 특징은 지위나 탄생, 명성 혹은 권력 등과 연결된 것이 아니라 디오게네스에게서 보이는 그런 자연스러운 몇몇 특징이라는 것을 알렉산드로스가 이해할 수 있도록 돕기 위해 디오게네스는 견유주의적 환원이라고 부를 수 있을, 일종의 견유-윤리적 환원인 방법을 사용합니다. 그리고 우리가 이야기한 이 파문을 일으키는 실천들이 그 결과입니다. 중요한 일을 할 때, 〔…〕* 누군가에게 관을 다시 씌울 때 너는 어떻게 하지? 실제로 사례하고 싶을 때 어떻게 하니? 〔…〕** 너는 네가 왕이라고 주장하는데, 나는 네가 너의 탄생과 관련해서 불안해한다는 걸 알고 있어. 왜냐하면 알렉산드로스가 필리포스의 아들이 아니라 사생아라는 소문이 그리스에 파다하거든. 이게 무슨 뜻일까? 사생아라는 게 중요할까? 너는 네가 제우스의 아들이라고 주장하지. 그게 무슨 의미일까? 그리고 왕에게 필수적인 자질들

* 들리지 않는 구절.
** 들리지 않는 구절.

은 무엇일까? 이렇게 보시다시피 중요한 것은 진실을 모욕으로 대체하는 것이 아닙니다. 중요한 것은 호전적·현상학적 환원입니다. 이것은 정확하게 이런 종류의 환원입니다. 미치광이, 미치광이로서의 군주, 미치광이로서의 견유주의자, 미치광이로서의 미치광이….

선생님께서는 견유주의가 인도에서 유래했다는 가정을 말씀하셨죠.

아닙니다, 저는 그 분야에 대해서 완전히 무지합니다. 저는 아주 진중한 전문가들이 그렇게 가정하신다는 걸 알고 있긴 하지만, 어쨌든 제가 보여드리고 싶었던 것은 정확히 그 반대입니다. 그분들의 주장을 비판하려는 것이 아니라, 역사적으로 견유주의가 인도로부터 유래됐다고 하더라도, 〔견유주의에는〕 삶의 양식, 삶의 기술, 삶의 테크닉 등으로서의 철학이라는 그리스적 개념과 정확하게 이어져 있는 어떤 것이 있음을 보여드리려 했습니다.

여섯 번째 강의(1983년 11월 30일 강의)[*]

　　지난주에 제가 파레시아 게임의 세 형식을 분석하려 했던 것을 기억하시겠죠? 첫 번째는 단체의 관계라는 틀에서였고, 저는 에피쿠로스 단체들의 예를 들었습니다. 또 저는 공적인 삶이라는 틀에서 파레시아 게임을 분석하려고 했고, 그 예로 프루사의 디온과 견유주의를 들었습니다. 그리고 플루타르코스와 갈레노스에게서 몇 가지 예를 들어 개인적 관계라는 틀에서 파레시아 게임을 분석하려고도 했죠. 저는 아주 간략하게 두 텍스트에 대해 설명드리고자 합니다. 이 텍스트들은 개인적 관계 속에서의 파레시아 게임이라는 틀에서 나타날 수 있는 몇몇 기술적[技術的] 문제들의 아주 좋은 예입니다.

　　우선 플루타르코스와 관련해서 몇 가지만 참조하겠습니다. 플루타르코스에게는 명확하고 명백하게 파레시아의 문제와 파레시아 문제의 몇 가지 양상을 보여주는 텍스트가 있습니다.[**] 이 텍스트가 답하려는 문제는 이렇습니다. 어떻게 진정한 파레시아스트를 알아볼 수 있을까? 그리고 어떻게 파레시아스트와 아첨꾼을 구별할 수 있을까? 이 텍스트는 《아첨꾼과 친구는 어떻게 구별할 수 있는가》[1]라는 제목의 논고입니다. 제 생각에 이 텍스트

---

[*]　　애초에 11월 28일 월요일에 예정되어 있었으나 11월 30일 수요일로 미뤄진 이 강의에서 푸코는 몸이 좋지 않았다. 강의 주제로 들어가기 전, 푸코는 이 점에 대해 청중들에게 사과한다. "월요일에 세미나를 하지 못한 것에 대해서 송구하다는 말씀 드리고 싶습니다. 그걸 오늘 하려고 하는데 끝까지 할 수 있을지 잘 모르겠네요. 제가 이 발표를 마치기 전에 주저앉게 되더라도….

[**]　　수고: 혹은 파레시아와 관련된 기술의 문제라고 말해야 할 것이다.

에서 몇 가지 점을 강조해야 합니다.

첫 번째는 이렇습니다. 왜 우리의 사적인 삶에서 파레시아스트 역할을 담당하는 친구들이 필요할까? 파레시아스트를 곁에 둬야 할 필요성을 설명하기 위해 플루타르코스가 드는 이유는, 우리가 우리 자신과 맺는 관계의 유형과 관련되어 있습니다. 우리가 우리 자신과 맺는 이러한 관계는 자기에 대한 사랑, 즉 필라우티아philautia의 관계입니다. 그리고 이 자기에 대한 사랑의 관계 때문에 우리는 우리가 진정으로 누구인지, 어떠한지에 대해, 우리 자신에 대해 끊임없이 착각하게 됩니다. 우리가 맞서 싸우고 투쟁해야 할 이 첫 번째 아첨꾼은 바로 우리 자신입니다. 우리는 자기 자신의 아첨꾼입니다.[2] 그리고 우리가 우리 자신과 자연스럽게 맺게 되는 이런 종류의 관계를 끊기 위해, 이러한 필라우티아로부터 벗어나기 위해 우리에게는 파레시아스트가 필요한 것입니다.*

하지만 파레시아스트를 받아들이고 그를 식별하는 것은 두 가지 이유 때문에 매우 어렵다는 것을 아실 겁니다. 첫째, 우리의 필라우티아 때문에 파레시아스트를 식별하기가 쉽지 않은데, 왜냐하면 우리의 필라우티아 때문에 우리는 진정한 파레시아스트

---

1   이 텍스트에 대한 푸코의 주해는 이 책 55-56, 67-72쪽을 보라.

2   플루타르코스, 〈아첨꾼과 친구는 어떻게 구별할 수 있는가〉, 앞의 책, 247-248쪽〔Plutarque, *Les moyens de distinguer le flatteur d'avec l'ami*, 48F-49A, *op. cit.*, p. 84〕: "그렇다네. 이 사실은 아첨꾼에게 우정의 영역 내에 아주 넓은 활동 장소를 제공한다네. 우리는 다 자기애를 품고 있는데, 아첨꾼만큼 월등하게 우리의 자기애를 자신의 활동 기반으로 삼고 있는 사람은 없기 때문이지. 모든 사람은 스스로 자기 자신에게 가장 큰 아첨꾼이 되는데, 바로 이 자기애 때문이네. 그래서 방관자가 그를 목격하고 그의 생각과 욕구를 확인한 것을 시인하게 하는 일은 그리 어렵지 않다네. 아첨꾼들을 좋아하는 자로 비난을 받는 사람은 자기애가 심한 사람으로, 자기 자신에 대한 좋은 감정 때문에 양질의 성품을 갖기를 바라며, 또 부여받았다고 생각하지. 그러나 비록 이들에 대한 욕구가 자연스러운 것이라 할지라도, 누구나 그것들을 소유하고 있다는 자만심은 위험하기 때문에 주의를 기울여 피해야 하네."

*   수고: 하지만 만약 우리가 우리 자신의 이러한 아첨꾼과 맞서 싸우기 위해 파레시아스트를 필요로 한다면, 우리는 아첨꾼이 아닌 진정한 파레시아스트를 선택하도록 주의해야 한다(진정한 아첨꾼은 확연한 방식으로 '알랑거리는' 사람이 아니라, 당신을 나무라고 질책하며, 당신의 행동 방식을 비난하면서 마치 파레시아스트처럼 행동하는 사람이다).

를 구별해내는 데 관심이 없기 때문입니다. 그러므로 이 텍스트에서의 관건은 우리가 우리의 필라우티아로부터 벗어나는 데 너무나도 필요한, 진정한 파레시아스트를 발견할 수 있게 해주는 이론의 여지 없는 기준들을 아는 문제입니다. 〔"비극 배우의 무게를 지닌 친구 역할(50E)"을 하는-FS〕 아첨꾼이 아닌 진정한 파레시아스트를 선택한다는 것은, 우리가 진정한 파레시아스트의 일종의 기호학을 소유하고 있어야 함을 전제로 합니다.* 그런데 우리는 어떻게 진정한 파레시아스트를 식별할 수 있을까요? 플루타르코스는 진정한 파레시아스트를 식별하는 두 가지 기준을 제시합니다. 그중 하나는 자칭 파레시아스트, 혹은 파레시아스트로 간주되는 자가 하는 말과 그의 행동 방식 간의 일치 여부입니다. 바로 여기서 아주 쉽게, 《라케스》 초반부에서 라케스가 묘사하고 정의했던 소크라테스의 〔로고스와 비오스 간의-옮긴이〕 조화를 알아보실 수 있으실 겁니다. 라케스는, 소크라테스가 진정으로 용감했고, 또 그가 말하는 것과 그의 행동 방식 사이에 조화가 있음을 봤기 때문에 파레시아스트로서의 소크라테스를 신뢰할 수 있다고 말하면서 이 조화를 묘사하고 정의했었죠. 이처럼 플루타르코스에게서는 파

---

* 〔FS 각주〕 아첨꾼이 자신의 본색을 은폐하기 위한 전략과 관련해 플루타르코스는 다음과 같이 쓴다.
"그러나 그가 지닌 것 중 가장 파렴치한 속임수는 이것이네. 사회 일반의 평판과 소신에 따른 솔직한 언사가 우정 특유의 언어라는 것(동물이 특유의 울음을 가진 것처럼)과, 솔직함의 결여가 우정이 없고 야비하다는 점을 감지하고 있기 때문에, 그는 심지어 이것까지도 철저하게 모방하려 든다는 것이네. 그러나 영리한 요리사들이 단맛의 식상함을 없애기 위해 쓴 즙과 떫은 양념을 사용하는 것처럼, 아첨꾼들은 순수하거나 이롭지 않지만, 말하자면 눈살을 찌푸리는 대신에 윙크하고 오직 기쁘게만 하는 솔직함을 가하지. 이런 이유 때문에 사실 아첨꾼을 간파하기란 어렵네. 주변 환경의 변화에 따라 몸의 색깔을 똑같이 바꾸는 카멜레온과 마찬가지지. 아첨꾼이 유사성을 이용해 속이고, 또 자신을 포장하기 때문에, 포장을 풀고 그를 적나라하게 노출하기 위해, 플라톤이 언급했듯이, 아첨꾼이 '그 자신의 어떤 결핍 때문에 전혀 어울리지 않는 색깔과 모습으로 치장하는' 행동을 할 때 플라톤, 《파이드로스》〔Platon, Phèdre, 239d, op. cit.〕. 그 차이점들을 이용하는 것이 우리의 과제네" 플루타르코스, 〈아첨꾼과 친구는 어떻게 구별할 수 있는가〉, 앞의 책, 257(Plutarque, Les moyens de distinguer le flatteur d'avec l'ami, 51C-D, op. cit.).

레시아스트의 말과 행동 간의 일치가 1차적인 기준입니다. 하지만 두 번째 기준도 있습니다. 바로 파레시아스트라고 추정되는 사람의 선택과 견해 그리고 사유상에서의 항구성, 연속성, 안정성, 불변성입니다.[3]

이 텍스트에는 이외에도 아주 흥미로운 점들이 많이 있지만, 저는 두 가지 주요 주제를 강조하고자 합니다. 첫째는 자기에 대한 환상과 그것이 필라우티아와 맺는 관계라는 주제입니다. 자기에 대한 환상이라는 이 주제는 당연히 전혀 새로운 것이 아니지만, 플루타르코스의 이 텍스트에서 중요한 것은, 플라톤이나 소크라테스가 말하는, 우리가 우리 자신의 무지에 대해 무지하다고 할 때의 [그 주제와는] 분명하게 다른 것입니다. 여기서 중요한 것은, 우리가 아무것도 모른다는 사실을 우리가 알 수 없다는 사실만이 아니라, 우리가 정확히 무엇인지를 우리가 알 수 없다는 사실입니다. 그리고 제 생각에 자기에 대한 환상이라는 이 주제는 헬레니즘과 제정 시대 문화에서 점차로 그 중요성을 더해가게 되었고, 플루타르코스에게서는 정말로 큰 중요성을 갖습니다.

이 텍스트에서 강조하고 싶은 두 번째 주제는, 삶에서 아주

3   플루타르코스, 〈아첨꾼과 친구는 어떻게 구별할 수 있는가〉, 앞의 책, 259-260쪽[*Ibid.*, 52A-B, p. 91]: "첫째, 그의 취미가 단일하고 변함이 없는지 관찰할 필요가 있네. 다시 말하면, 그가 항시 같은 것들에서 기쁨을 누리는지, 언제나 같은 것들을 칭찬하는지, 자유인 태생이자 유쾌한 우정과 친교의 애호가가 되는 한 가지 방식에 따라 자기 자신의 생활을 영위하는지를 말이네. 왜냐하면 이러한 것이 친구의 행위이기 때문이네. 그러나 아첨꾼은 특성상 한곳에 오래 머물러 있지 못하고, 자신의 선택인 인생이 아니라 남의 삶을 선택해 거기에 자신을 적응해 살아가기 때문에, 단순하지도 않고, 한 사람이라고 할 수 없지. 그 속에는 많은 사람이 들어 있어 변화무쌍하지. 그리고 이 그릇에서 저 그릇으로 그릇의 모양에 맞춰 부어지는 물처럼, 그는 늘 이 장소에서 저 장소로 이동하고, 자기를 받아들이는 사람에 알맞게 변신한다네." [FS에서는 이 구절에 이어지는 문단을 계속해서 인용한다. "자, 만약 진리가 신적인 것이고, 플라톤이 언급한 대로, '선들에 대한 모든 선과 인간들에 대한 모든 선'의 기원이라면(플라톤, 《법률》[Platon, *Les Lois*, 730c, *op. cit.*]), 아첨꾼은 십중팔구는 신들, 특히 아폴론 신에게는 적(敵)이겠지. 왜냐하면 아첨꾼은 모든 사람에게 자신을 스스로 속이게 하고 자신과 관련된 선과 악을 무시하게 함으로써 '너 자신을 알라'는 금언에 대해 언제나 반대의 견해를 취하기 때문이네. 다시 말하면, 그는 선인은 결함이 있고 불완전하며, 악인은 바로잡기가 전혀 불가능하다고 보는 것이네."]

중요하고 귀중한 것으로 간주되었던, 정신의 안정성 및 불변성이라는 주제입니다. 안정성, 불변성, 즉 피르미타스firmitas 말입니다. 새로운 것은 아니지만, 후기 스토아주의에서 이 피르미타스 개념은 훨씬 더 많은 중요성을 갖게 되고, 자기에 대한 환상과 정신의 유동성이라는 두 주제 간에는 명확한 관계가 있습니다. 자기에 대한 환상을 타파하는 것과 정신의 불변성을 획득하고 유지하는 것은 서로 연결되어 있는 두 개의 윤리적·도덕적 품행입니다. 당신으로 하여금 당신 자신인 바를 알 수 없도록 하는 자기에 대한 환상, 그리고 당신으로 하여금 하나의 견해로부터 다른 견해로, 하나의 감정으로부터 다른 감정으로 옮겨 가도록 강제하는 당신의 사유와 견해와 감정의 모든 운동들, 이 두 개념은 서로 밀접한 관계를 맺고 있습니다. 왜냐하면 만약 당신이 당신 자신이 누구인지를 정확히 파악할 수 있다면, 당신은 같은 곳에 머물게 될 것이고, 그 무엇도 당신에게 영향을 끼칠 수 없을 것이기 때문입니다. 만약 당신이 아무 자극에나 다 영향을 받는다면, 모든 지각, 감정, 정념 등에 모조리 영향을 받는다면, 당신은 당신 자신과의 접촉을 긴밀하게 유지할 수 없을 것이고, 다른 어떤 것에 의지하게 될 것이며, 서로 다른 여러 가지 것들에 의해 좌지우지되고, 당신 자신을 완전하고 완벽하게 소유할 수 없을 것입니다. 자기 자신에 대한 환상과 정신의 유동성, 이 두 요소는 그리스도교 전통에서 매우 중요합니다.[4] 초기 그리스도교 영성에서 사탄, 악마는 언제나 자기 포기에 대항하여 필라우티아를 선동하는 자, 자기에 대한 너그러움, 자기에 대한 환상을 선동하는 자로 나타납니다.

---

4   기원후 첫 몇 세기 동안 그리스도교에서 벌어진 자기에 대한 환상과 정신의 유동성이라는 문제에 관한 토론은 다음을 보라. GV, p. 289-301; OHS, p. 78-81; M. Foucault, "Débat sur 'Vérité et subjectivité'", dans OHS, p. 120; "Sexualité et solitude", conférence cit., p. 995-996.

또 사탄은 관조의 불변성과 부동 상태에 대항하여 정신의 유동성, 불안정성, 변화무쌍을 선동하는 자이기도 합니다. 그리고 반대로 신에게 정신을 고정하는 것은 우선적으로 자기를 포기하고 자기에 대한 모든 종류의 환상을 파괴하는 방법이자, 윤리적이고 존재론적인 불변성을 획득하는 방법이기도 합니다. 그래서 저는 플루타르코스의 이 텍스트와, 파레시아와 아첨 간의 관계에 관한 분석, 그리고 파레시아스트를 식별하고자 할 때의 난해함에 관한 분석을 통해, 그리스도교 전통에서 너무나 큰 중요성을 갖게 될 몇몇 요소들을 파악하실 수 있으리라고 생각합니다.[*]

갈레노스의 텍스트도 아주 간략하게 참조하겠습니다. 여기에도 동일한 문제가 있습니다. 어떻게 진정한 파레시아스트를 식별하고 선택할 수 있을까요? 2세기 말 저명한 의사 갈레노스가 쓴 이 텍스트에는 영혼의 정념과 그것들을 돌보는 방법에 관한 논고가 실려 있습니다.[5] 갈레노스는 우리가 우리의 정념들을 치

---

[*]   〔FS 각주〕 푸코는 그리스도교의 '자기 포기'를 그리스도교의 진실 의무의 맥락에서 논의한다. "우리 그리스도교 사회에서 의무로서의 진실의 상황은 어떠한가? 만인이 알고 있듯이 그리스도교는 고백이다. 이것이 의미하는 바는 그리스도교가 매우 특수한 유형의 종교—종교를 실천하는 신도들에게 진실의 의무를 부과하는 종교—에 속한다는 사실이다. 그리스도교에서 이와 같은 의무는 무수히 많다. 예를 들면, 교의를 이루는 명제들을 진실로 간주해야 하는 의무와 진실과 관련해 일정한 당국의 결정을 수용해야 하는 의무가 있다. 하지만 그리스도교는 또 다른 유형의 진실의 의무를 요구한다. 그리스도교에서 만인은 자기 자신의 현 상태, 자신 안에서 현재 일어나고 있는 일, 자신이 범했다고 여겨지는 과오, 자신이 빠진 유혹을 탐색할 의무가 있다. 게다가 만인은 이런 것들을 타인에게 털어놓아야 하고, 결국 자기 자신의 증인이 되어야 할 의무가 있다.

이 두 부류의 의무, 즉 믿음, 책, 교의와 관련된 의무와 자기, 영혼, 마음과 관련된 의무는 서로 연결되어 있다. 그리스도교도는 자기 자신을 탐색할 때 신앙의 빛을 필요로 한다. 역으로 그의 진실 접근은 영혼의 정화 없이는 생각할 수 없다. (…) 그리스도교의 자기 발견은 자기를 환상으로 드러내 보이지는 않는다는 점을 강조하고자 한다. 그리스도교의 자기 발견은 한도 끝도 없는 하나의 과업에 자리를 내어준다. 두 가지 목표가 이 과업을 한정한다. 첫째, 마음속에 일어날 수 있는 모든 환상, 시험, 유혹을 정화하여 우리 자신 안에서 실제로 무슨 일이 일어나고 있는지를 발견하는 과업이 있다. 둘째, 우리는 모든 자기 애착으로부터 해방되어야 한다. 왜냐하면 자기는 환상이기 때문이 아니라 지나치게 현실적이기 때문이다. 우리 자신에 대한 진실을 발견하면 할수록 우리는 더욱더 우리 자신을 포기해야 한다. 그리고 우리 자신을 포기하기를 원하면 원할수록 우리는 더욱더 우리 자신의 현실을 밝혀내야만 한다. 진실과 현실 포기의 공식화라는 소용돌이야말로 그리스도교가 실천한 자기 기술(技術)의 핵심이다. "Sexualité et solitude", conférence cit.

5   이 텍스트에 대한 푸코의 다른 주해는 이 책 51-54, 63-67, 68-69쪽, 그리고 52쪽 각주 40을 보

료하기 위해 파레시아스트를 필요로 하는 이유가, 그 전 세기에 플루타르코스가 말했던 것과 동일한 이유, 즉 자기에 대한 모든 종류의 환상의 뿌리에 자리한 자기애 때문이라고 설명합니다.[6] 하지만 이 텍스트에서, 각자 자기의 필라우티아로부터 벗어나기 위해 필요로 하는 파레시아스트가 친구일 필요는 없다는 사실, 그는 우리가 알고 지내는 누군가일 필요가 없으며, 우리와 교류하는 누군가일 필요도 없다는 사실에 유의해야 할 것입니다. 그리고 제 생각에는 바로 이것이 갈레노스에게서 발견할 수 있는 것과 플루타르코스에게서 발견할 수 있는 것 사이의 매우 중대한 차이입니다. 플루타르코스에게서는 정확히 세네카에게서 그랬던 것처럼, 그리고 적어도 소크라테스로부터 비롯되는 아주 오래된 전통에서 그랬던 것처럼, 파레시아스트는 언제나 친구여야 하고, 우정은 언제나 이 파레시아 게임의 근간을 이룹니다. 제가 아는 한, 파레시아스트가 친구일 필요가 없는 것은 이번이 처음입니다. 오히려 이 파레시아스트가 완전히 중립적이기 위해서는 당신이 그 사람을 잘 알지 못하는 것이 훨씬 더 바람직합니다. 좋은 파레시아스트는 당신을 미워하지 않아야 하지만, 좋은 파레시아스트는 당신을 좋아하지도 않아야 합니다. 좋은 파레시아스트는 당신과 이전에 특별한 관계를 맺지 않았던 사람이고, 중립적인 사람입니다.* 하지만 물론 되는대로 파레시아스트를 선택할 수는

라.

6   Galien, *Du diagnostic et du traitement des passions propres de l'âme de chacun*, 2, *op. cit.*, p. 6: "아이소포스가 말했듯, 우리는 두 개의 바랑을 목에 걸고 있으니, 앞의 것은 다른 이들의 것이요, 뒤의 것은 우리 것이다. 이런 연유로 우리는 언제나 다른 이들의 바랑을 보게 되고, 우리 자신의 바랑은 보지 못하는 것이다. 그리고 모든 이들이 자신의 것을 진실로서 받아들인다. 플라톤은 심지어 이런 현상에 원인을 제공했으니, 그는 사실 사랑하는 자가 사랑받는 자와 마주하여 맹목적이라고 말했던 것이다. 만약 우리 각자가 다른 모든 사람보다도 자기 자신을 사랑한다면 그 사람은 자기 자신에 대해 필연적으로 맹목적일 것이다."

*   수고: 그리고 우리는 여기서 아마도 그리스-로마 사회에서 사회적·문화적·윤리적 형식으로서

없습니다. 그가 정말로 좋은 파레시아스트인지 알기 위해서는 당연히 몇 가지 기준에 근거해 확인해봐야 합니다. 그리고 그러기 위해서는 그에 대해 들어봐야 합니다. 그에 대한 평판이 좋은가? 그는 충분히 나이를 먹었는가? 그는 충분히 부자인가? 왜냐하면 파레시아스트 혹은 당신이 파레시아스트의 역할을 맡기고 싶어 하는 그 사람이 당신보다 덜 부유해서는 안 된다는 게 아주 중요하기 때문입니다. 만약 그가 가난하고 당신이 부유하다면, 그는 당연히 아첨꾼일 수 있는 모든 가능성을 갖게 되기 때문이죠. 하지만 만약 그가 적어도 당신 정도로 부유하다면, 그는 당신에게 아첨하는 데 흥미를 갖지 않을 것이고, 파레시아스트가 되는 행운을 누릴 것이기 때문입니다.[7*]

의 우정이 어느 정도 쇠퇴하는 징후를 목격할 수 있을 것이다.

(이 쇠퇴는 갑작스러운 것이 아니었다. 마르쿠스 아우렐리우스/프론토. 하지만 새로운 정치체제의 모델, '〔관료주의〕의 발전', 그리고 가정생활의 새로운 양식과 가족관계들이 틀림없이 고대 세계에서 우정의 가치가 쇠락하는 중요한 요인들이었던 것 같다.

그리고 그리스도교와 그리스도교적 금욕주의가 우정을 불신했던 것도 사실이다.)

7 *Ibid.*, 3, p. 7-9: "오류는 거짓된 견해로부터 나오고, 정념은 비이성적 충동으로부터 나온다. 나는 나 자신을 우선 정념들로부터 해방시켜야 한다고 여겼다. 그 정념들 때문에 우리가 우리 자신을 거짓 견해들로 꾸며낸다는 것도 진실인 듯하다. 이렇게 영혼의 정념들은 모든 사람이 다 알고 있듯 격노, 성남, 두려움, 슬픔, 부러움 혹은 과도한 욕망이다. 내 생각에는 어떤 것을, 그것이 무엇이든 간에, 과도하게 사랑하거나 증오하게 되는 것 역시 정념이다. '모든 것들 중 제일은 올바른 척도이다'라는 격언은 실제로 맞는 것 같다. 척도를 갖지 못한 것들 중 아름다운 것은 전혀 없기 때문이다. 그런데 우리가 그런 것들을 갖고 있다는 사실을 미리 의식하고 있지 못한다면, 이를 척결하기 위해 어떻게 해야 할까? 그런데 우리가 말하는 것처럼, 그것을 의식하는 것은 불가능하다. 왜냐하면 우리는 우리 자신을 과도하게 사랑하기 때문이다. 그러나 설령 이 논증이 네가 너 자신을 판단할 구실은 되지 못한다 해도, 네가 사랑하지도 않고 미워하지도 않는 타인을 판단할 수 있게는 해준다. 그러므로 만약 도시국가 안의 〔네가 알지도 못하고 사랑하지도 않고 미워하지도 않는〕 어떤 사람이, 그 누구에게도 아첨하지 않는다는 이유로 많은 사람들에게 칭찬받고 있다는 말을 듣는다면, 그와 자주 어울리면서 네가 가진 경험을 통해 그가 정말로 사람들이 말하는 그런 사람인지를 판단하라. 만약 그가 부자들, 가장 권세 있는 자들, 군주들의 집으로 끊임없이 달려가는 것을 네가 확인한다면, 그리고 또 만약 그 사람이 그런 사람들〔부자, 세도가, 군주〕에게 인사하고 그들을 호위하며 그들과 더불어 연회에 참석하는 것을 네가 목격한다면, 그 사람의 완전히 진실한 명성이 무의미하다는 것을 알라. 사실 그런 삶을 선택함으로써 그는 진실하지 못한 사람이 될 뿐만 아니라, 필연적으로 모든 악덕을 갖는데, 왜냐하면 그는 부와 권력 그리고 명예 혹은 영광을 동시에, 혹은 그것들 각각을 추구하기 때문이다. 반면, 부자들이나 세도가들에게 인사하지도 않고 그들을 호위하지도 않으며 그들과 더불어 연회에 참석하지도 않는, 그리고 규율에 따르는 삶을 보내는 자는 그를 보다 깊이 알고, 그가 누구인지를 배우려고 노력하라. 이는 수년에 걸친 교제의 결과이다. 그리고 만약 그가 그러하다는 생각이 들면, 위에 언급한 정념들 중 하나를 그가 네 안에서 확인하는 즉시 말해달라고 권하면서, 그와 한번 독대하여 이야기하라. 왜냐하면 너는 그가 너의 병든 몸

파레시아스트가 의사일 필요는 없다는 주장을 이 텍스트에서 볼 수 있다는 것 역시 아주 흥미롭습니다. 갈레노스 자신이 의사이고, 또 의사로서 종종 정념들을 성공적으로 치료했음에도 불구하고 그가 그것을 파레시아스트이기 위한 조건으로 삼지 않았다는 사실도 무척 흥미롭습니다. 만약 그가 당신 자신과 관련된 진실을 당신에게 말해줄 수 있다면, 그는 당신의 정념들이 치유되도록 당신을 도울수 있습니다. 하지만 그에 대한 평판이 좋고, 그가 충분히 나이 들었으며, 충분히 부유하다는 것을 아는 것만으로는 충분하지 않습니다. 당신은 그를 시험해봐야 합니다. 그리고 갈레노스는 잠재적 파레시아스트를 시험하기 위한 일종의 프로그램을 제시합니다. 만약 그가 당신에게 충분히 엄격하다면, 당신은 그 사람에게 당신 자신에 관한 질문을 던져 그가 어떻게 대답하는지 봐야 합니다. 파레시아스트로 추정되는 그 사람이 당신을 칭찬하기만 하고 당신에게 엄격하지 않다면, 당신은 심각하게 의심해봐야 합니다. 갈레노스는 정념들의 치료에서 이 파레시아스트가 담당하는 명확한 역할을 상세히 설명하지는 않습니다. 단지 그가 파레시아스트로서 자기 자신에게 건넨 충고들의 몇몇 예시를 제시할 뿐입니다. 하지만 이 텍스트에서 파레시아와 우정이 맺

을 구제하는 경우보다도 한층 더 그에게 큰 감사를 느끼고, 그를 너의 구원자로 여기게 될 것이기 때문이다. 위에 언급한 정념들 중 하나에 네가 사로잡혀 있음을 어떤 경우에 보게 되는지를 그가 네게 드러내주기로 약속해놓고도 너와 가까이 지낸 지 며칠이 지나도록 아무 말도 해주지 않는다면, 이것으로 그 사람을 비난하고, 이전보다 더 강력하게, 네가 정념의 상태가 되는 것을 보는 즉시 가르쳐달라고 재차 그에게 간청하라. 만약 그가 네게서 그런 것을 아무것도 발견하지 못했기 때문에 아무것도 말하지 않은 것이라 답한다면, 그의 말에 곧바로 설득당하지 말고, 오류들로부터 단숨에 자유로워졌다고도 믿지 마라. 차라리 다음과 같은 이유들 중 하나일 것이라고 생각하라. 네가 초대한 친구가 무관심 때문에 신경을 쓰지 않았거나, 수줍음 때문에 너를 비난하지 않고 입을 다물고 있었거나, 모든 사람이 일반적으로 진실을 말하는 사람을 싫어한다는 것을 알고 있어서 미움받고 싶지 않아 했다고 말이다. 만약 이런 이유들이 아니라면, 아마도 네게 도움을 주고 싶지 않아서, 혹은 〔아마도〕우리가 칭찬할 수 없는 모종의 다른 이유 때문에 입을 다물고 있는 것이다."

*   〔FS 각주〕《자기 배려》, 68-73, 75-76쪽(SS, p. 65-69, 72)을 참조하라.

는 관계가 끊어지는 것처럼 보인다는 것은 흥미롭습니다. 또 보수를 받는 활동은 아니니 고객이라고 할 순 없겠지만, 〔파레시아스트를 필요로 하는 사람-옮긴이〕에 의한, 일종의 미래의 파레시아스트 점검을 통한, 파레시아스트의 시험과 같은 것이 있다는 점이 흥미로운데, 이 텍스트에 그런 종류의 것이 있습니다. 어쨌든 이 중요한 두 텍스트를 너무 간략하게 다루고 넘어가는 것을 양해해주세요. 이 두 텍스트는 꼭 일독해보시기를 권합니다.*

〔제가 방금 말씀드린 것은〕 분명 지난번 세미나에서 세 번째 부분, 사적 관계라는 틀 내에서의 파레시아 게임의 문제에 할애된 부분이었습니다. 단체의 관계, 공적 삶 그리고 〔두 개인 간의〕 사적 관계들 말입니다.** 그리고 오늘 한 발표는 파레시아 게임의 실천들에

---

* 푸코는 다음과 같이 덧붙인다. "이 텍스트들은 읽기는 어렵지 않지만 이 도서관에서 찾기가 쉽지 않습니다. 이 모든 책들, 갈레노스의 저서들은 생물학과에만 있습니다. 거기서 갈레노스를 가지고 뭘 연구하는지 저는 잘 모르겠지만… 중앙 도서관에서는 찾으실 수 없습니다."
** 푸코는 11월 21일 강의에서는 시간이 없어서 이 세 번째 부분의 첫 번째 버전을 요약했는데, 11월 30일 강의에서는 상당히 다른 새로운 버전으로 요약한다. 우리는 여기서 첫 번째 버전을 살펴볼 것이다.
"A. 플루타르코스: 《아첨꾼과 친구는 어떻게 구별할 수 있는가》. 이 텍스트에서는 파레시아와 반대되는 것이 매우 명백하게 나타난다. 요컨대 그것은 아첨이다(피보호자들과 후견인들〔로 이루어진-옮긴이〕 이런 사회에서 아첨의 중요성을 기억해야 한다). 아첨꾼은 그의 대화 상대자를 즐겁게 하기 위해, 또 그 자신에 대한 기만적이고 허망한 이미지를 그에게 주기 위해 거짓말을 한다. 당연히 아첨꾼은 자기 돌봄에 가장 위험한 존재다. 플루타르코스〔에게서〕 그노티 세아우톤의 최악의 적은 아첨꾼이다. 바로 이것이 우리가 파레시아스트를 믿고 아첨꾼은 믿지 말아야 하는 이유이다.
하지만 어떻게 파레시아스트를 식별한단 말인가? 문제는 첫눈에 보이는 것처럼 그리 간단치가 않다. 왜냐하면 자신이 아첨꾼임을 드러내 보이는 아첨꾼은 위험하지 않기 때문이다. 진짜 아첨꾼은 자신이 아첨꾼이라는 사실을 숨긴다. 플루타르코스의 이 논고에서 첫 부분 전체가 이 문제를 다룬다. 요컨대 '아첨꾼의 기호학'이다. 해결책은 아첨꾼이 견해와 행동, 그리고 삶의 양식을 자신이 상대하는 사람들에 따라 바꾼다는 사실에 있다. 만약 당신을 질책하는 그 사람이 자기 자신을 위해, 자기의 삶을 위해 했던 선택들과 타인들에게 제안하는 선택들이 동일하다면, 그 사람은 아첨꾼이 아니라고 확신할 수 있다.
파레시아스트의 특징은 그가 타자들에게 말하는 것과 그가 행동하는 방식의 일치, 그리고 그의 행동과 항상적인 도식의 일치다.[8] 이로부터, 〔파레시아스트라고〕 추정되는 자의 행동이, 그가 생각하는 진실과 그가 말하는 진정성의 증거라는 것을 볼 수 있다. 이 둘 모두는 동시에 그의 말과 그의 존재 간의 상관관계와 일치에 의해 해결된다.
그의 말과 그의 존재 간의 적절한 상관관계는 스승의 문제이고, 스승의 의무다. 고백에서 이러한 합치는 제자 혹은 고해자의 문제이다. 하지만 그 형식은 다르다.
  - 고해자에게 그가 말하는 것은 그가 누구인지를 보여주는 것으로 간주된다. 그리고 그 진정성은 그의 태도를 통해 〔증명된다〕.
  - 파레시아스트에게 그가 진솔하고 진실을 말한다는 증거는 그가 삶을 사는 방식, 그의 현 상태에

관한 것이라고 여겨지는데, 이런 종류의 파레시아 게임은 기원후 첫 두 세기 동안의 철학적이고 도덕적인 문헌에서 발견됩니다.

물론 이 실천들 전부를 보여드리지는 않겠습니다. 너무 많으니까요. 단지 세 가지를 간단히 지적하면서 〔논의를 – 옮긴이〕 시작하고자 합니다. 첫째, 제 생각에는 이 테크닉들과 더불어 진실 게임의 이전移轉을 보실 수 있습니다. 파레시아의 고전적 개념에서는 어떤 사람이 다른 사람들에게* 진실을 말할 만큼 충분히 용기 있다는 사실에 의해 진실 게임이 성립되었지만, 이제 다른 진실 게임에서는 자기 자신에 관한 진실을 드러낼 만큼 충분히 용기

의해 제시된다.

B. 갈레노스: 이 논고는 정념들에 대한 에피쿠로스주의적 논고에 대한 답변이다. 갈레노스는 그 논고가 정념들에 맞서서 '조심하고' 자신을 지키는 것이 무엇인지를 명확하게 분석하지 않는다는 이유로 그 논고에 반대한다. 경계와 진단, 그리고 교정 사이의 명확한 차이〔가 거기에는 없다는 것이다〕. 갈레노스의 논고는 이러한 물음들에 관한 전문적인 논고가 될 것이다.

세 가지 본질적인 원리들:

- 정념과 오류는 서로 다르다. 정념은 오류의 원천이며, 이는 스토아주의와는 상당히 다르다.
- 정념이 오류는 아니라 하더라도, 정념의 치유를 위해서는 정념에 대한 인식이 필수적이다. 치유하는 것으로서의 진실. Gnôthi seauton.
- 이러한 자기 인식은 타인의 도움 없이는 불가능하다. 개인으로 하여금 자신의 결점을 보지 못하게 하는 자기애 때문이다.

'사랑하지도 않고 미워하지도 않는 것,'[9] 요컨대 감정적 중립. 그러한 표시(indication)를 발견할 수 있는 유일한 경우:

- 자기 배려를 위한 필요조건으로서의 필리아(philia)
  - Eros
  - Eunoia
  - Dilectio(세네카)
- 필리아는 사라졌는가?
- 전문화? 하지만 〔파레시아스트〕는 전문가가 아니다.

'너 자신의 경험을 통해 판단하라.' Basanizein. 증명의 기술, 타자의 증명의 기술.[10]

- 에픽테토스: 제자는 그가 스승에게 귀를 기울이기로 선택했다는 것을 입증할 수 있어야 한다.
- 갈레노스: 스승의 시험. Cf. 플루타르코스.

파레시아로서의 스승의 시험에서 흥미로운 점은:

- 그것이 전문적 능력의 문제가 아니라는 것.
- 그 시험은 지도하는 자와 지도받는 자 사이의 매우 복잡한 작용(jeu)이었다는 점.

주목할만한 점: 한없는 전투의 원칙과, 자기 자신에 관한 끊임없는 불신의 원칙.

아첨에 대한 정치적이고 사회적인 문제." 〔마지막 3행은 수고상에서 줄로 그어 삭제되어 있다.〕

8   플루타르코스, 《아첨꾼과 친구는 어떻게 구별할 수 있는가》, 52A-E, 앞의 책, 259-262쪽.
9   Galien, *Du diagnostic et du traitement des passions propres de l'âme de chacun*, 3, *op. cit.*, p. 8.
10   *Ibid.*
*   수고: 그들과 관련해.

316
—
317

있다는 것과 관련됩니다.* 이것은 이 실천들에 대한 일반적인 지적입니다.

둘째, 자기 자신에 대한 진실을 말하는 것이 문제인 이 새로운 파레시아 게임의 틀은 그리스인들이 아스케시스askêsis라 부르던 것이었고, 거기서 우리의 '금욕ascèse'이라는 말이 파생됩니다. 하지만 아스케시스가 그리스도교 실천들을 통해 형성된 우리의 '금욕'과 동일한 의미를 지니지 않는다는 사실은 아주 분명히 해야 합니다. 그리스어 아스케시스는 아주 넓은 의미를 갖고 있습니다. 이 말은 실천적 훈련의 모든 유형을 가리킵니다.[11] 예를 들어, 모든 종류의 기예, 능력, 기술이 마테시스와 아스케시스를 통해, 다시 말해 이론적 교육과 실천적 훈련을 통해 습득되어야 한다고 말하는 것이 일상적이었습니다. 전통적 교육을 전하는 무소니우스 루푸스는, 삶의 기술tekhnê tou biou은 다른 기술들과 마찬가지로, 이론적 교육만으로는 배울 수 없는 기술로, 이 삶의 기술은 실천과 훈련을 요구한다고 말했습니다.[12] 그러므로 아스케시스는 실천적 훈련 이상의 그 무엇도 의미하지 않습니다. 그리고 아스케시스는 중요한 두 가지 점에서 그리스도교적 금욕과 다릅니다. 첫째, 그리스도교적 고행의 궁극적 목표가 자기 포기인 반면, 그리스 철학과 그리스-로마 철학에서 도덕적 아스케시스는 자기 자신과 맺는 소유 관계와 지배 관계를 공들여 만들어내는 것을 목표

**   수고: 자기 비판.

11   아스케시스의 그리스적 생각에 대해서는 다음을 참조하라. SV, p. 35-36; 《주체의 해석학》, 342-348, 441쪽(HS, p. 301-306, 398); 《쾌락의 활용》 93-99쪽(UP, p. 84-90).

12   Cf. Musonius Rufus, "Si l'habitude a plus de force que la théorie", dans Deux prédicateurs dans l'Antiquité: Télès et Musonius, éd. A.-J. Festugière, Paris, Vrin, 1978, p. 69. 다음을 참조하라. 《주체의 해석학》, 344-345쪽(HS, p. 302-303). (FS 각주-M. Rufus, "On Training", 53-57; Epictetus, "On Training," in The Discourses as Reported by Arrian(III, 12); 《자기 배려》, 2장 〈자기 함양〉; Foucault interview, "On the Genealogy of Ethics," passim; P. Hadot, Exercises spirituels et philosophie antique.)

로 삼습니다. 그리고 두 번째 차이점은 그리스도교적 금욕이 이 세계에 대한 관조(무관심)를 주된 주제로 삼는 반면, 그리스-로마의 철학적 수련은 개인으로 하여금 이 세상과 맞설 수 있게 해주는 준비, 지식, 장비를 갖추도록 하는 데 전념한다는 것입니다. 이것이 두 번째로 주목할 점입니다.

세 번째로 주목할 점은, 이 아스케시스가 다수의 상이한 형태의 훈련과 관련됐다는 것입니다. 이 훈련들은 아주 잘 정의되어 있었지만, 나중에 그리스도교 제도 내에서 이 훈련들이 분석되고 정의된 방식으로 분석되고 정의되었던 것은 아닙니다. 그것들 중 몇몇은 토론과 비판의 대상이 되었습니다. 프라에메디타티오 말로룸praemeditatio malorum〔죽음에 대한 명상〕처럼 말이죠. 하지만 대부분은 만인에게 잘 알려져 있었고, 사람들은 그것들에 관해 명확하게 이론적으로 정식화하지 않은 채로 그런 종류의 훈련들을 실천했습니다. 모든 사람이 그것들을 식별할 수 있었습니다. 하지만 종종 몇몇 그리스와 로마 텍스트들에서, 우리가 대개 죽음, 삶, 세계, 필연성, 시간 등등에 관한 다소 흥미로운 이론적 고찰로서 읽는 구절들을 발견할 수 있습니다. 그리고 사실 이 텍스트들은 일반적인 주제들에 관한 이론적 고찰이 아닙니다. 이 텍스트들은 영적 수련을 위한 도식이고, 모형입니다. 우리는 이 고대의 끝자락에서 윤리에 관해 쓰인 텍스트들 대부분이 윤리의 토대에 관한 이론이 아니라, 자기 품행의 항구적인 모형으로 만들기 위해 우리가 거듭 읽고 명상하고 습득해야 하는 수련들을 처방하는 실천적 작품들이었음을 잊지 말아야 합니다.

이 세 가지를 예비적으로 지적하고 나서 저는, 각자가 자기에 관한 진실을 검토해야 하고, 그 진실을 다른 누군가에게 말해야 하는 수련들에 관해 논의해보고자 합니다. 대개 우리는 이 수련들을 '의식 점검'이라고 부르고, 그것들이 동일한 유형, 동일한 형식에 속해 있다고 간주합니다. 하지만 저는 이것이 과도한 단순화라고 생각하고, 흔히 사용되는 이 '의식 점검'이라는 단어, 저 역시도 여러 다른 수련을 지칭하는 데 사용하고 있는 이 단어가 착각을 불러일으키지는 않을지 걱정스럽습니다. 사실 저는 그리스-로마 전통 내의 수련들 속에서 실행되고 실천되었던 다양한 진실 게임들을 아주 명확하게 정의해야 한다고 생각합니다. 시간이 충분하다면 저는 네다섯 가지 예시를 통해, 우리가 일반적으로 '의식 점검'이라고 부르는 몇몇 진실 게임을 분석하고 싶습니다. 어떤 점에서 이 수련들이 서로 달랐는지, 또 품행과 정신, 감정 등등 내에 존재하는 어떤 요소들이 여러 다른 수련들에 적절한 것으로서 간주되었는지, 그리고 또한 이러한 차이들에도 불구하고 이 수련들이 우리의 그리스도교 전통에서 찾아볼 수 있는 것과는* 일반적으로 아주 다른, 진실과 맺는 관계의 유형, 진실과 자기가 맺는 관계의 유형을 내포하고 있었다는 것을 보여드리기 위해서 말입니다.

제가 간략하게 분석하고자 하는 첫 번째 텍스트는 세네카의 짧은 텍스트, 《분노에 관하여》입니다.

섹스티우스는 언제나 이것을 습관으로 삼았다. 하루를 다 마치고 잠자리에 들 때 자신의 마음을 향해 묻는 것이다. "오늘, 너는 자신의 어떤 악을 고쳤는가? 어떤 잘못에 맞섰는가? 어떤 점에서 너는 더 좋아졌는가?" 분노도 날마다 심판인 앞으로 출두해야 한다는 것을 알면 진정되어 부드러워질 것이다. 그러므로 하

---

*   수고: 그리고 우리가 자기의 해석학이라고 부를 수 있는 것과는.

루를 세심하게 돌아보는 이 습관보다 나은 것이 무엇이 있을까? 자기를 성찰한 다음에 찾아오는 잠은 어떤 것일까? 마음이 칭찬이나 충고를 받은 다음에, 자기의 정찰자와 비밀 감찰관이 자신의 행동을 지켜본 뒤에speculator sui censorque secretus cognovit de moribus suis 얼마나 조용하고, 깊고, 자유로운 잠이 찾아오겠는가?

나도 이 권능을 사용하여 매일 자기의 심판 아래 변론을 한다cotidie apud me causam dico. 주위에서 빛이 멀어지고, 내 습관에 이미 익숙해진 아내가 침묵하면, 나는 하루를 구석구석까지 탐색하고 나의 언행을 되돌아본다totum diem meum scrutor factaque ac dicta mea remetior. 나는 자신에게 아무것도 숨기지 않는다. 아무것도 못 본 체하고 지나가지 않는다. 어째서 내가 나의 잘못erroribus에 꽁무니를 뺄 필요가 있겠는가? 이렇게 말할 수가 있는데. "그런 짓은 이제 두 번 다시 하지 않도록 조심하라. 오늘은 너를 용서한다. 그 토론에서 너의 논법은 몹시 시비조였다. 앞으로는 미숙한 자들과 충돌하지 않도록 하라. 이제까지 아무것도 배우지 않은 자는 배우려고 하지 않는 법이다. 그에게는 필요 이상으로 자유를 설교했다. 그 때문에 너는 그를 바로잡지 못하고, 기분만 상하게 했다. 앞으로는 네가 말하는 것이 진실인가 아닌가 하는 문제가 아니라, 듣는 쪽에서 진리에 참을성이 있는가를 살펴야 한다. 조심하는 게 좋을 듯싶다. 선한 사람은 주의를 받은 것을 기뻐하지만, 못된 인간일수록 가르쳐주는 사람에게 나쁜 감정을 품는다."[13]*

---

13   세네카, 〈분노에 대하여〉, 《세네카 인생철학이야기》, 김현창 옮김, 동서문화사, 2016, 202-203쪽(Sénèque, *De ira*, livre Ⅲ, XXXVI, 1-4, dans *Dialogues*, t. I, trad. fr. A. Bourgery, Paris, Les Belles Lettres, 2003, p. 102-103). 세네카의 《분노에 대하여》의 이 구절에 대한 푸코의 다른 언급들을 보려면 다음을 참조하라. GV, p. 235-241; OHS, p. 42-45; MFDV, p. 94-97; 《주체의 해석학》, 198-199, 508-512쪽(HS, p. 157, 461-464); M. Foucault, "Les techniques de soi", conférences cit., p. 1616-1619; 《자기배려》, 81-83쪽(SS, p. 77-79).

*   이 텍스트의 몇몇 구절에서 청중이 웃음을 터뜨리자 푸코는 이렇게 덧붙인다. "이 텍스트에 웃

첫 번째로, 우리는 몇몇 전거에 의거하여, 피타고라스주의적 전통, 피타고라스학파 내에서 이런 수련이 하나의 규칙, 혹은 적어도 하나의 태도였다는 것을 알고 있습니다. 잠이 들기 전에 피타고라스주의자들은 하루 동안 저지른 오류들, 아시다시피 피타고라스학파에서는 매우 엄격했던 품행의 규칙들에 반하는 오류들을 회상하는 점검을 해야 했습니다. 피타고라스주의 전통에서 이러한 점검의 목표는 영혼을 정화하는 것이었습니다. 피타고라스주의자들은 잠을 영혼, 정신이 꿈을 통해 신성, 신들과의 만남에 들 수 있는 상태로 여겼기 때문에 이러한 영혼의 정화가 필요하다고 믿었습니다. 물론 아름다운 꿈을 꾸기 위해서뿐만 아니라 너그러운 신성과 만나기 위해서는 가능한 한 영혼을 순수하게 유지해야 했습니다. 그러므로 이 고대적 자기 점검의 의미는 피타고라스의 전통 내에서 발견할 수 있고, 디오게네스 라에르티오스에게도 이 전통의 증거가 있습니다. 그리고 키케로의 《노년에 관하여》[14]에서도 피타고라스적 운동에서 이런 유형의 실천을 참조한다는 것을 볼 수 있습니다. 이런 습관과 더불어 우리가 기분 좋고 쾌적한 잠에 들 수 있다고 말하면서 세네카가 아주 명확하게 표현하는 이러한 생각을 통해, 이 텍스트에도 역시 이런 종류의 실천의 흔적들이 있다는 것을 분명하게 알 수 있습니다. "이 자기 점검에 이어지는 잠은 참으로 평온하고 깊으며 자유로워라…." 신성과의 접촉으로서의 잠과 꿈에 대한 이 매우 오래되고 근원적인

으시다니 정말 놀랍군요. 가톨릭 청중들 앞에서 이걸 읽으면 아무도 웃지 않습니다. 어지간히 지루하신가 봐요…."

14   키케로, 〈노년에 관하여〉, 《노년에 관하여 우정에 관하여》, 천병희 옮김, 숲, 2005, 50쪽 〔Cicéron, *De senectute*, 38, trad. fr. P. Wuilleumier, Paris, Les Belles Lettres, 2008, p. 43-45〕. 〔"그리고 기억력을 훈련하기 위해 피타고라스학파의 방식에 따라, 내가 낮에 말하고 듣고 행한 모든 것을 저녁에는 마음속에 떠올려본다네." - 옮긴이 인용〕

개념을 여기서 재발견하게 됩니다. 플라톤의 《국가》[15]에서도 이 주제가 표현되는 것을 볼 수 있습니다. [거기서는 - 옮긴이] 자기 점검이 영혼의 정화로 추정되는 효과, 영향을 갖고 있다는 것을 볼 수 있습니다. 우리는 [스승 소티온의 지도하에서 - FS] 세네카 자신에 의해서 처음 형성되는 그것이 피타고라스주의적이었음을, 또 세네카가 한동안 채식만 하려고 하는 등의 노력을 했었음을 알고 있습니다.[16] 그러한 피타고라스주의적 배경이 이 텍스트에서 아주 분명하게 나타납니다.

흥미로운 사실은, 이 텍스트에서의 흔적들에도 불구하고, 세네카가 이 자기 점검의 실천을 피타고라스 전통에 연결시키는 것이 아니라, 섹스티우스[17]에게 연결시킨다는 사실입니다. 섹스티우스는 전형적인 스토아주의자였고, 스토아주의의 위대한 선구자들 중 한 명이었으며, 기원전 1세기 말 로마에서 스토아주의를 대표하는 사람이었습니다. 그리고 사실 이 수련은, 그 기원이 순전히 피타고라스주의적임에도 불구하고, 학파들과 철학적 운동들, 에피쿠로스주의, 스토아주의, 견유주의 등의 운동들에서 실천되고 재평가받았던 듯합니다. 예를 들어, 에픽테토스에게서 이런 종류의

---

15 플라톤, 《플라톤의 국가·정체》(Platon, *La République*, IX, 571d-572b, *op. cit.*, p. 48): "반면에 어떤 사람이 스스로 건전하게 그리고 절제 있게 처신할 때는, 그리고 이 사람이 잠자리에 들 때는, 이렇게 할 것으로 나는 생각하네. 그는 자신의 이성적인(헤아리는) 부분을 깨워서, 훌륭한 말들과 고찰들의 성찬으로 대접을 받게 하여, 홀로 명상에 잠기게 하는 한편, 욕구적인 부분에 대해서는 모자람도 충족도 느끼지 않도록 해주는데, 이렇게 함으로써 이 부분이 잠들게 되어, 그것의 기쁨이나 고통으로 '최선의 부분'에 소동을 일으키는 일이 없게 하며, 이 부분이 자체로 혼자 생각을 하게 하고, 자기가 모르는 것에 대해, 그것이 과거의 것이든 현재의 것이든 또는 미래의 것이든, 그걸 깨치게 됐으면 하네. 또한 그는 같은 방식으로 격정적인 부분을 진정시킴으로써, 어떤 사람들에 대해 격분하게 되어 격양된 상태로 잠드는 일이 없도록 하네. 그가 이들 두 부류는 안정시키는 한편, 세 번째 부류, 즉 지혜로움이 거기에 깃들게 되는 부류는 동하게 함으로써 이처럼 안식을 얻게 된다면, 그런 상태에서 그는 진리를 가장 잘 파악하게 될 것이며, 그의 꿈속에 나타나는 환영들이 그때에 가장 덜 '비정상적인' 것들일 것이라는 걸 자네는 알고 있네."

16 세네카, 《세네카 삶의 지혜를 위한 편지》, 62-66쪽(Sénèque, *Lettre 108*, 17-22, dans *Lettres àLucilius*, t. IV, trad. fr. H. Noblot, Paris, Les Belles Lettres, 2003, p. 182-184).

17 아버지 퀸투스 섹스티우스. 기원전 1세기 스토아주의 철학자.

수련[자기 점검 - 옮긴이]들에 대한 언급을 발견할 수 있습니다.

세네카의 자기 점검이 그리스도교 전통 내에서* 여러 세기에 걸쳐 강력하게 가치 부여됐던 실천에 매우 가깝다는 사실을 부정하는 것은 분명 쓸데없을 겁니다. 하지만 만약 우리가 이 텍스트를 좀 더 가까이에서 살펴본다면, 아주 흥미로운 몇 가지 차이점을 볼 수 있을 거라고 생각합니다. 그리고 저는 여러분께서 세 가지 점에 관심을 가져주셨으면 합니다.

첫째, 자기 자신에 관한 세네카의 태도의 문제입니다. 세네카가 실제로 그 점검에서 했던 작업은 어떤 것이었을까요? 세네카가 이 텍스트에서 참조하는 모델은 무엇일까요? 자기 자신과 맺는 관계 속에서 그가 적용하는 실천적 모형은 무엇일까요? 물론 언뜻 보기에는 그것이 사법적 실천인 것처럼, 또 그리스도교적 고백과 매우 유사한 것처럼 보일 수도 있습니다. 잘못들이 고백되며, 피고인이 있는데, 그 피고인은 세네카입니다. 고발인 혹은 검사도 있습니다. 그도 역시 세네카입니다. 그리고 판사도 세네카입니다. 평결도 있는 것처럼 보입니다. 이 모든 장면은 사법적으로 보입니다. 그리고 실제로 세네카는 [라틴의] 사법적 어휘의 특징들이 잘 나타나는 몇 가지 표현을 사용합니다. 예를 들어, cognoscere de moribus suis, causam dico, 이것은 사법적 용어입니다. 하지만 더 자세히 살펴보면, 법정 혹은 사법 판결과는 상당히 다른 어떤 것이 문제라는 것을 보게 됩니다. 예를 들어, 세네카는 "speculator sui"라고 말하는데, speculator라는 말은 그가 배의 하물을 검사하는, 혹은 집을 건설하는 자가 하고 있는 작업 등을 검사하는 검사관이라는 것을 의미합니다. 세네카는

---

*   수고: 그리고 특히 반-종교개혁 내에서.

또 조사하는 자를 뜻하는 scrutator라고 말하고, scrutatur totum diem suum, 즉 그가 하루 전체를 조사하고 검사한다고 말합니다. 이 말은 사법적 어휘에 속하지 않습니다. 이는 행정적 어휘에 속합니다. 세네카는 또 그가 facta ac dicta sua remetiri해야 한다고 말합니다. 여기서 remetiri라는 동사 역시 회계에서 사용되는 기술적 용어입니다. 이는 혹시 계산상의 오류나 잘못이 있는지 확인한다는 것을 의미합니다. 이렇게 자기 자신과 관련하여 세네카는, 처벌해야 하는 판사라기보다는 행정관에 가깝습니다. 어떤 작업이 행해졌을 때나 회계 장부를 작성할 때, 한 해의 일이 끝났을 때, 계산하고 대차대조표를 작성하고 모든 것이 정확하게 이루어졌는지를 보는 사람 말입니다. 이것은 법정 혹은 사법적 장면이라기보다는 오히려 행정적 장면입니다.

둘째, 세네카가 회상하는 과오들, 세네카가 자기를 점검하면서 예로 드는 과오들입니다. 흥미로운 것은, 이런 종류의 잘못들이 우리가 '죄'라고 불러야 하는 것과는 아무런 관계가 없다는 사실입니다. 예를 들어, 그는 자기가 술을 너무 많이 마셨다거나 성적인 범죄를 저질렀다거나 누군가를 향한 증오를 느꼈다거나 누군가를 미워한다거나 금전적으로 사기를 쳤다는 등(사실 세네카는 이런 종류의 사기에 능했는데, 왜냐하면 그는 네로 황제 시절 굉장한 사기꾼이었기 때문입니다)의 것들을 고백하지 않습니다. 그의 고백에서는 그런 것들을 전혀 발견할 수 없습니다. 왜냐하면 그가 스스로 나무라는 잘못들은 아주 다른 것들이기 때문입니다. 예를 들어, 그는 자기가 누군가를 비판했을 때 저지른 잘못에 대해 말하면서 자기가 비판한 사람을 바로잡는 대신 그를 상처주고 말았다고 고백합니다. 혹은 전혀 이해할 능력이 없는 치들과 더불어 토론한 것에 대해 스스로를 나무랍니다. 이런 식으로 문제를 설정하고 행동함으로써, 그는 그가 오류라고 부르는 것을 만들어냅니다. 그리고 보시다시피 그것은 우리가 '죄*'라는 말에 부여할 수 있는 의미와는 다릅니다. 그가 오류라고 부르는 것은 목적과 수단이 잘못 조정된 것일 뿐입니다. 자기가 생각해야 했던 목표들을 염두에 두지 않았다는 데 대해 스스로를 꾸짖는 것입니다. 예를 들어, 그는 바뀌지 못할 사람을 비난하는 것은 무용하고 비합리적이라고 생각했어야 합니다. 당신은 그 사람을 바로잡기 위해, 그를 바로잡고 도와주고 더 나아지도록 할 수 있을 때에만 그를 나무라야 합니다. 그러므로 저는 우리가 오늘날 사용하고 있는 의미에서의 죄라는 말이 문제시되는 것이 아니라, 〔세네카가〕 오류라고 부르는 것이 문제시되고 있다고 말씀드리고 싶습니다. 말하자면 그것들은 전략적이고 전술적인 품행의 오류들이고, 자신이 아는 원리와 자신이 채택한 품행 사이에 합리적 관계를 구축할 수 없었다는 것입니다. 잘못이란 바로 이런 것입니다. 그것은 법 위반이 아닌 무능, 조화시킬 수 없음, 혹은 자신이 받아들이고 식별하고 인식한 규칙과 자기 자신의 품행을 일치시키려고 헛되이 시도하는 것입니다.

그리고 여기 세 번째 점이 있습니다. 사실 세네카는 자기 자신의 오류에, 마치 죄가 문제시되기라도 하는 듯 대응하지는 않습니다. 그는 자신을 벌하지 않습니다. 고행, '속죄**'와 유사한 것은 전혀 없습니다. 미래를 위해 유용한 품행의 몇몇 실천적 원리을 재활성화하려는 목적으로 자신의 오류들을 회상할 뿐입니다. 그는 이렇게 말합니다. "그런 짓은 이제 두 번 다시 하지 않도

---

*   수고에서 따옴표 안에 들어가 있다.
**   수고에서 따옴표 안에 들어가 있다.

록 조심하라. 오늘은 너를 용서한다. 그 토론에서 너의 논법은 몹시 시비조였다. 앞으로는 미숙한 자들과 충돌하지 않도록 하라. 이제까지 아무것도 배우지 않은 자는 배우려고 하지 않는 법이다. (…) 앞으로는 네가 말하는 것이 진실인가 아닌가 하는 문제가 아니라, 듣는 쪽에서 진리에 참을성이 있는가를 살펴야 한다. 조심하는 게 좋을 듯싶다. 선한 사람은 주의를 받은 것을 기뻐하지만…."[*] 이 점검에서 책임을 분석한다거나 죄책감을 발견하는 것은 전혀 문제가 아닙니다. 지나간 잘못들로부터 정화되는 것 역시 문제가 아닙니다. 이것은 미래의 품행의 모형들로서의 특정한 규칙들을 더 생생하고 능동적이며 항구적이고 효과적인 것으로 만들기 위해 그것들을 재활성화할 수 있는 가능성을 제공해주는 행정적 조사, 행정적 감독입니다. 이것이 제가 분석하고자 하는 첫 번째 텍스트입니다.

이 자기 점검은 남자들에게만 해당됩니까? 여자들도 이걸 실천했나요?

제 생각에 그것은 피타고라스학파에서 아주 중요한 문제입니다. 피타고라스학파에서는 처음부터 여성들이 큰 역할을 담당했죠. 하지만 제 생각에 '정상적인' 그리스-로마 철학 중 그 어떤 철학도 여성들에 의한 자기 점검이라는 문제가 적절하다고 생각하지 않았습니다. 여성들은 자기를 점검할 필요가 없었습니다. 저는 확실치는 않지만 아마도 도버[18]에게서, 적어도 고대 그리스

---

[*]　세네카, 앞의 책, 203쪽.-옮긴이

18　Kenneth J. Dover(1920-2010)는 *Homosexualité grecque*, trad. fr. S. Saïd, Grenoble, La pensée sauvage, 1982의 저자로 잘 알려져 있다. 푸코가 이 작품에 대해 쓴 보고서는 《리베라시옹(Libération)》 1982년 6월 1일 자에 실렸다. Cf. M. Foucault, "Des caresses d'hommes considérées comme un art", dans DE II, n°314, p. 1134-1136. 또한 다음을 보라. M. Foucault, "Entretien avec M. Foucault"(entretien

에서의 성윤리 문제에 관한 몇 가지를 발견했습니다. 그는, 물론 여성들은 규칙들에 따라 행동해야 했지만, 그것은 윤리의 문제가 아니었고, 적법성의 문제였다고 말합니다. 사적인 덕의 문제가 아니라, 여성들이 규칙들과 맺는 관계의 문제였다는 것입니다. 그것은 자기 자신과 맺는 관계의 문제가 아니었습니다. 예를 들어, 자기 배우자에게 충실해야 한다는 것은 규칙이었고, 여성들이 이를 어기면 처벌받았습니다. 그것은 윤리의 문제가 아니었습니다. 반대로 남성들의 경우, 배우자에게 충실해야 한다는 것은 강제되는 것이 아니라 윤리의 문제였습니다. 그것은 자기 자신과 맺는 관계의 문제였기 때문입니다. 우리는 여성들이 피타고라스학파에서 매우 중요한 역할을 담당하고 있었다고 알고 있고, 기원후 1-3세기에 여성들의 이름으로 쓰인 텍스트들이 있었습니다. 정말로 여성들이 그것들을 썼는지 확신할 수는 없지만, 여성들이 썼다고 추정된다는 사실은 피타고라스학파에 여성들이 통합되어 있었다는 증거입니다.

〔이제 여러분과 함께 분석하고자 하는〕 두 번째 텍스트는 《마음의 평정에 관하여》[19]라는 제목의 긴 텍스트입니다. 《마음의 평정에 관하여》는 분명 조금 전에 다뤘던 주제, 즉 단호함, 불변성 등에 관해 쓰인 여러 텍스트 중 하나입니다. 간단히 말씀드리자면, 그리스어 에우튀미아euthumia를 번역한 것으로 추정되는 트란킬리타스tranquillitas라는 라틴어는 어떤 안정적인 상태, 정신의 불변성을

avec J.-P. Joecker, M. Ouerd et A. Sanzio), dans DE II, n°311, p. 1105-1114.
19 세네카, 〈마음의 평정에 관하여〉, 앞의 책(Sénèque, *De la tranquillité de l'âme, op. cit.*). 세네카의 《마음의 평정에 관하여》에 관한 푸코의 다른 주석들은 다음을 보라. GV, p. 235; OHS, p. 46-50; MFDV, p. 97-101; 《주체의 해석학》, 125-126, 164-169, 189-192쪽(HS, p. 86, 126-129, 150-151).

가리키며, 또한 그러한 상태에서, 정신에서 비의지적 운동을 선동할 수도 있는 외부의 사건과 내부의 선동에 어떤 식으로든 종속되지 않는 상태를 의미합니다. 그러므로 트란킬리타스는 단지 안정성만을 의미하는 것이 아니라, 주권, 독립성을 의미합니다. 또 트란킬리타스는 이러한 주권, 자기가 자기를 소유한다는 데서 기인하는 특정한 기쁨의 감정을 의미합니다.

세네카가 쓴 《마음의 평정에 관하여》의 첫 부분은 '도덕 상담*'을 요구하는 장면으로 되어 있습니다. 세네카에게는 가족이나 다름없고 네로 치하에서 정치 경력을 시작한 세레누스는 세네카에게 도덕적이고 철학적인 조언을 해달라고 요청합니다. 세레누스와 세네카에게, 정치 경력과 철학적 선택 사이의 진정한 양립 불가능성은 확실히 존재하지 않는다는 사실에 주목하면 흥미롭습니다. 철학적 선택은 그들에게 정치적 삶에 대한 대안이 아니었으며, 그의 도덕적 '기반,**' 도덕적 틀이라 부를 수 있는 것을 이 공적인 활동에 제공하기 위해서는, 또 개인과 이런 정치적 활동이 맺는 관계들을 정의하기 위해서는 철학적 삶이 수반되어야 했던 것입니다. 어쨌든 이 도덕 상담을 요구하는 세레누스는 한동안 에피쿠로스주의에 마음이 끌리고 매혹됐었는데, 그 후에는 스토아주의로 돌아서게 됩니다. 하지만 스토아주의로 돌아서고 난 뒤에도 불편함을 느꼈습니다. 그는 더 나아질 수 없다는 인상을 받았고, 제자리에 멈춰버린 듯한 느낌이었습니다. 아무 진전도 이루지 못했고, 더 이상 발전하지 못했습니다. 아시다시피 이것은 아주 중요한 생각입니다. 왜냐하면 고대 스토아주의에서는 단

---

* 수고에서 따옴표 안에 들어가 있다.
** 수고에서 따옴표 안에 들어가 있다.

한 번 결정적으로 현자가 되는 까닭에 어떤 종류의 진전도 있을 수 없기 때문이죠. 스토아주의에서 진전이라는 생각은 비교적 새로운 생각이었습니다.* 세레누스가 세네카를 향해 도움을 요청하는 것은 바로 이러한 상황에서입니다. 물론 이것이 실제 세레누스에 대한 진정한 초상인지는 확신할 수 없습니다. 하지만 이 텍스트는 세네카가 썼으며, 이것이 세레누스의 도덕 상담 요청 편지로 여겨진다는 것은 분명합니다. 이것이 설령 세네카에 의해 쓰였다 하더라도, 이것은 하나의 모델, 자기 점검의 한 예시입니다. 세레누스가 이 상담을 요청할 때, 그는 자기가 한 일 혹은 자기인 바를 점검한다고 여겨집니다. 그리고 이런 자기 점검은, 우리가 철학을 좀 배우긴 했지만 충분히 배우지 못했고 〔그래서 –옮긴이〕 철학이 필요하기 때문에, 자기 삶에서 아주 중요한 순간에 수행되어야 합니다. 그리고 이 자기 점검은, 세네카가 피타고라스주의자들처럼 일상적으로 실천하는 저녁 점검과는 아주 다릅니다.

그렇다면 이 자기 점검은 어떤 것일까요?

나 자신을 들여다보면, 세네카여, 어떤 결점은 겉으로 분명히 드러나 손으로 잡을 수 있지만, 어떤 결점은 깊숙이 숨어 있네. 또 어떤 결점은 항상 거기 있는 것이 아니라 가끔 돌아다니곤 한다네. 나는 이런 결점을 가장 성가신 것이라고 말하고 싶네. 그것들은 돌아다니다가 기회가 나면 기습해오는 적병과 같아서, 전시처럼 대비할 수도 없고, 평화로울 때처럼 안심할 수도 없으니 말일세. 그런데 나는 대체로 이런 상태에 있는 것 같네. 〔내가 의사에

---

* 수고: 이러한 생각에는 아주 일찍부터 반론이 제기됐다. 후기 스토아주의에서 철학적 실천은 능동적 삶의 윤리적 틀인 동시에 그 자체 목표로서 발전되어야 했던 영적 여정이었다.

게 말하듯이 자네에게 사실대로 말하면 안 될 까닭이 어디 있겠나quare enim non verum ut medico fatear?) 나는 내가 두려워하고 싫어하는 결점들에서 완전히 자유롭지 못하지만, 그렇다고 그것들에 예속되어 있지도 않네. 그러니까 나는 최악의 상태는 아니지만, 짜증 나고 역겨운 상태에 있네그려. 나는 아픈 것도 아니고 건강한 것도 아니니 말일세.[20]

상담 요청 도입부는 이와 같습니다. 보시다시피 세레누스의 요청은 명백하게 자기 영혼의 상태에 대한 의학 상담의 형식을 취합니다. "내가 의사에게 말하듯이 자네에게 사실대로 말하면 안 될 까닭이 어디 있겠나? (…) 나는 아픈 것도 아니고 건강한 것도 아니니 말일세." 이 모든 표현이 잘 알려진 은유 혹은 적어도 신체의 병으로서의 철학적 불편이라는 견해를 참조하고 있다는 것은 매우 명백합니다. 또한 세레누스가 치유되기 위해서 진실을 고백하기를 원한다고 분명하게 말하는 것이 중요합니다. 세레누스가 고백해야 하는 진실은 무엇이고, 이 사유들, 은밀한 잘못들, 수치스러운 욕망들은 무엇일까요? 그리고 잠시 후에 보겠지만, 은밀한 잘못들, 수치스러운 욕망들, 이런 것들은 전혀 중요하지 않습니다. 세레누스의 고백은 완전히 다른 것입니다. 이 고백은 두 부분으로 나눠볼 수 있을 것입니다. 하나는 자기 자신에 관한 매우 일반적인 설명이고, 다른 하나는 자신의 활동과 자신의 삶의 서로 다른 영역에서의 그의 태도에 대한 설명입니다.

첫 번째 영역, 즉 자신의 상태에 관한 일반적인 설명은 다음

20 세네카, 〈마음의 평정에 관하여〉, 앞의 책, 214쪽(Sénèque, *De la tranquillité de l'âme*, Ⅰ, 1-2, *op. cit.*, p. 71).

과 같습니다.

어떤 미덕이든 처음에는 허약하다가 시간이 지나면서 튼튼하고 강인해지는 법이라고 말할 필요는 없네. 겉으로 그럴듯해 보이려고 애쓰는 것들, 이를테면 사회적 지위나 웅변의 명성이나 그 밖에 남이 인정해주기에 달려 있는 것은 시간이 지나야 튼튼해진다는 것쯤은 나도 모르는 바 아니네. 우리에게 실제로 힘을 주는 것뿐 아니라 겉으로만 그럴듯해 보이는 것들도 제 색깔이 굳어질 때까지는 오랜 세월이 필요하다네. 그래서 나는 모든 것에 지속성을 부여하는 습관이 내 결점을 더 깊이 뿌리내리게 하지 않을까 두렵네그려. 오래 익숙해지다 보면 좋은 것도 나쁜 것도 똑같이 좋아지게 마련이니까.
양극단 사이에서 이리저리 흔들리며 옳은 쪽으로도 그른 쪽으로도 확실하게 기울지 않는 나의 이런 결점의 본성을 전체적으로 보여줄 수는 없어도 개별적으로는 보여줄 수 있다네. 내 징후를 들려줄 테니 자네가 내 병명을 찾아주게나.[21]

이것이 자기 자신의 상태와 관련한 세레누스의 전반적인 검토입니다. 보시다시피 세레누스는 우선 이 상담을, 치유를 위해 진실을 말해야 하는 일종의 의학 상담으로 간주하고 있습니다. 그가 드러낼 이 진실은 그가 느끼는 불쾌한 상태와 거북함에 관한 서술입니다. 그리고 이 텍스트와 그 후에 나오는 몇몇 정보들을 통해[22] — 하지만 이 텍스트 전체를 읽을 시간은 지금 없습니

---

21   세네카, 〈마음의 평정에 관하여〉, 앞의 책, 214-215쪽(*Ibid.*, 3-4, p. 71-72).
22   세네카, 〈마음의 평정에 관하여〉, 위의 책, 219쪽(*Ibid.*, 17, p. 75): "그래서 부탁인데, 이러한 마음의 동요를 멈추게 해줄 치료제가 자네에게 있다면 내가 자네 덕분에 마음의 평정을 찾을 자격이 있

다 ―, 이 거북한 감정은 처음부터 끝까지 배의 상황, 그러니까 어떤 선박이 더 이상 전진하지 못하고 전후좌우로 흔들리는 상황과 관련되고, 그것과 비교된다는 것을 볼 수 있습니다. 세레누스는 이런 조건에서 바다에 남겨지는 것을, 그러니까 눈앞에 보이는 육지에 접근 불가능한 상태로 바다에 남겨지는 것을 두려워합니다.

이 함축적인 배의 은유, 때로는 아주 분명한 배의 은유와 더불어, 이 서술에서 우리는 아주 오래되고 전통적인 주제를 식별할 수 있습니다. 하지만 제 생각에 이 구성에는 아주 특이한 점이 있습니다. 배와 비교하는 것은 아주 전통적인 것입니다. 이 도덕철학에서 의학과 조타술, 의학과 배를 지속적으로 참조한다고 말씀드렸던 것을 기억해보시기 바랍니다. 그리고 여기엔 아주 명백한 세 요소가 있습니다. 도덕적이고 철학적인 필요의 문제, 의학에 대한 참조 혹은 은유, 그리고 조타술에 대한 참조입니다. 세레누스는 진실을 획득하는 길 위에 있고, 그것은 배〔를 타고 있는 것과〕 같은데, 이 배에서 세레누스는 진실을 보고 있지만, 자기 자신을 완전히 소유하거나 지배하고 있지는 못합니다. 그는 더 이상 앞으로 나아가고 있지 못하다고 느끼는데, 아마도 그가 너무 약하고 그의 여정이 적절하지 못하기 때문일 것입니다.[*] 그는 이 불쾌함의 이유와 이런 식으로 정체되어 있는 이유를 정확히 알지 못합니다. 하지만 흥미로운 것은 그가 거북함으로 묘사하는 이 정체

다고 생각해주게나. 이러한 마음의 동요가 위험한 것도 아니고 극심한 혼란을 초래하는 것도 아니라는 점은 알고 있네. 내 불평을 적절한 비유로 말한다면, 나는 폭풍이 아니라 뱃멀미에 시달리고 있네. 그러니 자네는 이 병이 어떤 것이든 거기서 나를 구해주고, 눈앞에 육지를 보면서도 괴로워하고 있는 나를 도와주게나!"

[*]   수고: 이 고백은 사적인 상황과 관련된 통제 절차이다. 〔세레누스는〕 마치 배의 상황이 문제라는 듯 자신의 상황을 설명하려 한다. 이것은 심층적인 심리학과 은밀한 욕망의 문제라기보다는 오히려 영적인 여행을 하는 도중의 윤리적 '지리학'의 문제이다. 우리는 다시 한 번 영성 지도와 조타술 〔그리고〕 의학의 비교와 만나게 된다.

상태가, 자신이 일종의 영원한 운동성 속에 있다는 사실을 통해 설명된다는 것입니다. 이런 종류의 흔들림은 다른 어떤 운동도 없는 운동성입니다. 흔들리는 배, 그리고 흔들리기 때문에 전진하지 못하는 배. 세레누스의 이 특수한 문제는 다음과 같습니다. 나는 어떻게 내 정신의 불안정과 유동성 때문에 흔들리는 이 운동을 다른 운동으로, 나를 육지로 인도해줄 수 있는 운동으로 바꿀 수 있을까? 이것은 말하자면 역학의 문제입니다. 저는 이것이 프쉬케psuchê(정신)의 기제 내부에서 일어나는 두 힘 간의 갈등으로 정의되는 프로이트적인 영혼의 역학과는 아주 다른 것이라고 생각합니다. 여기서의 역학에서는, 정신이 진실 쪽으로, 항구성 쪽으로, 부동 상태 쪽으로, 육지 쪽으로 가고자 하는 운동이 발견되고, 이러한 전진을 방해하는 동요의 운동, 흔들림의 운동이 발견됩니다. 그리고 이제는, 처음에는 단순한 은유에 불과했던 이 분석이, 〔세레누스〕 자신의 명확한 서술에 형식을 부여하는 이 역동적인 은유가 어떻게 자기에 관한 진정한 서술을 야기할 수 있는지를 봐야 합니다.

　　이제 자기 자신에 관한 세레누스의 긴 서술을 보시겠습니다.

내 징후를 들려줄 테니 자네가 내 병명을 찾아주게나. 고백하건대, 나는 아주 검소한 편이라네. 나는 사치스러운 잠자리나 궤짝에서 꺼낸 다음 광을 내기 위해 무거운 다리미로 거듭해서 다린 옷을 좋아하지 않네. 내가 좋아하는 것placet은 보관하거나 입을 때 조심할 필요가 없는 싸고 편한 옷이라네. 내가 좋아하는 음식placet cibus은 수많은 하인이 준비하고 지켜보고 여러 날 전에 주문하고 여러 손이 차려주는 음식이 아니라, 간단하고 어디서나 마련할 수 있고 공들이거나 값비싸지 않고 지갑에도 몸에도 부담스럽지 않으며 들어간 길로 도로 나오지 않을 정도의 음식이라 네. 나는 우리 집에서 태어난 유식하지 않은 평범한 노예를 하 인으로 원하며placet minister incultus, 시골의 아버지 집에서 쓰는 것 과 같은, 장인匠人의 서명이 없는 묵직한 은 식기를 원한다네. 내 가 원하는 식탁은 눈에 띄는 나뭇결과 이름난 주인이 잇달아 바 뀜으로써 전 도시에 화제가 된 식탁이 아니라, 손님의 탐욕스러 운 눈길을 끌거나 시기를 사지 않을, 사용을 위해 갖다놓은 평범 한 식탁이라네. 나는 이런 것을 좋아하면서도cum bene ista placuerunt, 시동侍童을 훈련하는 데 드는 비용, 행렬 때보다 더 세심하게 황금 으로 수놓은 옷을 차려입은 하인들, 번쩍이는 제복을 입은 노예 들, 바닥에 값진 돌이 깔리고 구석구석 부富가 흩어져 있으며 천 장이 보석으로 장식되어 있는 집, 탕진되는 유산에 아부하며 따 라다니는 수많은 무리에 마음이 황홀해지기도 한다네praestringit animum apparatus alicuius paedagogii. 손님이 식사하는 주위를 흐르는, 바 닥까지 보이는 맑은 연못과 그런 무대장치에 어울리는 연회에 관 해서는 더 말할 필요가 어디 있겠는가? 오랫동안 검소한 생활을 하다가 그런 눈부신 사치의 요란한 소음에 둘러싸이게 되면 나 는 눈앞이 조금 가물거린다네. 그러한 일에는 눈을 들어 맞서는 것보다는 마음을 들어 맞서는 편이 더 쉽기 때문일세. 나는 돌아 갈 때 더 나빠지지는 않아도 더 서글픈 심정이 된다네. 보잘것없 는 내 재산 사이로 나는 더 고개를 들고 다니지 않으며, 검소한 생활이 과연 더 나은 것인가 하는 회의가 몰래 마음속으로 파고 든다네. 앞서 말한 그런 것들은 어느 것도 나를 변화시키지는 못 해도 이렇듯 나를 뒤흔들어놓는다네.

나는 스승의 가르침에 따라placet vim praeceptorum sequi 정치 생활로 뛰 어들기로 결심했다네. 내가 관직과 그 휘장을 구하는 것은placet honores fascesque 자포紫袍와 속간束桿, fasces [*] 때문이 아니라, 친구와 친지와 모든 동포와 인류에게 더 봉사하고 더 큰 도움을 주기 위해 서일세. 나는 기꺼이 〔그리고 단호하게〕 제논과 클레안테스와 크뤼시포스를 따를 각오가 되어 있는데, 그분들은 아무도 관직을 맡지 않았지만 남들에게는 그렇게 하도록 권유했다네. 그러나 충격에 익숙하지 못한 내 마음을 무언가가 공격하거나ubi aliquid animum insolitum arietari percussit, 내게 어울리지 않거나―무릇 인간의 삶에는 그러한 일이 일어나게 마련일세―또는 잘 진척되지 않는 어떤 일이 일어나거나, 하찮은 일이 너무 많은 시간을 요구하면, 나는 다시 여가 생활로 향하며 지친 가축들처럼 서둘러 집으로 돌아간다네. 그리고 내 인생을 도로 네 벽 안에 가두기로 결심하지 placet. "그토록 큰 손실을 적절히 보상해줄 각오가 되어 있지 않은 사람은 내게서 단 하루도 빼앗지 마라. 내 마음은 자신에게 침잠하고, 자신을 계발하고, 외적인 일, 특히 남이 인정해주기를 바라는 일을 행하지 마라. 공적인 업무나 사적인 업무에 관여하지 말고 평정을 사랑할지어다." 그러다가도 고무적인 사례를 읽게 되고 고귀한 본보기들이 내게 박차를 가하면ubi lectio fortior erexit animum et aculeos subdiderunt exempla nobilia 나는 광장으로 달려가 어떤 사람에게는 내 목소리를 빌려주고, 또 어떤 사람에게는 설사 내 노력이 헛수고가 된다 해도 그를 돕기 위해 기꺼이 힘이 되어주거나 또는 성공에 우쭐해진 사람의 교만에 재갈을 물리고 싶다네.

문학 공부에서는in studiis puto mehercules 주제에 주안점을 두고 그 자체를 위해 주제를 다루되 표현을 주제에 맞춤으로써 애써 손질

---

[*]   속간은 막대기 다발에 도끼를 끼운 것으로, 고위 관리들의 권위 표시였다. ─ 인용된 해당 역서의 옮긴이

하지 않아도 주제가 인도하는 곳으로 연설이 따라가게 하는 편이 더 낫다고 나는 생각하네. "수 세기 동안 길이 남을 연설을 쓸 필요가 어디 있는가? 그것은 후세가 너에 대해 침묵하는 것을 막으려는 것이 아닌가? 너는 죽기 위해 태어났고, 조용한 장례식이 남에게 폐를 덜 끼치지 않는가! 그러니 의미 있는 소일거리로서 글을 쓴다면 너를 광고하기 위해서가 아니라 너 자신이 사용할 수 있도록 단순한 문체로 써라. 현재만을 위해 글을 쓴다면 많은 노력을 할 필요가 없으니까." 그러다가도 내 마음이 위대한 사상에 고양되면rursus, ubi se animus cogitationum magnitudine levavit 야심을 품게 되어 영감에 상응하는 표현을 찾다가 주제의 위엄에 어울리는 문체를 만들어낸다네. 그러면 나는 규칙과 절제의 원칙을 잊어버리고, 더 이상 내 것이 아닌 목소리로 너무 높이 날게 되지.[23]

이 고백이 전혀 흥미롭지 않다는 사실이 납득되시겠죠? 그렇게 믿으시기 바랍니다. 왜냐하면 이건 전혀 사실이 아니니까요. 실제로 매우 흥미로운 건 바로 이겁니다. 물론 이 텍스트는 세레누스가 사랑하는 것, 그를 기쁘게 하는 것, 또 반대로 그에게 전혀 중요하지 않은 세부사항들의 순수한 축적인 것처럼 보입니다. 부차적이고 보잘것없는 주제들, 이를테면 아버지로부터 물려받은 그릇에 식사하는 것과 동일한 종류의 것들을 받아들인다는 사실에 관한 이 모든 것은 전혀 흥미롭지 않습니다. 그리고 또 동일한 종류의 세부사항들의 엄청난 무질서와 난잡함이 있는 듯합니다. 하지만 사실 저는, 눈에 보이는 이러한 무질서 뒤에서 이 텍스트의 진정한 구조를 상당히 쉽게 발견할 수 있다고 생각합니다. 이

23   세네카, 〈마음의 평정에 관하여〉, 앞의 책, 215-218쪽[Ibid., 4-15, p. 72-74].

담론은 세 부분으로 구성되어 있습니다. 첫 번째 부분은 세레누스가 부, 소유하고 있는 재화, 가정생활, 사생활, 사는 집 등과 맺는 관계들에 할애되어 있습니다. "나는 스승의 가르침에 따라 정치 생활로 뛰어들기로 결심했다네", 이렇게 시작되는 두 번째 부분은 세레누스가 공적인 삶, 정치 이력과 맺는 관계들에 할애되어 있습니다. 그리고 "문학 공부에서는"으로 시작되는 세 번째 부분이 있는데, 거기서 세레누스는 자신의 문학적 활동, 그리고 그가 말하기 좋아하는 담론 등에 관해 말합니다. 하지만 사실 이 질문들 이면에서 영광, 불멸성, 죽음과 불멸성의 관계, 사후에 다른 사람들의 기억 속에서 살아간다는 것에 관한 거대한 문제를 아주 쉽게 확인할 수 있습니다. 그러므로 이 텍스트에서 우리는 세 개의 거대한 활동 영역을 아주 분명하게 발견할 수 있습니다. 사적인 삶, 공적인 삶 그리고 불멸입니다.

　이 각각의 세 문단은 다시 둘로 나뉩니다. 첫 번째 부분에서 세레누스는 자기가 무엇을 하는지 설명하는데, 단순히 자기가 무엇을 하는지 설명하기보다는 자기가 무엇을 하기 좋아하는지를 설명합니다. 바로 이러한 이유로 이 세 문단들의 첫 부분에서 그는 매우 자주 placet라는 단어를 사용합니다. 이 말은 '나를 기쁘게 하는 것'이라는 뜻입니다. 그리고 그는 자기가 습관적으로 하는 일이 무엇인지, 하고 싶어 하는 일이 무엇인지, 그리고 하기 좋아하는 일이 무엇인지 등등을 설명합니다. 그리고 이런 방식으로 그는, 정말로 중요하지 않은 다른 것들과 그가 어떤 점에서 다른지를 보여줍니다. 이 모든 서술은 매우 실증적입니다. 그는 자신이 어떤 사람인지에 관한 매우 실증적인 이미지를 제시합니다. 그는 우선, 자신은 대단한 것을 필요로 하지 않는다고, 사치에 집착하지 않는다고 설명합니다. 두 번째 문단에서 그는 대단한 정치 이력을 쌓고 싶지는 않다고, 대단한 정치 이력을 위해 엄청난 희생을 하고 싶지는 않다고 설명합니다. 그리고 불멸에 관한 마지막 문단에서 그는, 자신은 수사학에 유혹당하지 않으며, 순수한 문학적 성공을 얻기보다는 훌륭한 담론, 유용한 담론 말하기를 더 좋아한다고 말합니다. 그러므로 그는 특정한 방식으로 자기 자유의 대차대조표를 만들고 있는 것이고, 보시다시피 이 대차대조표는 나쁜 것이 전혀 아니며, 그는 아주 긍정적입니다. 요컨대 세레누스는 자연스러운 것, 필수적인 것, 유용한 것, 자기 자신 혹은 자기 친구들을 위한 것에 애착을 갖고 있으며, 나머지 것들에는 무관심합니다. 사적인 삶, 공적인 삶, 불멸이라는 삶의 세 양상에서 세레누스는 좋은 표본입니다. 그리고 그는 너무나 중요한 이 주제에 관해 다음과 같이 명백하게 제시합니다. 요컨대 그가 무엇에 무관심하고, 무엇을 중히 여기는지에 대해 말입니다. 그는 진정으로 중요한 것을 중요하다고 여기고, 그 외의 것들에는 무관심합니다.

하지만 이 세 문단에서 그가 무관심한 것들에 얼마나 무관심하고 중요한 것들에는 어떤 중요성을 부여하는지가 설명된 후, 그는 자기 자신을 향해 말하자면 반론을 제기합니다. 그리고 이 반론들은, 세 문단에서 그가 animus라는 낱말을 사용하기 시작하는 특정한 순간에 발견됩니다. 예를 들어, 첫 번째 문단에서는 placet cibus, placet minister 등의 말이 발견됩니다. 그리고 cum bene ista placuerunt, 다음에는 praestringit animum apparatus alicuius paedagogii가 발견됩니다. 두 번째 문단에서는 placet vim praeceptorum…("나는 스승의 가르침에 따라 정치 생활로 뛰어들기로 결심했다네")이, 공적인 삶에 할애된 문단에서 placet vim, placet honores fascesque가 나오고 나서는 ubi lectio fortior erexit animum et aculeos subdiderunt exempla가 나옵니다. "문학 공부에서는"으로 시작되는 세 번째 문단에서도 마찬가지로 rursus, ubi se animus cogitationum magnitudine levavit가 발견됩니다. 그러므로 세 문단 모두 세 가지 주제, 즉 사적인 삶, 공적인 삶, 불멸에 관해서 동일한 방식으로 조직됐다는 것을 볼 수 있습니다. 세레누스는 이 상황을 다음과 같이 설명합니다. 훌륭한 선택을 했다 해도, 중요하지 않은 것들로부터 자유롭다 해도, 그는 자신의 아니무스animus(정신, 영혼) 속에서 몇몇 비의지적 운동들을 느낀다는 것입니다. 그리고 이 비의지적 운동들은, 꼭 그로 하여금 다른 방식으로 처신하도록 부추기는 것은 아니지만, 중요하지 않은 몇몇 것들을 보거나 생각하는 데서 기쁨을 느끼게 만든다는 것입니다. 그리고 이러한 기쁨의 감각들은 그의 아니무스가 완전히 안정되지 않았으며, 아직도 단단히 세워지지 않았고 항구적이지 않다는, 그리고 언젠가 그가 부추겨지고 끌어당겨지고 뒤흔들리고 요동치게 되는 등의 일이 일어날 수 있다는 징후입니다. 그러므로 그의 품행의 세 영역에는 대립이 존재합니다. 세레누스가 드러내는 이 대립, 상담의 진정한 이유인 이 대립은 행위와 의도 간의 대립도 아니고, 욕망들 간의 대립도 아닙니다. 그런 것이 중요한 것이 아닙니다. 실천과 자유의 활용 간의 대립이 문제입니다. 오히려 자유의 활용은 만족스러운 편인데, 왜냐하면 세레누스가 자기 자유를 활용하는 것은 스토아주의 교육이나 스토아주의적 품행 규칙들과 일치하기 때문입니다. 규칙에 부합하는 이 적절한 실천과, 아니무스의 불안정성, 유동성 간에는 대립이 있습니다. 여기서 이 영혼의 불안정성과 유동성은 매우 중요합니다. 아니무스가 품행의 원리인 까닭에 그것의 불안정성이 세레누스로 하여금 불편과 불안을 느끼게 하기 때문입니다. 요컨대 세레누스는 규칙들을 알고 있고 그것들을 실행할 능력이 있으며 그것들을 행하는 것이 기쁘지만, 그 규칙들이 여전히 그에게는 그의 품행, 감정, 쾌락의 항구적 모형이 아니라고 느끼는 것입니다. 그는 규칙에 따르고, 규칙에 따를 의지를 갖고 있지만, 윤리적 구조의 항구성과 자기 자신에 대한 완전한 주권, 그리고 자기 자신 외에는 다른 원천을 갖지 않는 쾌락으로 인도하는 트란킬리타스, 피르미타스는 아직 갖지 못했습니다.

이렇게 세레누스가 스스로를 배와 비교할 때 중요한 것은 아주 고전적이고 전통적인 은유입니다. 하지만 이 은유는 보시다시피 이 분석에서 영속적인 행동 원리의 역할을 담당하거나, 아니면 적어도 이 은유가 이 분석에 완벽하게 적응했다고 말할 수 있을 것입니다. 세레누스는 항구와 땅을 바라봅니다. 무엇이 진실인지, 무엇이 자신이 준수해야 할 규칙들인지를 봅니다. 그는 항해할 줄 아는 훌륭한 조타수이고, 그를 위협하는 폭풍우는 없습니다. 하지만 그는 흔들리고 있으며, 자신의 아니무스가 불안정한 탓에 앞으로 나아가지 못하고 있습니다. 그리고 세네카의 답변은 분명 그 안정성이 무엇인지를 탐험하는 것이 될 것입니다. 여러 번 말씀드렸듯이, 우리는 여기서 역학과 유사한 것, 그리고 위상과 유사한 것을 식별해낼 수 있습니다. 하지만 이때의 위상은 프로이트에게서 발견되는 것과 같은 생리적 위상이나, 생리적 전형에서 차용된 위상이 아닙니다. 이것은 바다, 바닷가, 땅과 배가 있는 지리적 위상이며, 이 텍스트에서 드러나는 은유를 구성하는 것이 바로 이 지리적 위상입니다. 마찬가지로 어떤 역학이 있는데, 이 역학은 프로이트의 텍스트들에서 발견되는 열역학이 아닙니다. 이것은 제가 말씀드렸던 두 운동, 즉 땅으로 향하는 운동과 〔제자리에서-옮긴이〕 흔들리는 운동이 있는, 조타술과 항해의 역학입니다. 그리고 이 두 거대한 은유들, 즉 지리적 위상과 조타술의 역학이 이러한 자기 관찰의 격자인 것입니다.

지금까지 세네카를 살펴보았습니다. 이런 종류의 자유의 대차대조표를 [말씀드리고] 싶었습니다. 그리고 이제는 에픽테토스로 넘어가겠습니다. [방금 말씀드린 것들]에 관해 질문이 있으신지요?

이 텍스트에는 바다와 조타술이라는 주제와 함께 군대의 은유가 있지 않습니까? 그것은 해전과 닮아 있습니다.

우선, 이 전쟁의 은유, 적들에 대항하는 전투의 은유는 그리스 전통 내에서는 아주 일상적이었습니다. 하지만 저는 그 은유가 이 텍스트에서 자기 인식을 진정으로 구성한다고 생각하지는 않습니다. 자기 인식을 구성하는 것으로서의 군대의 은유는 초기 그리스도교 영성 내에서 아주 명확하게 발견됩니다. 세네카의 몇몇 텍스트는 훨씬 더 분명합니다. 예를 들어, 세네카는 이렇게 말합니다. 당신은 당신 자신과 당신의 영혼을 아주 견고한 군대처럼 조직해야 한다고 말입니다. 하지만 저는 이 텍스트에 이러한 은유가 나타나더라도, 그 은유가 어떤 식으로든 조직화하는 기능을 갖는 것을 발견하실 수는 없으리라고 생각합니다.

선생님께서는 세레누스를 동요시킨 것이, 세레누스에게서 모델 역할을 했던 스토아주의 교의 내에서 그가 느꼈던 어떤 불충분함이었다고 생각하지는 않으십니까?

저는 세레누스에게 결여되어 있는 스토아주의 교의 혹은 스토아주의 철학의 양상은 중요하지 않다고 생각합니다. 중요한 것은 충분히 근원적이지는 않은 이 철학과 그가 맺는 고유한 관계입니다. 잊으시면 안 됩니다. 예를 들어, 후기 스토아주의가 있습니다. 초기 스토아주의에서, 제논에게서 누군가 철학의 원칙들을 알았을 때, 물론 그것은 충분했고, 다른 절차들은 필요조차 없었으리라는 것은 아주 명백합니다. 여기서 흥미로운 것은, 스토아주의 교의의 일반적 틀 내에서, 스토아주의의 이러한 진전이 야기한 몇몇 새로운 요소를 발견할 수 있다는 사실입니다. 그리고 여기, 이 철학의 원칙들을 아는 어떤 사람, 규칙들과 도그마타dogmata뿐만 아니라 그 이론적 토대들, 실천의 규칙들을 아는 사람이 있습니다. 그럼에도 그에게는 어떤 것이 결여되어 있습니다. 그는 자문합니다. 그는 자기에게 없는 것이 무엇인지를 알고자 했습니다.

답은 무엇이었습니까?

트란킬리타스였습니다.[24] 그리고 이 트란킬리타스는 규칙들, 그러니까 이론적 원리들과 실천적 규칙들이 너무나 잘 영혼에 통합되어서 다른 어떤 것도 영혼에 타격을 가할 수 없는 그런 순간이 있다는 것입니다. 보시다시피 교의 자체와는 아무 관계도 없습니다. 바로 이것이 트란킬리타스입니다.

하지만 예전에는, 안정성은 단지 죽은 후에야 다다를 수 있었고, 삶은 본질적으로 불안정성과 연결되어 있지 않았습니까? 그리스도교도들

---

24   1980년 10월과 11월 캘리포니아대학교 버클리캠퍼스와 다트머스대학교에서 제시했던 《마음의 평정에 관하여》의 분석에서 푸코는 유사한 문제를 제기하면서 '힘으로서의 진실'을 강조한다. 다시 말해 푸코는, 세레누스가 이미 알고 있는 이론적 원리와 실천의 규칙들을, 그에게 평정을 가져다주는 '승리의 힘'으로 변화시키기 위해 필요한 이 진실을 강조하는 것이다. Cf. OHS, p. 47-49.

도 그렇고, 동일하게 배의 이미지를 사용하는 성 아우구스티누스가 그렇게 생각했던 것처럼 말입니다.

아닙니다. 흥미로운 것은 고대 후기의 문헌들에서 불안정성, 유동성이라는 주제가 갖는 중요성이 점차 증대됐다는 사실입니다. 불안정성은 물론 인간적 조건과 관련되어 있지만, 어떤 과오 같은 것들과 관계된 조건과 관련되어 있다기보다는 억견 및 망상과 관련되어 있습니다. 그것은 우리가 이 불안정성의 원천으로서의 시간 속에 살고 있다는 사실 때문이 아닙니다. 어쨌든 이론 교육과 훈련들, 그리고 실천적 태도들에 힘입어 이 세계 속에서도 충분히 안정성을 보여줄 수 있습니다. 그러므로 우리는 안정성의 순간에 도달하기 위해 사후의 삶에 이를 필요가 없습니다. 확실합니다.

다시 텍스트로 가볼까요? 세 번째 텍스트입니다. 읽어드리고 싶은 다섯 개 텍스트를 다 읽지 못할까 두렵네요.

제 생각에는 앞서 언급하고 인용한 세네카의 두 가지 자기 점검과는 아주 다른, 세 번째 유형의 자기 점검이 에픽테토스에게서 발견되는 것 같습니다. 에픽테토스에게서는 여러 유형의 자기 점검을 발견할 수 있습니다. (섹스티우스의-FS) 저녁에 하는 자기 점검은 물론이고, 세레누스와 더불어 알게 된 것과 같은 일반적인 자기 점검도 발견됩니다. 하지만 또 다른 유형의 자기 점검이 있는데, 제 생각에 이건 스토아주의에서 매우 특이한 것이고, 에픽테토스에게서조차 아주 특이한 것입니다.* 에픽테토스의 자기

---

*   수고: 하지만 여러 유형의 자기 점검 가운데 중요한 유형이 하나 있다. 그것이 중요한 까닭은,

점검은 우리 표상들에 대한 지속적인 시험의 형식을 취합니다.[25] 이 테크닉은 또한 안정성과 항구성의 문제와 연결되어 있습니다. 이 훈련, 이 실천은 다음과 같은 문제에 답하고자 시도합니다. 표상의 지속적인 흐름이 우리의 정신에 흘러 들어오는 이상, 표상들에 의해 동요되고 부추겨지고 뒤흔들리며 표상의 영향을 받는 것을 어떻게 피할 수 있을 것이냐 하는 문제입니다. 우리에게 비의지적 운동과 감정, 느낌을 부추길 수 있는 표상들을 우리가 통제하고 물리치며 배제하고 추방할 수 있다고 하는 표상을 어떻게 우리 정신 속에 받아들일 수 있을까라고 하는 편이 더 마음에 드실지 모르겠네요. 우리의 의식, 정신 속에서 우리가 통제할 수 있는 표상들과, 우리가 스스로를 통제하는 데 해를 끼치는 표상들을 어떻게 구별할 수 있을까요? 표상의 흐름과 〔…〕* 우리 정신의 끊임없는 동요라는 주제와 연결되어 있는 매우 실천적인 이 문제를 해결하기 위해서는, 우리 사유 내에 침투할 수 있는 표상들에 대해 지속적으로 감시하는 태도를 취해야 합니다. 에픽테토스는 이 지속적 감시의 태도를 설명하기 위해 불침번의 은유와 화폐 검사관의 은유를 사용합니다. 불침번은 신분을 확인하지 않고서는 그 누구도 절대 집이나 마을에 들이지 않습니다.[26] 그리고 그리스인들이 argurognômôn이라 불렀던 화폐 검사관은 금속 화

그것이 전형적으로 스토아주의적인 몇몇 주제를 에픽테토스가 가다듬은 자기 점검의 유형이기 때문이기도 하고, 또 그것이 그리스도교적 영성에 매우 큰 영향을 끼쳤기 때문이기도 하다.

25   에픽테토스에게서의 표상 점검에 관해서는 다음을 보라. 《주체의 해석학》, 327-328쪽〔HS, p. 285-286〕; M. Foucault, "L'herméneutique du sujet", dans DE II, n°434, p. 1183; "Les techniques de soi", conférences cit., p. 1621-1622; 푸코, 〈불문과에서의 토론〉, 《비판이란 무엇인가? 자기수양》, 202-204쪽〔CCS, p. 166-167〕.

*   들리지 않는 구절.

26   Épictète, Entretiens, III, 12, 15, op. cit., p. 45: "소크라테스가 말하길, 자기 삶을 점검하지 않고 살아서는 안 되는 것과 마찬가지로 표상을 점검하지 않고 받아들여서는 안 되며, 불침번들이 하는 것처럼 '기다려라, 네가 누구인지, 또 어디서 왔는지를 보여달라'고, '신분증명서를 보여달라'고 말해야 한다는 것이다."

폐가 진짜인지 확인하는데, 주화를 건네받으면 그것을 조사하고 무게를 헤아리며 그것의 소재와 〔그 위에 새겨진 인물의-옮긴이〕 초상을 확인합니다.[27]

불침번과 화폐 검사관의 은유는 초기 그리스도교 텍스트들에서 발견되고, 카시아누스 같은 사람은 수도사들에게, 문 앞에서 집을 지키는 불침번이나 화폐 검사관처럼 자기 자신의 표상들을 감시하라고 요청합니다.[28] 그리고 에바그리우스 역시 여러 텍스트에서 이 은유를 사용합니다.[29] 하지만 저는, 정신은 자기 자신의 표상들을 감시해야 한다고 하는 그리스도교적 은유에서, 표상의 점검이 어떤 목표를 갖는다는 점에 유의하는 것이 중요하다고 생각합니다. 그 목표란, 겉으로 보기에 순수해 보이는 표상 아래에 악마, 유혹자가 숨어 있지는 않은지, 겉으로 보기에 순수해 보이는 표상이 덫이나 거짓말은 아닌지를 발견하고자 하는 것입니다. 우리는 또 이러한 표상이 어디로부터 나오는지, 이 표상의 표면상의 가치와 진정한 가치가 맺는 진짜 관계는 무엇인지를 발견해야 하는데, 이 모든 것은 훌륭한 화폐 검사관이 주화를 건네받았을 때 실행하는 작업입니다.

에픽테토스에게서 불침번이나 화폐 검사관의 은유는, 제 생

---

27   Épictète, *Entretiens*, I, 20, 7-9, *op. cit.*, p. 76-77: "바로 이러한 이유로 철학자의 가장 중요하고 첫째가는 임무는, 자기 표상들을 점검하고 구별하며, 점검하지 않은 표상은 그 어떤 것도 받아들이지 않는 것입니다. 제 생각에 우리에게 이득을 가져다주는 화폐가 문제일 때 우리는 어떤 기술을 발명했는데, 화폐 검사관은 화폐를 점검하기 위해 참으로 많은, 이를테면 시각, 촉각, 후각, 청각 등의 기법들을 활용했습니다. 그는 데나리우스 화폐를 땅에 떨어뜨리고, 그것이 내는 소리에 주의를 기울입니다. 그는 단 한 번 소리를 듣는 데 만족하지 않고, 여러 번 다른 식으로 소리를 내보면서 음악가의 귀가 되어 듣습니다."

28   요한 카시아누스, 《요한 카시아누스의 담화집》, 551-627쪽(Jean Cassien, *Première conférence de l'abbéMoïse*, XX-XXII, dans *Conférences*, t. I, trad. fr. E. Pichery, "Sources chrétiennes", Paris, Éditions du Cerf, 1955, p. 101-107). 카시아누스에게서의 이 은유들에 대한 분석은 다음을 보라. GV, p. 294-296; OHS, p. 79-82; MFDV, p. 147-148; 《주체의 해석학》, 328-329쪽(HS, p. 286-287); M. Foucault, "Le combat de la chasteté", art. cit., p. 1124-1125; "Les techniques de soi", conférences cit., p. 1629-1630.

29   GV, p. 293; M. Foucault, "L'herméneutique du sujet", résumé cit., p. 1183.

각에는 완전히 다른 의미를 갖습니다. 왜냐하면 에픽테토스에게
서는 이 표상이 어디서 오는지를 아는 것, 이 표상 뒤에 악마가
숨어 있는지 여부를 아는 것이 문제가 아니기 때문입니다. 이 표
상이 표상하는 바가 우리에게 속한 것인지 여부, 그것이 표상하
는 바에 의지가 접근 가능한지 여부를 아는 문제가 중요합니다.
저는 그리스도교 영성에서의 검증과 시험이 표상의 기원이라는
문제를 제기하며, 그 검증과 시험은 착각을 몰아내고 흩뜨리기
위한 것이라고 말씀드리겠습니다. 스토아주의 실천에서 표상들을
시험하는 것은 표상들의 구체적인 내용의 문제를 제기하며, 이
자기 감시의 실천, 우리의 표상을 감시하는 실천은 자기 지배를
보증하고 약속한다고 여겨집니다.

에픽테토스는 우리의 표상들에 대한 불신의 태도를 강화
하기 위한 두 종류의 자기 수련을 제안합니다. 스토아주의의 게
임에서 직접적으로 차용한 첫 번째 게임 형식은 다음과 같습니
다. 학생들 중 한 명이 명백하게 소피스트적인 구조를 가진 문제
를 제기합니다. 그리고 다른 학생들은 소피스트적인 덫에 빠지지
않으면서 그 질문에 답해야 합니다. 고전적인 예가 있습니다. 이
예가 아주 황당한 건 아닌 것 같은데… 여러 학파들 사이에 가
장 잘 알려진, 가장 단순한 소피스트적 놀이로, 다음과 같은 것이
었습니다. "수레가 입을 통과할 수 있을까?" 두 가지 답변이 가능
합니다. "아니, 수레는 입을 통과할 수 없어"라고 답할 수도 있고,
"그래, 네가 수레라는 말을 입 밖에 냈으니, 수레는 네 입을 통과
했지"라고 다르게 답할 수도 있습니다.[30] 이것은 물론 상당히 단

---

30 디오게네스 라에르티오스는 이 궤변이 크뤼시포스의 것이라고 본다. "그대가 무언가를 말한
다면 그것은 그대의 입을 통해서 나오는 것이다. 그런데 그대는 수레에 대해서 말한다. 그러므로 수레
가 그대의 입을 통해서 나오는 것이다." 다음을 참조하라. 디오게네스 라에르티오스, 《그리스 철학자

—
347

순한 것이었고, 명백히 낱말과 그 낱말의 브도이퉁Bedeutung(의미)을 구별하기 위한 훈련이었습니다.

에픽테토스는 이런 훈련들이 무용하다며 비판합니다. 그리고 다른 종류의 훈련을 제안하거나, 동일한 종류의 훈련을 도덕의 개선을 위해 도덕 훈련에 적용하자고 제안합니다. 두 명이 참가하는 이 놀이에서 한쪽은 사건, 사실을 언급하고, 다른 한쪽은 그 사건, 사실, 그런 종류의 품행이 좋은지 나쁜지, 혹은 우리의 결심을* 넘어서는 대수롭지 않은 것인지를 가능한 한 빨리 답해야 합니다. 이런 종류의 수련에 대한 예시로서 에픽테토스는 다음과 같은 대화를 인용합니다. 한쪽 참가자가 말합니다. "어떤 사람의 아들이 죽었다." 그러면 다른 쪽은 답해야 합니다. "우리는 그것을 전혀 바꿀 수 없고, 그것은 우리에게 속하지 않으며, 그것은 나쁜 것이 아니다." 질문합니다. "어떤 사람의 아버지가 그에게 유산을 상속해주지 않겠다고 했다." 답합니다. "그것은 우리에게 속하지 않고, 그것은 나쁜 것이 아니다." 질문합니다. "그는 그것 때문에 몹시 슬퍼한다." 답합니다. "그것은 우리에게 속하며, 그것은 나쁜 것이다." 질문합니다. "그는 그것을 용감하게 감당했다." 그리고 이에 대한 답변입니다. "그것은 우리에게 속하며, 그것은 좋은 것이다."[31]

열전》, 전양범 옮김, 동서문화사, 2008, 505쪽〔Diogène Laërce, Vies et doctrines des philosophes illustres, VII, 187, éd, M.-O. Goulet-Cazé, Paris, Le Livre de Poche, 1999, p. 905〕.

*   수고: 우리 의지와 우리 자유를.

31   Épictète, Entretiens, III, 8, 1-3, op. cit., p. 32: "우리가 소피스트들의 질문과 마주하기 위해 훈련하는 것처럼, 우리는 마찬가지로 매일매일 표상들과 마주하기 위해 훈련해야 한다. 왜냐하면 표상들 또한 우리에게 질문을 던지기 때문이다. —어떤 사람의 아들이 죽었다. —그것은 우리에게 속한 것이 아니며, 그것은 나쁜 것이 아니다. —어떤 사람의 아버지가 그로부터 상속권을 박탈했다. 이에 대해 어떻게 생각하는가? —그것은 우리에게 속한 것이 아니며, 그것은 나쁜 것이 아니다. —그는 그것을 괴로워한다. —그것은 우리에게 속하며, 그것은 나쁜 것이다. —그는 그것을 용감하게 감당했다. —그것은 우리에게 속하며, 그것은 좋은 것이다."

이것은 두 명이 함께 하는 훈련입니다. 하지만 이와는 조금 다른 훈련이 있는데, 목적은 동일하지만 그 형식은 후에 그리스도교에서 활용되는 어떤 명상에 아주 가깝습니다.[32] 이 두 번째 수련은 거리를 산책하는 것인데요, 당신에게 가까이 오는 모든 표상에 관해 당신의 뇌리에 떠오르는 것 혹은 당신에게 보이거나 들리는 것이 당신에게 속한 것인지 아닌지를 자문해야 합니다. 그리고 그 대상이 당신에게 속하지 않는 경우에는 그 표상을 몰아내야 합니다.

이른 아침 먼동이 틀 때 밖으로 나가 누구를 만나든 누구의 말을 듣든 간에 그가 한 말을 점검해보고, 네가 원하는 대로 질문에 답해보아라. 너는 뭘 보았지? 예쁜 남자를 보았니, 예쁜 여자를 보았니? 너의 규칙을 적용해라. 그것은 도덕적 문제의 영역 밖에 있더냐, 아니면 안에 있더냐? 밖에 있다. 도덕적 문제와 무관하다. 자식을 잃고 비탄에 빠진 사람은? 너의 규칙을 적용해라. 죽음은 도덕적 문제의 영역 바깥에 있다. 도덕적 문제와 무관하다. 집정관을 만났느냐? 너의 규칙을 적용하라. 영사의 직분은 어떤 종류의 일인가? 이것은 도덕적 문제 영역의 안에 있는가, 밖에 있는가? 밖에 있다. 이것 역시 도덕적 문제와 무관하고, 시험과 마주치지 않는다. 그 문제를 버려라. 그것은 너와 상관이 없다. 이 원칙을 명심하며 아침부터 저녁까지 계속해서 이런 방식으로 우리 자신을 단련했다면 신의 도움으로 무언가를 성취할 수 있었을 텐데![33]

32   다음을 보라. 푸코, 〈불문과에서의 토론〉, 《비판이란 무엇인가? 자기수양》, 202-209쪽(CCS, p. 166-170); "On the Genealogy of Ethics", entretien cit., p. 1227; "À propos de la généalogie de l'éthique", entretien cit., p. 1447.

보시다시피 이 훈련에는 항상적인 태도가 필요하며, 이러한 태도의 목적은, 우리의 주권 아래 있지 않은 어떤 것을 표현하기 때문에 위험할 수도 있는 모든 종류의 표상으로부터 정신을 해방시키는 것입니다. 이 위험한 표상들로부터 정신을 '정화'*하는 것입니다. 하지만 이 정화는 순수와 불순의 문제가 아닙니다. 이것은 주권의 문제이고, 지배의 문제입니다. 에픽테토스의 바람은, 우리가 통제하지 못하고 우리의 주권 아래 놓이지 않는 것〔표상-옮긴이〕은 그 무엇도 들어갈 수 없는 표상들의 세계를 우리가 확립하는 것입니다. 이것이 이런 유의 자기 점검 활동이고 원리입니다.

마르쿠스 아우렐리우스의 다른 두 텍스트를 분석하고 싶은데 시간이 없네요.** 그러니 아주 간략하게 결론을 내보도록 하겠

---

33 Épictète, *Entretiens*, III, 3, 14-16, *op. cit.*, p. 18. 에픽테토스의 이 '산책 훈련'에 대한 푸코의 다른 분석들은 이 책 345쪽 각주 25를 보라.

* 수고에서 따옴표 안에 들어가 있다.
** 우리는 푸코의 수고에서, 그가 말할 예정이었던 마르쿠스 아우렐리우스의 두 텍스트에 대한 노트를 하나밖에 발견하지 못했다. 여기서 푸코는 자기 안으로의 은거에 할애된 《명상록》(IV, 3)의 구절들에 주석을 단다.
"자기 자신을 위한 사유(eis heauton).
몇몇 텍스트는 〔마르쿠스 아우렐리우스가〕 스스로에게 알려주는 인용, 사유, 격언, 교훈이다. 하지만 몇몇 텍스트는 다소 규칙적으로 실천해야 하는 훈련들이다. 그리고 그는 여러 원리와 일반 규칙, 그리고 이러한 훈련의 예시를 제공한다.
이 텍스트들 중 하나는 IV권 3절에서 발견된다.
〔"사람들은 시골에서, 해변에서, 산속에서 자신을 위한 은신처를 찾는다. 너도 무엇보다 그런 것을 그리워한다. 그러나 이것이야말로 어리석기 짝이 없는(idiôtikôtaton) 짓이다. 너는 원하기만 하면 언제든 너 자신 속으로 은신할 수 있기(eis heauton anachôrein) 때문이다. 인간에게 자신의 영혼보다 더 조용하고 한적한 은신처는 없다. 자신의 내면을 들여다보기만 해도 당장 더없이 마음이 편안해지는 사람은 특히 그러하다. 마음이 편안해진다는 것은 정돈된 마음가짐을 말한다. 따라서 늘 그런 은신의 기회를 마련해 너 자신을 새롭게 하라. 네 원칙들은, 그것들을 눈앞에 떠올리기만 해도 당장 네 근심을 모두 쫓아주고 네가 돌아가고 있는 것들에게로 아무 불만 없이 너를 보낼 수 있도록 짧고 원초적이어야 한다. 너는 무엇이 불만인가? 인간의 사악함인가? 그렇다면 이성적인 동물들은 서로를 위해 태어났고, 참는 것도 정의의 일부이며, 인간들이 과오를 저지르는 것은 본의가 아니라는 것을 명심하라. 그리고 벌써 무수한 사람들이 원수가 되어 의심하고 미워하고 서로 싸우다가 결국에는 뻗어 누워 한 줌의 재가 됐다는 것을 생각해보라. 이제 그런 불만은 집어치워라. 아니면 우주가 너에게 나눠 준 몫이 불만스러운가? 그러면 '섭리가 아니면 원자(原子)'라는 양자택일이나, 우주는 일종의 국가라는 증거들을 머리에 떠올려라. 아니면 아직도 육신에 관한 것들이 너를 성가시게 하는가? 그렇다면 영혼은 일단 분리되어 제 권능을 알고 나면, 부드럽게 흐르는 것이든 거칠게 흐르는 것이든 호흡과는 섞이지 않는다는 점을 생각하라. 그리고 고통과 쾌락에 관하여 네가 듣고 그렇다고 받아들인 모든 것을 생각해보라. 아니면 거품 같은 명성이 너를 옆길로 들게 하는가? 그렇다면 모든 것이 얼마나 빨리 망각되는지, 얼마나

습니다.

자기 점검에 관한 이 텍스트들을 읽으면서, 그리고 그 둘 사

깊은 시간의 심연이 우리 앞에 있었고 우리 뒤에 올 것인지, 갈채라는 것이 얼마나 공허한 것인지, 너를 좋게 말하는 것처럼 보이는 자들이 얼마나 변덕스럽고 판단력이 부족한지, 이 모든 것이 얼마나 좁은 공간에 한정되어 있는지 생각해보라. 대지 전체가 하나의 점에 불과한데, 네가 살고 있는 이곳은 얼마나 작은 구석인가? 그러니 여기서 너를 찬양할 자들이 있어봐야 얼마나 있겠으며, 그들은 또 어떤 자들이겠는가? 그러니 앞으로는 너 자신이라는 작은 영역으로 은신할 생각을 하라. 그리고 무엇보다도 빗나가거나 긴장하지 말고 자유인이 되어 남자로서, 인간으로서, 시민으로서, 죽게 마련인 동물로서 사물들을 보도록 하라. 네가 늘 가까이하며 참고하게 될 원칙에는 다음 두 가지가 포함되어야 할 것이다. 첫째, 사물들은 네 영혼을 장악하지 못하고 꼼짝없이 영혼 밖에 존재하는 것이므로 불안은 오직 우리 안에 있는 의견에서 기인한다는 것이다. 둘째, 네가 보고 있는 이 모든 것은 한순간에 변하여 더 이상 존재하지 않으리라는 것이다. 그리고 너 자신이 이미 얼마나 많은 변화를 경험했는지 항상 명심하라. '온 우주는 변화이고, 인생은 의견이다.'"³⁴⁾
파쿠하슨³⁵은 이 텍스트를, 마르쿠스 아우렐리우스의 사유 속에 남겨진 신플라톤주의의 발자취라고 해석한다. 그리고 마르쿠스 아우렐리우스의 다른 텍스트들 역시 신플라톤주의적인 것처럼 보인다. 마르쿠스 아우렐리우스는 '자기 자신 안으로 은거하기'(VII, 28; VIII, 48; IX, 42), '좋음의 토대를 영혼 속에서 찾기'(VII, 59), '단순해지기'를 이야기한다.
나는 이 구절이, 자신의 현실과 솔직함 속에서 스스로를 응시하는 영혼을 참조하고 있지 않으며, 매우 명백하게 자기 점검을 참조하고 있다고 생각한다. 세네카의 자기 점검과는 반대로 이것은, 이전에 한 행위들을 반추하거나, 자유에 대한 종합평가를 하려는 시도가 아니다. 이것은 우리가 염두에 두고 있으면서 필요해질 때 바로 활용할 준비가 되어 있는 품행 규칙들의 제어와 확인이다.
앞서 언급한 훈련들에서, 에픽테토스는 모든 종류의 위험한 표상들을 쫓아버릴 수 있는 자신의 능력을 확인한 바 있다. 여기서 마르쿠스 아우렐리우스는 그러한 표상들을 쫓아버리기 위해 머릿속에 새겨둬야 하는 규칙들을 확인한다.
장비의 확인.
anachorèse라는 단어:
(이것은 그리스도교에서 수도사가 시골이나 사막과 같은, 도시적 삶의 바깥에서 홀로 실천하는 수도사적 삶을 지시하기 위해 사용될 것이다.)
 - 고대 그리스에서 이 단어는 군대용어로 나타난다. 즉, 전역을 의미한다. 이 말은 또한 주인의 집에서 도망쳐 시골에 숨은 노예에게 사용되기도 했다.
 - 헬레니즘 시대에 이 말은 어떤 사람들이 자기 인생의 몇몇 순간들, 혹은 자기 삶의 마지막에 공적인 활동들과 공무, 그리고 모든 종류의 도시적 삶을 포기하는 은퇴를 지시하기 위해 사용됐다.
대부분의 스토아주의자들은 이러한 실천을 신랄하게 비판한다. 그들은 이러한 포기가 실은 이기적인 태도라고 주장했다(의무를 피하고, 시민권 및 정치 이력과 연결된 지출을 피하기 위해 도시를 떠나 시골에 있는 호사스러운 집에 사는 부유한 자들).
그리고 프루사의 디온은 anachorèse의 문제에 몽땅 할애된 담론에서, 자신이 비판하는 anachorèse eis chôron과 자신이 칭찬하는 anachorèse eis heauton을 명확하게 대립시킨다.³⁶
이러한 두 종류의 anachorèse의 전통적 대립을, 마르쿠스 아우렐리우스의 텍스트 초반부터 알아볼 수 있다. 철학적이지 않은 〔의미에서의〕 idiôtaton:
 - 시골에 은거하는 것은 idiôtês(철학자가 아닌 자, 다른 인간 존재들에 대한 그 어떤 의무도 느끼지 않는 자)의 태도이다.
 - 철학적 태도는 자기 자신 안에 은거하는 데 있다. 하지만 이러한 은거는 단지 일반적인 태도는 아니다. 이 태도를 재생성하기 위해 우리가 가능한 한 자주 실천해야 하는 훈련이기도 하다. 그리고 이러한 재생성은 몇몇 단순한(가장 단순한) 품행의 규칙들을 재활성화하는 데 있다. 이 규칙들을 잊고 싶지 않다면 이 규칙들은 비축되어야 하고, 모든 상황에서 그 규칙들을 사용하고 싶다면 이 규칙들은 가능한 한 일반적인 것이어야 한다. 그리고 이 원리들을 재활성화한 후에 당신은 당신의 활동들로 돌아갈 수 있을 것이다. 당신은 그 어떤 상황에도 대처할 준비가 된 것이다.

이의 차이를 강조하면서 제가 하고자 했던 것은 우선 파레시아
의 실천 내에서, 아니면 적어도 스승과 제자 간의 게임으로서의
파레시아의 문제 내에서 어떤 위치 이동이 일어났다는 사실을 보

그리고 마르쿠스 아우렐리우스는 불평, 신경질이라는 특이한 주제를 예로 든다(분노와는 다른 어떤
것). 그는 우리의 화를 돋울 수 있는 여러 범주의 것들을 검토한다.
- 타인들
- 사적인 운명
- 신체
- 명예, 명성(doxarion), 〔그의 기획 대부분에서〕 좋은 평판
1) 타자들에 관해서 우리는 네 가지 이유(krima)를 기억해야 한다. 〔"합리적 생명 존재들은 사람들
  사이에서 태어난다. 정의는, 어느 정도는, 이 합리적 생명 존재들을 지탱하는 데 있다. 설령 그들
  이 죄를 지은 자들이라 해도 말이다. 얼마나 많은 적대자들, 수상한 자들, 증오에 찬 자들, 호전적
  인 자들이 죽어 널브러지거나 한 줌 재로 돌아갔단 말인가!"〕
2) 운명에 관해서:
- 잘 알려진 대안: 섭리〔혹은〕 원자
- 명증성의 총체: 마르쿠스 아우렐리우스는 명증성을 언급하지 않는데, 왜냐하면 명증성은 잘 알려
  져 있다고 가정된 것이기 때문이다.
3) 신체에 관하여:
- 디오노아이(사유의 움직임)와 관련된 일반 원리
- 모든 사람들 각자가 이 주제와 관련해 기억한다고 가정된 예시들의 총체
4) 명예에 관하여, 스토아주의자들에게서 강력하게 가치 부여되어온 이런 응시 속에서 구성되는 실
  존:
- 무한한 시간
- 인간들의 망각
- 그들의 활동의 무용성
- 명상의 주된 주제인 바: 이 세상에서 우리의 자리는 극히 제한되어 있다는 사실
이것은 마르쿠스 아우렐리우스의 응시 훈련 중 하나다: 당신이 당신 자신과 일반적인 사람들을 있는
그대로 바라볼 수 있는 그런 세계에 대한 관점을 취하려고 노력하기. 우주와 비교했을 때의 모든 소소
한 것들(여기서 언급되지 않은 응시의 두 번째 주제는 다음과 같다. 당신이 한 일들 중에 어떤 것들이
사소하고 별로 중요하지 않으며 지저분하기까지 한 요소들인지를 보려고 노력하기).[37]
훈련의 마지막 부분: 우리 자신의 여러 다른 양상들에 대한 점검. 이 양상들은 본질적인 윤리적 원리들
을 외울 수 있게 해주는 틀을 구성한다. 이 양상들은 다음과 같다.
- 인간
- 인간 존재
- 시민
- 필멸자
그리고 마르쿠스 아우렐리우스는 피라미드 꼭대기에 오른다. 우리가 항구적으로 염두에 둬야 할 본질
적인 두 원리:
- 우주〔내의〕 변화
- 우리의 견해도 마찬가지로 변화한다는 사실
마지막은 바로 그노메(gnômê), 품행의 항구적 모형으로서 기억할 수 있는 이런 종류의 짧은 구절이
다.[38] 이 두운(頭韻)으로 된 짧은 구절은 정신에 각인되어야 한다."

---

34   마르쿠스 아우렐리우스, 《명상록》, IV, 3, 《그리스 로마 에세이》, 49-51쪽, 혹은 《명상록》, 천병
희 옮김, 숲, 2005, 50-52쪽. 마르쿠스 아우렐리우스에게서의 anachorèse, 즉 자기 자신 안으로 은둔하
는 실천에 대해서는 다음을 보라. 《주체의 해석학》, 90쪽〔HS, p. 50〕; M. Foucault, "L'herméneutique

여드리는 것이었습니다. 이러한 실천에서 스승은 언제나 제자가 자신의 잘못이나 무지 등을 깨우칠 수 있도록 제자와 더불어서 파레시아를 사용합니다. 예를 들어, 세네카는 세레누스에게 파레시아 혹은 솔직함을 행사합니다. 그는 자기 제자들에게 파레시아를 행사하는 에픽테토스에게 관해 아주 명시적으로 말합니다. 이것은 아주 명확해야 합니다. 하지만 보시다시피 강조점은 점차로 제자들의 의무 쪽에 놓이게 됩니다. 제자는 자기 자신에 관한 진실을 인식해야 하고, 자기 자신에게 그 진실을 말해야 하며(세네카에게서 나오는 첫 번째 예), 혹은 어떤 타인에게 그 진실을 말해야 합니다(세레누스에게 말하는 세네카에게서 나오는 두 번째 예). 제자는 자기가 하고 싶은 것을 할 능력이 있는지를 점검하고 확인해야 합니다(에픽테토스에게서 나오는 예).[*] 제자에 관한 진실은 오직 스승의 담론을 통해서만, 혹은 스승과 제자 사이의 아이러니한 대화를 통해서만 나타나야 하는 것은 아닙니다. 제자에 관한 진실은 자기 자신과 확립한 사적 관계들로부터 나타납니다.

두 번째 점입니다. 이 관계들이 '너 자신을 알라'라는 일반

du sujet", résumé cit., p. 1180-1181; "Débat au Département de Français", débat cit., p. 167; 《자기 배려》, 70쪽(SS, p. 66).

35   A. S. L. Farquharson, *Marcus Aurelius, his Life and his World*, Oxford, Blackwell, 1951.

36   D. Chrysostome, *On Retirement(Peri anachôrêseôs)*, in *Discourses*, vol. II, trad. angl. J. W. Cohoon, Cambridge(Mass.), Loeb Classical Library, 1939. 푸코는 콜레주드프랑스에서의 〈주체의 해석학〉 1982년 1월 20일 강의에서도 이 텍스트를 언급한다. *Cf.* 《주체의 해석학》, 128쪽(HS, p. 88). 또한 다음을 보라. 《주체의 해석학》, 128쪽 각주 31(F. Gros, dans HS, p. 100, n. 31).

37   마르쿠스 아우렐리우스의 이런 종류의 응시 훈련에 대해서는 다음을 보라. 《주체의 해석학》, 337-338쪽(HS, p. 293-294); M. Foucault, "Plonger sur place ou plonger du sommet chez Marc Aurèle: deux exercices spirituels"(extrait du manuscript préparatoire au cours du 24 février 1982 au Collège de France), dans *Michel Foucault*, Paris, Éditions de L'Herne, 2011, p. 105-106. 또한 다음을 보라. P. Hadot, "La physique comme exercice spirituel ou pessimisme et optimisme chez Marc Aurèle"(1972), dans *Exercices spirituels et philosophie antique, op. cit.*, p. 145-164.

38   그노메라는 개념에 대해서는 다음을 보라. OHS, p. 50 et 50-51, n. a; MFDV, p. 130. 또한 다음을 보라. L. Cremonesi, A. I. Davidson, O. Irrera, D. Lorenzini, M. Tazzioli, dans OHS, p. 62-63, n. 35.

[*]   수고: (에픽테토스와 마르쿠스 아우렐리우스에게서 가져온 예시들이었다.)

적 원리로부터 파생되어 나온 관계인 것처럼 분석하는 것으로는 충분치 않을 것입니다. 물론 어떤 면에서 그 관계들이 이 〔자기 인식이라는-옮긴이〕 원리로부터 나오긴 하지만, 거기에 그치는 것은 아닙니다. 자기 자신과 맺는 이러한 관계들은 영적 훈련의 형식을 취하는 아주 명백한 테크닉들, 〔요컨대-옮긴이〕 몇몇은 행위들과 관련된 테크닉, 다른 것들은 영혼의 평정과 관련된 테크닉, 또 다른 것들은 표상들의 흐름과 관련된 테크닉* 등의 테크닉들에 통합됩니다.

세 번째 점입니다. 이 모든 훈련에서의 관건은 무엇일까요? 영혼 깊은 곳에서 파내야 할 은밀한 어떤 것을 발견하는 것은 중요하지 않습니다. 중요한 것은 진실과 맺는 관계, 혹은 몇몇 합리적 원리들이라고 말해야 할 것 같습니다. 나는 내가 정신 속에 갖고 있는 품행의 원리들을 활용했는가? 기억하시겠지만, 세네카의 저녁 자기 점검의 진정한 동기는 바로 이런 질문이었습니다. 세네카가 물었던 것은 다음과 같습니다. "내가 잘 알고 있고 또 내게 친숙한 원리들, 하지만 때로는 충분히 친숙하지 않아서 적용하지 않게 되는 이 원리들을 나는 활용했는가?" 다른 질문입니다. "내가 잘 알고 있고 동의하며 또 대부분의 경우 실제로 실행에 옮기는 이 원리들을 고수할 능력이 내게 있는가?" 바로 이것이 세레누스가 자기 자신에 대해 기술할 때, 그리고 자신에게는 아주 올바른 방식으로 처신할만한 완벽한 능력이 있지만 그럼에도 자기 자신 안에 어떤 불안정을 느낀다고 말할 때의 세레누스의 문제입니다. 혹은 제가 방금 말씀드린 훈련들에서 에픽테토스가 제기하는 질문입니다. "나에게 모습을 드러내는 모든 표상들에 대해 내가 채

---

* 수고: 그리고 또 규칙의 항상적 준비〔와 관련된 테크닉〕.

택한 규칙을 따르며 반응할 능력이 내게 있을까?"**

그러므로 저는 다음과 같은 사실을 강조해야 한다고 봅니다. 만약 이 훈련들에서 자기 자신의 진실이 자기 자신과 진실이 맺는 관계들에 다름 아니라면, 이 진실은 순수하게 이론적인 진실이 아니라, 한편으로는 이 세계와 인간의 삶, 자유, 필연성, 행복 등에 대한 몇몇 일반적 단언들에 기초하고, 다른 한편으로는 우리의 품행을 위한 규칙들을 우리에게 제공해주는 합리적 원리들의 총체일 것입니다.[39] 여러 다른 훈련들에서 생겨나는 질문은 인식과 관련되며, 다음과 같은 문제와 관련됩니다. 우리는 이 원리들과 충분히 친숙한가? 이 원리들은 우리 일상생활의 규칙이 될 수 있을 만큼 우리의 정신 속에 충분히 효과적으로 잘 설정되어 있는가? 그리고 보시다시피 이 기억의 문제는 이 테크닉들의 중심에 있습니다. 하지만 이 기억은 우리가 행했고 사유했고 느꼈던 것을 상기하려 시도하는 형식 아래 있으며, 이러한 시도는 우리의 삶 속에서 이러한 원리들을 재활성화하고 가급적이면 항구적이고 효율적으로 만들기 위한 하나의 수단, 방법에 불과합니다. 확실히 이 원리들은 우리가 '자기 미학'**이라고 부를 수 있는 것에 속합니다. 자기 자신에 관해서는, 자신에게 유죄를 선고하는 재판관의 입장을 취하거나 그런 재판관의 역할을 하거나 그런 재

---

* 수고: 나는 이 원리들과 충분히 친숙한가? 나는 그것들이 필요해지자마자, 그것들을 필요로 하는 만큼 자주 그 원리들을 사용할 수 있는가?(마르쿠스 아우렐리우스).

[39] 1984년 1월의 인터뷰에서 푸코가 이를 특별히 명확한 방식으로 여러 번 재론하며 설명하기를, 로마의 스토아주의에서 "문제는 상당수의 진실들, 교의들, 근본적 원칙들, 그리고 품행의 규칙의 교육을 통해 습득하는 것"이었고, "그 결과, 이 원리들이 각 상황마다 본능적으로 당신이 어떻게 처신해야 하는지를 말할 수 있게 하는 것이었습니다. (…) 당신은 로고스가 될 것이고, 혹은 로고스가 당신 자신이 될 것입니다." *Cf.* M. Foucault, "L'éthique du souci de soi comme pratique de la liberté" (entretien avec H. Becker, R. Fornet-Betancourt et A. Gomez-Müller), dans DE II, n°356, p. 1532. 또한 다음을 보라. 《주체의 해석학》, 350-352쪽(HS, p. 308-309); M. Foucault, "L'écriture de soi", art. cit., p. 1236-1237.

** 수고: (자기 해석학이 아니라)

판관의 상황에 있어서는 안 되며, 때때로 작업을 멈추어 자신이 현재 하고 있는 것을 점검하고, 자신의 기술의 규칙들을 다시 떠올리고, 그 규칙들과 자신이 지금 하고 있는 것을 비교하는 기술자, 장인, 예술가의 역할을 해야 합니다. 때때로 작업을 멈추고 뒤로 물러서서 〔시각적인 거리를 확보하며-FS〕 자기가 지금 하는 일을 점검하고, 그것을 규칙들과 비교하는 예술가의 이러한 은유는, 플루타르코스의 《분노의 통제에 관하여》[40]에서 발견됩니다.

오늘 말씀드리고 싶었던 것들은 다 말씀드렸습니다. 시간을 좀 써도 괜찮다면, 이 세미나를 전체적으로 마무리짓는 이야기를 좀 해도 될까요?

출발점에 대해 먼저 말씀드리자면, 저는 진실의 문제보다는 진실을 말하는 자 혹은 행위로서의 진실 말하기를 다루고자 했습니다. 제가 중요하게 생각한 것은, 어떤 사람이 혹은 그리스인이나 로마인이 그것들을 통해 어떤 언표가 참인지 거짓인지를 식별할 수 있었던, 그런 내적이거나 외적인 기준을 분석하는 것이 제게 중요했다는 것이 아니었습니다. 그보다는 오히려 진실 말하기를 특수한 활동, 역할로 간주하는 것이 제게는 중요했습니다. 하지만 이러한 일반적 문제틀 내에도, 한 사회에서 진실을 말하

---

40   Plutarque, *Du contrôle de la colère*, 452F-453A, dans *Œuvres morales*, t. VII-1, trad. fr. J. Dumortier, Paris, Les Belles Lettres, 1975, p. 58: "탁월한 태도란, 내가 보기에, 푼다누스여, 시간이 얼마간 지난 후, 자신의 작품을 완성시키기에 앞서 그것을 재검토하는 화가들의 태도라네. 예를 들어, 그들은 자신의 작품에서 눈을 떼고 여러 번 그것을 평가하며, 작품에 관한 새로운 관점, 사소한 차이점을 더 명민하게 포착하는 관점, 지속적이고 습관적인 관조를 피하는 관점을 제기한다네. 시간이 얼마간 지난 후에, 먼저 우리 자신으로부터 벗어나서 우리 의식의 연속성을 중단시킴으로써 우리가 우리 자신에 대해 논의하는 것은 아마도 전혀 가능하지 않을 것이네. 그리고 무엇보다도 바로 이러한 점 때문에 각 사람은 타인에 대해서보다 자기 자신에 대해 더 나쁜 재판관이 된다네. 하지만 두 번째 방법이 있을 텐데, 시간이 얼마간 지난 후 우리의 친구들을 보러 가서 우리를 마찬가지로 그들의 시험 아래 두는 것이라네. 우리가 얼마나 빨리 늙었는지를 알기 위해서, 혹은 우리의 신체 조건이 더 좋아졌는지 더 나빠졌는지를 알기 위해서가 아니라, 우리의 성격과 습관은 여전한지, 세월이 몇몇 특성을 더해줬거나 몇몇 결함을 없애주지는 않았는지를 알기 위해서 말일세."

는 자의 역할을 고찰하는 여러 방법이 존재했습니다. 저는 그리스 사회, 그리스도교 사회, 그리고 비그리스도교 사회 내에서의 진실 말하기, 진실을 말하는 자의 역할과 위상, 예를 들면, 진실을 말하는 자로서의 예언자의 역할, 신탁의 역할, 시인의 역할, 전문가의 역할, 설교자의 역할 등을 비교할 수도 있었을 것입니다. 하지만 사실 저의 의도는 상이한 사회에서 진실을 말하는 자의 상이한 역할에 관한 사회학적 기술을 수행하려는 것이 아니었습니다. 저는 고대 그리스 철학 내에서 어떻게 이러한 진실을 말하는 행위와 진실을 말하는 자의 역할이 문제화됐는지를 분석하여 여러분에게 보여드리고자 했습니다. 그리고 여러분에게 제가 보여드리고 싶었던 것은 다음과 같은 것이었습니다. 플라톤, 아리스토텔레스, 크뤼시포스, 섹스투스 엠피리쿠스 등과 더불어 그리스 철학은, 진실된 언표와 정확한 추론을 기준으로 삼는 관점에서 진실의 문제를 제기하기도 했지만, 진실을 말하는 행위라는 관점에 입각해서 진실의 문제를 제기하기도 했다는 사실입니다. 그리스 철학은 진실 문제를 다음과 같이 제기합니다. 누가 진실을 말할 능력을 가지고 있는 것일까? 어떤 사람으로 하여금 자신을 진실을 말하는 자로 소개하고 간주될 수 있게 해주는 도덕적·윤리적·영적 조건은 무엇일까? 어떤 주제에 관한 진실을 말하는 것이 중요한가? 세계에 관한 진실? 자연에 관한 진실? 수목에 관한 진실? 동물에 관한 진실? 인간에 관한 진실? 품행에 관한 진실? 도시국가에 관한 진실? 그리고 다른 문제 제기도 있습니다. 그것이 도시국가가 됐건, 도시국가를 통치하는 자들이 됐건, 개인들이 됐건 간에, 이것들에 대해 진실을 말하는 행위로부터 기대할 수 있는 긍정적인 결과나 효과는 무엇인가? 그리고 궁극적으로는 다음과 같은 물음들이 제기되기도 했습니다. 진실을 말하는 이 행위와 권력 행사 간에는 어떤 관계가 존재하는가? 진실 말하기를 권력 행사와 일치시켜야 하는가, 아니면 이 두 행위는 완전히 독립되어 있어야 하는가? 두 행위는 서로를 필요로 하는가? 진실 말하기에 관한 이와 같은 네 계열의 문제(누가, 무엇에 관한 진실을 말하며, 그 진실 말하기의 결과는 무엇이고, 또 진실 말하기는 권력과 어떤 관계를 맺는지의 문제)는 기원전 5세기 말 정치, 수사학, 윤리와 관련된 소크라테스와 소피스트들의 토론을 통해 철학적 문제로 대두됐다고 생각합니다.*

그리고 소크라테스 이전 철학의 종말을 특징짓는 것인 동시에, 여전히 오늘날 우리의 철학이기도 한 새로운 종류의 철학의 시작을 특징짓는, 이 진실에 대한 대대적인 문제화는 대단히 중요한 두 양상을 보여준다고 말할 수 있을 것입니다. 첫 번째 양상은 어떤 언표가 진실인지 아닌지, 어떤 추론이 올바른지 아닌지를 어떻게 확인할 수 있을지와, 이 진실에 어떻게 도달할 수 있을지의 문제와 관련되어 있습니다. 두 번째 양상은 개인, 공동체, 도시국가, 사회가 진실을 말하고, 진실을 말하는 자를 보유하며, 진실을 말하는 자를 식별할 줄 아는 것이 왜 중요한지의 문제와 연관이 있습니다. 한편으로 '하나의 언표가 진실인지를 어떻게 확인할 것인가'의 문제 내에서 '진실의 분석학'이라 명명하고자 하는 서구 철학의 중요한 한 전통의 뿌리가 발견됩니다. 그리고 다른 한편으로 '진실을 말한다는 것에는 어떤 중요성이 있으며, 누구에게 진실을 말할 능력이 있는지, 왜 진실을 말하고 인식해야 하는지, 왜 누가 진실을 말할 수 있는지를 확인해야 하는지'의 문제에서, 제가 서구 철학의 '비판적' 전통이라 명명할 수 있는 바의 뿌리와 토대

---

*   수고: 그리고 동시에 참된 발화와 올바른 추론의 기준들이라는 문제가 제기될 때.

가 발견됩니다.[41] 그리고 이런 관점에서 이번 강의 초반에 제가 목표로 삼은 것들 가운데 하나인 철학에서의 비판적 태도에 대한 일종의 계보를 구축하려는 목표를 확인할 수 있습니다. 이 강의의 일반적이고 객관적인 목표와 관련해서는 이상과 같습니다.

방법론적 관점에서 저는 다음의 주제를 강조하고자 합니다. 아마 간파하셨겠지만, 저는 '문제화'[42]라는 말을 그 의미를 설명하지 않은 채 이 세미나에서 누차 반복해 사용했습니다. 대부분의 제 작업에서 제가 분석하려 한 것은 사회사에 속하는 인간의 행동도 아니고, 전형적인 가치를 갖는 관념들도 아니었다고 아주 간략하게 말씀드린 바 있습니다. 애초부터 제가 연구하려고 했던 것은 '다수의 문제화'를 분석하는 일, 다시 말해 어떻게 그리고 왜 어떤 사태, 행동, 현상, 과정이 하나의 문제가 됐는지를 분석하는 일이었습니다. 왜 주어진 역사적 시기에 다른 유사한 형식들의 행동은 전혀 주의를 끌지 못했던 반면, 일정한 형식의 행동은 오랫동안 '광기'*로 분류됐는지를 분석하는 것이 그 예라 할 수 있습니다. 범죄와 비행도 마찬가지였고, 성현상에 대한 문제화 역시 마찬가지였습니다.

어떤 사람들은 이런 유형의 분석을 일종의 '역사적 관념론'**으로 해석했습니다.*** (…) 하지만 이 문제화에 대한 분석은 역사

---

41 (푸코가 '진실의 형상적 존재론'이라고도 부르는) '진실의 분석학' 전통과, (푸코가 '우리 자신의 역사적 존재론'이라고 말할 때 가장 빈번하게 참조하는) 서구 철학의 '비판' 전통 간의 구분에 대해서는 다음을 보라. GSA, p. 21-22; 《비판이란 무엇인가? 자기수양》, 99쪽(CCS, p. 84); M. Foucault, "Qu'est-ce que les Lumières?", art. cit., p. 1506-1507. 이 점에 대해서는 또한 다음을 보라. D. Lorenzini et A. I. Davidson, dans CCS, p. 102, n. 9(《비판이란 무엇인가? 자기수양》, 99쪽 각주 9).

42 '문제화'라는 개념에 대해서는 다음을 보라. M. Foucault, "Polémique, politique et problématisations", entretien cit., p. 1416-1489; 《쾌락의 활용》, 24-28쪽(UP, p. 16-19).

* 수고에서 따옴표 안에 들어가 있다.

** 수고에서 따옴표 안에 들어가 있다.

*** 수고: 광기는 존재하지 않는다. 성현상은 존재하지 않는다.

적 관념론과는 완전히 다르다고 생각합니다. 왜냐하면 제가 광기, 범죄, 성현상의 '문제화'를 연구하고 있다고 말할 경우, 그것은 이러한 현상들의 실재를 부정하기 위한 방편이 아니기 때문입니다. 저는 이와는 정반대로 사회적 일탈들이 어떤 것이었는지를 보여주려고 시도했고, 또 이러한 사회적 일탈이 구체적으로 세계 내에 실존했으며, 주어진 시기에 사회적 조절의 대상이었다는 사실을 보여주려고 시도했습니다. 그리고 저는 17세기부터 19세기에 이르는 시기에, 의사들이 점점 더 중요한 역할을 맡게 되는 여러 기관들이 담당하게 된 이 사회적 일탈들이 얼마나 실재적인 것이었는지를 보여드리고자 했습니다. 저는 고통, 불안, 일탈적 행동, 그리고 뇌손상이나 이와 유사한 종류의 원인으로부터 기인하는 온갖 유형의 반응과 느낌이 실존한다는 것을 부정하지 않습니다. 제가 제기하는 문제는 다음과 같습니다. 어떻게 그리고 왜 세계의 상이한 사태들이 정신병으로 규합되어 정신병으로 특징지어지고 분석됐으며, 또 정신병으로 다루어진 것일까? 간략히 말해, 어떤 문제화의 요소들은 무엇이고, 이 문제화의 관여적 요소들은 무엇인가? 이 문제화의 형식, 원리, 규칙은 무엇이고, 이 문제화의 중요성, 영향력, 결과, 효과는 무엇인가? 그러므로 예를 들어 정신분열증이라고 규정된 것이 이 세계에 실재하는 어떤 것과 상응하는 범주가 아니라고 말한다 해도, 이것은 그러한 관념론과는 하등의 관계가 없다고 저는 생각합니다. 저는 문제화된 사물과 문제화 사이에 일치와 관계가 존재한다고 생각합니다. 아무튼 문제화는 실재하는 구체적인 상황에 대한 하나의 답변입니다. 하지만 문제화가 문제화된 사물을 구성하는 방식은 종종 표상과 표상된 어떤 사물의 직접적인 관계를 통해 분석되는 식으로는 분석될 수 없는 경우가 있습니다.

문제화를 〔통한〕 저의 이러한 분석이 무작위로 생겨난 임의의 절차처럼 역사적인 맥락을 결여하고 있다고 주장하는 해석도 존재합니다. 이와 반대로 저는 인체의 병에 대해 18세기 말에 제기된 새로운 문제화는, 일정한 실천의 변화, 질병에 대한 새로운 사회적 반응의 발전, 도시화*등과 같은 일정한 절차에 의해 제기된 난제와 직결되어 있었다는 사실을 제시하려고 했습니다. 그런데 문제화는 맥락이나 이 문제화의 맥락을 구성하는 상황의 효과나 결과가 아니라 하나의 답변입니다. 어떤 답변이 표상도 아니고 상황의 결과도 아니라는 사실은, 그렇다고 그것이 아무것도 아니며 순수한 몽상이고 날조된 것임을 의미하지는 않습니다. 어떤 면에서 문제화는 언제나 일종의 창조입니다. 하지만 어떤 상황이 주어졌다 해도 여러분이 그것으로부터 **이런** 종류의 문제화가 거기로부터 기인한다고 연역할 수 없다는 의미에서 창조라는 것입니다.** 일정한 문제화가 주어지면, 그것은 왜 이러한 문제화가 사용됐고, 또 현실 내에 일정하게 주어진 바에 대한 답변처럼 보이는지를 이해시키기 위해 문제화를 분석하려고 시도하는 역사가의 작업이 됩니다. 바로 그렇기 때문에 우리는 어떤 상황에 대한 독창적이고 특수하며 특이한 답변의 역사로서 문제화의 역사적 분석을 할 수 있다고 생각합니다. 그리고 이러한 실재적이고 구체적인 상황에 대한 답변은 그것이 답변하는 것과 관련해 결코 그 어떤 종류의 이데올로기적 관계도 맺지 않습니다. 이러한 문

제화의 절차 내에서 사유는 실재와 독특한 관계를 맺게 됩니다. 그리고 진실과 실재 간의 이러한 독창적이고 특수하며 특이한 관계를 저는 이런 유형의 문제화 내에서 분석해보려고 시도하는 것입니다.*

이쯤에서 끝내겠습니다.** 질문 있으십니까?

견유주의자들에게 금욕은 진실에 접근하기 위한 조건이었나요?

그것은 제가 금욕과 고대의 아스케시스 개념과 관련해서 말씀드리려고 했던 것인데요, 그것은 견유주의 교의와 정확히 일치합니다. 사실 견유주의자들은 아스케시스의 중요성을 매우 강조했습니다. 아스케시스는 〔오늘날-옮긴이〕 우리가 금욕이라는 말에 부여하는 의미와는 다른 의미를 갖습니다. 아스케시스는 특정한 원리들을 통합하고 내재화하기 위한 실천, 그것과 익숙해지기 위한 실천인데, 견유주의자들의 경우에 그 원리들은 대체로 품행의 실천적 규칙들일 뿐입니다. 그러므로 진실에 접근하는 데 금욕이 필수적이었는지를 물어볼 수조차 없습니다. 진실에 접근한다는 것이 단지 진실의 인식만을 의미하는 것이 아니라, 품행의 실천적 규칙들을 실제로 적용하고 실천하는 능력인 한, 그것은 진실에 접근하는 훈련이었습니다.⁴³

---

* 푸코는 힘들어하며, 강의의 마지막 말을 입 밖에 내기를 포기한다.
수고: 그리고 우리는 이렇게 비판의 문제를 재론할 수 있다. 비판의 목표는 문제화를 변화시키는 것이다. 〔'독설'〕이라는 것은 없다. 〔해체〕도 없다. 항구적인 재문제화의 임무가 있을 뿐이다.
** 푸코는 수고 마지막 장에 아이스킬로스의 《결박된 프로메테우스》 168-180행을 자유롭게 번역해놓았다. "—프로메테우스: 언젠가 제우스는 날 필요로 할 거야. 하지만 난 내가 그의 마법에 유혹당하도록 내버려두지 않겠어. 하지만 나는 그가 나를 떼어놓기 전까지는 말하지 않을 거야. —코로스: 참으로 무모하구나…. 또 너무나 자유롭게 말하는구나(agan d'eleutherostomeis)."
43 Cf. 《쾌락의 활용》, 94쪽〔UP, p. 85〕: "견유학자들의 학설과 행동 역시 견유학자적 삶 전체가

갈레노스는 자기보다 부유한 파레시아스트를 선택해야 한다고 말했
다고 하셨습니다. 이와 관련해서 견유주의자들의 관점은 어떻습니
까?

견유주의자들은 이렇게 답하겠죠. "이 표본$_{type}$은 정말 어리
석구나." 그들은 이렇게 말할 겁니다. "부유한 자, 즉 부와 긍정적
관계를 유지하는 자는 파레시아스트일 수 없다. 그러므로 그런
자를 파레시아스트로서 이용하는 것은 무의미하다." 자기보다 더
부유한 사람들 중에서 파레시아스트를 선택한다는 생각은 견유
주의자들에게는 정말 어리석고 우스꽝스러울 듯합니다.

문제화가 답변이라고 말씀하셨습니다. 이 답변을 하는 주체는 누구인
가요? 하지만 이런 답변의 위치를 특정하고 싶어 하는 건 아마도 우스
꽝스럽겠죠?

아니요, 전혀 우스꽝스럽지 않습니다. 답변하는 자가 그 답
변의 저자(주체)랍니다. 그리고 질문자께서 여러 텍스트에서 동일
한 유형의 답변을 찾아내신 것도 분명한 사실입니다. 대부분의
경우에 이 답변들은 다소간 집단적인 답변이라는 걸 아시겠죠.
그리고 제 생각에는 바로 이것이 질문자께서 제기하시는 질문인
듯한데, 특정 시점에 특정한 지점에서 이런 답변은 너무나 일반적
이어서 어떤 아니무스(집단의식)와 같은 것이 있는 것처럼 느껴지
고, 진정한 답변은 이러한 일반적 틀로부터 나오는 것처럼 생각될

영원한 훈련으로 보일 정도로 아스케시스에 대단한 중요성을 부여한다." 또한 다음을 참조하라. CV, p.
191-193 et *passim*. 견유주의적 아스케시스에 대한 참조물 연구가 다음과 같이 지속되고 있다. M.-O.
Goulet-Cazé, *L'ascèse cynique. Un commentaire de Diogène Laërce VI 70-71*, Paris, Vrin, 1986.

정도입니다. 하지만 이 답변은 지극히 한정된 개인들에 의한 것입니다. 그것은 집단의식이 아닙니다. 예를 들어, 파레시아에 관한 질문—어떻게 파레시아스트를 알아볼 것인가? 도시국가에 파레시아스트를 배치하는 데 중요한 것은 무엇인가? 좋은 파레시아스트를 양성한다는 것은 무엇인가?—에는 소크라테스가 주는 소크라테스적 답변, 혹은 적어도 소크라테스·플라톤적인 답변, (아무리-옮긴이) 적어도 플라톤적 답변이 있습니다. 그러므로 이것은 집단 답변이 절대로 아닙니다.*

---

*   마지막으로, 사회자가 푸코에게 몇 가지 이야기한다. "오늘 정말 고생 많이 하셨습니다. 대단히 흥미로운 강연을 해주신 것에 대해 여기 계신 분들을 대신해서 고맙다는 말씀 드리고 싶습니다. 몸이 좀 회복되셨을 때 꼭 다시 뵙고 싶습니다."

1

1980년대에 푸코는 주체와 진실이 맺는 관계에 관심을 기울였다. 만년의 한 인터뷰에서 푸코는 1960년대와 1970년대에 '고고학'과 '계보학'이라는 방법론을 통해 연구해왔던 '지식'과 '권력'의 문제가 주체와 진실이 맺는 관계의 문제를 탐색하기 위한 사전 작업에 지나지 않는다고 말하기도 했다. 이렇게 그는 자신의 철학적 탐색의 중심 주제가 '주체'와 '주체화'의 문제임을 분명히 한 바 있다. 원숙기를 맞이한 푸코에게 중요하게 다가온 문제는, 주체가 진실 게임에 참여하는 절차와 관련된 것이었다. 1960년대와 1970년대에 푸코는 우선, 주체를 대상으로 다루면서 주체에 대한 진실을 말한다고 주장하는 담론들에 대한 탐구에 몰두했다. 예를 들어, 그것은 개인들을 연구하면서 인간과학과 정신의학이 하는 작업이다.

그런데 1980년대에 푸코의 작업에 단절이 일어난다. 푸코는 이제 주체를 대상화하는 담론들에 관심을 집중하기보다는 주체가 자기 자신에 관해 행하는 담론들에 더 많은 관심을 보인다. 그래서 그는 '고백', '고해', '의식 점검' 등에 관심을 기울인다. 특히 푸코는 고대 그리스-로마 시대에 개인이 자기 자신에 대해 말하기 위해 사용했던 다양한 기술들, 요컨대 의식 점검, 도덕적이고 영적인 서신 교환, 또 개인의 경험과 독서를 간략하게 기록해 그것들에 대한 명상을 더욱 잘 수행하기 위해 이용한 일종의 메모

수첩인 후포므네마타 등을 연구한다.

푸코에 따르면, 물론 이러한 실천들은 잘 알려진 소크라테스의 정언 '너 자신을 알라gnôthi seauton'에 따르고 있다. 하지만 소크라테스가 종용하는 이 자기 인식은 이보다 훨씬 근본적이고 외연이 넓은 정언 '너 자신을 돌보라epimeleia heautou'를 실행하기 위해 필요한 한 요소였다. 소크라테스의 자기 인식의 정언은 고대 그리스의 자기 돌봄〔배려〕이 취하는 형태들 가운데 하나라는 말이다. 하지만 자기 돌봄이 발생시키는 이러한 진실 말하기의 실천들은 개인의 고독한 실천이 아니다. 자기 자신에 대한 진실을 말하기 위해서는 타자가 반드시 필요하다. 물론 이 타자가 아직까지는 교회 제도를 통해 자격을 부여받은 그리스도교의 양심지도 신부는 아니다. 당연히 그는 철학자다. 하지만 철학자가 반드시 필요한 것도 아니다. 누구나 이 타자의 역할을 담당할 수 있다. 제도적 신분이 타자의 역할을 부여하는 것이 아니라 그리스인들이 파레시아라 불렀던 직언 혹은 진언進言의 능력이 타자의 역할을 결정하는 핵심 요인이다. 파레시아 실천에 관심을 기울이면서 푸코는 파레시아가 우선 정치적 개념이었고, 이후 윤리적·철학적 차원을 갖게 되었다는 것을 발견한다.

이러한 푸코의 후기 사유에 접근하기 위해서는 《성의 역사》 2권 《쾌락의 활용》과 3권 《자기 배려》를 먼저 읽으면 좋은데, 그것만으로는 한계가 있는 것도 사실이다. 이때 우리가 참고할 수 있는 것이 푸코가 말년에 했던 많은 강의와 인터뷰, 여기저기 실린 짧은 글들이다. 현재 번역되어 있는 것들 중에서는 일단 콜레주드프랑스 강의 《주체의 해석학》이 도움이 될 것이다. 그리고 특히이 책에 실린 캘리포니아대학교 버클리캠퍼스에서의 여섯 차례 강의에서 푸코는, 저서의 형태로 미처 남기지 못한 말년의 관심사

'파레시아' 개념을 본격적으로 다루고 있다.

1983년에 한 캘리포니아대학교 버클리캠퍼스에서의 강의는 이미 2001년 미국에서 *Fearless Speech*라는 제목으로 출간된 바 있다. 연두색과 검정색 표지의 작고 귀여운 책인데, 이미 읽어본 독자분들도 계시리라 생각된다. 개인적인 사연을 소개하자면, 2000년대 중반 *Fearless Speech*의 번역 출간을 위해 이미 번역을 끝내 놓은 상태에서, 푸코가 콜레주드프랑스에서 강연했던 〈자기 통치와 타자 통치〉, 〈진실의 용기〉와 내용이 상당 부분 겹친다는 이유로 해당 영어판 원서의 저작권에 문제가 생겨 출간하지 못하는 일이 있었다. 파레시아 개념을 서둘러 국내에 소개하고 싶었지만 출간이 무산되어 서운했는데, 이번에 더 충실한 형태의 판본을 번역 출간하게 되어 다행으로 생각한다. 브랭Vrin 출판사에서 2016년에 출간된 이번 판본에서는 캘리포니아대학교 버클리캠퍼스에서의 강의에 '담론과 진실'이라는 제목을 달았고, 이 강의에 몇 달 앞서 그르노블대학교에서 행한, 유사하지만 보다 축약된 형태의 강연 또한 '파레시아'라는 제목으로 추가 수록했다. *Fearless Speech*에서는 볼 수 없었던 청중과의 질의응답 및 충실한 각주들, 그리고 현재 푸코 연구의 최고 권위자로 여겨지는 프레데리크 그로의 머리말이 추가되어 *Fearless Speech*를 이미 읽은 분들께도 새로운 재미와 의미를 선사할 수 있을 것으로 기대한다.

고대 그리스어가 실제로 어떻게 발음되었는지는 사실 아무도 알지 못한다. 고대 그리스 문화 연구가 전 세계적으로 하나로 통합되어 있는 것도 아니고(통합될 필요도 없지만), 나라마다 사람마다 그 발음이 일정치 않은 관계로, 국내에 소개될 때 '파르헤지아' 또는 '파르헤시아'라고 표기되기도 하는데, 본서에서는 녹음 자료로 남아 있는 푸코의 발음과 현재 프랑스에서 통용되는 발음에

따라 '파레시아'로 옮기기로 한다. 또한 본문을 이해하는 데 도움
이 된다고 생각되는 경우, *Fearless Speech*에서 몇몇 표현이나 각주
들을 빌려왔다.

2

'파레시아'는 푸코의 후기 사유에서 핵심이 되는 개념으로,
'진실을 말하는 용기', '위험을 감수하는 말하기', '비판적 태도'를
뜻한다. 그것은 반드시 타인과의 관계 속에서, 기울어진 권력관계
의 아래에서 위로, 위험을 감수하는 유형의 말하기 실천인데, 여
기서 우리는 이 '말하기'를 매우 넓은 맥락에서 이해할 필요가 있
다. 그것은 직접적인 발화 행위로 나타날 수도 있지만, 견유주의
에 대한 연구에서 볼 수 있듯, 밥을 먹는 등의 일상적인 행위나,
몸가짐 및 의복을 통해 드러나는 삶을 대하는 태도, 심지어는 침
묵을 통해서도 나타날 수 있기 때문이다. 그러나 중요한 것은 침
묵을 통해서조차도 분명히 어떤 진실을 타인 앞에 드러낸다는 것
이다. 그것은 부당함을 묵인하는 침묵, 상대방과의 우호적인 관계
를 해치기보다는 차라리 상대방의 치명적인 결점을 모른 척해버
리는 방식의 침묵, 아무래도 좋다는 침묵, 될 대로 되라는 침묵과
는 전혀 다르다. 파레시아적 발언, 파레시아적 행위, 파레시아적
태도, 파레시아적 침묵은 모두 사람들을 불편하게 하거나 분노를
불러일으킬 수도 있는 진실을 드러내 보여준다는 공통된 특징을
지닌다. 이런 의미에서 푸코는, 파레시아를 굳이 현대 용어로 번
역해야 한다면 '비판'으로 번역할 수 있다고 말한다.
　　푸코의 권력론이 역사를 연구함으로써 현재의 우리가 왜 이
런 우리가 되었는지를 분석하는 것이었다면, 즉 우리의 현실태를

분석하는 것이었다면, 파레시아 개념의 강조를 통해서 푸코는, 그렇다면 현재의 이러한 상황 속에서 우리가 어떻게 행동해야 할 것인가를 적극적으로 피력한다. 푸코가 우리의 현실태를 계보학적으로 분석했을 때 이미, 그것이 실체가 아니고 원래부터 그러했던 것도 아니며, 영원히 그러할 것도 아니라는 것을 까발린다는 점에서 저항적 실천의 가능성을 활짝 열어주었다고 볼 수 있지만, 파레시아적 태도, 비판적 태도에 대한 연구는 보다 구체적으로 실천의 방법론을 제시하는 것처럼 보이기도 한다. 그것은 불평등한 권력관계에도 겁먹지 않고 위험을 감수하며 진실을 드러내는 용기 있는 행동인 것이다.

푸코는 이 파레시아 개념이 고대의 역사 속에서 어떤 방식으로 출현하고 또 변화되어 왔는지를 분석한다. 무엇이 진실인지를 가늠하기 위해 신에게 의지하고 도시국가나 인간들의 통치 역시 신에게 의지하는 방식으로부터, 진실을 둘러싼 인간들의 게임이 문제되고 인간이 도시국가를 통치하는(통치할 수밖에 없는) 방식으로 사회가 변화되어감에 따라 어떻게 정치적이고 윤리적인 태도가 필수적이 되었는지, 그리고 그러한 태도가 어떻게 파레시아라는 비판적 태도로 나타나게 되었는지를 설명하는 것이다. 이어 민주정의 위기와 제국의 등장과 더불어 파레시아의 형태가 어떤 식으로 변화했는지도 밝힌다.

파레시아는 군주와 그의 조언자 사이에서 나타나는가 하면 우정의 관계에서도 나타나는 등, 정치체제의 형태와는 무관하게, 푸코가 말하는 '권력관계'가 존재하는 곳이라면 어디에서나 나타나지만, 특히 민주정에서 파레시아는 민주정 자체가 가진 결함으로 인해 민주주의가 빠질 수 있는 위험으로부터 민주주의를 지킬 수 있게 하는 아주 중요하고 결정적인 실천으로 나타난다. 전제적 통치자가 군림하는 정치체제에서라면 파레시아적 실천, 즉 비판적 실천이 완전히 사라진다 하더라도, 민중이 고통을 받거나 부당함이 판치는 세상이 될 수는 있을지언정, 공포정치를 통해서건 다른 어떤 방식을 통해서건 최고 통치자나 그 주변인들의 안위에는 한동안 위기가 닥치지 않을 수 있다. 그러나 민주적 정치체제에서는 상황이 전혀 다르다. 비판적 실천이 사라진다면 민주적 정치체제 자체가 위험에 빠지기 때문이다. 바로 이러한 이유로 푸코는 특히 파레시아와 민주주의의 긴밀한 관계에 주목한다. 발언의 평등이 민주주의의 토대를 이룬다고 한다면, 다수의 의견, 혹은 막강한 영향력을 행사하는 자들의 의견에 맞서서, 공동체에 이익이 된다고 스스로 믿는 바를 발언하는 용기, 평등만으로는 굴러갈 수 없는 민주주의를 제대로 작동하도록 만드는 그 돌출 자체가 그 위에 갖춰져야 한다는 것이다.

'파레시아'라는 말은 어원적으로 '모든 것을 말하기'를 뜻하지만, 실제로 파레시아가 존재하기 위해서는 모든 것을 말하는 것만으로는 불충분하다. 진실을 말하는 자가 진실을 말함으로써 반드시 어떤 위험을 감수해야 한다. 이렇듯 위험을 감수하는 말하기로서의 파레시아를 행하는 자, 즉 파레시아스트가 되려면 용기가 필요하다. 파레시아스트는 자신이 하는 말이 대화 상대자의 분노를 촉발시킬 수도 있다는 사실을 잘 알고 있다. 그는 대화 상대자의 분노와 폭력의 위험을 무릅쓰고 말한다. 파레시아스트는 파레시아를 행사하는 데 필요한 관계를 위태롭게 만들 수 있다. 대화 상대자가 기분이 상하거나 격노하면 말하는 자와 듣는 자 사이의 관계가 손상되거나, 말하는 자의 신변이 위협받을 수도 있고, 결과적으로 어떤 것도 경청하기 어려운 위험이 발생할 수 있다.

이때 파레시아스트에게, 적어도 그의 의견 개진 행위를 이유로 위해를 가하지 않겠다는 사회적 약속이 이루어져야만, 불편하지만 꼭 필요한 비판의 통로가 확보된다. 이것이 민주주의를 지속 가능한 정치체제의 원리로 기능할 수 있게 해준다는 것이 푸코의 생각이다. 이러한 문제를 해결하기 위해 '파레시아 게임'이 전개된다. 푸코는 '파레시아 게임'을 파레시아스트와 그의 말을 듣는 대화 상대자 간의 계약이라고 정의한다. 여러 사람 혹은 한 개인이 파레시아스트를 공격하지 않고 그가 하는 말을 경청하는 것에 동의한다면 그들 혹은 그는 파레시아 게임에 참여하는 것이다.

파레시아가 어떤 실천인지 보다 구체적으로 설명하기 위해 푸코는 파레시아를 다른 실천들과 비교한다. 우선 푸코는 파레시아를 웅변술과 비교한다. 웅변의 영역에서 연사는 발언의 내용보다는 청중의 반응에 더 신경을 쓴다. 연사는 자신이 동의하지 않는 입장도 옹호할 수 있다. 예를 들어, 웅변술사는 어떤 주장을 옹호하고 나서 그 주장과 반대되는 주장을 동일한 화술을 활용해 옹호할 수도 있다. 이와 달리 파레시아스트는 자신의 이름으로 진실을 말한다. 그리고 그는 대화 상대자의 마음을 상하게 할 수 있는 위험을 감수하고, 파레시아에 필요한 관계를 단절시킬 수 있는 위험까지도 감수한다. 반면에 웅변술사는 청중이 등을 돌리는 것을 피해야 하고, 거짓말을 해서라도 그들을 설득해야 한다.

웅변술과 달리 파레시아는 발화자가 발화된 내용을 실제로 옹호하고 있는지 여부를 문제 삼을 수 있는 말하기, 진실된 말하기의 영역에 속하지만, 파레시아는 그중 한 형태에 지나지 않는다. 푸코는 파레시아스트를 진실된 말하기를 행하는 다른 세 유형의 인물들, 요컨대 예언자, 현자, 교육자와 구분한다. 신의 이름으로 말하는 예언자와 달리 파레시아스트는 자기 자신의 이름으로 말하고, 또 미래를 예언하기보다는 현재를 명확히 설명하며, 그것과 관련해 가능한 한 명료한 방식으로 자신의 생각을 직설적으로 표현한다.

보편적인 진실을 말하는 것이 아니라 구체적인 상황과 특정한 개인에 관심을 집중한다는 점에서 파레시아스트는 현자와도 구별된다. 현자는 변하지 않는 보편적 진실과 관련되는 까닭에, 굳이 위험을 감수하면서까지 나서서 말할 필요를 느끼지 못하는 경우가 많고, 현자가 보기에 진실에 도달할 능력이 없는 어리석은 자들에 대한 경멸이 더해질 경우에는 기나긴 침묵에 빠지기 십상이다. 이렇게 현자는 말에 인색하고 종종 세상과 유리되어 있다. 그러나 현자와 구별되는 파레시아스트는 많은 말을 하기를 주저하지 않고, 긴 연설을 하거나 장황한 토론에 참여하기를 주저하지 않는다. 파레시아스트가 말하고자 하는 진실은 누구나 접근 가능한 보편적 진실이 아니라, 자기의 맥락에서 알게 된 진실, 타인의 의견과 부딪힐 수 있는 진실, 지금 말하지 않으면 곧 소용없어질 수도 있는 진실이기 때문이다.

마지막으로 파레시아스트는 교육자와 다른데, 그 이유는 파레시아스트는 위험을 감수하는 반면, 교육자는 위험을 감수하지 않기 때문이다. 어떤 지식이나 기술의 전승을 목적으로 하는 교육을 통해 교육자는 이 지식의 보존을 위해 일하고, 자신의 제자들과 이 보존 작업을 매개로 유연관계를 맺는다. 파레시아스트는 관계가 단절되거나 자신을 위험에 빠뜨릴 수 있는 위험을 감수하는 반면, 교육자나 기술자는 공동체 내에서 안전하게 통용되는 공통된 지식과 지식 전승을 중심으로 자신의 제자들과 연합한다. 파레시아스트도 자신을 보호하고 자신의 말이 들리도록 하기 위해 청중과 파레시아 계약을 맺을 수 있지만, 이 계약은 위험을 수반한다. 계약은 언제라도 깨질 수 있기 때문이다. 반면, 교육은 동일한 유산을 매개로 스승과 제자를 단번에 하나 되게 한다.

예언자, 현자, 교육자, 파레시아스트의 구분은 진실-말하기의 네 유형이 양립 불가능하다는 것을 의미하는 것은 아니다. 이 네 인물이 상이한 네 사회적 기능 속에서 각자 자기 자신을 구현한 시대가 있었던 것이 사실이다. 하지만 어떤 담론 내에서는 여러 형태의 진실-말하기가 서로 중첩되어 있기도 하다. 예를 들어, 소크라테스는 동시에 현자, 파레시아스트, 교육자, 예언자처럼 발언한다. 헬레니즘 시대에 철학자는 지혜와 파레시아를 동시에 구현했다. 그리고 중세의 위대한 교부들은 종종 파레시아스트이자 예언자들이었다. 푸코가 구분하는 네 인물은 네 형태의 사회적 기능이라기보다는 그가 "진실 진술 방식"이라 부른 바, 요컨대 네 형태의 진실-말하기에 각기 상응한다.

3

《담론과 진실》을 통해 우리는 파레시아 개념이 세월의 흐름, 정치체제의 변화, 제국의 등장, 그리스도교의 출현 등에 따라 그 의미와 활용 방식에 여러 변주가 있어왔음을 확인할 수 있다. 혹여 푸코가 소개하는 파레시아를 접하기 훨씬 이전부터, 더러 신학 하는 분들께서는 전혀 다른 맥락에서, 그러니까 초기 그리스도교의 맥락에서 파레시아를 접했을 수도 있다. 그러나 신학에서 이야기되는 파레시아는 인간사회 내에서의 타자를 마주하고 이루어지는 것이 아니라 신과 나와의 관계 속에서 신을 마주하고 이루어지는 것으로, 여기서 푸코가 크게 의미를 부여하며 논의하고 있는 비판적 실천이라는 의미와는 많이 동떨어져 있다. 물론

《담론과 진실》에서 푸코가 분석하는 에우리피데스의 《이온》에서 크레우사는 아폴론이 저지른 행위들을 규탄하기도 하지만, 전지전능全知全能하고 전선全善하신* 신을 상정하는 그리스도교에서 신을 비판한다는 것은 있을 수 없는 일이기 때문이다. 구약에 등장하는 욥의 경우를 예로 들 수도 있겠지만, 그 경우는 사탄의 농간에 의한 것으로, 인간이 겪는 부당함이 실제로 신에 의한 것으로는 여겨지지 않는다는 점에서, 욥의 발언은 신에 대한 비판이나 규탄이라기보다는 자신의 고난이 사탄으로부터 온 줄을 모르고 오해하여 신을 원망한 것으로서 해석되는 경우가 대부분이다. 욥의 이야기는 신이 창조하신 이 세계에 왜 불의와 부당함과 불행이 존재하는지를 설명하기 위한, 그러나 창세신화에서처럼 모든 것을 인간이 저지른 죄의 대가로 설명하기보다는 아무 잘못 없는 인간이 악한 존재의 농간 때문에 마주할 수 있는 고난들을 설명하기 위한 신화일 것이다.

그러나 아마 우리 입장에서 가장 중요한 것은, 파레시아가 고대 그리스와 헬레니즘-로마 시대, 그리고 초기 그리스도교에서 어떻게 사용되었느냐 하는 것이 아니라, 지금 우리가 그것을 어떻게 활용할 것이냐일 것이다. 푸코의 표현 중 가장 유명하고 그래서 또 가장 많이 인용되는 것 중 하나가 '도구상자'라는 표현이다. 푸코는 자신의 연구가 어떤 교의나 박학으로 활용되기보다는 필요한 순간에 즉시 활용될 수 있는 도구로 여겨지기를 바랐다. '파레시아'라는 개념 역시, 그것이 과거에 어떠했다는 것을 아는 것 이상으로 중요한 것이, 그래서 그 도구가 지금 우리에게 유용한가, 유용하다면 어떻게 활용할 수 있을까라는 물음일 것이다.

---

* 신은 모든 것을 알고, 모든 것을 할 수 있으며, 완전히 선하다.

필자의 짧은 생각에, 동아시아의 전통 내에도 파레시아와 유사한 어떤 것이 있는 것 같다. 우리는 흔히 '직언', '간언', '고언', '진언', '충언'이라는 표현을 쓰곤 하는데, 이 역시 어떤 '말하기의 윤리'로서, 의무의 감정을 수반하며 발언자의 위험을 초래할 수 있다는 점에서 파레시아와 공통점을 갖는다. 물론 이 말이, 파레시아의 경우처럼, 민주주의의 발달과 더불어 출현해 민주정의 작동 조건과 민주정의 위기 등과 밀접한 연관을 갖게 된 개념은 아닌 것 같고, 경직된 위계적 관계, 이를테면 부모(특히 아버지)-자식, 군주-신하, 장군-부하, 상급기관-하급기관 등의 위계적 관계 내에서 주로 사용된다는 느낌이 있지만, 맥락에 따라서는 파레시아를 우리말로 번역하기에 충분히 적절한 표현들이라고 생각된다. 이제 우리가 고민해봐야 할 것은, 경직된 위계적 관계 속에서 주로 활용되는 이 말들이 어떻게 수직적이고 명령하달적 위계질서보다는 수평적인 소통의 관계를 중시하는 오늘날 우리의 민주주의적 상황 속에서 의미 있는 방식으로 재사용될 수 있을까, 하는 것이다. 또한 오늘날의 민주주의적 상황 속에서, 혹은 여전히 경직된 위계적 관계 속에서 여전히 '충'과 '효'의 가치가 시대착오적이지 않은 방식으로 유효할 수 있다고 굳게 믿는다면, 그것들을 오늘날의 맥락 속에서 재활성화하고자 할 때에도 강자에 대한 무조건적 복종의 뉘앙스를 상쇄하기 위해 직언이나 충언 등의 개념을 활용한 세련화가 가능하지 않을까 생각해본다.

물론 푸코가 분석하는 파레시아는, '충'이나 '효'의 개념이 설정하는 한계를 훌쩍 뛰어넘는다. 그것은 우정의 관계나, 군주를 비롯한 사회의 유력인사와 그들의 조언자가 맺는 비교적 평온한 관계 속에서 부드러운 방식으로 행해지기도 하지만, 견유주의자들의 실천 속에서는 분신이나 막말, 기행, 도발 등 사회적 파문을 불러일으키는 과격하고 급진적인 행위로 드러나는 경우가 많으며, 진실을 드러내려 했던 극단적 파레시아스트들의 계보 속에 푸코는, 신학적 세계관을 거부하기 위해 자기 실존을 걸어야 했던 갈릴레이나 근세 철학자들, 그리고 최근의 혁명주의자들까지 끼워 넣고 있다. 단일한 실체로서의 진실 개념에 익숙한 사람들은 푸코의 이러한 주장이 마음에 들지 않을 수 있다. 단일한 실체로서의 진실이 문제일 경우, 그것이 진실인지 아닌지를 데카르트적 명증성에 입각하여 점검하고 증명하는 것이 중요해지고, 그 과정에서 발언자가 이성을 사용할 능력이 있는지 등을 문제 삼을 수도 있을 것이다. 그런데 흥미로운 것은, 푸코에 따르면, 고대 그리스에서 발언의 진위 여부, 즉 그 발언을 신뢰할 수 있는지 여부는, 데카르트 이후의 시대를 사는 지금의 우리에게 익숙한 인식론의 차원에서 분석되지 않았다는 사실이다. 파레시아 출현 초기에는 발언자의 출생이나 신분, 덕성, 평판 등으로 발언의 신뢰도를 가늠하기도 했지만, 급진적으로 파레시아를 실천했던 견유주의자들에게 가서는 이런 것들도 발언의 진위 여부를 결정하는 요소가 되지 못한다. 그래서 파레시아의 다양한 형태가 있고, 그 파레시아가 이루어지는 다양한 맥락이 있지만, 발언자 스스로가 자기 자신과 맺는 관계가 가장 중요하게 떠오르는 것이다. 이는 푸코의 저서 제목으로도 잘 알려져 있듯, '자기 배려' 혹은 '자기 돌봄'이다.

4

    파레시아라는 표현은 에우리피데스의 비극에 여러 번 등장한다. 이 말은 우선 아테나이 시민의 권리인데, 시민, 노예, 추방된 시민을 구분할 수 있게 해준다. 그것은 자유롭게 말할 수 있는 권리, 공적인 논쟁에 참여할 수 있는 권리다. 애초에 파레시아는 이처럼 정치적 차원을 내포하는 말이며, 긍정적 의미로 사용된다.

그런데 기원전 4세기에 그리스에서 변화가 일어난다. 이 변화는 파레시아와 민주정에 대한 문제 제기로부터 촉발되었다. 에우리피데스의 후기 저작들에서 파레시아는 긍정적 의미만을 갖고 출현하지 않는다. 파레시아는 경멸적이고 부정적인 역할도 한다. 파레시아는 과도한 수다를 의미한다. 그래서 제기되는 문제는 탁월한 파레시아와 아무 말이나 내뱉는 형편없는 파레시아의 경계 문제다. 이 첫 번째 문제 제기와 민주정에 대한 문제 제기는 연관되어 있다. 민주정은 만인이 가장 탁월한 것과 가장 형편없는 것을 모두 말할 수 있는 공간이 아닐까? 민주정은 탁월한 파레시아와 저급한 파레시아를 구분할 수 없다. 게다가 민주정은 진정한 파레시아스트를 위험에 빠뜨리기까지 한다. 파레시아스트는 자신의 대화 상대자에 의해 항시 처벌받을 수 있는 위험에 처해 있다. 민주정이 파레시아에 자리를 내어주고 곧 이렇게 허용된 자유에 의해 도시국가가 위험에 처하게 되거나, 민주정이 파레시아에 자리를 내어주지 않고 파레시아스트를 처벌하거나 한다.

민주정은 진실되고 용감한 모든 파레시아를 불가능하게 만든다. 민주정은 말하는 주체들을 구분할 줄 모른다. 민주정은 가장 탁월한 자와 가장 용감한 자에게 자리를 마련해주지 못한다. 민주정은 파레시아스트를 광인과 구분하지 못하고, 대중의 분노로부터 파레시아스트를 보호해주지 못한다. 이상이 적어도 기원전 5세기 말과 4세기 초반에 그리스에서 폭넓게 확산된 생각이었다.

민주정이 신뢰를 잃어간 반면, 파레시아는 군주제의 범주에서 전개된다. 파레시아는 군주와 그의 조언자 간의 관계에서 나타난다. 파레시아스트는 솔직하게 군주에게 조언하는 자다. 플라톤은 《법률》에서 페르시아의 왕 키루스에 대해 논한다. 키루스 왕은 직언과 진언을 허용한다. 그래서 그는 국가를 통치하기 위해 필요한 가장 현명한 자들의 조언을 받아들인다. 민주정에서는 불가능했던 것이 군주정에서는 어떻게 가능했을까? 그 이유는 군주가 교육을 받을 수 있었기 때문이다. 군주는 파레시아스트를 징벌하지 않고 그의 말을 경청하는 법을 배운다. 이러한 교육을 담당하는 자는 대체적으로 철학자다. 군주가 나쁜 성향을 지녔을 수 있기 때문에 철학자가 군주를 교육하는 데 늘 성공하는 것은 아니지만, 불가능한 것만은 아니라고 여겨졌다.

군주가 통치하기 위해 필요한 수단은 에토스, 다시 말해 자기 자신을 스스로 구축하고 도덕적 주체로서 행동하는 방식이다. 이와 반대로 민주정의 통치는 개인의 에토스와 관련이 없다. 민주정에서는 최대 다수가 통치하지, 철학 교육을 토대로 자기 자신을 구축한 도덕적 주체가 통치하는 것이 아니다. 기원전 4세기의 많은 그리스인은, 민주정은 에토스에 중요성을 부여하지 못하는 본질적인 결함이 있다고 생각했다.

이러한 역사적 변화로 인해 도시국가에서 진실을 말하는 것보다는 도덕적 주체들을 인도하는 것을 목적으로 하는 파레시아가 발달한다. 이 파레시아가 목표로 삼는 것은 철학적 대화나 도덕적이고 영적인 서신 교환 등과 같은 다양한 테크닉에 의거해 개인의 에토스를 형성하는 작업이다. 이제 파레시아는 그것이 기원한 정치의 장을 벗어나 윤리적 장에서 전개된다.

소크라테스는 정치 참여를 거부하고 타자를 배려하는 것을 목표로 하는 윤리적 파레시아를 실천한다. 소크라테스는 자신의 대화 상대자들이 자기 자신에게 물음을 던지고 그와 더불어 그들 자신을 찾고 스스로를 돌보도록 유도한다. 그것은 역설적으로

신이 주신 임무를 수행하기 위해서였다. 요컨대 그와 대화하는 자들이 그들의 삶의 방식을 변화시키고 자기를 돌보는 법을 배울 수 있도록 용기 있게 지속적으로 진실되게 말함으로써, 결국은 아테네 도시국가의 안녕에 기여하고자 한 것이었다. 소크라테스는 파레시아와 자기 돌봄을 교차시킨다. 소크라테스는 자신이 아테네 시민들에게 그들 자신을 돌보라고 종용하는 것은 도시국가 전체에 유용하다고 주장하고, 진실된 담론을 보호하는 것이 도시국가에 이득이 된다고 주장한다. 윤리적 목적을 갖는 파레시아의 실천은 이렇게 정치적 가치를 갖는다.

소크라테스와 더불어 진실 말하기의 요청과 아름답고 훌륭한 삶을 영위하는 방식이 서로 결부된다. 소크라테스는 실존을 미학의 대상, 요컨대 아름답게 만들 필요가 있는 작품으로 여긴 최초의 인물은 아니다. 소크라테스가 실존의 미학을 만든 것은 아니다. 하지만 소크라테스와 더불어 변화한 것은 실존에 대한 미학적 시선이 파레시아와 결부되었다는 점이다. 도시국가에서 오랫동안 자기 돌봄은 명성의 추구를 지향했다. 만인의 기억에 생생하게 살아남을 눈부신 삶을 사는 것이 문제였다. 하지만 소크라테스와 더불어 이제 아름다운 삶은 다른 미학에 따르게 되었다. 아름다운 삶은 파레시아에 기초한 삶이 된다. 아름다운 삶, 그것은 진솔한 삶이고, 진실 속에 거주하는 삶, 진실을 위해 사는 삶이다. 아무것도 숨기지 않고 자기 자신을 설명함으로써 자기 자신을 정리할 수 있고, 또 실존을 아름답게 만들 수 있다. 명성이 실존의 아름다움을 만들어내는 것이 아니라 진실의 의지가 실존의 아름다움을 만들어내는 것이다. 푸코는 소크라테스를 통해 진실을 말하는 원리와 아름다운 삶이라는 이상이 자기 돌봄 내에서 서로 교차하게 된 시기를 재발견하려고 시도한다.

5

견유주의자들은 소크라테스의 후예임을 주장한다. 그들이 아름다운 삶을 영위했던 이유는 그들의 삶이 파레시아스트의 진실-말하기에 기초했기 때문이다. 푸코는 고대 문헌에서 여러 모범적인 사례를 끌어냈다. 특히 푸코는 디오게네스 라에르티오스의 《그리스 철학자 열전》에서 견유주의 철학자들 가운데 가장 유명한 디오게네스에 할애된 부분을 참조한다. 이 텍스트에 따르면, 디오게네스에게 인간에게서 가장 아름다운 것이 무엇이냐는 질문이 주어지자 그는 파레시아라고 말했다는 것이다. 디오게네스는 아름다운 삶과 파레시아스트의 진실-말하기를 직접적으로 결부시킨다. 진실을 말하는 삶은 아름다운 삶이라는 말이다.

그렇게 하기 위해서는 진실을 말하는 용기를 가져야 할 뿐만 아니라 파레시아스트적인 삶의 방식을 채택하는 것이 중요하다. 견유주의자들은 검소하게 사는 것으로 잘 알려져 있다. 그들은 맨발이나 낡은 샌들을 신고 활보했고, 낡은 외투를 입고 덥수룩한 수염을 기르고 다녔다. 이런 방식으로 사는 것은 견유주의자들이 하는 말과 일치했을 뿐만 아니라 아주 구체적인 역할을 한다.

우선 견유주의자의 이러한 삶이 갖는 도구적 기능이다. 견유주의자는 진실을 말하는 위험을 감수하기 위해 가족, 공동체, 조국에 얽매이지 않아야 했다. 이러한 귀속 관계에 얽매이게 되면 해악적인 자중을 해야 하는 일이 발생한다. 그렇기 때문에 이러한 견유주의적 삶의 방식은 파레시아의 '가능조건' 역할을 한다. 다음으로 견유주의의 삶의 방식은 '재교육'의 역할을 담당한다. 견유주의자는 삶을 반드시 필요한 것으로 환원시킨다. 견유주자는 모든 그릇된 믿음, 사회적 관습, 무의미한 의무 등과 단절한다. 푸코는 대중 앞에서 자위하는 디오게네스의 유명한 일화를 언급한다. 여론과 사회적 관습이 은폐하는 진실을 폭로하는 것이 관건이다. 마지막으로 필요 이상의 것과 허망한 것으로부터 해방된 견유주의자의 삶의 방식은 폭로적이다. 견유주의자의 삶의 방식은 삶이 진정으로 무엇인지를 적나라하게 현시한다.

그런데 그렇게 해서 모습을 드러내는 것은 주변 사람들과 다른 삶, 심지어는 철학자들이 영위하는 삶과도 다른 삶이다. 견유주의자의 삶은 다른 삶이 가능하다는 사실과 이 다른 삶이 진정한 삶이라는 점을 현시한다. 견유주의는 소크라테스의 가르침에 기초하면서도 고대 사회에 파문을 일으키는 완전히 다르고 급진적이며 도발적인 형태를 소크라테스의 가르침에 부여한다.

견유주의적 파레시아는 소크라테스적 파레시아의 단순한 계승과 급진화로 보일 수도 있을 것이다. 라에르티오스가 인용하기를, 플라톤이 보기에 견유주의자 디오게네스는 "미친 소크라테스"라는 것이다. 실제로 디오게네스는 소크라테스를 본받아 대중이 모이는 광장에서 권력과 기성질서의 결탁을 비판하면서 군중에게 설교했고, 또 시민들에게 그들 자신의 삶의 방식에 물음을 던지고 그들 자신을 돌볼 것을 종용했다. 하지만 이러한 외적인 유사성에도 불구하고 소크라테스적 파레시아와 견유주의적 파레시아 간에는 차이가 있다. 견유주의적 파레시아는 소크라테스적 파레시아에 비해 훨씬 과격하고 거칠며 공격적이다. 소크라테스는 동료 시민들의 선입견에 문제를 제기하고 그들에게 물음을 던지면서 그들의 확신을 동요시키려고 하는 등 도시국가 아테나이와 다소 거리를 유지하고 있었음에도 불구하고 거기에 통합되어 있었으며, 결코 소외된 자가 아니었다. 그는 감옥으로부터 탈주하기보다는 부당하게 사형을 언도한 법률에 복종하기를 선택한 준법주의자였다. 이런 의미에서 소크라테스는 기성질서를 비판하긴 해도 여전히 존중하는 자이다. 푸코에 따르면, 소크라테스적 파레시아와 견유주의적 파레시아는 바로 이 기성질서의 존중이라는 문제를 중심으로 서로 단절된다. 견유주의 철학자는 사회질서와 단절되어 있고, 주변부적인 생활방식을 주장하며, 그의 파레시아는 담론뿐 아니라 존재 방식을 통해서도 현시된다. 그들의 파레시아는 다듬지 않은 수염과 불결한 위생 상태에, 잘 때는 이불로 사용하는 검소한 외투를 걸치며 맨발로 걷는, 유일한 재산인 순례자 지팡이를 갖고 유랑하는 그들의 존재 방식을 통해 드러난다. 이러한 삶의 방식은 견유주의 철학자의 신체 내에서 진실이 실존을 시험하는 것을 잘 현시한다. 견유주의는 몸짓, 신체 상태, 옷 입는 방식, 처신하는 방식을 통해 비오스bios, 즉 삶의 방식을 현시한다.

플라톤에게서 진실은 본질적인 것, 요컨대 감각세계의 변화를 초월해 자기동일성을 유지하면서 영원히 존재하는 것, 다시 말해 이데아다. 그러나 견유주의에서는 진실의 문제를 이론적으로 제기하지 않고, 물질성 속에서 체험된 삶에 입각해 제기한다. 견유주의에서는 자신의 삶이 위험해지는 것을 감수하지 않고서는 진실을 얻을 수 없다. 소크라테스의 파레시아와 견유주의의 파레시아는 서로 다른 형이상학적 관점을 갖고 있고 화해나 양립이 불가능한 것처럼 보임에도 불구하고 공통된 존재론적 토대를 갖는다고 생각할 수 있다. 내가 사는 데 진정 필요한 것은 무엇인가? 이것이 견유주의 철학자가 던지는 질문이다. 대궐이 필요한가? 멋들어진 향연에 최고급 요리가 필요한가? 화려한 옷이나 명품 시계가 필요한가? 그러나 나는 땅에서 자고 자연이 주는 양식을 먹고 물을 마시며 검소한 외투를 걸칠 수 있다. 플라톤주의자들이 수많은 선입견과 독사doxa(의견) 가운데서 본질적이고 순수한 인식을 구별하려 했듯, 견유주의자들은 사회적 가식과 세속적 관습 이면에서 우리에게 꼭 필요한 것, 요컨대 생활의 구체적 진실 속에서 절대적으로 지속되는 것만을 찾으려 했다. 후설Edmund Husserl의 본질적 환원을 이야기하는 방식으로 말해본다면, 견유주의의 경우에는 자기 수련적 환원, 요컨대 실존을 철저히 연마해 진실이 우리를 시험하는 것을 방해하는 모든 우발적 사건이나 허영심으로부터 실존을 해방시키는 환원이며, 철학적으로 더욱 진정한 삶을 영위하려는 시도인 것이다.

6

견유주의적 '다른 삶', '다른 세계'로의 길을 열어주는 주체화의 절차는 어떻게 이뤄지는 것일까? 그것은 담론과 이성을 통해서만 이뤄지는 것이 아니다. 견유주의자들은 '말하는 존재'일뿐만 아니라 뭔가를 발화하는 '신체를 가진 존재'다. 비록 이 발화가 퍼포먼스에 가까운 것일지라도 말이다. 공개적인 식사와 배변, 그리고 역시 공개적인 자위와 섹스, 도발하고 논란을 일으키고 사유하게 만드는 것, 이것은 다양한 기호학을 요하는 퍼포먼스적 기술이다. '화폐 가치 변조하기parachattein to nomisma'라는 견유주의자들의 좌우명은 화폐의 변조와 동시에 법의 변조를 지시한다. 견유주의자들은 인정을 요구하지 않는다. 그들은 어디에 속하거나 가입되는 것을 원치 않는다. 그들은 그들 자신, 타자 그리고 세계를 실험하고 시험하면서 제도와 동시대인의 생활방식을 비판하고 물음을 던진다. 인정이나 증명의 문제가 아닌, 실험의 문제다.

견유주의자들은 지팡이, 바랑, 가난, 유랑, 구걸, 맨발 등 비언어적 발화 양식으로 자신을 표현한다. 몸짓, 행위, 예시, 품행, 신체적 자태는 담론이 아닌 수단으로 타인에게 호소하는 실천과 표현의 기호학을 구성한다. 견유주의적 퍼포먼스에서 언어는 단순히 지시적이거나 표상적인 기능만을 갖는 것이 아니라, 실존적 기능을 갖는다. 그들의 퍼포먼스는 윤리와 정치를 단언하면서 실존의 영토를 구축한다. 자기를 윤리적이고 정치적인 주체로 구축하는 데는 특수한 진실의 작용이 필요하다. 푸코에 따르면, 그것은 삶과 삶에서 발생할 수 있는 사건들에 대비해 갖추어야 할 참된 명제의 학습과 습득과 같은 것이 아니라, 자기 자신, 자신이 할 수 있는 바, 타자에의 의존 정도, 가능한 향상과 그것을 위해 해야 할 일에 기울이는 주의다. 이것은 훈육mathêmata이 아니다. 그것은 가르치거나 배울 수 있는 것이 아니라, 자기 자신에게 가하는 수련이다. 자기 점검, 인고의 시련, 표상의 통제와 같은 것, 요컨대 자기 수련askêsis이다.

　　로고스가 설정한 인간과 동물의 분할을 비판하면서 견유주의자들은 철학의 토대를 동요시키고, 그리스 및 서구 문화에 가차 없는 비판을 가한다. 푸코에 따르면, 고대 사유에서 동물성은 인간 존재의 절대적 차별화 지점의 역할을 담당해왔고, 인간은 혐오 지점으로서의 동물성으로부터 자신을 구분함으로써 자신의 합리적 인간성을 단언하고 현시해왔다. 견유주의자들은 단지 평등과 불평등 간의 간극만을 극화하는 것이 아니라, '진정한 삶'과 그 제도 간의 간극을, '동물성 속에서의 도전과 수련'으로 현시되는 뻔뻔스럽고 도발적인 삶을 통해 극화한다.

　　푸코가 삶을 통한 증언으로서의 투쟁주의라 부른 바도 언급할 필요가 있다. 푸코는 이것을 혁명적 삶과 동일시한다. 물론 여기서 분석 대상이 되는 것은 19세기와 20세기의 혁명운동이다. 다른 한편 푸코는 이 '다른 삶'의 예를 몇몇 근현대 예술가의 삶에서 발견한다. 요컨대 마네Édouard Manet에서 베이컨Francis Bacon에 이르는 예술, 또 보들레르Charles-Pierre Baudelaire에서 베케트Samuel Barclay Beckett에 이르는 문학에서 발견할 수 있는 반-플라톤주의와 반-아리스토텔레스주의에서 말이다. 푸코는 근현대 예술이 실존 혹은 삶을 적나라하게 해체하여 가장 기본적인 요소들로 환원시켰다고 단언한다. 그러므로 푸코가 견유주의와 그 후예들을 분석하면서 강조하는 것은 기성질서의 비판적 해체, 다시 말해 기성의 모든 형식에 대한 항구적인 거부와 거절이다.

그러나 이 거부가 거부를 위한 거부에 지나지 않는다면, 삶의 방식으로서의 견유주의에 대한 계보학은 기성의 것에 대한 허무주의적 해체의 역사에 불과할 것이다. 실제로 고대의 견유주의는 빈번하게 이런 방식으로 해석되어왔다. 하지만 푸코의 견유주의 해석은 이와 거리가 멀다. 푸코는 견유주의적 도발과 거부에서, 도래하게 만들어야 할 다른 삶의 양식이 구축되고 있음을 볼뿐만 아니라, 지금 여기서 즉각적으로 현동화할 수 있는 삶의 양식이 구축되고 있음을 목격한다. 견유주의는 파괴하는 만큼 창조하기 때문에 도발적이다. 투사는 기존의 것을 비판하고 파괴하는 자인 동시에 새로운 삶의 양식을 창조하는 자이기도 하다. 마찬가지로 예술의 현대성은 반-플라톤주의나 반-아리스토텔레스주의에 그치지 않고 무한히 새로운 세계를 창조한다.

예술가들을 사랑했던 철학자이자 투쟁가, 또 사유를 위한 삶의 양식과 삶을 위한 사유의 양식의 실험자인 푸코는 그의 생애 마지막 몇 년 동안 고대 사상을 주해한다. 푸코의 위대성은 아마도, 우리가 새로운 삶의 양식을 발명할 잠재력을 얼마나 잊고 살아왔는지, 또 신자유주의가 우리 삶의 양식과 주체성을 '호모 에코노미쿠스'에 예속시키면서 이 잠재력을 파괴하고 있는 오늘날 그것이 얼마나 긴급한지, 그리고 이 잠재력이 얼마나 우리 가까이에 있는지를 환기한다는 점에 있을 것이다. 소크라테스는 "소홀히 말라"고 했다. 이에 화답하며 푸코는 파레시아와 자기 돌봄의 교차 지점으로서의 삶을 우리에게 환기하고, 숙고된 비순응성과 저항을 통해 삶을 창조하라고 종용한다. 그리고 윤리, 정치, 철학, 예술의 교차 지점에서 시작되는 자유의 실천으로서의 저항운동과 해방운동을 우리에게 설득한다.

2017년 7월 4일 우이동 연구실에서
오트르망

찾아보기

개념어

<ㄱ>

인명